KB252314

충청지역 도자 연구

충청지역 도자 연구

충청지역 도자 연구

忠淸地域 陶磁 研究

정상기 지음

서경

필자가 1988년 대학교 4학년 늦은 가을이었던 것으로 생각되는데, 도서관에서 대학원 진학을 위한 공부를 하고 있을때 친구 중 한명이 우연히 인천시공무원 시험공고 안내문을 가지고 와서 나에게 주었다. 거기에는 다른직렬과 함께 학예연구사 2명을 채용한다고 안내되어 있었다. 필자는 얼마후 시험에 응시하였고 합격하여 인천시립박물관 학예연구사로 처음으로 사회생활을 시작하였고, 약 20여년 다된 지금도 이길을 가고 있다. 그때의 시험안내서 한장이 나의 인생과 삶에 커다란 변화를 준 것이다.

필자는 고등학교 때 배운 로버트 프러스트의 "가지 않는 길"이란 시를 지금도 항상 기억하고 있다.

"노란 숲 속에 길이 두 갈래로 났었습니다.

나는 두 길을 다 가지 못하는 것을 안타깝게 생각하면서

오랫동안 한길이 굽어 꺾여 내려간 데까지

바라다 볼 수 있는 데까지 멀리 바라다보았습니다.

(중략)

훗날에 훗날에 나는 어디선가

한숨을 쉬며 이야기할 것입니다.

숲 속에 두갈래 길이 있었다고

나는 사람이 적게 간 길을 택하였다고

그리고 그것 때문에 모든 것이 달라졌다고——

이 시처럼 필자는 본인의 삶을 박물관에 귀착시켰으며, 박물관이 내 인생의 전부인양 30~40대 삶을 살아왔는데, 얼마전부터 나의 지금까지 인생을 뒤돌아 보고, 나의 삶과 인생을 다시 생각하게 되었다. 그러면서 다시금 나의 인생에 있어서 지향점을 생각하였다.

그러한 고민의 작은 결실이 이 책자인 것이다.

필자의 한국도자사의 인연은 1989년 국립광주박물관에서 실시한 고흥지역 도자지표조사와 1990년 4월부터 실시된 광주 충효동 분청사기 가마 발굴작업에 참여한 것이 그 시작이다. 그 이후 현장에서 발굴작업에 기초와 이론을 학습하고, 완도해저 출토 도편들을 분류하면서 한국도자사 연구에 매진하고자 결심하였다.

이 책에 수록된 글들은 크게 나누어서 백제지역 출토 중국도자와 공주지역을 중심으로 한 대전·충남지역의 한국도자사 관련 논문들이다. 이 글들은 국립공주박물관이 매년 발행하는 논문집인 紀要와 특별전에 수록했던 논문들이 대분이며, 아울러 필자가 그동안 국립중앙박물관 미술자료와 동원학술대회에 발표했던 논문, 부여와 공주지역의 연구프로젝트에 참여하면서 제출했던 논문들을 약간 수정 및 보완하여 정리한 것들이다.

부족한 것이 많은 글이지만, 이 글들은 시기적으로 보면 2000년부터 근무하기 시작했던 국립공주박물관에서 작성했던 글들인데, 이 글들을 엮어 책자로 간행한 것은 지금까지의 삶을 돌아보고 앞으로의 삶에 대한 정확한 목표의식을 가지기 위해서이다.

앞에서 언급했던 로버트 프러스트의 "가지 않는 길"의 시처럼 가지 않는 또 하나의 길을 가기 위함이 아니라 내가 선택한 한 길을 바르게 가는 방법의 하나인 폭 깊은 학문에 최선을 다하기 위해서 이 책자를 엮어 내게 된 것이다.

필자의 향후 지향점은 백제시대 수입되었던 중국도자들이 어떻게 우리나라 도자사의 발달에 영향을 주었느냐 하는 문제와 공주지역을 중심으로한 충정지역의 도자문화의 재조명을 통해 한국도자사에서 지역이 갖는 의미를 파악하는 일이다. 이러한 작업들의 시발점 이 단행본의 출판인 것이다.

국립박물관에 들어오기 전부터 현재까지 박물관에 근무하는 많은 선배들의 도움을 받았다. 1990년대 초부터 도움을 주신 성낙준, 조현종 부장님과 이내옥 관장님, 박물관에 들어온 이후 일과 학문에 도움을 주신 김성구, 신광섭관장님, 고경희, 김영원 부장님들의 많은 가르침에 감사를 드린다.

또한 나의 미술사 연구의 모태로서 미술사를 연구하는 방법과 올바른 학문적 자세를 늘 생각하게 하신 홍익대학교의 김리나 교수님께도 감사를 드린다.

그 동안 박물관 생활을 하면서 늘 도움을 준 서울역사박물관의 김영관 전시과장, 공주대박물관의 이현숙, 경기도박물관의 백종오, 부여군청의 여홍기, 미륵사지전시관의 노기환 선생과 동양대학의 이한상, 충북대의 성정룡, 군산대의 곽장근 교수, 경상대박물관의 유창환 선생에게도 감사를 드린다. 그리고 공주박물관에서 아름다운 추억을 간직하게 하여 준 곽동석 관장님, 신영호, 안민자, 이영범 선생과 고인이 된 박문수 선생에게도 감사의 마음을 전한다.

그리고 부모님이 돌아가신 이후 우리가족을 늘 다정하게 돌보아주시는 장인·장모님과 지금까지 나에게 힘이 되어준 아내 김선영과 아들 규현이게도 고마움을 전하며, 이 책을 돌아가신 아버지와 어머니께 바친다.

2006년 10월

정 상기

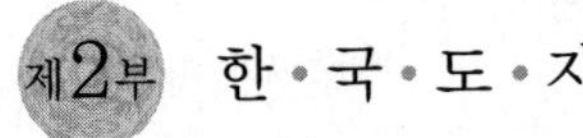

제2부 한·국·도·자

제 **1** 부

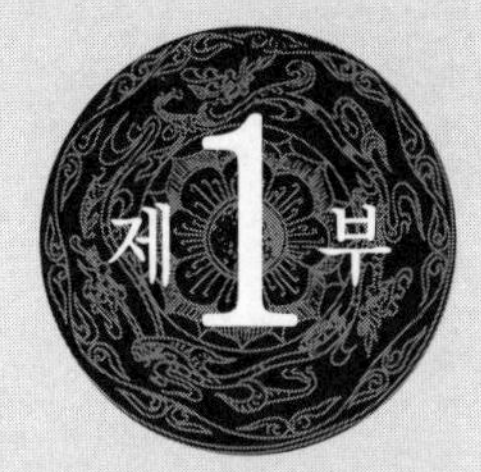

중 · 국 · 도 · 자

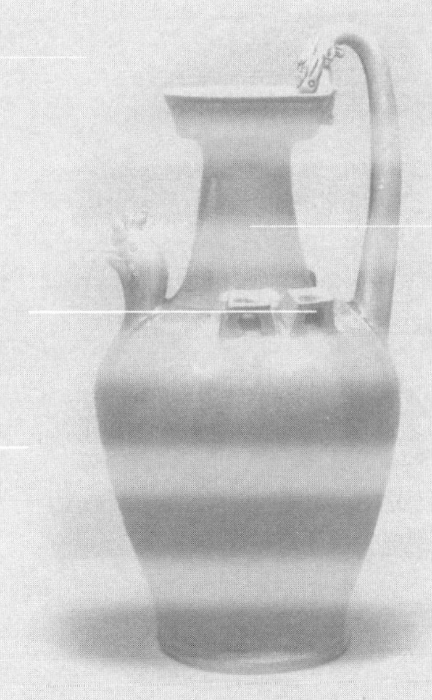

천계형 주자에 대한 일고찰

Ⅰ. 머리말

일찍부터 백제지역은 많은 유적에서 중국제 수입도자가 발굴되어 중국과 백제의 문물교류가 삼국 중 고구려나 신라보다 훨씬 많아 백제의 국제적 교류가 활발히 진행되었음을 입증하고 있다.[1]

이러한 발굴결과를 바탕으로 백제지역의 수입도자 현황과 수입도자가 미친 영향 및 수입도자의 성격 등을 다각적으로 검토한 연구들이 최근에 활발히 진행되고 있어 이 시대의 양상을 어느정도 파악할 수 있게 되었다.[2]

그러나 이러한 논문들에서는 백제와 중국의 도자기 등을 비롯한 고

---

1. 백제 유적으로서 지금까지 중국제 수입도자가 발굴된 유적으로는 공주 무령왕릉, 부여 부소산성, 능산리 사지, 금성산사지, 천안 화성리유적, 익산 미륵사지, 입점리고분군, 왕궁리유적, 부안 죽막동, 서울 몽촌토성, 석촌동 고분군, 강원도 법천리고분군 등이 알려져 있다.
2. 권오영, 「4세기 백제의 지방통제방식 일례」『한국사론』18, 서울대학교 인문대학 국사학과, 1988, 3~28쪽.
   김영원, 「백제시대 중국도자의 수입과 방제」『백제문화』27, 공주대학교 백제문화연구소, 1998, 53~80쪽.
   이종민, 「백제시대 수입도자의 영향과 도자사적 의의」『백제연구』27, 충남대학교 백제연구소, 1997, 165~194쪽.
   이난영, 「백제지역 출토 중국도자 연구」『백제연구』28, 충남대학교 백제연구소, 1998, 213~244쪽.

고학적인 문물교류를 다루거나 백제에 유입된 중국도자의 조형적, 기술적 영향을 다루었으며, 또한 중국 수입도자의 영향을 받아 발생한 백제의 鉛釉陶器를 연구 대상으로 하였다. 이들 논문들은 한결같이 백제에 수입된 도자 전체를 대상으로 하여 개별유물을 상세히 다루지는 않고 있다.

1997년 천안시 성남면 용원리 천안 온천개발부지에서 조사된 용원리 고분군은 백제의 웅진천도 이전에 조성된 원삼국 혹은 초기 백제의 대규모 분묘군으로서 환두대도, 흑갈유천계호, 흑색마연토기, 성시구 및 마구, 철부, 철모 등의 용기류와 무구류, 공구류, 장식품 등 다양한 유물이 대량으로 출토되어 원삼국 및 초기 백제사연구에 커다란 기여를 할 수 있는 유적으로 생각된다.[3] 그 중 흑갈유 천계형 주자는 1999년에 국립중앙박물관이 개최한 특별전 "백제"에 출품되어 커다란 반응을 불러일으켰을 뿐만 아니라, 동시에 공개된 전 청주출토의 청자 천계형 주자 등과 비교 전시되어 중국제 자기류가 왜 백제지역에서만 자주 발굴되며, 이 수입도자들이 한국의 도자문화 형성에 어떠한 영향을 끼쳤는지 등 많은 의문점도 던지는 계기가 되었다.

이 글에서는 용원리 출토 흑갈유 천계형 주자와 원광대 소장의 전 청주출토 천계형주자, 국립중앙박물관 소장 천계형 주자 등 현재까지 한반도에서 출토된 천계형 주자의 형태와 구조적 특징을 중국본토에서 익히 알려진 천계형 주자들과 비교·고찰하여 한국출토 천계형 주자의 편년을 설정하고 각 시대별 천계형 주자의 변천과정도 파악하고자 한다.

---

3. 이남석, 「고분출토 흑유계수호의 편년적 위치」 『호서고고학』 창간호, 호서고고학회, 1999, 121~135쪽.
   이남석, 「용원리고분군」, 공주대학교 박물관, 2000.
   이현숙, 「백제 성시구에 대한 검토」 『백제문화』, 공주대학교 백제문화연구소, 1999, 77~111쪽.

Ⅱ. 中國 天鷄形 注子의 始原과 形態의 變化

1972년 남경시 南京化鐸廠 동진묘에서 출토된 1건의 청자 천계형 주자의 底部에는 '罌主姓黃名齊之'의 일곱글자가 쓰여져 있어 東晋 당시에는 천계형 주자가 앵으로 불리어 졌음을 알 수 있다.[4] 이러한 천계형 주자는 주로 절강성의 덕청요나 상동요, 월주요를 중심으로 제작되었음이 연구자들에 의해 밝혀졌다.[5]

중국에서 닭머리 모양의 천계형 주자가 처음으로 제작되기 시작한 것은 삼국시대 말기와 西晋시기로 추정되는데, 중국 浙江省의 越州窯 및 온주지방의 甌窯에서 새로운 기종으로 제작되어 이후 전국 각지에서 유행하였다. 이 천계형 주자는 중국과 일본학계에서는 천계호 또는 계두호로 부르지만 본고에서는 제작한 재질과는 상관없이 전체적인 형태가 注子형태를 갖추고 있으므로 천계형 주자로 부르고자 한다.

서진 시대인 초기에는 아주 작은 盤口壺 肩部의 한쪽 면에는 닭머리〔鷄頭〕를 붙이고, 다른 한쪽 면에는 닭 꼬리〔鷄尾〕를 붙여 머리와 꼬리가 대칭적 구조로 만든 장식이었다.

동진시기에 이르면 壺身이 크게 변하여 앞에 장식한 닭머리의 모양새가 목을 당기고 벼슬을 높게 하였으며, 뒷부분에 연결되는 닭 꼬리 부분은 원형의 손잡이〔把手〕로 변하게 되어, 손잡이는 상단부가 구연부로 연결되며, 하단부는 器物의 상복부에 연결되게 된다. 동진 중·후기에 이르면 동체가 더욱 더 커지면서, 손잡이의 상단에 용의 머리와 꼬리부분이 장식되어, 기형이 아름다운 모습으로 변화되어 주전자 중에서 가장 아름다운 형태가 된다. 남조시기에 이르면 몸체〔器身〕가 전

---

4. 馮先銘 외, 『중국도자사』, 문물출판사, 북경, 1982, 159쪽.
5. 김영원, 앞의 논문, 66쪽.
　　이종민, 앞의 논문, 170쪽.

체적으로 길쭉한 형태로 변화되고, 口頸部가 더욱 높아지면서 형태가 점점 실용적인 모습으로 변화된다. 어깨 앞부분에 닭머리를 붙였으며 뒷부근에는 올라간 꼬리를 붙이기도 하는 등 중국 전체적인 면에서 보면 시대의 변화에 따라 기형과 장식적인 방법에서 많은 차이점이 나타난다.[6]

중국에서 瓷器의 출현은 東漢시대에 시작되었고 江蘇, 절강 등지에서 대량으로 요지가 발굴되고 있는데, 이 시대 출토자기로는 청자류와 黑褐釉가 주류를 이룬다. 이 청자류의 요지로 유명한 곳이 월주요이며, 흑갈유의 중요한 요지가 절강의 上虞 등이다. 이 자기들은 한나라를 지나 兩晋과 南北朝時代를 거치면서 절강과 강소·湖北 등 남방을 중심으로 하여 활발히 제작되는데 청자는 월주요가 그 대표이며, 흑갈유는 절강의 德靑窯가 그 대표이다. 이러한 유물들은 절강성이나 강소성의 분묘에서 많이 출토되는데, 대표적인 고분이 절강성 서안 남조시대 분묘나 절강성 항주 교외의 고분, 호북성 운현 당이휘, 염완묘 등이다.[7]

천계형 주자는 삼국시대와 서진초기에 시작되어 수대에 이르러 그 규모가 상당히 커지고, 장식적으로 변화되어 당초기에 이르러 기형과 장식 등에 있어서 커다란 변화를 가져오다가 점차 사라지게 되는데, 이렇게 볼 때 그 제작기간은 약 400여년 이상 지속되는 것으로 추정된다.[8]

중국의 대표적인 천계형 주자를 하나씩 예를 들면서 시대적인 양식을 추정하고자 하는데, 먼저 최근까지 중국에서 출토된 천계형 주자를 먼

---

6. 중국규산염학회, 『중국도자사』, 문물출판사, 1982, 159~160쪽.
   중국규산염학회, 오강원역, 『중국고대도자사』, 백산자료원, 1995, 298~299쪽.
   이남석, 앞의 논문, 132~133쪽.
7. 이난영, 앞의 논문, 216~225쪽.
   湖北省博物館 鄖縣紂博物館, 「湖北鄖縣紂唐李徽, 閻婉墓發掘簡報」『文物』, 1987, 8쪽.
   이용욱, 『중국도자사』, 미진사, 1993, 44~51쪽.
8. 智雁, 「隋代瓷器的發展」『文物』, 1977년. 제2기, 57~62쪽.

저 살펴보고, 나중에 중국외 지역에 소재하고 있는 천계형 주자를 살펴
보고자 한다.

1. 西晋時代의 天鷄形 注子

1965년 호북성박물관은 호북성 漢陽 蔡甸 一號墓를 발굴하였는데, 이
묘는 전축분으로서 이 고분의 발굴자는 청자 천계형 주자와 출토유물
및 고분의 구조 등을 종합해서, 이 고분의 축조연대를 六朝 중에서도 빠
른 서진시대로 추정하고 있다.[9]

고고잡지의 사진상태가 워낙 안 좋아 육안으로 잘 분간이 안되지만
도면과 유물소개 책자를 통해서 보면 청자 천계형 주자는 모두 2점으로
회색의 태토에 청색의 유약이 시유되었는데, 한 점은 높이가 24cm이고,
한 점은 높이가 15.0cm이다. 크기가 약간 큰 주자는 구경부와 구연부
가 파손되어 복원하였다. 바닥은 평평한 상태고, 동체의 중앙부가 볼록
하게 퍼진 상태인데, 양쪽의 어깨에는 다른 천계형 주자와 마찬가지로
계수와 손잡이가 부착되어 있고 어깨의 다른 양쪽에는 꼭지가 부착되어
있다. 계수는 구경부가 길지 않은데, 다른 천계형 주자와 다른 점은 계
수의 입을 크게 벌리고 있다는 점이다. 구연부는 파손되었지만 구연부
가 넓지 않고 좁은 편이다. 또 다른 천계형 주자는 높이가 15.0cm 정
도로 조그마하고, 양어깨에 계수와 손잡이가 부착되어 있으며, 다른 대
칭되는 어깨쪽에는 양쪽에 모두 꼭지가 없다. 동체에 비해 구연부가 넓
은 것이 특징이다. 다른 천계형 주자에 비해 유약의 시유상태나 동체의
구조를 비교할 때 정선되지 못한 편인데, 제작시기는 중국학자들이 주
장하는 대로 서진 초기의 것으로 보인다. (도면 1, 2) 중국 광동성박물관
에 소장된 청자 천계형 주자는(사진 1) 2000년도에 경기도박물관이 개최

---

9. 湖北省博物館, 「湖北漢陽蔡甸一號墓淸理」 『考古』, 1966년. 제4기, 193~196쪽.

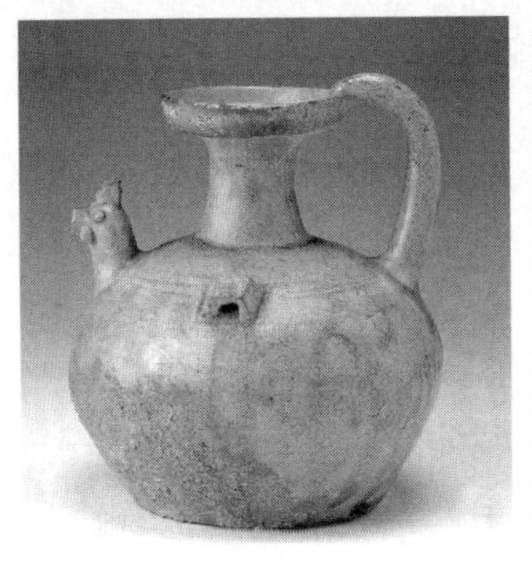

사진 1. 광동성박물관 소장

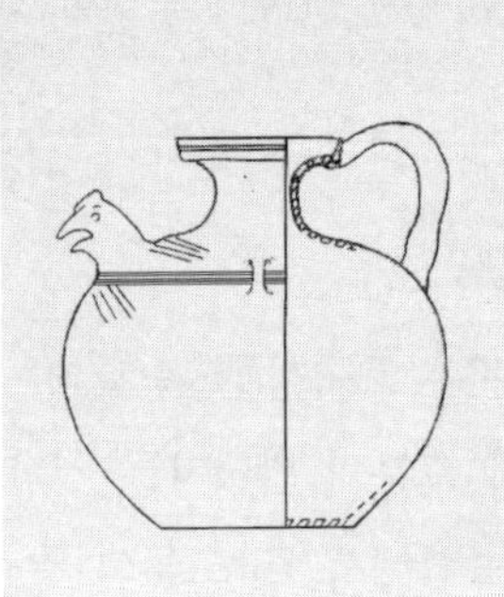
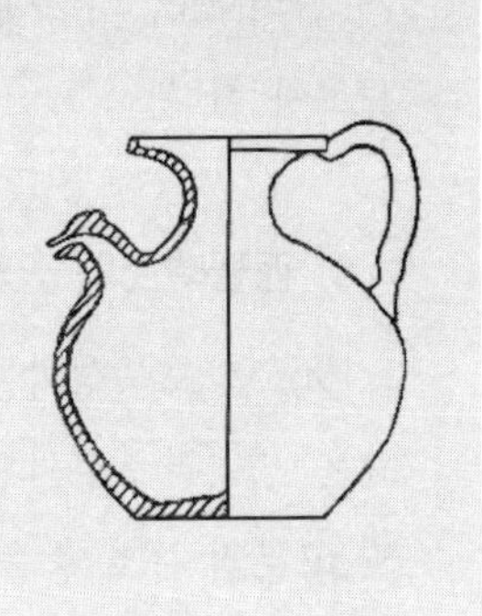

도면 1. 도면 2.　漢陽 蔡甸 一號墓 출토

한 중국역대도자전에 출품되어 공개 되었는데, 중국측 학자들은 서진시대의 천계형 주자로 추정하였다. 이 주자는 높이가 17.7cm, 구경이 10.0cm이다. 형태는 넓고 평평한 입을 갖고 있으며, 구경부는 두터우면서 넓어지는 모양이다. 몸통은 천계형 주자의 전형적인 양식인 볼록한 동체에 평평한 바닥의 구조로, 닭머리 모양의 주둥이가 注口를 이루는데, 닭의 벼슬이 약간 높은 편이다. 닭머리의 반대편에는 동체의 어깨부에서 입술부까지 원형의 긴 손잡이가 부착되어 있다. 동체의 전면을 청색으로 시유하였는데, 구연부의 일부와 동체의 하단부에는 유약이 탈락되어 태토가 드러나고 있다. 전체적으로 볼 때 유약의 시유상태는 깔끔하지 못한 편이다. 동체전면에 물레 돌린자국이 나타나며, 많은 빙렬이 나타나고 있어 전반적인 상태는 좋지 않은 편이다.[10] 중국측 연구자에 의해 서진이라고 시대가 판명되었으나 전체적인 구조적 특징과 중국측 연구자료를 종합해보면 서진 보다는 동진적 요소가 많이 보이는 천계형 주자이다.

10.　경기도박물관, 『광동성박물관 소장 중국역대도자전』, 2000, 26쪽.

2. 東晋時代 天鷄形 注子

중국 浙江省 抗州의 老和山 東晋墓에
서 출토된 흑유 천계형 주자(사진 2)는 높
이가 16.4cm, 구경이 7.9cm로서 전형
적인 동진의 천계형 주자 형식이다.

이 노화산 출토 흑유천계형 주자는 천
안 용원리 출토 주자와 비슷하여 국내의
관심을 끄는 비교 유물인데, 납작한 바
닥에 불룩한 몸체, 적당히 좁은 목을 수
직으로 만들고, 아가리를 넓게 내어 반

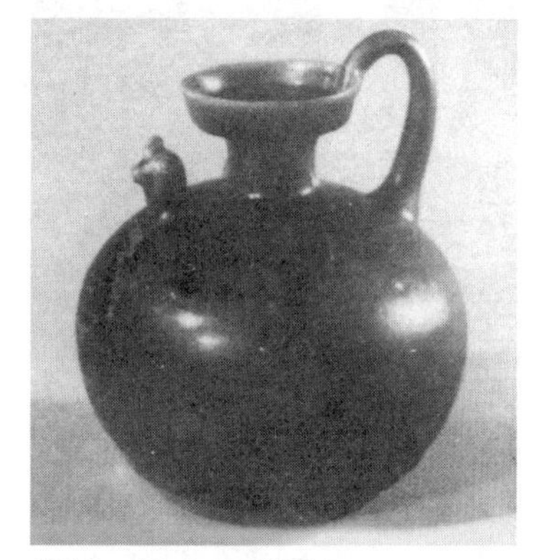

사진 2. 老和山 東晋墓 출토

구호의 아가리와 비슷한 형태로 外緣을 수직으로 올렸다. 동체의 양 어
깨부분에 두 개의 꼭지가 위치하며, 계수는 꼭지의 옆쪽에 위치하며, 그
반대방향에 손잡이를 부착하였는데, 계수와 손잡이는 대칭적이다. 기형
은 수평의 납작바닥을 넓게하여 안정적인 형태이나 중앙부가 약간 밖으
로 돌출된 형상이다. 동체의 3/2 지점에 최대경을 두고, 중간에서 윗쪽
으로 곡선을 주었다. 계수의 눈은 부릅 뜬 모습으로 돌출되어 있으며,
벼슬은 약간 치켜들린 모습인데 천계형 주자 중에서는 적당한 구조이
다. 벼슬은 음각으로 장식하였다. 표면의 유약은 매우 두터우면서도 고
르게 시유되었는데, 손잡이와 입술부가 약간 얇게 시유되어 흑갈색 분
위기가 더 난다. 바닥은 용원리 천계형 주자와 마찬가지로 시유되지 않
아 태토가 드러난다. 이 항주 노화산 동진묘의 천계형 주자는 單室인
橫穴式의 전실묘 출토품으로 이미 유물들이 도굴되었음에도 자기류 17
종이 수습되었는데, 그 중에 천계형 주자는 흑유와 청자가 2점이 수습
되었다. 이 출토품들 중에는 "晋興寧二年吳郡嘉興県絋攺丞相參軍都鄉侯楮
府君墓"라는 묘지석이 포함되어 있어 이 고분의 절대연대는 364년이다.
그러므로 이 흑유 천계형 주자는 대략 4세기 중반의 것으로 추정된다.[11]

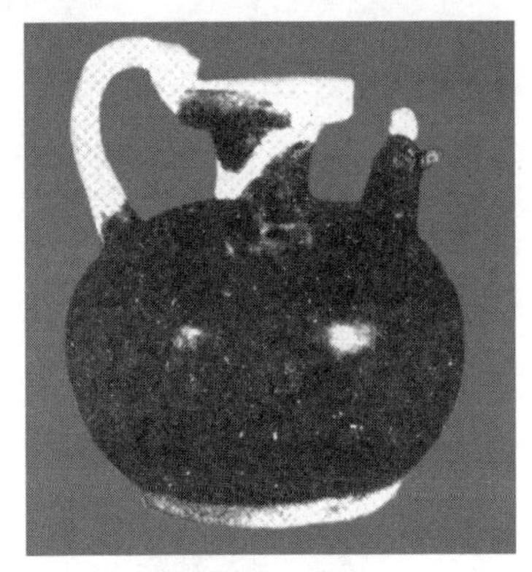
사진 3. 진강시박물관 소장

이 유물 외에 1점의 청자 천계형 주자가 더 수습되었으나 자세히 보고되지 않아 정확한 형태를 파악할 수 없다.

또한 1972년 중국 진강시박물관에서 동진시대의 만기에 해당하는 분묘를 발굴하였는데, 이 분묘에서는 "晉隆安二年造立家郭"이라는 명문의 화상전이 출토되어 이 분묘가 398년에 조성되었음을 알려주고 있다.[12] 이 고분은 인동초문과 기타 화문전에 사신도를 비롯한 각종 인간 모습의 동물들을 새겨 장식하였는데, 이 분묘에서는 청자박산로, 청자합 등과 함께 흑유로 된 천계형 주자가 출토되었다. 흑유 천계형 주자(사진 3)는 높이가 15cm로서, 구연부와 손잡이가 파손되었으며, 경부 일부도 파손된 것을 접합하였다. 볼록한 복부에 頸部는 짧은 편이며, 어깨의 한쪽에는 鷄首가 부착되어 있고, 한쪽에는 손잡이가 약간 남아 있어 복원하여 구연의 입술부로 연결하였다. 계수의 아가리는 날카롭고 전체적으로 앞쪽으로 돌출하였는데, 벼슬은 파손되어 복원하였다. 동체의 다른 쪽 양어깨에는 두 개의 꼭지가 위치한다. 동체에는 흑갈유가 시유되었는데, 평평한 바닥은 유약이 시유되지 않았으며, 동체에는 많은 빙렬이 나타나고 있다. 이 흑유 천계형 주자는 일부가 파손되어 정확한 형체가 파악되지는 않지만 398년이라는 절대연대가 있어 한국의 용원리 출토 흑유 천계형 주자의 편년에 중요한 유물이다.

---

11. 이남석, 앞의 논문, 134쪽.
　　浙江省文物管理委員會,「抗州晉興寧二年墓發掘簡報」,『考古』, 1961년. 제7기, 359~360쪽.
12. 鎭江市博物館,「鎭江東晋畵像博墓」『文物』, 1973년. 제4기, 51~54쪽.
　　이남석, 앞의 논문, 133쪽.

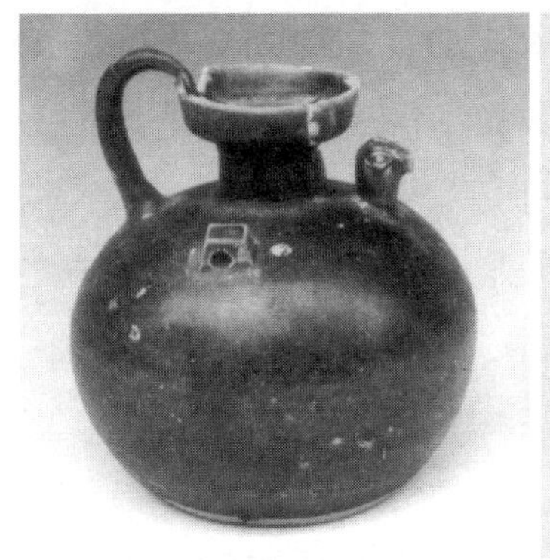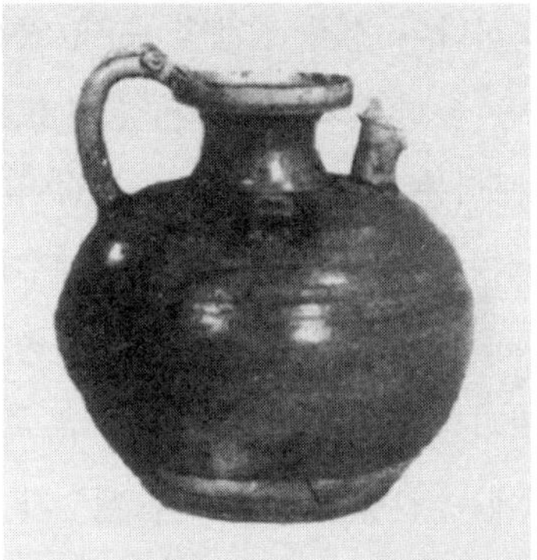

사진 4. 5. 남경 謝溫墓 출토

1984년 남경시박물관 雨花區文化局에서 남경의 남쪽근교에 있는 동
진 말기의 謝氏家族墓를 발굴하였다. 이 고분은 전체가 7기인데 이 중
2기를 발굴하였는데, 이 중 흑유 천계형 주자와 청자 천계형 주자 등 자
기류가 발굴된 고분은 5호 전축분이다. 이 고분군들은 이미 도굴되어
많은 유물이 수습되지 않았는데, 이 謝溫墓리고 알려진 5호 전축분에서
만 자기류가 수습되었다. 흑유 천계형 주자(사진 4)는 높이가 15.0cm, 구
경이 6.9cm, 저경이 9.2cm로서 동체는 풍만하면서도 넓게 벌어져 깊
이가 깊은 편이며, 어깨부와 복부는 둥그렇다. 바닥은 평평하면서 동체
상부로 올라가는 모습이다. 어깨의 양쪽에는 계수와 원형의 손잡이가
부착되어 있으며, 다른 쪽 어깨양쪽에는 사다리꼴〔梯形〕의 꼭지가 각각 1
개씩 부착되어 있다. 동체 전면에는 갈색유가 시문되었으나 바닥부분은
시유가 되지 않았다. 또한 구연부의 아가리부근이 파손되어 있다. 유약
의 시유상태가 좋지 못하여 발색이 균일하지 않다. 또한 많은 빙렬과
기포도 보인다. 계수호의 양눈은 돌출되어 부릅뜨고 있는 모습이며, 벼
슬은 거의 분간이 안될 정도로 약간만 표현되어 있다. 364년의 편년을
갖는 항주 노화산의 흑유 천계형주자보다 전체적인 미감은 떨어진다고
생각된다.[13]

또 하나의 청자 천계형 주자(사진 5)가 이 5호분에서 출토되었는데, 이 주자는 높이가 20.4cm, 구경이 8.8cm, 저경이 12.8cm로 흑유 천계형 주자보다는 외형이 약간 큰 모습이다.

이 청자주자는 동체 전면에 담청색 유약이 시유되었는데, 구연부의 일부에 연한 갈색유가 시유되어 있다. 바닥은 평평하며 동체부는 복부가 펑퍼짐하게 벌어졌는데, 흑유 주자보다도 더 벌어진 느낌이다. 양쪽 어깨에는 원형의 손잡이와 계수가 부착되어 있고, 또 다른쪽 양어깨에는 꼭지가 부착되어 있다. 계수는 동진의 다른 천계형 주자보다 규모가 큰 편인데, 목부분이 넓게 제작되었으며, 두부의 벼슬도 높게 만들었다. 특이한 것은 동진의 중·말기 특징인 손잡이의 상단에 용두를 장식하여 기형의 아름다움에 중점을 두는 제작기법이 보이는 점이다. 이 청자 천계형 주자는 이러한 제작기법 등으로 볼 때 동진 중·말기의 특징이 잘 나타나고 있어 제작연대를 추정할 수 있는데, 이 무덤의 편년을 동진 만기인 晋의 安帝 義熙 2년이란 연대가 제시되어 406년에 이러한 무덤들이 축조되었음을 알 수 있다.[14] 1984년 남경시박물관 雨花區文化局에서 역시 발굴한 謝琰墓는 앞에서 언급한 중국 남경시 외곽의 동진시대 사씨가족 중 하나로서 6호분인데, 5호분과 마찬가지로 역시 전축분이다. 시대는 5호분과 마찬가지로 동진말기로 추정되는데, 이 전축분에서는 묘지석과 함께 청자 반구호와 조그마한 병, 잔, 완, 접시 등이 출토되었다. 청자 계수형 주자도 3점이 출토되어 우리의 관심을 끌고 있다.[15] 이 청자 계수형 주자는 앞에서 설명한 사온묘 출토 흑유 계수형 주자보다는 약간 뒤지는 절대연대를 갖는데, 이는 사충의 사망연대

---

13. 이남석, 앞의 논문, 133쪽.
   南京市博物館 雨化文化局, 「南京南郊六朝謝溫墓」 『文物』, 1998년. 제5기, 15~16쪽.
14. 남경시박물관 우화구문화국, 앞의 글, 16~17쪽.
15. 南京市博物館 雨化文化局, 「南京南郊六朝謝琰墓」 『文物』, 1998년. 제5기, 4~14쪽.

가 묘지석에 의해 남조의 송왕조 때인
永初 2년 즉 421년으로 밝혀졌기 때문
이다.

이 전축분에서 출토된 청자 계수형 주
자는 약간씩 파손된 상태로 출토되었는
데(사진 6.7.8) 사진 6의 주자는 높이가
21.0cm, 구경이 11.0 cm, 저경이
12.2cm로서 전면에 담록색 유약이 시
유되었으나 바닥은 유약이 시유되지 않
았다. 양쪽 어깨의 한쪽면에는 목이 길
게 늘어난 계수가 부착되어 있는데, 이
천계형 주자보다 약 15년 전에 만들어
진 사온묘 출토 흑유와 청자 천계형 주
자보다는 목부분이 약간 길게 변화된 모
습이 눈에 띤다. 벼슬은 약간만 돌출되
어 있고, 아가리는 바깥으로 많이 돌출
된 편이다. 다른 한쪽의 어깨에는 손잡
이가 급격하게 구연에 연결되어 있는데,
구연에 맞물리는 상단에 용의 머리를 장
식하였다. 구연부는 일부가 파손되었는
데, 약간 외반된 형상이다. 다른 편 양
어깨에는 2개의 꼭지가 부착되어 있다.

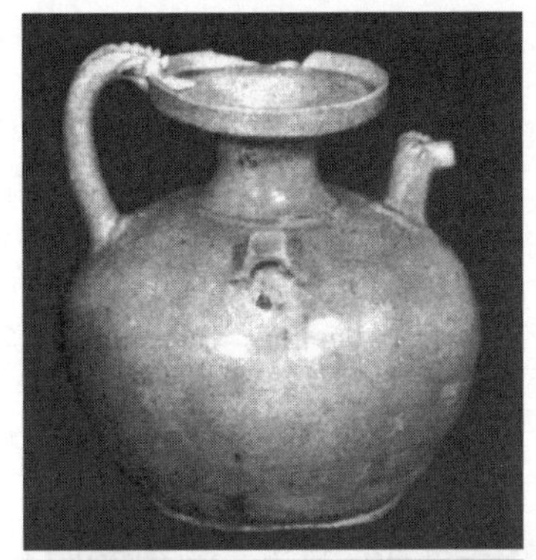
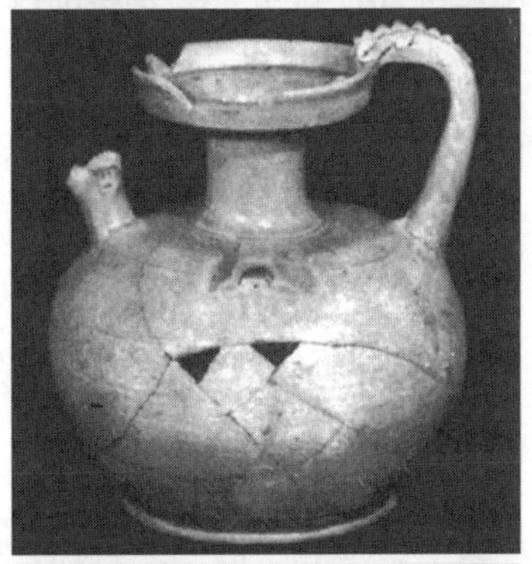
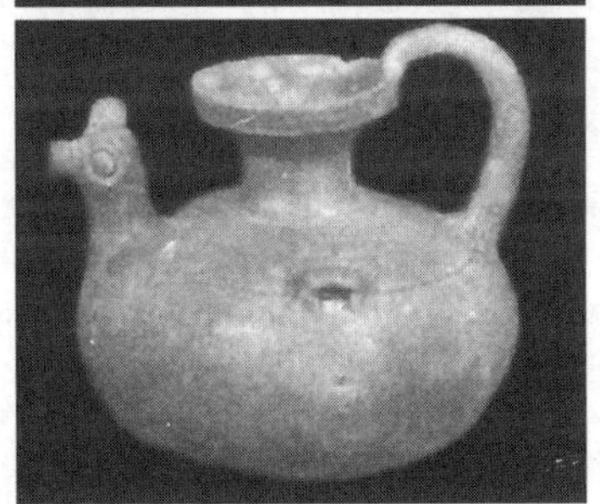

사진 6. 사진 7. 사진 8. 남경 謝琉墓 출토

동체 전면에는 약간의 빙렬과 잡물이 부착되어 있다. 이때의 청자제작
기술은 정밀한 수준이 아니었는데, 계수와 손잡이 부분에 장식을 주는
시대의 분위기가 잘 나타나고 있다. 사진7의 주자는 앞의 천계형 주자
보다 발색이 떨어지고, 유약의 시유상태도 좋지 않은 편이다. 사진6의

천계형 주자와 마찬가지로 어깨부분에 계수와 손잡이가 부착되어 있고, 꼭지도 양쪽면에 부착되어 있는데, 계수의 목 부분 길이는 비슷하나 벼슬은 약간 더 돌출되어 있다. 구연의 일부와 동체 중앙부분이 파손되어 있다. 동체 전면은 담청색 유약이 시유되어 있으나 바닥은 시유되지 않아 태토가 드러나고 있다. 한가지 특색은 손잡이의 상단에 장식된 용두의 벼슬이 더욱 더 늘어진 형태이며, 구경부가 좁으면서도 긴 편이며, 구연부는 다른 천계형 주자보다도 넓지 않다는 것이다. 높이가 23.4cm, 구경이 11.6cm, 저경이 13.4cm로 사진6의 주자보다는 약간 더 동체의 팽창감이 더 느껴진다. 사진 8의 천계형 주자는 동체가 왜소한 편인데, 높이가 12.2cm, 구경이 5.8cm, 저경이 8.1cm이다. 구경부는 왜소하면서도 짧은 형태로 부착되어 있고, 손잡이도 원만한 원형을 이루면서 어깨와 구연에 연결되어 있다. 구연의 일부는 약간 파손되어 있는데, 다른 주자의 구연부 보다는 약간 경사진 형태이다. 계수의 목도 다른 청자류의 계수보다는 짧은 편이며, 아가리도 앞으로 많이 돌출되지 않았다. 다만 벼슬은 계수의 전체와 비교할 때 위로 돌출된 모습인데, 전면에 청색유가 시유되었으나 불순한 편이다. 바닥은 시유되지 않았는데, 바닥의 중앙부가 약간 안쪽으로 들어간 모습이다. 꼭지부분에 유약의 시유상태가 고르지 못하며 물레돌린 흔적이 나타나고 있다. 전체적인 형상을 볼 때 본격적인 청자로 이행되기 직전의 흑유 천계형 주자와 비슷한 주자형태의 모습으로 판단되어 이 전축분에서 함께 출토된 주자보다는 제작연대가 빠른 것으로 판단된다.

1964년도에 남경박물원에서는 남경부귀산의 동진묘를 발굴하였는데, 원래 부귀산은 晋왕조의 왕릉이 있던 산으로 이 고분의 출토유물이나 고분의 형태로 볼 때 5세기 중반이후의 절대편년을 갖는 것으로 추정되고 있다.[16] 이 고분에서 출토된 청자 천계형 주자는 원래 2점인데, 크기가 비슷하며, 1점은 거의 파손되고, 잔편만 남아있어 자료가 공개되지

않아 정확한 실상은 알 수 없다. (도면 3)
이 동진묘에서 발굴된 청자 계수형 주자
는 동체의 많은 부분과 구연부 일부가
파손된 것을 복원하였는데, 회백색 태토
에 청록색의 유약을 시유하였다. 동체에
는 많은 빙렬이 나타나며, 어깨의 양쪽
면에는 계수호와 손잡이가 부착되어 있
고, 다른 양쪽에는 꼭지가 부착되어 있
다. 계수의 목부분은 적당한 길이이며,
손잡이도 부드럽게 구연부의 입술에 연
결되고 있다. 동체의 넓이와 구경부와
구연부의 넓이는 적절하며, 주자의 복부
는 풍만한 편이다. 목부분은 적당한 길
이이고, 구연부와 동체의 비례가 조화를
이루어 동진 중반기의 천계형 주자로 보
인다.

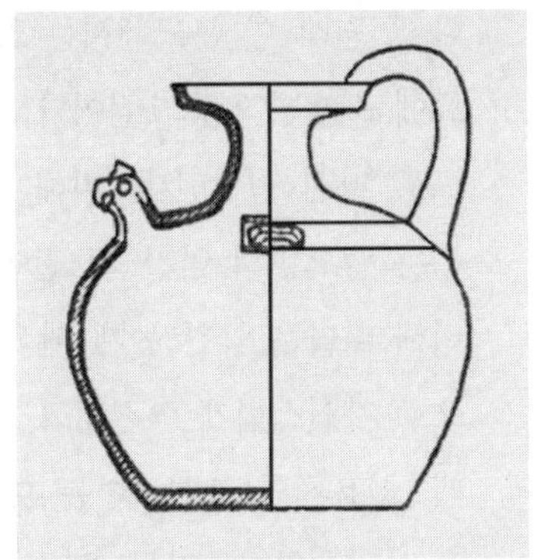

도면 3. 남경 부귀산 동진묘 출토

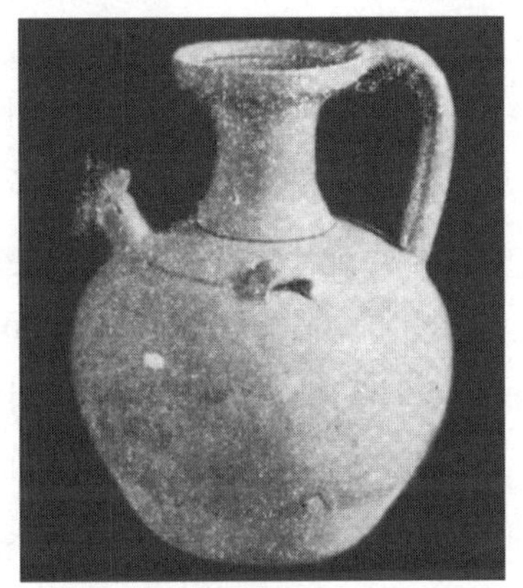

사진 9. 남경대학북원 동진묘 출토

1972년 남경대학의 역사계 고고조에
의해 남경대학북원의 동진묘가 발굴되
었다. 이 묘는 서진시기의 양식을 이어
받아 동진초기인 4세기 중반으로 중국학자들에 의해 편년되었으며, 마
찬가지로 청자 천계형 주자도 동진시기의 것으로 추정되었다.(사진 9)

중국측 학자들의 발굴보고에 의한 시대구분이 70년대 이러한 천계형
주자의 자료가 집적되어 가던 시기의 결론이므로 약간의 문제점도 있
지만 주자의 구조나 시유상태로 볼 때 크게 문제점은 없는 것으로 보인

---

16. 南京博物院, 「南京富貴山東晋墓發掘報告」 『考古』, 1966년. 제4기, 197~204쪽.

다.[17] 원래 이 분묘에서는 2점의 청자 천계형 주자가 발굴되었는데, 자료에 소개된 것은 1점이다. 동체는 다른 흑유나 청자의 주자가 넓게 옆으로 퍼진 형상인데, 비해 적당한 넓이로 균형을 이루고 있으며, 구경부는 좁으면서 약간 긴 편이다. 양쪽어깨의 계수호는 목부분이 짧은데 비해 벼슬은 약간 높게 제작되었다. 손잡이는 어깨의 다른 쪽에서 구연으로 자연스럽게 연결되고 있다. 구연은 동체에 비해 약간 좁은 형태인데, 실용적인 측면보다는 미적 감각이 더 강조된 느낌을 준다. 높이가 21.3cm, 최대복경이 20.4cm, 저경이 13.0cm이다. 전면에 청녹색 계열이 시유되었으나 하단부와 바닥은 유약이 시유되지 않았다. 1964년 호남성 박물관에 의해 長沙 남쪽의 양진 및 남조, 수대묘지가 조사되었다. 이 묘지군은 축조시기가 兩晉 및 남조와 수대에 이르는 11기로 이루어져 있다.[18] 이 중 진대묘로 추정되는 黃泥塘墓 3호에서는 흑유 천계형 주자가, 2호에서는 청자 천계형 주자 3점이 출토되었다. 흑갈유 천계형 주자는 높이가 16cm, 구경이 7.3cm, 저경이 10.1cm 정도인데 동체의 복부는 넓게 퍼진 형태이며, 계수는 적당한 목길이와 벼슬로 구성되었다. 어깨의 맞은 편에는 손잡이가 구연부로 연결되었다. 바닥은 평평한데 유약이 시유되지 않았다. 유약의 탈락이 많이 진행되어 상태는 좋지 못한 편인데, 중국측 학자는 동진 寧康 3년인 375년경으로 편년하고 있다. 2호묘에서 출토된 청자 천계형 주자는 모두 3건으로 크기는 약 11.3~18.5cm 정도로서 1점은 완전히 파괴되었고, 나머지 2점은 완형인데, 녹청색이나 담청색 계열의 유약이 시유되었다. 형태는 남경대학북원의 동진묘 출토 청자 천계형 주자나 3호분 출토 흑유 천계형 주자와 비슷하여 계수의 목은 짧고 벼슬은 그리 높지 않으며, 구연부는 동체부에 비해 좁은 편이다. 유약의 시유상태는 좋지 못한 편이

---

17. 南京大學歷史系考古組, 「南京大學北園東晉墓」 『文物』, 1973년. 제4기, 36~50쪽.
18. 湖南省博物館, 「長沙南郊的兩晉南朝隋代墓葬」 『考古』, 1965년. 제5기, 225~229쪽.

다. 이 청자 천계형 주자도 대략 4세기 중반이후에 제작된 것으로 중국 측 학자들은 판단하고 있는데, 전체적인 身部의 구조와 유약의 시유상태 등을 종합할 때 4세기 중·후반의 천계형 주자로 판단된다.

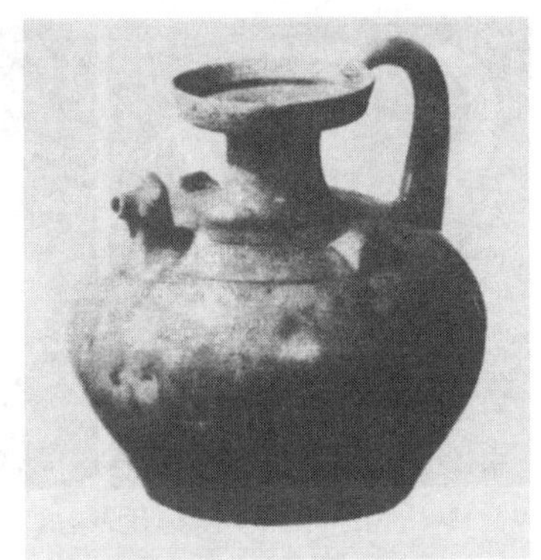

사진 10. 남경 막부산 동진묘 출토

1982년 남경시립박물관에 의해 남경 막부산 동진묘 3호분과 4호분이 발굴되었는데, 3호분에서 청자 천계형 주자 2건이 출토되었다. 1건은 거의 파손되어 형태를 고찰할 수 없으며, 1점은 비교적 상태가 양호한 편이다. 볼록한 복부는 안정적인 형태로 벌어져 있으며, 구경부는 좁고, 구연부는 직립하였는데, 다른 청자 천계형 주자보다는 좁은 편이다. 양쪽어깨에는 계수와 손잡이가 부착되어 있고, 다른 쪽 어깨에는 꼭지가 양쪽에 부착되어 있다. 계수는 다른 것과는 달리 입을 크게 벌리고 있으며, 벼슬과 눈의 경계가 명확하지 않다. 높이가 17.5cm, 구경이 8.5cm로 적당한 볼륨을 가졌는데, 다황색 유약이 전면에 시유되었는데, 동체 일부에는 구멍과 기포가 상당히 있고, 발색은 균일하지 못한 편이다.(사진 10) 이 분묘와 출토유물을 비교하여 편년하면 중국측 학자들의 동진 중만기설은 어느 정도 타당하다고 생각된다.[19]

이 밖에 1979년에는 남경시박물관에 의해 南京江寧縣上湖東晋墓가 발굴되었는데, 청자 계수형 주자가 3건이 수습되었다. (사진 11. 12. 13) 남경막부산 동진묘 3호분에서 출토된 청자 계수형 주자와 마찬가지의 형체를 가지고 있는데, 한 가지 뚜렷한 특징은 계수의 입을 꽉 다문 형상

---

19. 南京市博物館, 「南京幕府山東晋墓」 『文物』, 1990년. 제8기, 41~48쪽.

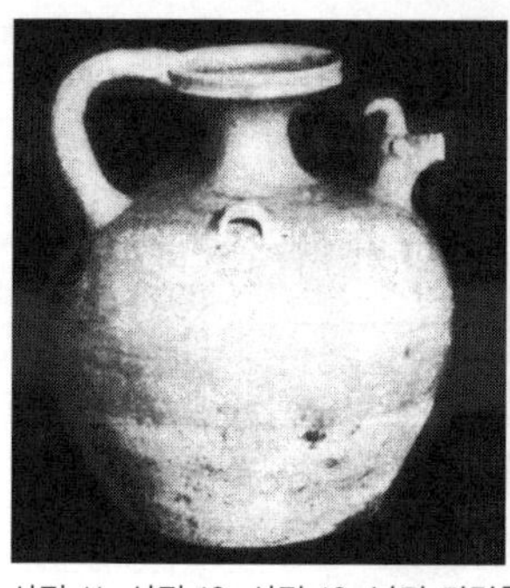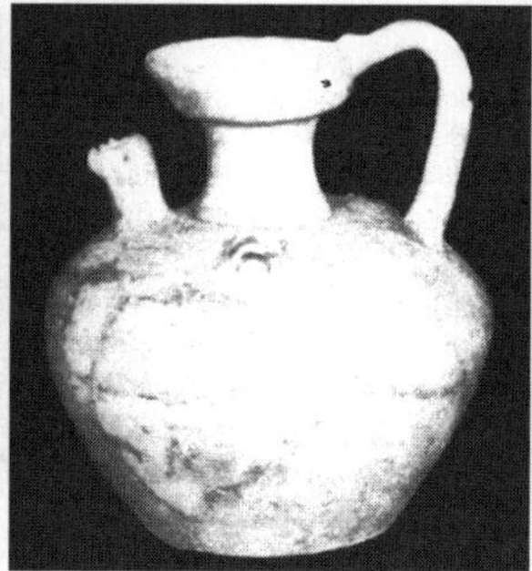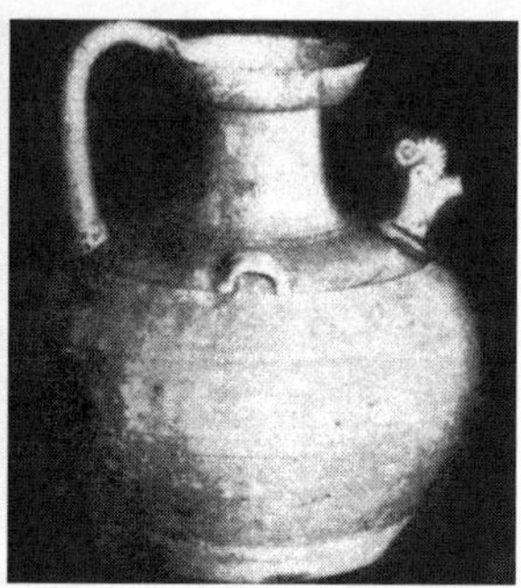

사진 11. 사진 12. 사진 13. 남경 강령현 상호 동진묘 출토

으로 만들었으며, 닭의 머리에 표현된 벼슬이 소뿔형상으로 만들어져 길게 뻗어 있다는 점이다. 높이는 18.2~23.8cm 이고, 구경은 대략 15~17cm 정도로 적당한 크기와 높이인데 유약은 다황색 및 녹청색 유약이 시유되었다. 3점 모두 유약이 균일하게 시유되지 않았고, 많은 기포와 잡물이 동체에 부착되어 있다. 바닥은 유약이 시유되지 않았다. 중국 학자들에 의해 동진 초기로 파악되었는데, 유물의 상태나 구도로 볼 때 동진 초·중반 무렵의 것으로 추측된다.[20]

1990년대에도 중국의 남방지역인 강소지방의 전축분에서는 계속해서 청자 및 흑유 천계형 주자가 출토되는데, 1997년 남경시박물관의 남경시현무구 문화국은 부귀산에서 육조시대 고분군을 발굴하였다. 이 부귀산의 고분군은 모두 6기로서 이 중 2호분에서는 2기의 청자 천계형 주자가, 4호분에서는 청자 천계형 주자가 10기 수습되었다. 2호분의 천계형 주자는 모두 2점이 수습되었는데, 형상은 비슷하나 규모면에서는 약간의 차이가 있다. 그 중 1점은 높이가 18.2cm, 구경이 9.8cm, 저경이 8.2cm 로서, 동진시대 초기의 특징은 넓은 복부와 두꺼운 구경부, 넓은 구연부로 이루어 졌으며, 계수의 형태도 목이 짧고, 벼슬의 장식도 짧게

20.　南京市博物館,「南京江寧縣上湖東晋墓」『文物』, 1990년. 제8기, 49~52쪽.

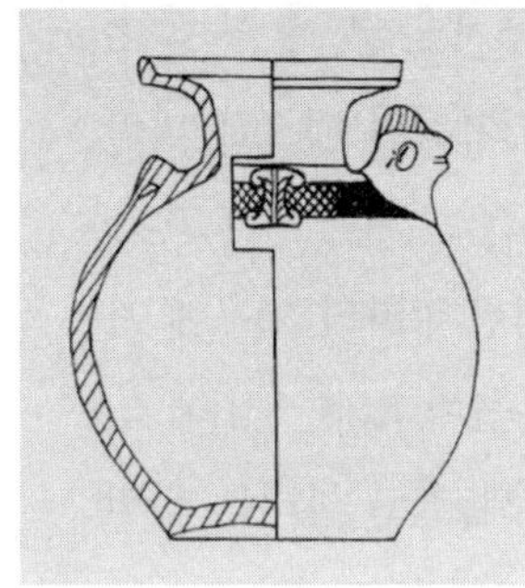
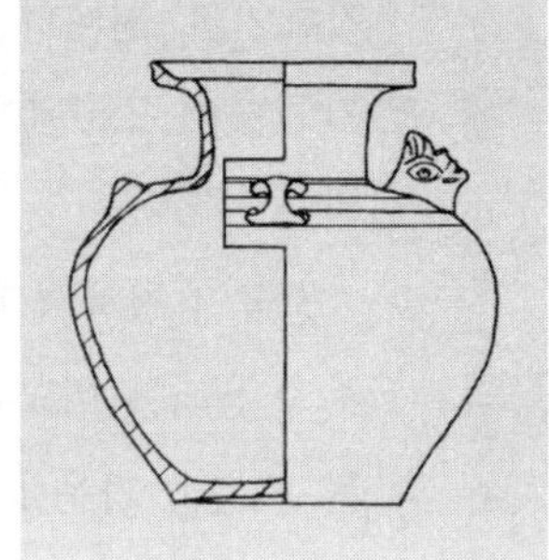
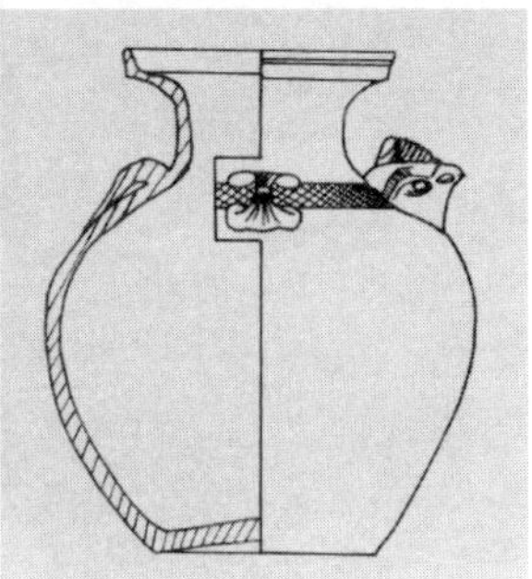

도면 4. 남경시 부귀산 2호분 출토   도면 5-1. 도면 5-2. 남경시 부귀산 6호분 출토

만들어 부착되었다.(도면 4) 한 가지 특징적인 것은 견부의 한쪽에는 계수
가 부착되어 있고, 다른 한쪽에는 원형의 손잡이가 부착되어 있는 것이
통상적인 천계형 주자의 형식이지만 이 천계형 주자에서는 견부의 다른
면에서 구연부로 연결되는 손잡이가 없이 장식적인 꼭지가 견부에 부착
되어 있다는 것이다. 6호분에서 출토된 천계형 주자는 모두 10점으로 2
종류로 구분되는데, A류형은 모두 2점으로 양쪽어깨에 계수와 닭의 꼬
리모양의 손잡이가 부착되어 있는 모습으로 청회색 유약이 시유되어 있
다. 견부 부근에 4줄의 원형의 선이 돌려져 있다. 계수의 머리모양은
다소 단순한 편이다. B유형은 A형과 비슷하지만 계수의 조각수법이 좀
더 사실적이면서 정밀한 느낌을 주며, 견부에는 하나의 원을 쌍문으로
돌렸다. 견부의 다른쪽에는 묶은 풀무늬 모양의 꼭지를 만들어 부착하
였다. A·B형 모두 어깨부분에서 구연부로 연결되는 손잡이는 없고, 청
자사이호나 육이호의 손잡이와 비슷한 꼭지가 부착되어 있다.[21] (도면 5-
1.2) 이 유적을 발굴한 당사자는 이 고분의 2호와 4호분의 축조시기를 유
물들의 특징과 함께 파악하였는데, 2호와 4호는 동진 초기로, 다른 고분
들은 남조 초기로 편년하고 있다. 중요한 편년자료가 천계형 주자와 청

---

21. 南京市博物館　南京時玄武區文化國, 「江蘇南京市富貴山六曹墓地發掘簡報」 『考古』, 1998
    년. 제8기, 35~47쪽.

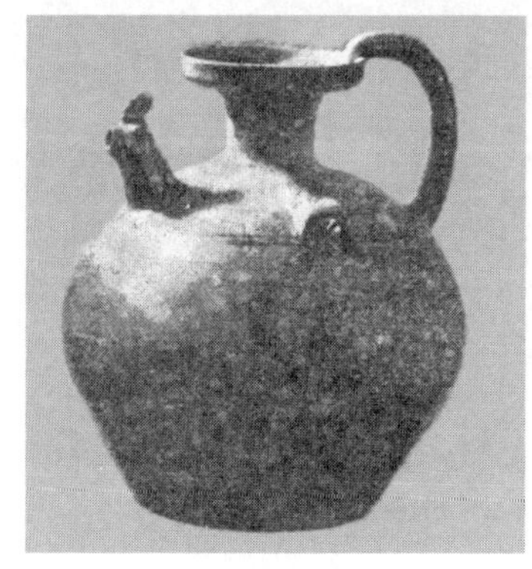
사진 14. 남경 왕민지묘 출토

자류인데, 천계형 주자로 볼 때 동진 초기인 330~340년에 제작된 것으로 파악된다.

한국의 청자 천계형 주자의 연구에 자주 이용되는 비교유물이 南京 象山에 있는 고분군 가운데 제5호로 불리는 왕민지묘 출토 청자 천계형 주자이다. 이 주자는 이 고분에서 출토된 묘지석 중에서 升平 2년(358년), 咸康 7년(341년), 永和 4년(348년), 太元 17년(392년) 등 절대편년을 갖는 동진시대에 해당하는 묘지석이 4종류가 출토되었는데, 이 중 왕민지묘에서 나온 묘지석은 승평 2년(358년) 묘지석이므로 이 천계형 주자는 358년 이전에 제작된 것이 확실하다. 이 천계형 주자는 전 청주출토 천계형 주자와 비슷한데 구연부가 약간 넓은 점이 다른 점이다.(사진 14) 저부는 평평하며, 견부에 세 줄의 원을 돌렸으며, 복부는 전 청주출토 주자와 비교해 보면 약간 길죽한 동체를 갖고 있으며, 옆으로 퍼진 느낌이 훨씬 적은 편이다. 높이는 31.7cm에 이르는 대형의 천계형 주자이다.[22]

이러한 천계형 주자는 현재 일본과 영국 등의 외국 박물관에도 분포하고 있는데, 옥스퍼드 A shmolean Museum 소재 청자 천계형 주자는 중국 남조의 越州窯제품으로 알려져 있는데, 동체는 적당히 넓은 복부를 가지고 있으며, 구경부는 상당히 좁으면서 짧은 편이다. 견부의 고리부근에는 한 줄의 원을 돌리고 있는데, 구연부는 약간 외반되어 있는데, 폭이 짧게 만들어져 있다.(사진 15) 견부 한쪽에는 목이 길게 만들어진 계수가 부착되어 있는데, 벼슬은 높게 만들어져 있다. 양쪽 견부 중 한

---

22. 南京市博物館,「南京象山5號·6號·7號 墓淸理簡報」『文物』, 1972년. 제11기, 23~37쪽.

쪽에는 원형으로 구연에 연결된 손잡이
가 부착되어 있는데, 별도로 더 붙인 흔
적이 남아 있다. 유약의 용융상태가 좋
지 않아 응고된 부분이 많고 발색이균일
하지 않다. 저부에는 유약이 시유되지
않았다.[23] 대체로 동진시기에 해당되는
4세기 중반기 작품으로 파악된다.

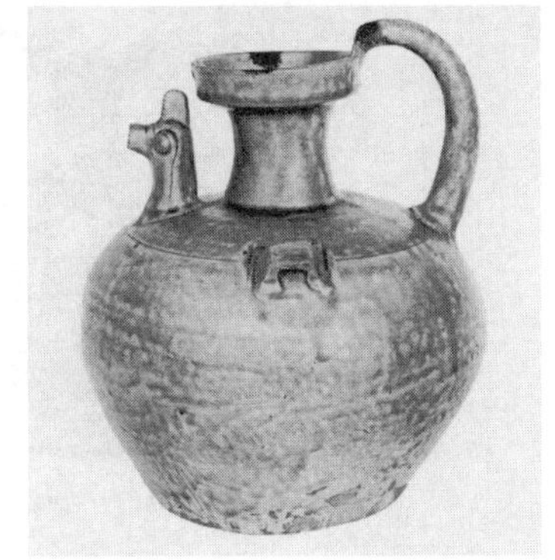

사진 15. 옥스퍼드 A Shmolean Museum 소장

3. 南朝 및 隋代 天鷄形 注子

1987년 광동성 신흥현에서 남조시대 전축분 1기가 발굴되었는데, 이
고분의 화문전에서 元嘉 2년명과 원가 8년명의 기념명이 보이는데, 이
원가는 남조 송의 연호로서 대략 430년 전후의 5세기 초반으로 비정되
고 있다. 이 고분에서는 계수형 주자가 2건 출토되었는데, 주자는 회백
색 태토에 청황유가 시유되었다.(사진 16. 17) 복부는 옆으로 퍼지기 보다
는 현재의 주자 형태와 비슷하게 길쭉한 편이다. 계수도 벼슬이 길게
솟아 있으며, 아가리도 밖으로 뻗어 있는 편이다. 구경부도 동체에서는
퍼져 있다가 중앙부에서는 좁아지고, 다시 구연부에서 벌어지는 형태로
점차 실용적인 면이 강조되고 있는 느낌을 준다. 유약이 고르게 시유되
지 않아 당삼채와 같은 느낌을 준다. 높이는 24.0, 31.0cm이고, 구경은
11.3~14.8cm이고 저경은 13.0~14.8cm 정도로서 동진시기의 천계형
주자보다 조금은 커지면서 복부는 축소된 모습으로 변화하여 실용적인
측면이 더욱 더 고려되고 있는 모습이다.[24]

일본의 오사카의 동양도자미술관에는 남조시대의 청자 천계형 주자가

23. 마가렛 메들리, 김영원 역, 『중국도자사』, 열화당, 1986, 86~87쪽.
24. 古運泉, 「廣東新興縣南朝墓」 『文物』, 1990년. 제8기, 53~57쪽.

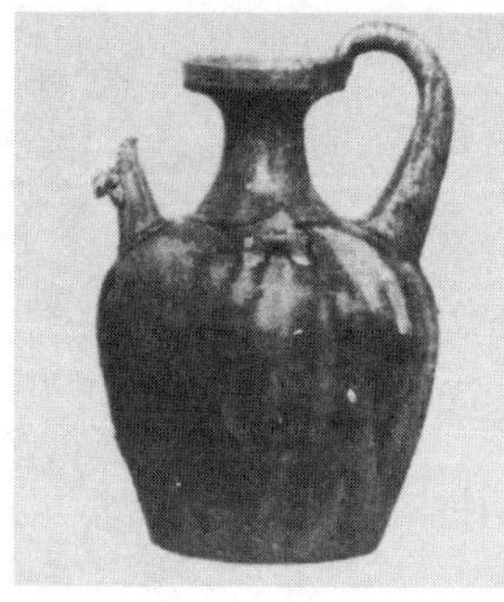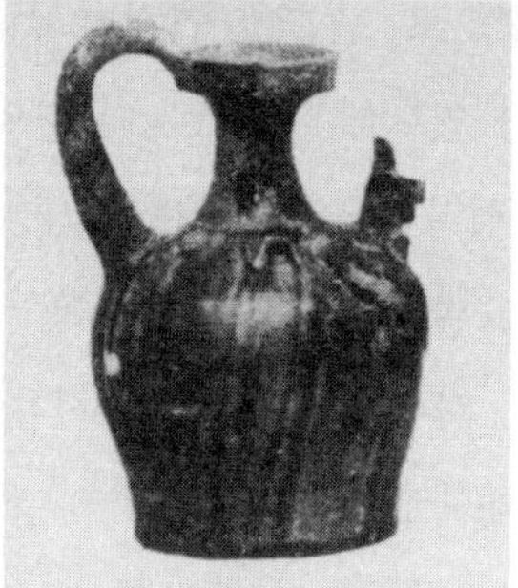

사진 16. 사진 17. 광동성 신흥현 출토

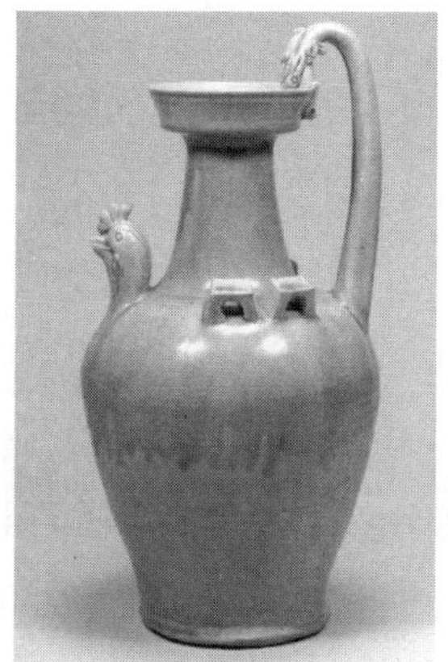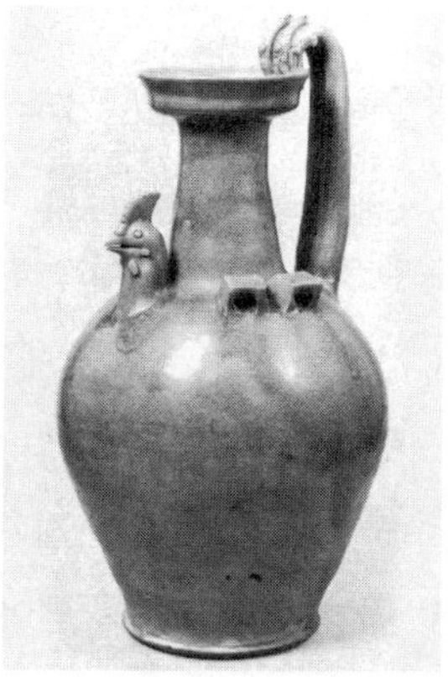

사진 18. 오사카 동양도자 미술관 소장   사진 19.

1점 있으며, 중국 본토에도 남조시대의 청자 천계형 주자가 있다.[25] (사진 18. 19)

이 천계형 주자들은 동진시기의 청자형 주자와는 달리 높이가 전반적으로 40cm이상으로 커졌으며, 특징으로는 구경부가 이전시대보다 훨씬 길어지고, 어깨에서 구연부로 연결되는 손잡이에 두 개의 용머리를 조각하여 손잡이의 장식적 효과는 추구하였으나, 주자의 원래 용도인 생

---

25. 東洋陶磁美術館, 『東洋陶磁の 展開』, 1994, 34쪽.
　　이용욱, 앞의 책, 211쪽.

활용기로서의 실용적인 면이 강화되는 방향으로 동체가 변화되고 있는 점이 잘 나타난다. 또한 계수의 목부분이 짧아지며, 벼슬과 입, 눈동자를 표시하는 기법도 사실적으로 변화된다.이러한 변화의 추세는 그 동안의 동진시대의 주자들에는 어깨의 양면에 꼭지가 하나씩 나타나 는데, 비해 남조의 주자들에게는 구경부를 기준으로 하여 중앙부에 2개씩 위치하고 있는 점에서도 더욱 더 잘 나타난다고 하겠다. 2점 모두 유약의 시유상태가 고르지 못하며, 저부는 거의 유약이 시유되지 않았다.

이제 이 장의 마지막으로 중국 수대의 천계형 주자의 예를 들겠는데, 대표적인 유물로는 섬서성 서안시 이정훈 묘에서 출토되어 중국 역사박물관에 소장되어 있는 백자 천계형 주자와 남경박물원에 소장되어 있는 청자 천계형 주자를 들 수 있다. 1957년 발굴된 이정훈 묘는 시기가 대략 608년경으로 추정되는데, 높이는 대략 27.4cm로 다른 백자류와 함께 출토되었다. 동진이나 남조의 주자들과는 달리 계수의 형상도 정형화 단계에서 벗어나 자연스러움을 주며, 다른 쪽 견부에 부착된 손잡이도 용머리를 형상화 하였지만 한결 부드러움을 느낄 수 있다. 구경부와 구연부는 변화되어 구경부는 폭이 매우 좁아진 형상이며, 또한 구경부는 두 줄의 양각된 원을 경계로 하여 위·아래를 구분하고 있다. 또한 이제까지 어깨의 다른 쪽 부분에 사다리꼴로 존재하던 꼭지도 장식적인 고리모양의 꼭지로 바뀐다는 것이다. 남경박물원의 청자 천계형 주자는 청색의 유약을 전면에 시유하였으나, 동체 하반부에는 유약이 시유되지 않았다. 손잡이의 윗부분에는 용두의 형상을 장식하였고, 동체상부와 견부사이에는 2줄의 원을 두 곳에 돌렸으며, 구경부 상단에도 4줄의 원을 돌렸다. 견부의 양쪽에는 손잡이와 계수가 위치하고 있으며, 다른 양쪽에 존재하는 꼭지대신 고리모양의 장식의 일종인 系를 부착하였다.(사진 20. 21) 이러한 주자들은 당대에 이르면 鳳頭龍柄壺나 靑釉鳳首壺, 雙螭龍 雙身瓶의 형태 등으로 변화되거나 동체의 상부에

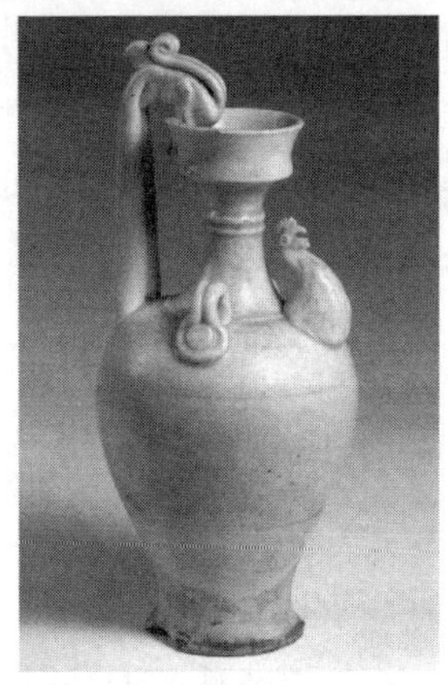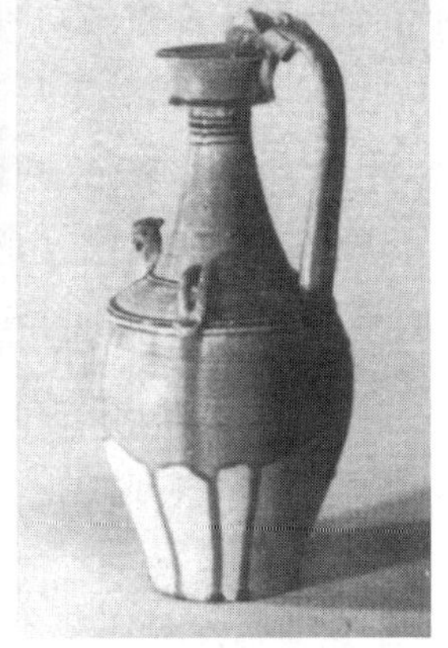

사진 20. 섬서성 이정훈 묘 출토 ｜ 사진 21. 남경박물원 소장

4~8개의 고리를 매달은 계가 부착되는 청자나 백자의 사이호, 육이호 등으로 변화된다.[26]

Ⅲ. 韓半島 出土 天鷄形 注子의 形態와 特徵

한반도에서는 지금까지 천계형 주자가 4점 알려졌는데, 그 중 한 점이 공주대학교 박물관이 발굴한 흑유 천계형 주자이며, 나머지 3점은 청자 천계형 주자로서 모두 1999년 국립중앙박물관에서 개최된 특별전 "백제"에 공개되어 일반인들에게 많은 관심을 불러 일으켰다. 이들 천계형 주자는 모두 동진시대 작품으로 추정되어 4세기 경의 작품으로 판단되고 있다.[27] 이 장에서는 한반도 출토 천계형 주자의 개략적인 형태와 특

---

26. 중국규산염학회, 오강원 역, 『중국도자사』, 354~355쪽.
  이용욱, 앞의 책, 63쪽.
27. 국립청주박물관, 『한국출토 중국자기특별전』, 1989, 29쪽.
  원광대학교박물관, 『박물관도록』, 1996, 241쪽.
  이남석, 『용원리고분군』, 공주대학교박물관, 2000, 494~495쪽.

징을 개별 유물별로 살펴보고자 한다.
충남 천안시 용원리 9호 석곽묘에서 출
토된 흑유 천계형 주자는 黑色磨研土器,
鉢形土器, 廣口短頸壺, 金銅製耳飾, 鐵製
環頭大刀 등과 함께 출토되었다. 발굴
보고서에서는 흑유 천계형 주자를 동진
제로 보았다.(사진 22) 주자는 일부에 결
실이 있었는데, 복원하여 지금은 완형이
다. 납작한 바닥에 납작한 몸체, 좁은

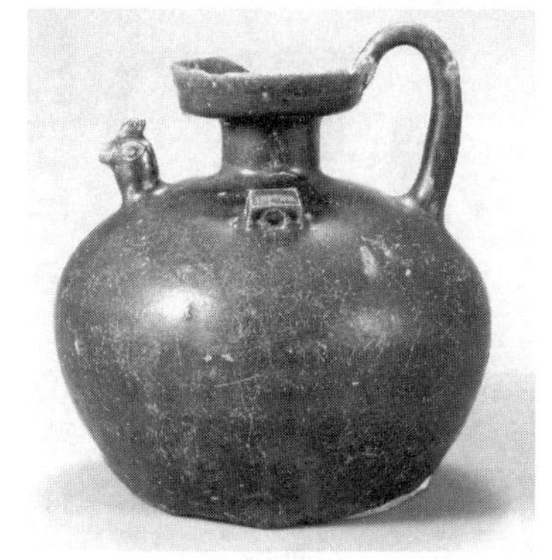

사진 22. 천안 용원리 출토

목을 수직으로 뽑고, 아가리를 넓게 내어 반구호의 아가리와 동일한 형
태로 外緣을 수직으로 올리면서, 몸체의 어깨부분에 두 개의 꼭지, 하나
의 계수, 그리고 계수의 반대편에 손잡이를 부착하였는데, 계수와 손잡
이는 전형적으로 사용되던 방법인 대각으로 위치한다. 높이가 14.8cm,
바닥의 지름이 10.7 cm, 입지름이 6.9cm인데 몸체의 중앙부분은 최고
15.2cm이다. 전체적인 기형은 납작한 바닥을 넓게 자리잡아 안정적이
나 중앙부가 약간 들린 형상이다. 몸체는 상단에 최대지름을 두고, 하단
은 곧게, 중간에서 약간 위쪽에 曲律을 주고, 상단에서는 거의 수평으로
좁혀 넓은 어깨부분을 두었다. 몸체의 상단에서 좁은 목을 내어 수직으
로 올렸는데, 전체적으로 짧은 느낌을 준다. 아가리는 경부의 상단에서
수평으로 6.7cm의 범위로 넓게 벌린 다음, 직각으로 꺾어 수직으로 올
렸는데, 1.6cm의 높이로 약간 되바라진 형상이다. 계수는 손잡이의 반
대편에 두부만 장식한 형상으로 몸체의 기벽에서는 수직으로 세웠으나
전체적으로는 앞으로 약간 숙인 상태로 높이가 2.5cm이다. 눈을 부릅
뜨고, 주둥이가 수평으로 뻗어 있으며, 지름 0.6cm 정도의 작은 주구가
원형으로 뚫려 있다. 벼슬은 약간 치켜진 형상인데, 주둥이와 눈, 그리
고 벼슬은 음각선으로 표현하였다. 반대편의 손잡이는 몸체의 어깨에서

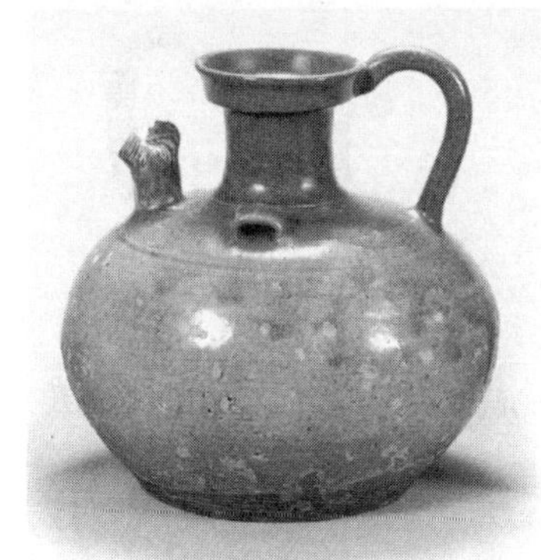

사진 23. 전 청주지역 출토

원통형을 부착하여 곧게 6cm 정도 올리고, 아가리의 높이에서 크게 안으로 원형으로 휘어지면서 입술면에 접착하여 갈고리 형상으로 만들었다. 그리고 좌우의 꼭지는 1cm 높이에, 1.6cm 정도의 너비, 그리고 1cm의 길이의 것으로 사각의 중앙에 원형으로 구멍을 낸 것이다. 표면의 유약은 매우 두텁고 고르게 시유된 상태인데, 몸체의 계수와 손잡이는 시유가 얇게 이루어져 녹색이 도는 흑갈색으로 나타나고, 이외의 부분은 갈색이 미약한 흑색이다. 바닥은 시유되지 않아 바탕흙이 그대로 있는, 다갈색이다. 이 용원리 흑유 천계형 주자의 편년에 있어서 발굴자는 중국의 항주의 노화산 출토 흑유 천계형 주자나 남경시박물관이 발굴한 사씨묘의 출토 흑유 천계형 주자의 편년인 4세기 중엽에서 5세기 초반부의 편년을 설정하면서도 항주 노화산 출토 흑유 천계형 주자와의 연관성을 강조하여 4세기 후반으로 제작연대를 추정하며, 제작지도 동진시대에 흑유 천계형 주자를 1세기가 넘는 시기까지 제작한 덕청요산으로 해석하고 있다.[28] 이 용원리 고분출토 천계형 주자는 다른 수습유물들과 비교하여 보면 위세품적 성격이 농후하여 다른 류의 천계형 주자들도 위세품적인 성격으로 사용되었음을 추정할 수 있다. 전 청주지역 출토로 전하는 원광대학교 박물관 소장의 청자 천계형 주자는 높이가 19.3cm, 입지름이 7.5cm, 바닥지름이 13.0cm 정도인데 중국의 동진시대에 제작된 것으로 추정되며(사진 23), 중국의 많은 청자 천계형 주자처럼 발색이 깨끗하지 못하며, 형태도 단순하여 장식적인 효과를 시

---

28. 이남석, 앞의 보고서, 100쪽.
  이남석, 앞의 논문, 134~135쪽.

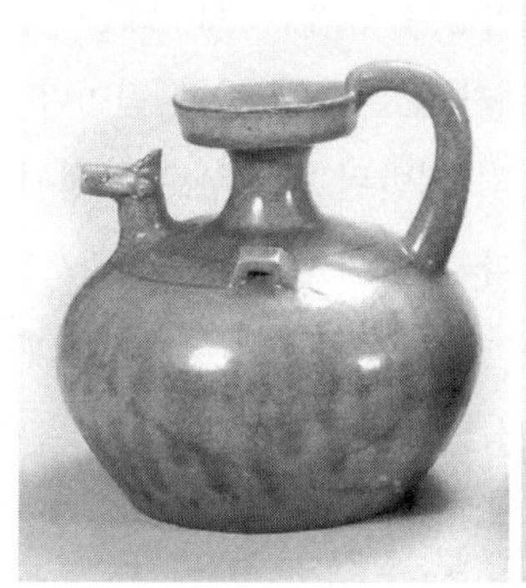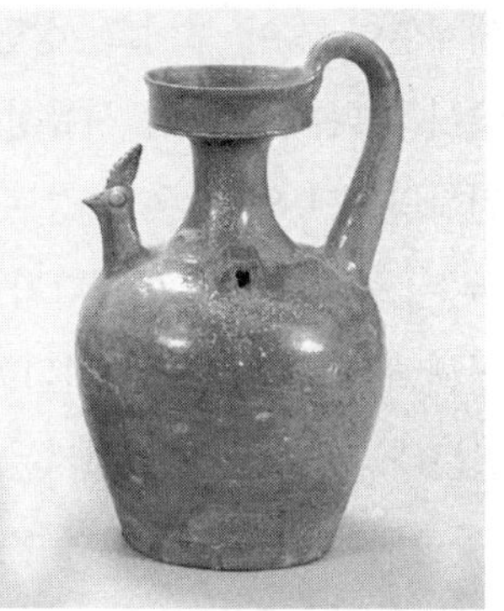

사진 24. 사진 25. 국립중앙박물관 소장

도한 흔적은 없다. 대체적으로 구형의 몸체에 짧게 직립한 목과 외반된 구연으로 구성되었는데, 어깨에는 닭머리 모양의 注口와 그 반대편의 손잡이가 대칭적으로 연결되고 있다. 이 손잡이는 파손된 것을 수리하여 복원한 것이다. 주구와 손잡이의 중간에는 작은 고리형의 꼭지가 2개가 부착되어 있다. 계수는 주둥이를 약간 쳐들고 있는데, 벼슬은 적당한 높이로 눈과 함께 음각선으로 표현하였다. 저부는 유약이 시유되지 않아 흑갈색의 태토가 그대로 드러나 있으며, 다른 동체 전면에는 황갈색 유약이 시유되었는데, 동체는 황색농도가 구경·연부와 손잡이에는 녹색의 농도가 강하게 채색되어 있다. 동체부분의 유약이 덜 묻은 곳은 황백색의 반점얼룩이 보인다. 특히 구경부와 구연부에는 빙렬이 보이고, 발색이 깨끗하지 못한 편이다. 제작시기는 대체적으로 4세기경으로 추정하고 있으나 기형이나 유약의 발색상태 등을 고려할 때 4세 중반경에 제작된 것으로 파악된다. 국립중앙박물관에는 동진시대 제작된 것으로 추정되는 청자 천계형 주자가 2점이 소장되어 있는데, 1점은 높이가 15.0cm, 바닥지름이 10.3cm, 입지름이 7.0cm 정도이며(사진 24), 1점은 높이가 19.0cm, 바닥지름이 9.2cm, 입지름이 7.5cm 이다.(사진 25) 사진 24의 천계형 주자는 전면에 녹황색 유약을 시유하였는데, 상단이하에는 황색계열이 많이 보이고, 상단이상의 동체와 계수에는 녹청색 계열의 유약이 나타나 유약의 시유상태가 균일하지 못한 편이다. 옆으로 벌어진 원형의 복부와 짧은 구경부 및 외반된 구연부로 구성되어 있는데, 구경부는 중앙에서 좁아졌다가 다시 넓어지는 모습이다. 손잡이는 동체의 어깨에서 구연부로 연결되며, 반대편에는 목이 짧은 계수가 부착되어 있는데, 벼슬은 약간 치켜든 상태로 있으며, 아가리 부근은 앞으로 많이 돌출되어 있다. 다른 쪽 견부에는 주구와 손잡이의 중간부분에 작은 고리형의 꼭지가 부착되어 있다.

사진 25는 대체적으로 길죽한 동체에 세잔한 구경부와 외반된 구연부로 구성되어 있는데, 몸체 전면에는 녹황색 유약이 시유되었다. 동체 전면에는 기포와 잡물이 많이 부착되어 있으며, 유약도 많이 탈락되어 있다. 어깨에 부착되어 있는 계수는 목이 긴편으로 벼슬은 높게 돌출된 모습이다. 주구는 닭의 부리와 마찬가지로 날카롭게 표현되어 있다. 이 주자는 사진 23의 주자보다는 몸체의 길이가 커졌으며, 계수의 벼슬의 장식적인 면도 강화된 것 같아 약간 시대가 떨어진 동진 중반이후에 제작된 것으로 보인다. 특히 남조 때 주자가 동체의 길이가 세장되고 복부의 폭이 줄어드는 특징을 보이고 있어 양식적으로 보면 이 주자는 동진 중반 이후의 남조시대에 가까운 시점에서 제작된 것으로 추정된다.

Ⅳ. 맺음말

지금까지 중국에서 시원하여 발달한 천계형 주자의 대표적인 유물을 중심으로 특징과 시대적 변화과정을 대략 파악하여 보았다. 이 천계형 주자는 일찍부터 중국의 남쪽지방과 활발한 문화적 교류를 진행하여 온 백제의 옛 영역에서만 출토되어 백제와의 관련성에 주목을 받아 왔다.

이 천계형 주자는 지금까지 4점이 알려졌는데, 출토지가 알려진 유물로는 용원리 출토 흑유 천계형 주자와 전 청주출토 원광대학교 박물관 소장 청자 천계형 주자가 있으며, 출토지가 알려지지 않은 국립중앙박물관 소장 청자 계수형 주자가 2점 있다. 한반도 출토 천계형 주자의 제작연대는 지금까지 대략 4세기로 추정되어 왔는데, 용원리 출토 흑유 천계형 주자는 보고서에 의하면 발굴자는 4세기 중엽이후의 중국 동진시대 수입품으로 보고 있는으며, 그 역할을 위세품적인 성격으로 규명하고 있다. 흑유 천계형 주자는 이미 앞에서 설명하였지만 중국 절강성 항주 노화산에서 출토된 흑유 천계형 주자와 비슷한 점이 강조되어 이 천계형 주자가 발견된 고분에서 출토된 묘지석의 제작년대인 興寧 2년인 364년은 용원리 출토 흑유 천계형 주자의 상대편년으로 생각될 뿐 아니라 한반도 출토 천계형 주자의 편년 자료로서 사용되고 있다. 나머지 청자 천계형 주자는 대략 남경 상산에 있는 고분군 가운데 제 5호분인 왕민지묘 출토로서 월주요에서 제작된 천계형 주자와 비슷한 면이 강조되어 4세기 중엽으로 편년되고 있다. 이 왕민지묘 출토 청자 천계형 주자와 국내 천계형 주자의 유사성은 일찍부터 집중적으로 조명되어 왔다. [29]

이러한 기존의 연구성과와 그 동안에 조사된 자료를 분석하여 보면 이러한 천계형 주자는 대부분이 동진시대에 이르러 활발히 제작되었으며, 아울러 이 시대에 제작된 중국제 천계형 주자들이 한반도에 수입되었음을 알 수 있다. 또한 중국에 있어서도 이 천계형 주자들은 대부분 남방지역인 浙江省, 江蘇省, 湖北省 등지에서 활발히 제작되었는데, 주요 생산지는 덕청, 상동, 월주요 등이다. 이러한 점에 의해 천안 용원리

---

29. 三上次男, 「漢江地域發見の四世紀越州窯と初期百濟文化」 『朝鮮學報』81, 1976, 357~380쪽.
　　김영원, 앞의 논문, 62쪽.
　　이종민, 앞의 논문, 170~171쪽.

출토 흑유 천계형 주자는 덕청요산으로, 원광대 소장 전 청주출토 천계형 주자는 월주요산으로 추정된다.

중국에서 발생한 도자의 한 형태로서 발달한 천계형 주자는 한반도에 그 모습이 나타나며, 또한 3~6세기의 중국 수입도자가 극히 일부를 제외하면 옛 백제지역에서만 그 발견된다는 점에서 우리에게 주목대상이 된다. 한반도에서 출토된 천계형 주자는 그 형태가 중국의 발생초기인 서진과 같은 형태의 것은 보이지 않고, 중국에서 이 유형이 한창 유행하던 동진시대의 양식의 제품이 그대로 수입되어 나타난 것으로 보인다. 전형적인 동진양식은 복부가 풍만하고, 반구는 매우 깊으며, 어깨의 양쪽에는 고리형 꼭지가 있고, 다른 쪽 어깨에는 짧은 목으로 구성된 계수가 있으며, 계수의 벼슬은 약간의 차이가 있지만 높지 않으며, 주구는 약간 앞으로 돌출된 편이다. 그리고 계수의 반대편에는 원형의 손잡이가 부착되어 있는데, 동진 만기이후 나타나는 손잡이의 장식인 용두는 나타나지 않고 있어 이 천계형 주자들이 동진시대 만기이전에 만들어진 전형적인 동진 중반의 양식임을 알 수 있다.

한반도 출토 천계형 주자 4점 중 용원리와 전 청주 출토 천계형 주자는 재질에서 오는 차이점을 제외하고는 대체로 비슷한 형태를 가지고 있으나 최근 백제전에 처음으로 공개된 녹황색의 천계형 주자는 다른 천계형 주자보다는 형태상 실용적으로 변화되고 있어 약간의 차이점을 나타내고 있다. 그러나 유약의 시유상태나 장식적인 효과를 가져오는 손잡이의 용두문양 등이 없는 것으로 보아 제작 시기는 별 차이가 없을 것으로 보인다. 특히 용원리 출토 흑유 천계형 주자를 제외하고는 정확한 출토지나 소장경위 등이 자세히 알려져 있지 않아 이를 연구하는데 어려움이 있을 수 밖에 없다.

중국에서도 이 천계형 주자는 대략 4세기 말 이전까지는 흑유와 청자류가 같은 시기에 제작되다가 5세기 초에 이르면 청자제작 기술의 발달에 따라 점차 흑유의 제작이 중단되고, 청자 천계형 주자만이 제작된 것으로 추정된다.

천계형 주자들은 중국의 도자문화가 한반도에 수입되어 나타난 것인데, 아직까지 이러한 천계형 주자가 한반도에 도자문화 발달에 어떠한 영향을 미쳤는지는 정확히 파악할 수 없다. 중국 본토에서도 수대나 初唐이후에 생산된 천계형 주자가 많이 발견되지 않는 점은 이 천계형 주자가 앞에서 언급한 것처럼 초당 이후에는 자취를 감추고, 당나라의 삼채에서는 鳳頭龍柄壺나 靑釉鳳首壺, 雙螭龍 雙身瓶의 형태 등으로 변화되거나 동체의 상부에 4~8개의 고리를 매달은 계가 부착되는 청자나 백자의 사이호, 육이호 등으로 변화되거나 발달하여 여러 가지 모양의 다양한 주자로 변모되었을 가능성을 높게 하여 준다. 이렇게 천계형 주자가 변화되는 주요한 원인은 시대적인 미감변화에 따른 실용적인 도자문화로의 전환일 것으로 생각된다.

이상으로 간단하게 천계형 주자의 시원형식과 그 발달과정을 시대순으로 파악해 보고, 그 기준선상에서 한반도의 천계형 주자의 편년을 검토하여 보았다. 용원리 고분출토 주자를 제외하고는 동반되는 유물이 없는 전세품 성격의 주자들이어서 구체적인 편년이나 기형상의 변화를 관찰하는데는 중국측 자료를 가지고 해석하는 수준에 머물게 되었음을 아쉽게 생각한다. 앞으로 새로운 자료가 집적되어 체계적이고 정밀한 분석위에 이들 주자가 어떠한 성격을 갖는지, 또한 이들 주자가 한반도의 도자문화 발달에 어떠한 영향을 미쳤는지는 앞으로의 연구과제로 남겨놓고자 한다.

이 논문을 작성한 후 2003년 말에 공주 수촌리 유적 II-4호 석실분에서 천계형주자 1점이 출토되었다. 높이가 23.0cm, 구경이 9.6cm인 이 주자는 천안 용원리 9호 석곽묘에서 출토된 천계형주자에 이어 2번째로 발굴조사에서 확인된 천계형주자이다. 대체적인 형태는 천안 용원리 출토품과 유사하지만 전체적인 높이나 구경이 용원리 출토품보다는 큰 편이다. 또한 腹部의 형태도 용원리것 보다는 다소 펑퍼짐한 편이다. 肩部에 부착된 계수의 벼슬도 약간 크게 만들어져 있다. 이러한 형태를 전체적으로 고려하면 중국 江蘇 無錫 太和 5년(370) 기년묘 출토품이나 南京 司家山 M4호 '謝球' 부부 합장 義熙 12년(416) 기년 묘 출토품과 유사하여 대략 370년에서 400년 전후에 만들어진 천계형 주자로 생각된다.

4~5세기 백제 지역 출토 중국도자

I. 머리말

한반도에서는 삼국시대부터 조선시대까지 중국에서 도자기가 수입되어 한국 도자문화에 커다란 영향을 주었다. 특히 삼국시대 백제지역에는 삼국 중 고구려나 신라에 비해서 월등히 많은 중국도자기가 수입되어 사용되었다. 백제에는 西晉·東晋·南·北朝의 青磁·白磁·黑釉가 수입되어 백제의 고분과 생활유적 등에서 출토되었다. 삼국 중 고구려에서는 漢代 綠釉와 青磁가, 신라에서는 黑褐釉 등이 확인되어 삼국과 중국 간의 문화적 교섭을 잘 보여주고 있다. 이러한 중국수입도자는 백제지역에서는 광범위하게 확인되는데, 중국수입도자는 지역적으로 서울·경기 등을 포함하여 충청·호남지방등 백제의 전역에서 확인되며, 도자의 종류에 있어서도 청자·백자·흑유 등 다양하게 나타나고 있다.

백제에서 이러한 중국수입도자는 한성기·웅진기·사비기 전시기에 걸쳐서 확인되는데, 이러한 중국수입도자는 백제의 유물에 많은 영향을 끼쳤을 것으로 추정된다. 그중 백제토기에 나타난 영향에 대해서는 연구성과가 상당히 축척되어 있다[30]. 중국에서 백제지역에 수입된 중국도

---

30. 중국수입도자가 백제토기에 영향을 주었을 것으로 보는 논문들은 다음장인 한극출토 중국도자 연구사에서 구체적으로 설명하겠으나, 1997년 발표된 이종민의「백제시대 수입도자의 영향과 도자사적 의의」와 1998년의 김영원의 「百濟時代 中國陶磁의 輸入과 倣

자는 대략 3~4세기에 해당되는 풍납토성과 몽촌토성 등의 유적에서 중국의 전문와당편과 흑갈유 도기호, 흑갈유 전문토기편 등이 출토되었다. 3~4세기 초의 중국 수입도자가 백제의 영역권에서 확인된 이후 4~5세기 유적인 원주 법천리, 천안 화성리, 천안 용원리, 공주 수촌리, 금산 수당리, 익산 입점리, 부안 죽막동, 오산 수청동 등에서는 청자완과 잔을 비롯하여 육이호, 사이호, 반구병, 양형청자 등과 함께 흑갈유 천계형주자 등이 출토되었다. 백제의 4~5세기 유적에서 중국에서 수입된 도자기가 집중적으로 출토되고 있는 것이다. 이글에서는 지금까지 발굴보고서나 개별연구서에 부분적으로 소개되었던 개별 유물을 종합적으로 정리하고자 하며, 아울러 2006년 현재에 발굴되어 확인된 오산 수청동 유적의 최근발굴성과도 정리하고자 한다.

또한 이러한 백제에서 확인된 중국수입도자들이 몽촌토성과 풍납토성 등의 생활유적과 원주 법천리, 공주 수촌리, 서산 부장리 등 고분, 부안 죽막동유적 등 제사유적 등에서 확인되고 있는 점은 중국수입도자가 특수한 계층의 일상생활용, 제례용, 부장용, 위신재 등의 목적을 가지고 사용되었음을 알려 준다고 하겠다. 이글에서는 이들 유적이 갖는 의미를 조명하여 중국 수입도자가 갖는 성격과 백제의 끼친 영향들을 종합적으로 정리하여 4~5세기에 백제지역에 집중적으로 나타나는 중국 수입도자가 갖는 의의를 새롭게 파악하고자 한다.

製」등의 논문에 구체적으로 연구되어 있다.

Ⅱ. 韓國出土 中國陶磁 硏究史

1. 한국출토 중국도자 연구의 시작

중국에서 제작되어 한국에서 출토된 중국도자에 대한 연구는 70년대 중반인 1976년에 일본인 三上次南에 의해 시작되었다. 三上次南은『朝鮮學報』에 발표한 논문에서 천안 화성리 출토 靑磁盤口壺가 중국 越州窯에서 제작되었다고 하였다. 三上次南는 1978년에 발표한『百濟武寧王陵 出土の 中國陶磁とその歷史的 意義』라는 논문에서 무령왕릉 출토 靑磁六耳壺가 중국 浙江省 越州諸窯나 永嘉窯, 德淸窯 등지에서 제작되었을 것으로 추정하였다. 小田富士雄은『百濟硏究』특집호에 발표한「越州窯靑磁를 伴出한 忠南의 百濟土器」라는 글에서 三上次南의 논고를 부분적으로 수정하였으나, 대체적으로는 三上次南의 견해를 수용하고 있다. 일본인 岡內三眞은 1980년『百濟硏究』11에 발표한「百濟 · 武寧王陵と南朝墓の比較硏究」에서 무령왕릉 출토 중국도자는 무령왕 서거해인 525년 전에 중국에서 제작되어 웅진시대에 백제로 유입되었다고 보았다. 이러한 예에서 보듯이 백제지역 출토 중국도자의 연구의 시작은 일본인 학자들에 의해 시작되어 일본인들에 의해서 연구가 진행되고 있음을 알 수 있다.[31] 한국인 학자들에 의한 중국도자연구는 출토 도자의 성격에 대한 연구가 시작되어 1988년 권오영은 백제지역 출토 중국도자를 일종의 威勢品으로 성격을 규명하고 있다.[32]

---

31. 三上次南,「漢江地域發見の四世紀越州窯靑磁と初期百濟文化」,『朝鮮學報』81, 朝鮮學會, 1976, pp.357~380.

32. 三上次南,「百濟武寧王陵 出土の 中國陶磁とその歷史的 意義」,『古代東アジア史論叢』下, 末松保和博士古稀記念會編, 東京, 1978, pp.167~176.
小田富士雄,「越州窯靑磁를 伴出한 忠南의 百濟土器」,『百濟硏究』특집호, 忠南大學校 百濟硏究所, 1982, pp.198~213.

2. 1990~2000年代 韓國出土 中國 陶磁 硏究

일본인에 의해 시작되고 본 궤도에 오른 한국 출토 중국도자 연구는 90년대가 되어서야 비로소 한국인들에 의해 본격적으로 연구되기 시작하였다. 이러한 경향은 백제지역 유적조사에서 중국도자 관련 유물이 증가하면서 이들 한국 출토 중국도자를 이용한 유적의 연대설정을 위한 필요성이 증대되었고, 또한 국내의 도자 연구자들이 이들 한국 출토 중국도자가 한국도자사 발달과 갖는 관련성에 주목하여 연구가 증대되었기 때문이다. 1991년 金弘南은 무령왕릉 발굴 20주년 국제학술대회에서 무령왕릉 출토 중국도자 중 盌에 주목하여 이들 완들이 연대 추정이 가능한 중국 최고의 남방백자라고 발표하였다. 이러한 김홍남의 견해는 이전에 무령왕릉 출토 중국도자를 고찰한 三上次南과 有光敎一의 견해를 받아들여 진일보 한 연구성과를 내게 된 것이다. [33] 김홍남의 무령왕릉 출토 중국도자에 대한 개별연구 이후 학국학자에 의한 백제지역 출토 중국도자에 대한 본격적인 연구작업이 시작되었다. [34] 李鍾玫은 1997

岡內三眞, 「百濟·武寧王陵と南朝墓の比較研究」,『百濟研究』11, 忠南大學校百濟研究所, 1980, pp .223~227.

權五榮, 「4세기 百濟의 地方統制方式의 一例」,『韓國史論』18, 서울대학교 국사학과, 1988, pp.2~28.

33. 金弘南, 「武寧王陵出土盞의 中國陶磁史的 意義」,『百濟文化』21, 公州大學校附設 百濟文化研究所, 1991, pp. 153~174.

有光敎一, 「金と石と土の藝術」,『韓國端正なろ美』新潮古代美術館 11, 新潮社, 1980, 東京, p.21.

34. 李鍾玫,「百濟時代 輸入陶磁의 影響과 陶磁史的 意義」,『百濟研究』제27집 忠南大學校百濟研究所, 1997, pp. 165~194.

李蘭英, 「百濟 지역 출토 中國陶瓷 研究」-古代의 交易陶瓷를 중심으로- ,『百濟研究』제28집,忠南大學校 百濟研究所, 1998, pp. 213~244.

김영원, 「百濟時代 中國陶磁의 輸入과 倣製」,『百濟文化』第二十七輯, 公州大學校 百濟文化研究所, 1998, pp.53~80.

김영원,「한국유적 출토의 중국도자기」,東北亞陶磁交流展, 세계도자엑스포2001경기도, 2001, pp.264~276.

김영원, 「韓國 陶磁의 發生과 中國 陶磁의 影響」,『中國歷代陶磁展』, 京畿道博物館, 2000,.152~161.

년의 「百濟時代 輸入陶磁의 影響과 陶磁史的 意義」에서 백제시대 중국 도자의 종합적인 연구를 시작하였다. 그는 백제시대 수입도자의 유형을 靑磁, 白磁, 黑釉磁器類로 분류하였으며, 백제시대 수입도자의 영향을 조형적 및 기술적 영향으로 구분하여 설명하고 있다. 마지막장에서는 백제시대 수입도자의 성격을 실제생활에 사용된 실생활품이 이나라 신분의 과시, 즉 威勢品的 요소가 매우 강하다고 하였다. 그는 또한 수입 도자는 중국도자의 조형양식을 백제토기로 이행하는 시도가 진행되었는데, 구체적으로 부여지방에서 발굴되는 虎子, 벼루, 陶俑, 鉛釉瓦當, 器臺 등 특별한 목적을 가진 토기들에서 이러한 현상이 확인된다고 하였다. 또한 백제의 남조와의 교류관계 때문에 백제사에 있어서 남조영향만이 강조되지만 연유기술등은 북조의 영향이므로 중국도자의 백제화 과정에도 북조의 영향이 상당히 컸을 것으로 추정하였다. 李蘭英은 1998년의 「百濟 지역 출토 中國陶瓷 研究」에서 백제 지역 출토 중국도자를 漢城, 熊津, 泗沘時代의 對中 交易陶磁로 명명하면시 중국도자를 백제의 對 중국 교역품 중의 하나로 인식하였다. 논문에서는 사비 백제 시대에 출토된 중국 수입도자를 체계적으로 정리 하였다. 그는 한성시대 중국 교역도자는 주로 西晉代의 유물로서 서울의 몽촌토성 · 풍납토성 · 석촌동고분 등에서 錢紋瓷器 등이 출토되며, 東晋代 越州窯 계통의 청자가 원주 법천리, 천안 화성리 등에서 출토된다고 하였다. 웅진시대 중국자기들은 주로 공주 무령왕릉, 익산 입점리, 부소산성 등에서 출토되는데, 이 또한 중국 남조와의 교류성과로 보았다. 사비시대의 중국도자들은 武王의 적극적인 교류 추진정책에 힘입어 활발하게 수입되었으

김영원, 「한반도 출토 중국 도자」, 『우리 문화속의 中國 陶磁器』, 국립대구박물관, 2004, pp.132~149.

權五榮, 『古代 東亞細亞와 三韓 · 三國의 交涉』「百濟의 對中交涉의 전개와 그 성격」, 복천박물관, 2002, pp. 1~17.

成正鏞, 『百濟研究』第38輯 「百濟와 中國의 貿易陶磁」, 忠南大學校百濟研究所, 2003. pp. 25~56.

며, 이를 뒷받침할 수 있는 중국도자로서 부소산성 출토 耳附罐과 盌類
를 들었다. 또한 그는 사비시대 수입된 도자는 北齊·隋·唐 등에서 제
작된 청자와 백자 그리고 흑갈유 도자의 尊·罐·盌·벼루 등 다양한
기종이 확인되었다고 하였다. 이난영은 또 부소산성 남문지에서 출토된
靑瓷耳附罐片이 中國 上海博物館 소장의 六耳罐 및 국립공주박물관에
소장되어 있는 무령왕릉 출토 靑瓷六耳壺 와 기형이 유사하다고 하여
그 제작 시기를 5세기말~6세기초로 편년하여 부소산성에서 나타난 최
초의 중국 수입도자로 보고 있다. 김영원은 1998년 「百濟時代 中國陶磁
의 輸入과 倣製」글에서 백제시대 중국도자의 수입에 머무르지 않고 백
제 토기에 영향을 주어 중국 도자를 模倣하는 단계에 이르렀다고 보아
倣製라는 단어를 사용하였다. 부소산성을 비롯한 부여지방의 중국 수입
도자가 단지 수입에만 그치지 않고 백제에서 토기제작시에 중국도자의
모양을 본뜨는 倣製의 기법이 나타나고 있어 백제의 토기제작에 커다란
변화가 일어난다고 하였다. 중국 도자를 모방하는 단계는 주로 사비시
대로서 사비시대에는 이러한 중국 도자의 모습이 단지 수입하는 단계에
서 모방하여 제작하는 단계로 발전하여 최종적으로 부여 定林寺址 출토
綠釉塑造佛像, 부여 능산리출토 綠釉器臺 등의 '백제연유'로 발전하였
다고 주장하였다. 권오영은 2002년 「百濟의 對中交涉의 전개와 그 성
격」이란 글에서 백제의 對中交涉을 한성기는 교섭이 시작되는 단계로서
西晉과 東晉의 중국도자가 대규모로 이입되는 단계이며, 웅진시기는 남
조문물의 대량 수용기로 보았으며, 사비시기 는 대중국 교섭라인의 다
양화 시기로 해석하였다. 그는 사비시기에 중국 도자 수입량이 절대적
으로 적어지는 것은, 수입도자가 사비시대에 오면 부장품으로서의 기능
을 상실 했을 가능성을 제기하였다. 사비시기에는 남조 청자만이 아니
라 북조계의 도자가 이입되고 있는데, 그 증거로서 부소산성 출토 黑釉
罐을 들고 있다. 이러한 백제의 대중 교섭방식의 변화는 백제 威德王

14년(567)부터 진행된 남·북조 등거리외교와 관련이 있을 것으로 파악하였다. 성정용은 2003년의 「百濟와 中國의 貿易陶磁」에서 貿易陶磁라는 용어를 사용하여 백제에 수입된 중국도자를 중요한 貿易品으로 인식하였다. 그는 백제지역에서 출토된 중국도자의 수량을 분석하여 한성기에 70여개체, 웅진·사비시대 유적에서 출토된 수량을 수입된 부소산성을 중심으로 하여 부여지역에서 확인되는 중국도자의 수량을 약31점으로 파악하면서 한성기에 중국제 무역도자 광범위하게 사용되었다고 하였다. 특히 그는 백제 사비기에 중국 수입도자의 수량이 급격히 적어진 것은 당시 백제의 薄葬化현상과 더불어 중국 수입도자의 희소성과 위세품적 성격이 약해지고 있는데 기인하고 있다고 보았다. 이러한 고급품에 대한 사회적 분위기의 변화는 백제에서 개발한 綠釉陶器 등의 생산실험이 성공을 이루어 사회적 분위기가 실용성에 기반을 두었기 때문이라고 추정하였다. 또한 성정용은 사비기 수입도자의 특색으로 고분출토 부장품이 한점도 없다는 것을 들고 있는데, 이것은 웅진시대 중국 수입도자가 무령왕릉에서 9점이 출토되어 대부분 고분에서 확인되는 것과는 확연히 구분되는 커다란 변화라고 주장하였다. 이러한 백제지역 출토 중국도자에 대한 통괄적인 연구와 함께 발굴유적에서 출토한 개별유물에 대한 연구와 유물의 종류와 지역별 연구도 진행되어 백제지역 출토 중국도자에 대한 연구가 심화되기도 하였다. 천안 용원리 유적을 발굴한 이남석 교수는 충남 천안시 용원리 9호 석곽묘에서 출토된 흑유 천계형 주자가 黑色磨研土器, 鉢形土器, 廣口短頸壺, 金銅製耳飾, 鐵製環頭大刀등과 함께 출토되었으며, 중국에서 제작된 천계형주자의 변천과정을 고찰하면 천안 용원리 출토 천계형주자는 동진시대에 제작되었을 것이고 하였다. 이남석교수는 이러한 근거로 중국의 항주의 노화산 출토 흑유 천계형 주자나 남경시박물관이 발굴한 사씨묘의 출토 흑유 천계형 주자의 편년인 4세기 중엽에서 5세기 초반부의 편년을 설정하면서도 항주 노화산 출토 흑유 천계형 주자와의 연관성을 강조하여 4세기 후반으로 제작연대를 추정하며, 제작지도 동진시대에 흑유 천계형 주자를 1세기가 넘는 시기까지 제작한 덕청요산으로 해석하고 있다.[35] 이 용원리 고분출토 천계형 주자는 다른 수습유물들과 비교하여 보면 위세품적 성격이 농후하여 다른류의 천계형주자들도 위세품적인 성격으로 사용되었음을 추정할 수 있다. 발굴 또는 傳世된 個別 백제지역 출토 중국 도자에 대한 논문은 1994년 발표된 김연수의 「傳 扶餘 發見 中國 靑磁벼루에 대하여」와 1998년에 발표된 은화수의 「傳 開城出土 靑磁虎子에 대한 考察」이 있는데, 김연수는 앞의 논문에서 부여에서 발견되었다고 전하는 중국 청자벼루를 중국 및 백제 벼루와 비교하여 살펴보면서 이 부여출토로 전하는 중국청자벼루가 백제와 중국 사이의 문물교류의 실물적 증거라고 하였다. 은화수는 1998년에 발표한 논문에서 현재 중국과 한국에 虎子를 비교 검토하면서 호자가 중국의 西 · 東晉代의 무덤에서 많이 발견되는데, 그 유래는 戰國時代로 소금된다고 또한 호자는 중국의 양자강을 중심으로 하는 江蘇省 · 浙江省 · 福建省 등지의 강남지역에서 다량 출토되어 그 出自에는 남방적인 요소가 많다고 하였다. 한국의 호자는 개성출토 靑磁虎子 1점과 動物形虎子 2점이, 圓體形虎子도 몇 예만 알려졌는데, 중국 남북조시대에 유행하던 중국 호자를 본따 백제에서 제작하였으며, 원체형호자는 고구려의 호자를 백제가 받아들여 제작하였다고 하였다. 2001년 鄭相基는 공주박물관 기요 창간호에 수록한 「天鷄形 注子에 대한 一考察」에서 중국의 천계형 주자의 변천과정을 시기적으로 서술하면서 한국내 소장된 천계형주자를 체계적으로 종합하였다. 정상기는 아울러 2006년 부여군과 충북사학에 제출

---

35. 이남석, 「고분출토 흑유계수호의 편년적 위치」, 『호서고고학』창간호, 호서고고학회, 1999, pp. 21~135.
　　이남석, 『용원리고분군』, 공주대학교 박물관, 2000, p.100

한 「부소산성의 자기」, 「扶餘地方 出土 中國 輸入 陶磁」라는 논문에서 扶蘇山城과 扶餘地域에서 출토된 중국도자를 체계적으로 정리하고 있다.[36]

지금까지의 백제지역 출토 중국도자의 연구사를 간단하게 정리하였다. 앞에서도 언급하였듯이 백제지역에서 출토된 중국도자에 대한 연구는 1970년대에 일본인 학자들에 연구가 시작되어 최근에는 한국인 학자들에 의해 개별유물과 한국도자사적 입장에서 본 통괄적인 연구가 심도있게 진행되고 있음을 알 수 있다.

Ⅲ. 中國陶磁의 發達

1. 中國陶磁의 誕生

중국에서 처음으로 토기가 등장한 것은 약 기원전 8천년으로, 지금으로부터 약 1만년전이라고 한다. 유약을 입힌 도자기가 출현한 것은 기원전 1500년경, 殷代로 알려져 있다. 중국에서 유약을 바르고 고온에서 구워낸 施釉磁器의 탄생은 청자의 출현을 알리는 것으로 본격적인 중국 도자문화의 발달을 의미하는 것이다. 중국의 도자문화는 청자이전에 고화도 소성의 시유자기가 출현하는데 이를 原始靑磁라고 한다. 그 밖에 灰釉陶器, 施釉陶器, 靑釉 등의 다양한 명칭이 통용된다. 이 원시청자는 산

---

36. 金妍秀, 「傳 扶餘 發見 中國靑磁벼루에 대하여」, 『考古學誌』第6輯, 韓國考古美術研究所, 1994, pp.97~107.
　　殷和秀, 「傳 開城出土 靑磁虎子에 대한 考察」, 『考古學誌』第9輯, 韓國考古美術研究所, 1998, pp.51~94.
　　鄭相基, 「天鷄形 注子에 대한 一考察」, 『國立公州博物館紀要』創刊號, 국립공주박물관, 2001, pp.41~59.
　　정상기, 「부소산성의 자기」, 『扶蘇山城』, 부여군, 2006, pp. 270~293.
　　정상기, 「扶餘地方 出土 中國 輸入 陶磁」, 충북사학, 2006,9,(발간예정)

화칼슘을 주성분으로 하는 회유계통의 유약, 고온소성에 적합한 고령토가 사용된 점 등에서 자기로 평가될 수 있는 조건을 갖추고 있다. 이러한 회유도기는 그 후 西周·春秋부터 戰國時代에 걸쳐 점차 각지에서 만들어지게 되었는데, 지금까지 발견된 지역은 浙江省·江蘇省·廣東省·江西省·湖北省 등에 이른다. 이러한 원시청자는 殷代(기원전 약 7000~1600) 河南省 安陽 발굴에서 확인된 이후 河南省 鄭州 遺蹟에서 다수 발굴되어 은대 중기에 이러한 원시청자가 출현한 것으로 추정된다.

이후 서주시대(기원전 약 1050~771)에는 陶磁가 특히 楊子江 以南 地域 古墳 出土가 많은데, 이전 시기에 비해 기종과 장식이 다양하여 華南 지역에서 원시청자가 본격적으로 제작되기 시작했음을 알 수 있다. 춘추시대(기원전 770~476)에는 청자 생산지로 알려져 있는 浙江省 德淸縣 古墳에서 원시청자만 출토되어 화북 지역에서 청동기 생산이 성행한 것과 대조를 이룬다. 아울러 같은 지역에서이시기 원시청자를 소성하던 요지 40개소가 확인되어 화남지역에서는 청동기를 대체하여 원시청자가 주류를 이루면서 이후 청자의 선구적인 역할을 한다. 전국시대(기원전 475~221)에는 춘추시대의 영향 하에서 태토, 유약, 기형 등이 모두 정선되어 청자에 보다 근접한 단계로 접어들게 된다. 이를 생산하는 요지 또한 浙江省 蕭山縣 進化區와 紹興縣 富盛에서 20여개소가 발견되어 생산지역이 보다 확대되었음을 알 수 있다.[37]

반면 전국시대 후기에서 한대에 걸쳐 정치적 상황으로 인해 원시청자의 생산은 일시적인 정체기를 맞이하나, 東漢代(25~220)에 들어서면 본격적인 청자가 완성된다. 2세기 중반에서 후반 경에는 원시청자보다 정

---

37. 이정인, 「중국 청자의 탄생과 변천」, 『우리 문화속의 中國 陶磁器 』,국립대구박물관,2004, pp.150~152.
하세베 가쿠지, 「청자와 중국도자사」, 『靑磁의 色形』, 조선관요박물관, 2005, pp.327~328.

제되어 유색이나 유약의 시유 상태 등에서 이전 시기와 구분되는 청자의 모습이 갖추어지게 된다. 아울러 흑유자기 또한 이 시기 청자와 함께 지속적으로 제작되어 진다. 절강성 지역의 上虞, 寧波, 慈溪, 永嘉, 余姚 등 이 시기 청자 요지가 30여개소 이상 확인되었고, 上虞 小仙壇 요지에서 출토된 파편 분석 결과, 청자의 요건을 갖춘 것으로 평가되었다. 이와 같은 청자는 양자강 이남 절강성 지역에서 서서히 뿌리를 내리기 시작한다. 이때에는 청자와 함께 暗褐釉가 함께 만들어지기 시작하였다. 연대가 확실한 漢代 청자 가운데 가장 오래된 자기로는 江蘇省 邗江縣의 廣陵王劉荊墓(AD, 67)에서 출토된 靑磁四耳壺가 있다. 회백색의 치밀한 태토에 황록유가 입혀져 있고 허리부터 아래는 태토가 드러나 있다. 한대의 회유도와 비교하면 태토가 희고 유약이 고르게 거의 전체를 매끄럽게 덮고 있다는 점에서 큰 차이가 있다. 안정된 유약으로 그릇 표면을 아름답게 덮는 데 성공한 것이다.

2. 三國, 兩晉, 南 · 北朝時代의 陶磁

東漢代에 이어 삼국시대에도 華南의 오나라의 영역에서 많은 양의 청자가 발견되었다. 그것들은 한대 청자의 흐름을 이어받아 한층 더 안정되고 세련되었으며, 器種도 다양해졌다. 東漢代(220~265), 西晉(265~316) 시기에 이르면 시유상태가 안정되어 청녹색이나 청회색, 황녹색의 유색을 띠고, 다양한 기종과 형태, 화려한 장식이 가미되어 보다 청자다운 풍격을 갖추게 된다. 당시 귀족들의 厚葬 풍습이 반영된 神亭壺와 같은 明器, 호자나 천계형주자 등 각종 동물형 청자가 등장하여 조형성이 보다 풍부해 졌을 뿐 만 아니라, 이를 가능하게 한 소성 기술 또한 무르익었음을 짐작할 수 있다. 東晉代(317~420)에는 이전보다 실용적인 형태의 기능성이 강조된 청자가 주류를 이룬다. 장식 기법 또한 간소화되어 이전에 사용되던 印花나 貼花 기법은 자제되고, 鐵砂로 기면 위에 점을 찍어 장식하는 褐綵 기법이 보편적으로 유행하면서 이 시기 주요한 청자 양식으로 자리 잡는다. 아울러 절강성에 국한되어 있던 요업이 전국 각 성으로 파급되면서 청자 생산은 더욱 보편화되고, 이에 상응하는 수요 양상 또한 대중화된다. 이들 청자는 주로 절강성에서 주로 생산되었기 때문에 삼국·서진에서부터 南北朝까지의 청자의 총칭으로 '古越磁'라 는 이름이 붙여졌다.

이후 南朝代(420~589)에 이르면 특징적인 작풍 없이 유약이 엷어지고, 황색이 돌며 형태상 길어지는 양상을 띠게 된다. 기형적인 면에서는 고 졸한 분위기의 동물형 청자는 자취를 감추고, 평저의 굽에 둥근 동체의 완과 같이 실용성이 강한 형태가 선호된다. 첩화문이 적어지고 기형이 눈에 띄게 세련되어진다. 남조의 고월자 중에서는 청자의 색조가 엷어 지고 산화되어 노란빛을 띠는 것이 많아진다. 주목할 만한 것은 연꽃 문양을 새긴 기물이 많아지면서 때로는 唐草文을 선으로 새긴 항아리 등도 등장하게 된다는 것이다. 또한 이전 시기부터 제작되던 천계형주 자와 반구호 등의 기종 또한 지속적으로 생산되면서 불교의 성행으로 인하여 연화문을 음각이나 저부조로 표현한 완이나 잔이 유행하게 된 다. 생산지도 절강성에서 화남 일대로 점차 확대되어 江蘇省·安徽省· 湖南省·福建省 등 각 성에서 가마터가 발견되었다.

北朝代(439~581)인 6세기 중엽 화북 지역에서는 화남 지역의 청자와 는 달리 독특한 양식의 청자가 등장하게 되는데, 유색은 암갈색이나 녹 갈색을 띠어 화남 지역 청자와 차이를 보이고, 조형은 불교적 요소가 가 미되어 연화문 등이 장식되지만, 고부조의 첩화장식이 화려하게 어우러 진 개성 있는 품격이 나타난다. 河北省 景縣 封子繪墓(565) 출토 靑磁蓮 花尊은 북방청자의 양상을 반영하는 대표적인 예로, 이러한 북방청자는 두 갈래로 나뉘어져 백자와 흑유자기로 발전되고, 특히 백자는 청자와 대등한 위치에서 발전하게 된다. 河南省 安陽 北齊 武平 6년(575) 范粹

墓에서 출토된 백자는 초기 백자의 특징을 잘 보여준다. 청자는 태토와 유약에 미량의 철분이 함유되어 있는데 백자는 그 태토와 유약의 불순물을 모두 제거하고 고온에서 구움으로서 만들어진다. 그것은 도자기의 하나의 극한을 보여주는 것이라 할 수 있다. 이로써 중국도자사는 새로운 단계에 발을 들여놓은 것이다.

Ⅳ. 4~5世紀 百濟地域 出土 中國陶磁

1. 서울 · 京畿 · 江原地域 出土 中國陶磁

1) 原州 法泉里古墳群 出土 羊形靑磁

1973년도에 신고된 유물이다. 四肢를 안으로 꺾고 엎드린 양으로 거의 완형이나, 양쪽 귀와 뿔의 일부가 결실되었다. 전체적으로 灰色이 섞인 녹청색 유약이 입혀져 있으나, 바닥에 닿는 배와 다리부분은 유약이 없어, 청자를 앉힌 상태에서 소성한 것으로 보인다. 유약 아랫면에는 전체적으로 균열이 있

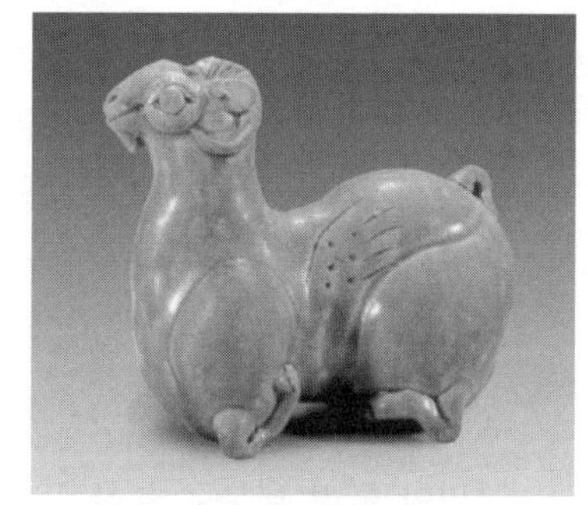

원주 법천리고분군 출토 양형청자

으며, 태토 비짐 흔적이 군데군데 남아 있다. 몸통에 눈동자 · 귀 · 뿔 · 수염 · 꼬리 · 다리는 따로 만들어 붙였고 얼굴 · 등 · 날개 · 다리근육 등은 선을 그어 표현하였다. 전체적으로 등은 S자형 곡선을 이루며 脊椎部에 2줄의 沈線이 꼬리까지 연결된다. 등의 좌우에는 날개를 표현하였는데 왼쪽 날개는 상부에 긴 곡선을 새기고 횡방향으로 2개씩 3단으로 점을 삐치고 4개의 짧은 선으로 깃털을 표현하였고, 오른쪽 날개는 3개의 짧은 선으로 깃털을 표현하였다. 얼굴은 매우 사실적으로 표현되었

고, 목과 앞가슴에는 근육이 꿈틀거리는 것 같으며 정면에서 볼 때 고개
가 미세하게 오른쪽으로 돌려져 있다. 어깨와 上腕部 , 허벅지와 大腿部
는 볼록하고 통통하게 표현되어 있으며 다리와 몸통의 경계부를 따라
선을 새겼다. 엉덩이는 둥글고 큼직하며 뒷면은 편평하다. 먼저 얼굴을
보면, 눈은 눈두덩이 볼록하게 튀어 나와 있으며 쌍거풀을 새겼고 눈꺼
풀 위에 눈썹을 왼쪽에는 9개, 오른쪽에는 10개의 짧은 沈線 으로 표현
하였다. 눈동자는 눈두덩 가운데를 찢고 점토구슬을 끼워 넣어 절반은
밖으로 튀어 나와 있어 입체감이 살아 있다. 이마와 콧등에는 縱 方向
으로 1줄의 선을 새기고 선에 인접해 中央部에 왼쪽에 5개 오른쪽에 4
개의 짧은 점을 새겼으며, 橫線을 이마에 1줄, 콧등에 2줄을 새겼다. 콧
구멍은 렌즈형으로 팠으며 정면에서 보면 V자형으로 오른쪽 콧구멍이
왼쪽보다 조금 크고 길다. 입가에는 홈이 파져 있으며 눈두덩이에서부
터 주둥이 쪽으로 왼쪽에서 한번, 오른쪽에서 한번 그어 내려와 U자형
으로 표현하였는데 왼쪽 입술이 쳐져 있는 것으로 보아 왼쪽 어금니로
무언가를 질겅질겅 씹고 있는 모습이다. 뿔과 귀 부분은 뿔을 먼저 붙
이고 귀를 붙인 후 뿔 위에 沈刻을 새겼는데 沈刻 은 왼쪽에 4개, 오른
쪽에 5개이다. 머리 정상부의 뿔 사이에는 직경 1.4×1.6cm의 타원형
구멍이 뚫려 내부로 통하고 있으며, ×선 촬영결과 내부는 中空으로 되
어 있음을 알 수 있다. 수염은 작은 粘土 덩어리를 붙여 圓錐形으로 표
현하였으며, 꼬리는 8자형의 점토를 좌우로 눌러 엉덩이 윗 부분에 부
착시켰다. 배 부분의 다리 4개가 전체기형을 떠받치고 있는데, 네다리
의 정강이 아랫부분을 가늘게 圓筒形으로 만들어 앞발은 바짝 들어올려
붙이고 뒷발은 안쪽으로 모았다. 발끝에는 선각으로 발가락을 표현하였
는데, 오른쪽 앞발은 2개, 나머지는 3개씩 선을 그었다. 바닥에 접한 부
분은 소성시 약간의 흙이 부착되어 있다. 높이 13.2cm, 길이 14.7cm,
동최대폭 8.6cm, 무게 686.2g이다. [38]

2) 서울 石村洞古墳群 出土 靑磁四耳壺

서울시 송파구에 위치하고 있는 사적
243호인 석촌동고분군은 표고 20m정도
되는 뚝 모양의 대지 위에 자리잡고 있는
데, 일제시대에는 80기 이상의 고분이 존
재하고 있었으나, 1974년 처음 발굴조사를
실시했을 당시 3호·4호·5호분만 기본적
인 형태를 유지하고 있었다. 1983~1984
년에는 3호·4호분이 조사되었으며,

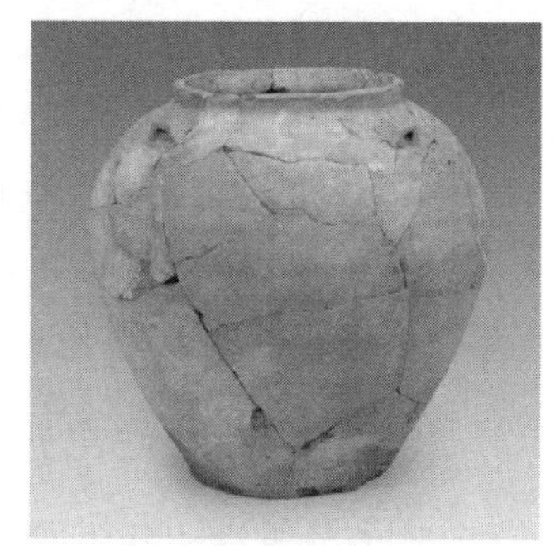

서울 석촌동고분군 출토 청자사이호

1986~1987년에는 1호·2호분을 비롯하여 적석총, 토광적석묘, 석곽묘,
옹관묘, 토광묘 등의 여러 형태의 분묘를 발굴하여 백제 한성시대와 웅
진시대 이후 그 변천과정을 비교, 분석하는 중요한 자료를 제공하였다.

86-8호 주변에서 출토된 청자사이호편은 완형에 가깝게 복원되어 기
본적인 형태를 유지하고 있다. [39]

이 청자사이호는 六朝시대에 유행하던 어깨 네 군데 등간격으로 납작
하고 각진귀가 달린 항아리 형태이다. 이처럼 귀 달린 항아리의 경우
삼국이나 서진시대에는 귀의 단면이 둥근 형태이지만 동진에서 남조시
대로 내려오면 단면이 각진 형태가 대부분을 차지한다. 동체는 삼국에
서 서진, 동진, 남조로 내려올수록 귀 바로 아래쪽의 불룩한 부위의 부
풀음이 점차 줄어들면서 전체적인 조형이 납작한 항아리 형태에서 길쭉
한 항아리 형태로 변한다. 따라서 석촌동고분출토 청자사이호는 동체와
귀 등 전체적인 조형으로 보아 동진시대, 4세기 제품임을 알 수 있다.

---

38. 國立中央博物館, 『法泉里Ⅰ』, 2000, pp.80~82.
39. 김영원, 「百濟時代 中國陶磁의 輸入과 倣製」, 『百濟文化』第二十七輯, 1998, p60.
　　 서울역사박물관, 『풍납토성』-잃어버린 『王都』를 찾아서, 2002, pp.110~119.
　　 서울대학교박물관, 『발굴유물도록』, 1997, p.117, 184.

태토와 유약의 숙성이 매우 불량하여 유는 전체적으로 뿌옇게 변색되었으며 유태의 밀착도도 좋지 않다. 당시 대부분의 중국 청자병이나 항아리 또는 주자류 등에서와 마찬가지로 저부는 편편하고 露胎되었다. 높이가 24.0cm이고, 구연은 직립하여 내만된 형태이다. 황록색유약이 시유되었으며, 약간의 응고 및 박락현상이 나타나 있다.

3) 서울 夢村土城 出土 中國靑磁

서울시 송파구 방이동에 위치한 백제 초기의 토성인 몽촌토성은 현재 올림픽공원으로 조성되어 있는 곳인데, 백제가 고대 국가로서 기틀을 마련한 한성 백제시대(?-AD 475)의 중요한 거성으로 추정되어 오는 곳이다. 몽촌토성은 1926년 일제의 고적조사 이후 학계에 보고된 이후 방치되어 오다가 1980년대 들어와서 88올림픽 체육시설 부지로 확정되어 이 토성을 사적공원으로 정화, 복원하기로 함에 따라 1983~ 1989년 까지 발굴조사가 진행되었다. 몽촌토성은 외형상 해발 30~40m가량의 나지막한 야산처럼 보이는데, 그 규모는 남국이 길이 730m, 동서 길이 540m 가량이고 평면형태는 남북으로 길쭉한 타원형 또는 마름모꼴을 하고 있다. 토성의 성벽은 기저부의 폭이 30~50m 가량 되고 성벽의 높이는 각 지범별로 차이가 있으나 15~17m 가량 되며, 성벽은 입자가 곱고 점성이 강한 점토를 이용하여 두께 5~10m 단위로 얇게 펴서 다진 판축기법에 의해 축조되었다. 이러한 판축기법은 삼국시대 중 백제에서 주로 사용된 공법으로 고대의 각종 건축의 기초에 사용되었다. 몽촌토성의 발굴조사에서는 대형 지상건물의 존재, 연화문 와당 등의 각종 기와류, 중국제 청자벼루가 출토되어 몽촌토성이 백제 초기의 중요 거성의 하나였음을 보여준다고 하겠다.[40]

---

40. 서울대학교박물관, 『발굴유물도록』, 1997, pp.188~189.

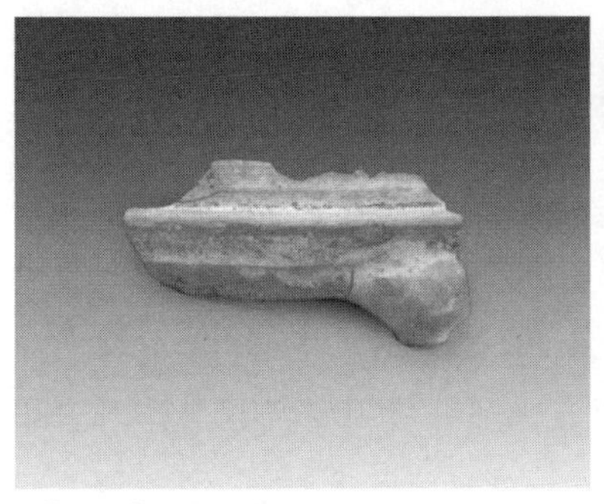
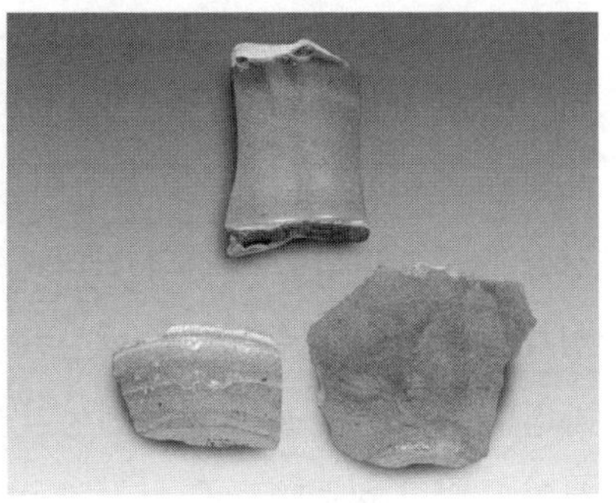

몽촌토성 출토 청자벼루편 몽촌토성 출토 청자구연부편과 완편

　몽촌토성에서는 중국청자벼루와 청자반구병의 구연부편, 청자완편 등이 확인되었다. 청자벼루편은 높이가 5.3cm로서 硯床이 편편하면서 짧고 굵은 다리가 저부에 부착되어 있는데, 회백색을 띠는 황토에 담녹색 유약이 시유되었다. 태토는 경질이며, 밝은 회백색을 띤다. 연상과 편편한 바닥은 시유되지 않아 露胎된 상태이다. 청자반구병의 頸部와 구연부가 남아있는 편은 동체에서 예리한 각을 이루어서 盤口로 연결되며, 짧고 굵은 목으로 동체에 연결되는 형태이다. 반구병편에는 누렇게 변색되어 황색을 띠는 유약이 시유되어 있다. 빙렬이 많이 나타나며, 유약의 시유상태도 고르지 못하다. 태토에는 작은 구멍들이 많이 보인다. 청자완은 높이가 3.3cm로서 담청색 유약이 시유되었으나, 빙렬이 많이 보인다. 구연은 외반된 형태이다. 태도에는 氣孔이 보이며, 유약의 시유상태가 고르지 못한 편이다.[41]

　이들 몽촌토성 출토 청자편들은 대부분이 회백색을 띠는 태토에 황색을 머금은 담녹색 유약이 얇게 입혀져있는 전형적인 浙江省 越州窯 제품으로서, 이들 청자들은 흑유계보다 약간 늦은 육조시대 초 서진에서 동진대의 3~4 세기 것으로 보고 되었다. 이 시기는 중국의 청자 발달의

41.　김영원, 「百濟時代 中國陶磁의 輸入과 倣製」, 『百濟文化』第二十七輯, 1998, pp.58~59.

중심지가 화북지방에서 화남지방의 절강성 월주가마로 변화하는 시기로 서, 이 시기에는 원시 청자가 시작되었던 화북지방에서는 철분이 많은 유태의 원료와 땔감 문제로 더 이상 질 좋은 태토를 채취할 수 있는 절 강성 월주지방으로 청자의 제작지가 이동하게 되는데, 이 몽촌토성의 청자들은 바로 월주요에서 생산된 청자인 것이다. 이 청자편들은 3~5 ㎝정도의 작은 편들이지만 전형적인 3~4세기 청자의 전형적인 모습을 보여 준다고 하겠다.

4) 서울 風納土城 出土 中國靑磁

서울 풍납토성은 사적11호로서 서울 송파구 풍납동에 위치하고 있다. 일찍부터 蛇城 이나 坪古城으로 알려진 유적이다. 1963년 성벽둘레 약 3,470m(121,235㎡)를 사적지로 지정하였다. 현재 성벽은 동벽 1,500m, 남벽 200m, 서북벽 250m 등 모두 약 2,250m 정도가 뚜렷하게 남아 있다. 풍납토성의 유적조사는 1925년 乙丑년 대홍수시 서쪽벽이 허물 어지면서 백제시대 전기의 청동제 초두 두점이 발굴되면서 시작되어서 그 후 1965년 서울대학교 박물관에서 시굴조사를 실시하였다. 그리고 1977년 문화재연구소에서 현대아파트 건립을 위한 발굴조사를 실시하 였으며, 1997년 선문대 이형구 교수의 토성실측, 1999년 이래 국립문화 재연구소의 성벽발굴과 한신대 박물관의 경당지구 발굴이 있었으며, 2002년 국립문화재연구소의 서벽과 서문지 발굴이 진행되었다. 1999년 발굴에서는 성벽을 발굴하여 높이 9m, 폭 40m의 거대한 성벽의 축조 과정이 밝혀졌으며, 1999~2000의 한신대 박물관의 경당지구 발굴에서 는 주건물의 높이가 13.5m, 폭 5.2m, 깊이 3m인 "呂"자형 집인 지상 가옥인 제사 유적과 유구가 확인되었다. 아울러 "大夫", "井" 등의 문자 가 새겨진 토기가 발굴되었다. 이런 유적과 유물들을 통해 한성 백제의 중요한 유적으로 부각되고 있는 것이다.[42]

풍납토성에서 출토된 도자기들은 청자와 黑褐釉類가 있는데, 청자로는 두 개의 귀가 부착된 동체와 底部와 동체가 남아있는 壺片 들이 있다. 흑갈유로는 동체일부와 저부가 남아있는 것과 구연부만 남아있

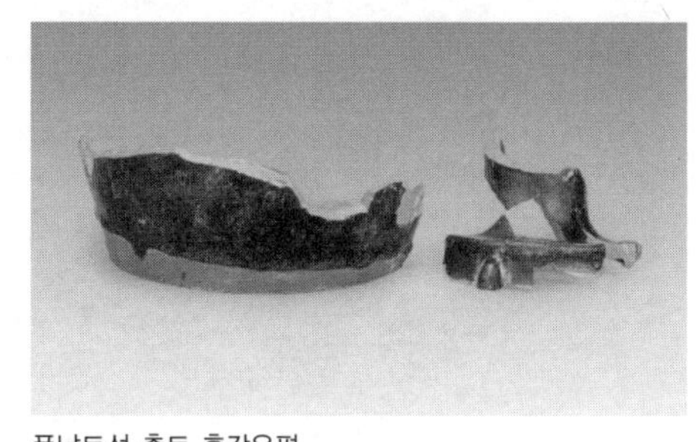

풍납토성 출토 흑갈유편

는 편이 있다. 두 개가 달려있는 청자동체편은 잔존높이가 10.5㎝로 외면에 녹색의 유약이 시유되었으며, 속심과 내면에는 자색의 유약이 시유된 경질이다. 표면에는 빙렬이 있고, 내면에는 빠른 회전력에 의한 凹凸 굴곡이 남아 있다. 기벽은 0.6㎝ 정도로 얇은 편이다. 고리형의 작은 귀 두개가 나란하게 부착되어 있다. 제작시기는 다소 빠른 西晉대로 추정된다. 동체가 1/3 정도 남아있는 壺片은 잔존높이가 21.5㎝이며, 추정 저경은 12.4㎝이다. 동체 하단과 저부에는 유약이 시유되지 않았고, 동체 기면에는 녹색의 유약이 시유되었으나 기면이 고르지 못하다. 속심과 내면은 자색을 띤다. 내면에는 凹凸굴곡이 확인된다. 기면에는 많은 氣孔과 잡물이 부착되어 있다. 黑褐釉片들은 저부와 구연부편이 확인되었는데, 底部片은 잔존 높이가 6.8㎝, 추정 구경이 15.8㎝인데, 규모로 볼때 大形 壺로 판단된다. 정선된 태토가 사용되었으며, 동체 하부와 바닥의 연결부는 유약이 시유되지 않았으며, 동체에는 전면에 매끄럽게 흑갈유가 시유되어 있다. 속심과 내면은 자색을 띤다. 내면에는 凹凸이 형성되어 있다. 흑갈유 구연부편은 규모로 볼때 반구호의 구연부편으로 추정된다. 직립하는 목이 곡선을 이루며 거의 직각으로 꺾였다가 다시 직립하여 마무리되는 형태로 구순은 뾰쪽하다. 구연 외측에

---

42. 최몽룡, 「풍납동 토성의 발굴과 문화유적의 보존」, 『풍납토성』-잃어버린 『王都』를 찾아서, 2002, pp.140~141.

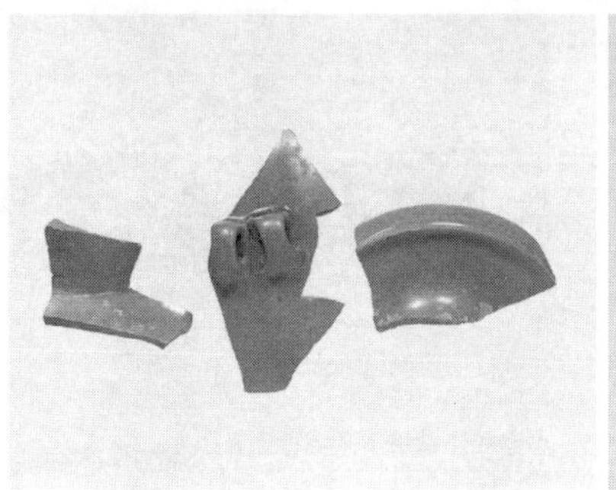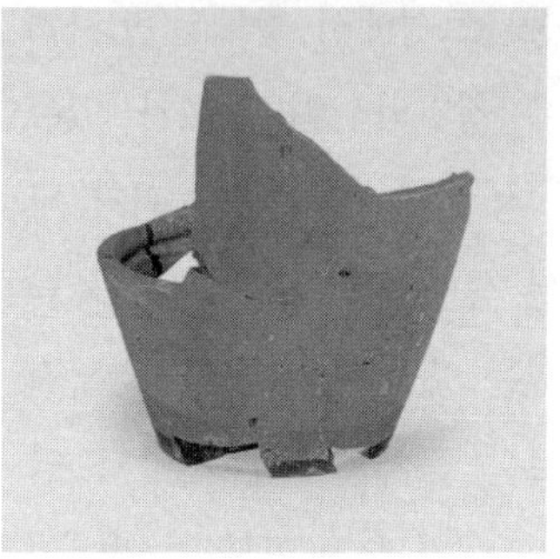

풍납토성 출토 청자동체편

일정한 간격을 두고 점토를 덧대어 일정한 형태를 만든 것으로 보이나 결실되어 완전한 형태는 알 수 없다. 속심은 자색을 띠며 태토는 정선된 점토질이다. 잔존 높이가 5.6㎝, 추정 구경이 14.2㎝이다.[43] 이상으로 풍납토성 출토 중국수입 도자류의 대표적인 유물을 검토하여 보았는데, 풍납토성에서는 흑갈유도기류가 7점, 청자류가 7점, 흑유자기류가 2점 등 총 16점의 도자가 출토되었다. 이중 회유계 흑갈유도기류는 기존의 몽촌토성 등에서 출토된 서진대 錢文陶器편과 동일한 기술 유형을 보이고 잇으며, 사질성 태토를 사용하였으며, 표면에는 황갈색 및 흑갈색의 유약이 시유되었다. 기벽은 1.5cm 내외로 매우 두꺼운 편이고, 구연부를 포함한 상부는 적색을 띠고 있으며, 나머지 동체부에는 유약이 시유되었으나 제대로 시유되어 있지 않다. 청자류는 회백색 또는 자색계의 정선된 점토질 태로로 표면에는 녹색 또는 황복색 유약이 시유되었다. 내면에는 좁은 간격의 굴곡진 요면이 확인된다. 주요 기종은 반구병으로 구연부와 동체편들이 확인되었다. 이러한 풍납토성 출토 중국자기류는 전형적인 중국 浙江省 越州窯 제품의 특징을 그대로 반영하고

---

43. 서울역사박물관, 『풍납토성』-잃어버린 『王都』를 찾아서, 2002, pp.104~105.
국립문화재연구소, 『風納土城 I』현대연합주택 및 1지구 재건축 부지 본문편, 2001, p. 276,pp.576~577.

있어 그 제작시기가 六朝時代 초기인 西晉代에서 東晋代의 것으로 추정된다.

5) 烏山 水淸洞 遺蹟 出土 靑磁盤口壺

2006년 7월 현재 발굴이 진행되고 있는 오산시 수청동유적에서 발견된 청자반구호는 대체적인 모습은 국립중앙박물관에 소장되어 있는 천안 화성리 출토 청자반구호와 유사하다.

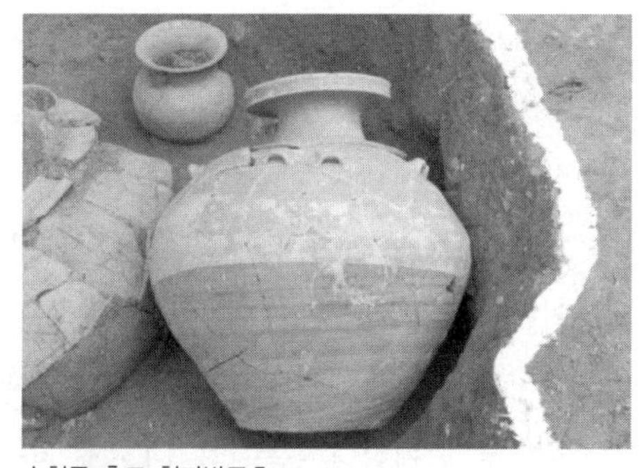

수청동 출토 청자반구호

발굴이후 수습과정에서 모두 해체되어 보관중이므로 정확한 규모는 측정할 수 없다. 1개의 완형 반구호로 복원이 가능하여 복원후에는 정확한 규모를 알 수 있을 것이다. 동체의 하반부와 바닥부분에는 釉가 施釉되지 않았다. 동체 중앙에서 최대의 폭을 이루고 있다. 동체 상단 肩部에는 귀가 4곳에 부착되어 있는데, 지금까지 한반도에서 출토된 중국도자의 귀와는 달리 귀가 橫方向의 쌍으로, 넓은 ∩형태로 연결되어 있다. 목부분은 짧고 굵은 모습이다. 유약이 시유되지 않은 동체 하단부에는 태토가 그대로 들어나는데, 물레돌린자국도 그대로 들어나 있다. 전면에는 녹황색유약이 시유되어 있는데, 유약의 탈락과 박락이 심하다. 구연은 질립되어 있는데, 盤口는 넓은 편이다. 경기도 오산의 수청동 택지개발사업의 일환으로 발굴된 細橋25號墓 유적에서는 廣口長頸壺, 大形 甕, 환두대도, 허리띠 장식, 철부 등이 동반하여 출토되었다. 오산 수청동 출토 청자반구호는 동진시대에 제작되어 백제로 유입된 것으로 추정되며, 이 유적은 5세기 중엽의 유적으로 추정된다.

2. 忠清地域 出土 中國陶磁

1) 天安 龍院里 遺蹟出土 天鷄形注子

충남 천안시 용원리 9호 석곽묘에서 출토된 흑유 천계형 주자는 黑色磨研土器, 鉢形土器, 廣口短頸壺, 金銅製耳飾, 鐵製環頭大刀 등과 함께 출토되었다. 발굴 보고서에서는 흑유 천계형 주자를 동진제로 보았다. 주자는 아가리 일부에 결실이 있었는데, 복원하여 지금은 완형이다. 납작한 바닥에 납작한 몸체, 좁은 목을 수직으로 뽑고, 아가리를 넓게 내어 반구호의 아가리와 동일한 형태로 外緣을 수직으로 올리면서, 몸체의 어깨부분에 두 개의 꼭지, 하나의 계수, 그리고 계수의 반대편에 손잡이를 부착하였는데, 계수와 손잡이는 전형적으로 사용되던 방법인 대각으로 위치한다. 높이가 14.8㎝, 바닥의 지름이 10.7㎝, 입지름이 6.9㎝인데 몸체의 중앙부분은 최고 15.2㎝이다. 전체적인 기형은 납작한 바닥을 넓게 자리잡아 안정적이나 중앙부가 약간 들린 형상이다. 몸체는 상단에 최대지름을 두고, 하단은 곧게, 중간에서 약간 위쪽에 曲律을 주고, 상단에서는 거의 수평으로 좁혀 넓은 어깨부분을 두었다. 몸체의 상단에서 좁은 목을 내어 수직으로 올렸는데, 목은 전체적으로 짧은 느낌을 준다. 아가리는 경부의 상단에서 수평으로 6.7㎝의 범위로 넓게 벌린 다음, 직각으로 꺾어 수직으로 올렸는데, 1.6㎝ 의 높이이며, 약간 되바라진 형상이다. 계수는 손잡이의 반대편에 두부만 장식한 형상으로 몸체의 기벽에서는 수직으로 세웠으나 전체적으로는 앞으로 약간 숙인 상태로 높이가 2.5㎝이다. 눈을 부릅뜨고, 주둥이가 수평으로 뻗어 있으며, 주둥이는 지름 0.6㎝정도의 작은 주구가 원형으로 뚫려 있다. 벼슬은 약간 치켜진 형상인데, 주둥이와 눈, 그리고 벼슬은 음각선으로 표현하였다. 반대편의 손잡이는 몸체의 어깨에서 원통형을 부착하여 곧게 6㎝ 정도 올리고, 아가리의 높이에서 크게 안으로 원형으로 휘어지면서 입술면에 접착하여 갈고리 형상으로 만들었다. 그리고 좌우의 꼭지는 1㎝높이에, 1.6cm정도의 너비, 그리고 1cm의 길이의 것으로 사각의 중앙에 원형으로 구멍을 낸 것이다. 표면의 유약은 매우 두텁고 고르게 시유된 상태인데, 몸체의 계수와 손잡이는 시유가 얇게 이루어져 녹색이 도는 흑갈색으로 나타나고, 이외의 부분은 갈색이 미약한 흑색이다. 바닥은 시유되지 않아 바탕흙이 그대로 있는데, 다갈색이다.

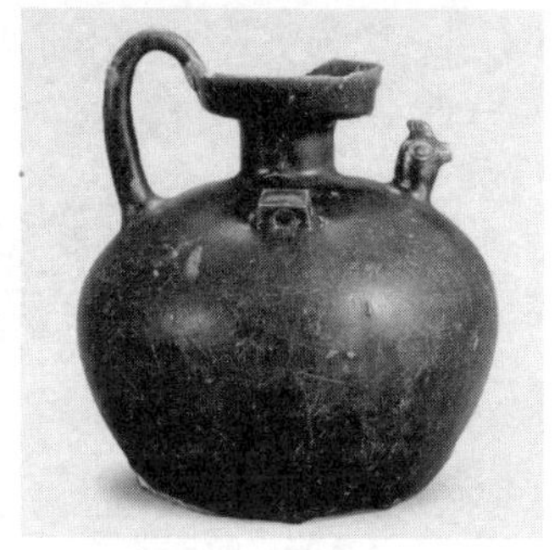

용원리 출토 흑유천계형 주자

이 용원리 흑유 천계형주자의 편년에 있어서 발굴자는 중국의 항주의 노화산 출토 흑유 천계형주자나 남경시박물관이 발굴한 사씨묘의 출토 흑유 천계형 주자의 편년인 4세기 중엽에서 5세기 초반부의 편년을 설정하면서도 항주 노화산 출토 흑유 천계형 주자와의 연관성을 강조하여 4세기 후반으로 제작연대를 추정하며, 제작지도 동진시대에 흑유 천계형주자를 1세기가 넘는 시기까지 제작한 덕청요산으로 해석하고 있다.[44] 이 용원리 고분출토 천계형주자는 다른 수습유물들과 비교하여 보면 위세품적 성격이 농후하여 다른류의 천계형주자들도 위세품적인 성격으로 사용되었음을 추정할 수 있다.[45]

2) 天安 龍院里 遺蹟出土 靑磁

충남 천안시 용원리 C지구 橫穴式石室墳의 석실바닥에서는 靑磁蓮瓣文鉢 1점, 靑磁盌 2점 등 총 3점의 中國製 靑磁들이 수습되었다. 이들 중국제 청자들은 백제시대 심발형토기, 호의 구연부 편 2점 등과 함께 출토되

---

44. 이남석, 「고분출토 흑유계수호의 편년적 위치」, 『호서고고학』창간호, 호서고고학회, 1999, pp.134~135.
   이남석, 『용원리고분군』, 공주대학교 박물관, 2000, p.100.
45. 鄭相基, 「天鷄形 注子에 대한 一考察」, 『國立公州博物館紀要』, 2001, pp.41~59.

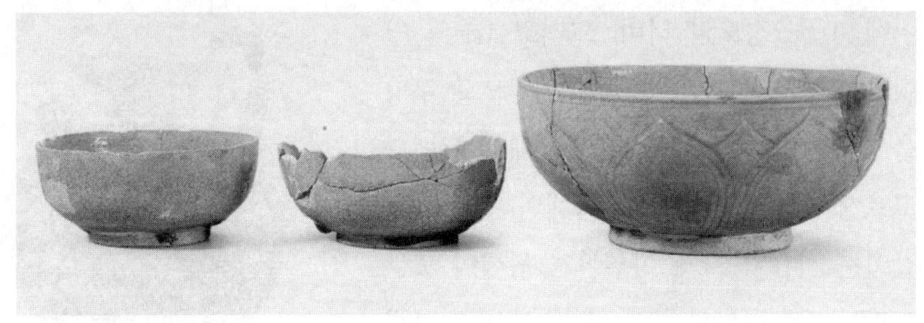

용원리 출토 청자들

었다. 中國製 靑磁蓮瓣文鉢은 석실 내부 동벽에서 서벽쪽으로 350㎝ 지점의 바닥면에서 깨어진 채로 수습되었다. 양감이 풍부한 완 모양의 발로 구연이 약간 안으로 내만하고 있다. 태토는 거의 백색이며 유조는 투명한 연한 녹색이다. 잔 빙렬이 있고 유층이 매우 얇아 탈락된 곳도 있다. 음각선으로 연판문이 시문되어 있는데, 음각선 안의 유조는 진한 녹색을 띠고 있다. 구연부에는 2조의 가는 횡침선을 돌리고, 그 아래에는 부조로된 연판문이 있다. 연판의 바깥부분은 음각선 내부의 유조와 같은 진한 녹색의 유조를 띠고 있는데 이는 연판이 저부조로 약간 도드라져 있기 대문으로 생각된다. 연판은 끝이 뾰족하면서 양감이 있다. 가장자리에 3조의 가는 음각선을 연판의 외곽선과 평행하게 돌리고 있어 네겹의 잎이 중첩된 인상을 준다. 잎 중앙에는 상하로 두줄의 가는 음각선이 있다. 또한, 바깥의 연판잎과 잎 사이에는 다시 세줄의 선으로 음각한 연판의 뾰족한 잎의 끝부분이 부조되어 있어 안쪽 잎이 바깥쪽 잎과 겹쳐있는 모습을 표현하였다. 바깥쪽 연판잎과 안쪽 연판잎은 각각 8조씩, 전체 16조의 연판잎으로 문양이 구성되어 있다. 굽부분은 시유되지 않았으며 바닥이 편평한데, 바닥에 음각의 원형선이 있어 이를 해무리굽 전단계의 형태로 보는 견해도 제시되기도 한다.[46] 구경 16.4㎝, 높이 9.0㎝, 굽지름 8.0㎝이다.

---

46. 서울대학교박물관·서울대학교인문학연구소·(주) 고려개발, 『龍院里遺蹟』-C地區 發掘

동반하여 출토된 2점의 청자는 청자완으로서, 2점 모두는 기형, 유조, 태토 등에서 유사하여 동일한 가마에서 동시에 제작된 것으로 추정된다. 그 중 1점은 완형으로 출토되었고, 1점은 파편으로 출토되어 복원하였다. 완형의 청자완은 석실내부의 동벽 아래에서 출토되었다. 문양이 없으며, 기벽은 얇고 태토는 백색에 가깝다. 시유상태는 매우 얇고 부분적으로 탈락된 곳이 있으며, 잔 빙렬이 있다. 굽에는 시유되지 않았으며, 굽 주변에는 유약이 흘러내려 뭉쳐져 있다. 전체적인 유조는 투명하며 연한 녹색의 느낌이 든다. 완의 내부 바닥에도 유층이 두껍게 가라앉아 있는데, 이 부분과 굽주변의 뭉쳐진 부분은 좀더 진한 녹색의 유조를 띠고 있다. 구연부 형태는 약간 안으로 내만하고 있으며 굽은 평굽이다. 구경이 9.8㎝, 높이 5.5㎝, 굽지름 5.4㎝이다. 파편상태로 출토된 청자완은 석실내부에서 출토되었는데, 기형과 유색 등이 완형의 청자완과 동일하다. 단지 굽부분이 약간 벌어진 듯한 인상을 주고, 내부에 유층이 좀더 두껍게 가라앉아 있다는 점이 차이점이다. 구경이 9.8㎝, 현재높이 5.5㎝, 굽지름 5.4㎝이다.

3) 天安 花城里古墳 出土 靑磁盤口瓶

지난 1969년 天安市 城南面 花城里에서는 靑磁盤口瓶 등이 지표상에서 一括的으로 발견되었다. 이후 1991년 국립공주박물관은 이지점에서 동남쪽으로 약 115m정도 떨어진 丘陵上에서 목관묘 1기를 조사하여 환두대도, 철모, 壺 등의 유물들이 수습되었다.

청자반구병은 넓은 口緣과 함께 어깨부분에 고리형의 귀가 붙어 있는 것으로 원래 중국에서는 실생활용기를 목적으로 제작되었다. 우리나라에서 발견된 盤口瓶 중 가장 주목되는 유물이 이 天安 花城里古墳 出土

調査報告書, 2001, p.33.

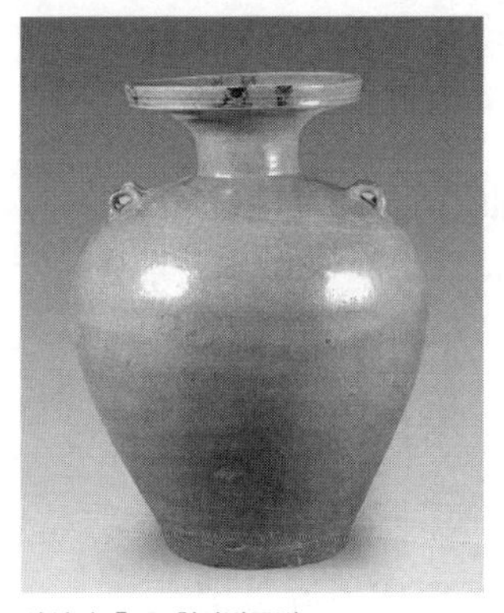

화성리 출토 청자반구병

靑磁盤口甁이다. 납작한 접시형태의 口部를 갖춘 병이라고 해서 盤口甁 이라고 하는데, 태토가 치밀한편이며 엷은 황색을 머금은 녹두색 청자유에는 약간의 잡물이 포함되어 釉面에 凹凸이 있다. 전면에 網狀의 가는 빙렬이 있으며 몇 군데에는 유약이 긁히거나 박락되었다. 육조시대 도자기에 흔히 나타나는 모습인 형태로 저부는 유약이 시유되지 않은 노태모습이다. 어깨 양쪽에 한쌍의 둥근 귀가 서로 마주보는 면에 세로로 달려있다. 구연부 내·외면의 네 군데에는 서로 마주보는 각각 한쌍씩의 鐵斑点이 찍혀있고 또 네 귀 윗면에도 철반점이 흘러내린 의도적인 시문 장식이 있다. 반구병의 동체가 길어지는 현상이 나타나고 있는점과 동체에 나타나는 철반문은 동진시대 4세기 중엽 이후에 청자에 나타나는 특징으로서 이 盤口甁은 4세기 중반무렵에 제작된 것으로 추정된다.[47]

4) 公州 武寧王陵出土 中國陶磁

1971년 발굴된 무령왕릉에서는 黑褐釉四耳甁 1점, 靑磁六耳壺 2점, 白磁盌 6점 등 총 9점의 중국청자가 출토되었다. 이들 중국도자에 관한 연구는 활발하게 진행되어 어느정도 정리가 되었으나, 이들 陶磁의 用度, 輸入된 경위, 陶磁의 成分에 관한 연구 등 세부적인 사항에 대한 연구는 아직도 미진한 상태에 머물러 있다.[48]

---

47. 김영원, 「百濟時代 中國陶磁의 輸入과 倣製」, 『百濟文化』第二十七輯, 1998, p63,
    국립공주박물관, 『百濟斯麻王』-무령왕릉 발굴, 그후 30년의 발자취-, 2001, p.123.
48. 文化財管理局編, 『武寧王陵』-發掘調査報告書, 三和出版社, 1973, pp.43~44.
    忠淸南道·公州大學校百濟文化硏究所, 『百濟武寧王陵』1991, pp.288~299.
    국립공주박물관, 『百濟斯麻王』, 2001, p.123.

(1) 靑磁六耳壺

무령왕릉 출토 청자육이호는 2점인데, 뚜껑이 있는 것과 뚜껑이 없는 것이 있다. 有蓋靑磁六耳壺는 발견 당시 연도 동벽 입구쪽에서 6㎝ 가량 떨어져 세워져 있었고 뚜껑은 지석쪽에서 뒤집힌 채 발견되었다. 이 유개청자호의 높이는 21.7㎝, 입지름 11.3㎝, 바닥지름 11.8㎝이며, 蓋는 지름이 13.2㎝이다. 전체적인 기형은 배가 불룩한 球形에 가깝다. 口緣은 짧게 수직하고 있으며, 底部의 아래쪽에는 平底의 굽이 부착되어 있다. 肩部에는 ∩자형 귀가 구연을 사이에 두고 서로 마주보는 곳에 4개는 쌍으로, 2개는 하나씩 입을 가운데로 교차하면서 대칭적으로 배치되어 있다. 동체의 중앙부에는 11개의 蓮瓣文이 윤곽선만

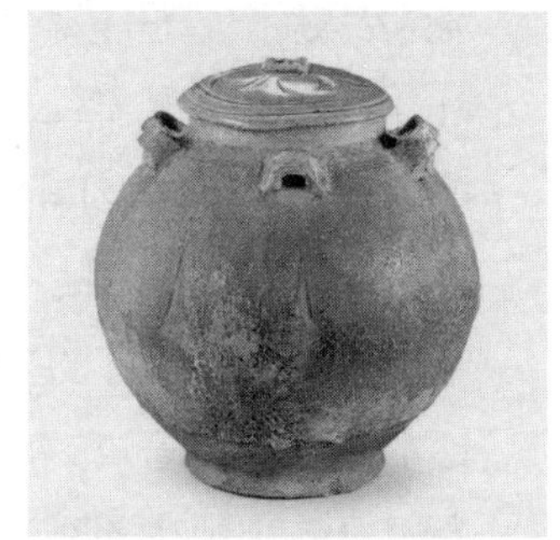

무령왕릉 출토 청자육이호

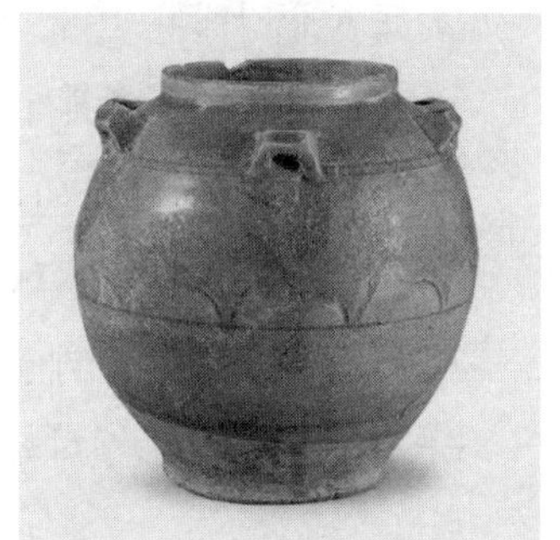

무령왕릉 출토 청자육이호

김영원 선생은 무령왕릉 출토 청자육이호 2점은 중국의 예와 비교하여 제작시기를 6세기 1/4분기에 무령왕과 가장 친밀했던 梁朝(502~556) 越지방의 어떤 窯에서 제작된 것으로 보았고, 흑갈유사이병은 남조시대의 6세기에 제작된 것으로, 제작지는 절강성 덕청요로 보았다. 또한 碗은 백자잔으로 보아 575년에 숨진 范粹墓 출토 백자보다 이른 시기에 제작된 것으로 본다. 이난영 선생은 무령왕릉 출토 유물에 대한 정밀한 분석없이 梁代에 제작된 것으로 보고 있다. 김홍남 선생은 청자육이호는 梁朝의 월주요에서 제작된 것으로 보았으며, 흑갈유사이병은 南朝의 덕청요로, 완은 백자로서 남방지역에서 제작되었으며, 현존하는 세계 최고의 백자라고 하였다. 제작시기는 525년 전이라고 주장하였다. 모든 학자들이 무령왕릉 출토 중국도자의 제작시기를 6세기 1/4시기로 보고 있지만, 무령왕릉 출토 유물의 상징성과 대표성이 커 이번 논문에 수록하였다. 국립공주박물관에서는 2006년 11월 발간예정으로 무령왕릉 신보고서를 준비하고 있는데, 이 보고서에서는 장남원(이화여대), 김규호(공주대), 정상기(국립공주박물관) 등이 무령왕릉 출토 중국도자에 대한 자연과학적 분석 및 정밀 연구를 진행하고 있는바, 무령왕릉 출토 중국도자에 대한 새로운 연구성과가 나올 것으로 기대된다.

으로 시문되어 있다. 뚜껑은 그 중심에 네모난 꼭지가 있으며 가운데가 패어져 있다. 그러나 손잡이 구실을 할 수 있을 정도의 높이가 아니어서 실용성은 없는 것으로 보인다. 이 뚜껑의 蓮花文 장식은 五葉의 연판이 放射性으로 배치되어 있고, 뚜껑의 가장자리를 따라 두 줄의 깊은 陰刻線이 둘러져 있다. 청자육이호의 태토는 白色에 가까운 회백토이며 바닥에서 器底까지는 유약이 시유되지 않았으며, 器底에서 4.5㎝ 윗 부분까지는 淡綠色을 띤 유약이 시유되었다. 기면 전체에는 잔 빙렬이 많은 淡綠色의 釉가 전체적으로 시유되어져 있는데, 오랜 부장기간 중에 부식된 것으로 보인다. 기면에는 엷은 粘土膜과 같은 것으로 덮혀 어둡고 표면에 강택이 없다. 器表面에 凹凸현상이 심하고, 또한 오랜 산화작용으로 釉色이 일부에서 靑色, 灰靑色을 띠기도 한다. 유개청자육이호의 胴體 내면의 하단 약1/3 지점에는 물레자국이 있고, 이 부근의 약간 위쪽에는 검은색의 둥그런 띠가 있다. 이 흔적은 무령왕릉에 埋納될 당시 피장자를 위한 의례용으로 음식을 넣어 매납했으나 오랜 시간이 흘러 음식물은 썪어 산화되고 그 흔적만 잔존했을 가능성이 크다고 생각된다.

無蓋靑磁六耳壺는 높이가 18.0㎝, 입지름 10.2㎝, 바닥지름 9.8㎝로서 발견당시 지석 남쪽 연도 서벽에 붙어 구연이 무덤 안쪽으로 향한 채 쓰러져 있었다. 크기가 앞의 유개청자육이호보다 약간 작고 귀가 부착되어 있는 지점이 약간 아래쪽이라는 것을 제외하고는 나머지 형태는 유개청자육이호와 비슷한 모습이다. 그러나 전체적인 모습으로 관찰하면 유개청자육이호보다는 홀쭉한 편이다. 그러나 동체 중앙상단의 연화문 장식은 伏蓮瓣이라는 점과 11개의 연판이 각각 분리되어 있다는 점 그리고 좀 더 뚜렷하게 보인다는 점은 유개청자육이호와 다른 점이다. 이 뚜껑없는 청자육이호의 상단 口緣部 바로 밑에도 검은색의 원형 띠가 돌려져 있는데, 청자육이호가 쓰러지면서 음식물이 원래 위치에서

쏟아져 약간 위쪽으로 이동하여 구연부 가까운 상단에 검은색 圓形의 띠가 형성된 것으로 판단된다. 이 청자육이호들은 무령왕릉 羨道부 앞쪽에 위치하여 동제완·청동 수저·젓가락 등과 함께 세트를 이루었던 의례용 식기세트로 판단된다.[49]

(2) 黑褐釉四耳瓶

높이가 27.5cm, 입지름 11.8cm로서 무덤 동쪽 왕의 棺臺 앞에 입을 남쪽으로 향해 쓰러져 발견되었다. 태토는 경질로서 담녹색이나 적갈색류를 보이며 표면이 전체적으로 오랜 산화과정을 거쳐 부식이 심하여 白色 및 暗綠色으로 변했으나 보존 상태가 양호한 입과 목의 안쪽에 광택을 아직 잃지 않은 흑갈색의 釉가 남아있어 이 병이 본래는 黑釉로 시유되는 것으로 추측된다. 동체 저부

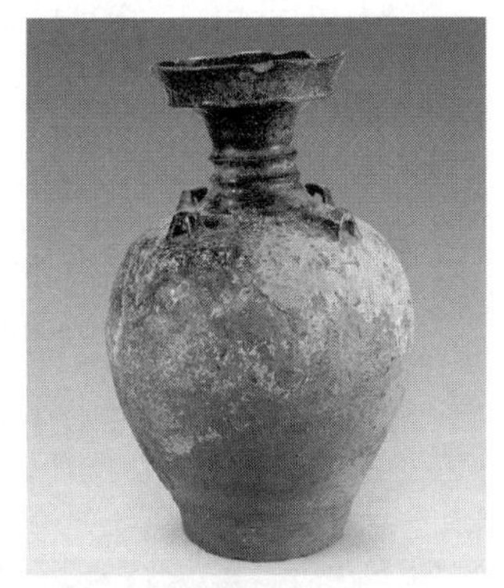

무령왕릉 출토 흑갈유사이병

의 4cm 정도는 시유되지 않았으며, 그 이상에는 녹색계통의 유약이 시유되었다. 동체 상단과 肩部 및 耳 附近, 頸部와 口緣部에는 黑褐釉를 시유하였다. 1973년 발굴 보고서에서는 입 안쪽에 보이는 흑갈유를 지적하면서도 동체 하단에 보이는 녹색에 중점을 두어 청자사이호라고 하였으며, 또 淡褐土로 보이는 태토의 질이 한국 것과 유사하다 하여 기형은 중국 것으로 보았지만 이 사이호가 백제산일 가능성이 있다고 하였다.[50] 바닥은 평평하며, 동체는 하단에서 불규칙적으로 동체 중앙에서 넓게 퍼져서 부조화를 이룬다. 肩部에는 ∩형의 귀가 4개 부착되어 있는데, 네 방향에 한 개씩 배치되어 있으며, 그 위치나 모양은 청자육이

---

49. 정상기 외, 「무령왕릉 출토유물에 보이는 새로운 사실」, 『百濟斯麻王』, 국립공주박물관, 2001, p.123, pp.59~161.
50. 文化財管理局編, 『武寧王陵』-發掘調査報告書, 三和出版社, 1973, pp.44.

호와 비슷하다. 어깨는 동체로부터 급한 경사가 져 경부와 이어지며 명확히 동체와 구별된다. 동체 전체가 한 쪽으로 약간 내려앉았는데 빚을 당시의 무게를 이기지 못하고 燒成때 지금의 모습으로 만들어진 것 같다. 경부는 크게 세부분으로 구별되는데 중앙과 하단에 각 한줄씩의 突帶를 돌렸다. 경부와 동체부는 한줄의 돌대를 추가적으로 돌려 명확히 구분하고 있다. 경부는 동체부와 연결시점에서 최대폭을 이루다가 점차 구연쪽으로 오면서 좁아졌다가 구연과 연결지점에서 다시 한번 넓게 만들어졌다. 구연은 밖으로 퍼진 모습으로 외반되었으며, 몇군데 부분은 파손되었다. 이 흑갈유사이병은 70~80년대는 동진시대에 제작된 것으로 보는 견해가 우세하였으나, 최근에는 남조시대에 제작된 것으로 파악하는 사례가 늘고 있다.[51]

(3) 盌

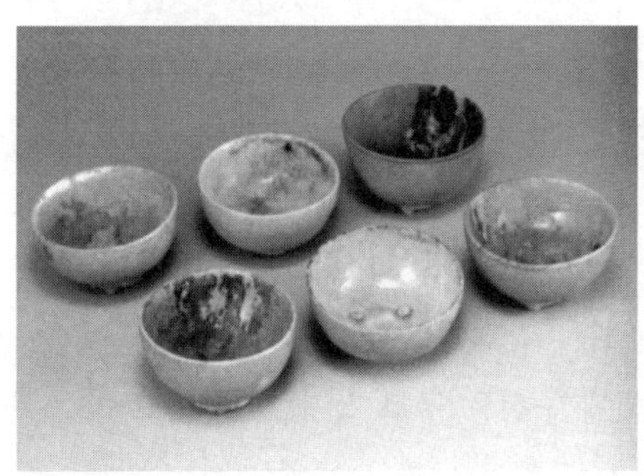

무령왕릉 출토 완

무령왕릉에서는 총6점의 盌이 발굴되었는데, 그 중4점은 높이가 4.5㎝, 입지름 8.6㎝이며, 1점은 높이가 5.4㎝, 또다른 1점은 4.1㎝ 이다. 무덤 3면의 벽 상부에 자리한 작은 蓮弧型 龕室에 놓여 있었던 5개와 무덤 바닥에 있었던 1개

---

51. 무령왕릉 보고서에서는 제작지가 백제일 것으로 추정하였지만, 일본인 三上次男은 1978년 末松保和博士古稀記念史論集 의 百濟武寧王陵出土 中國陶磁의 歷史的 意義라는 논문에서 무령왕릉 출토 흑갈유사이병이 동진시대 德淸窯에서 제작된 것으로 보았으나, 김홍남 선생은 1991년 개최된 무령왕릉 발굴 20주년 기념 학술대회에서 무령왕이 무덤에 안장된 해를 참고로 하여 梁朝代에 제작되었으며, 그 시기는 6세기로 주장하였다. 김영원 선생은 백제문화 제27집의 百濟時代 中國陶磁의 수입과 방제란 논문에서 흑갈유사이병은 절강성 덕청요제품으로 인정되며, 남조시대에 제작된 것으로 판단하고 있다.

의 잔을 합하여 총6개의 완이 발견되었다. 무덤 바닥의 완은 높이가 4.1㎝로 다른 잔들보다 약간 작다. 모두 백토로 만들고 담녹색 투명유를 씌운 것으로 6개 모두 잔 몸체 부분은 半球形이며 외반된 구연과 팽창된 몸체, 낮은 다리굽을 가지고 있다. 잔의 다리굽은 높이가 대략 1㎝ 정도이다. 이들 완들은 燈盞으로 사용되었던 것 같은데, 3개의 완은 받침이 손상되지 않았고 높이도 일정하여 수평을 유지하고 있지만 다른 3개의 완은 받침이 깨어져 평탄하지 못해 수평을 이루지 못한다. 또한 여섯 개의 완들 모두 內底部 에는 3개씩의 받침 흔적이 굽 밑 받침과 거의 들어맞는 간격과 위치에 남아있다. 태토의 빛깔은 희며 부분적으로 엷은 황색을 띠고 있어서 태토 안에 소량의 酸化鐵 이 함유된 것으로 추정된다. 유약은 굽 바로 위까지만 발라져 있고 굽부분에는 시유되지 않았다. 유약은 碗의 아랫 부분 쪽으로 뭉쳐 흘러 약간 어둡게 되어 옅은 녹색을 약간 띠지만 기본적으로는 無色이다. 釉는 얇게 시유되었는데, 두께가 고르고 상태는 매우 좋다. 6개의 盌 모두 釉面에는 기포와 빙렬이 많이 보인다. 6개의 완은 토기보다는 경질화된 백토질의 태토에 얇고 투명한 유약을 씌우고 있어, 백자일 가능성이 있으나, 정밀한 조사가 필요하다 하겠다. 크기나 장식 등에서 약간의 차이를 보이나 형태나 태토, 유약 등이 모두 같아 같은 가마에서 제작된 것이라고 생각된다. 다섯 곳의 壁龕에서 발견된 5개의 완에는 검은 灰와 타고 남은 燈心이 碗의 내벽을 타고 붙어 있으므로 이들 완들이 등잔으로 사용된 것임을 알 수 있고 무덤 바닥에서 발견된 것은 그 용도를 정확히는 알 수 없으나 왕과 왕비를 추모하기 위한 술잔으로 사용 되었을 가능성이 매우 높다고 하겠다. [52]

---

52. 忠淸南道・公州大學校百濟文化硏究所, 『百濟武寧王陵』1991, pp.294~297.
　　　김홍남선생은 이 책의 백자완이란 글에서 이들 백자잔은 무령왕릉 보고에서 언급된 청자일 가능성 보다는 중국 梁朝에서 제작된 백자로서 현존하는 세계최고의 백자로서 제

5) 公州 水村里古墳 出土 中國陶磁

수촌리고분군은 동에서 서로 뻗어내리는 구릉사면에 위치하고 있으며 서쪽으로는 들판과 정안천이 흐르고 있다. 이 곳에서는 목곽묘 2기, 수혈식석곽묘 1기, 횡구식석실분 1기, 횡혈식석실분 2기가 조사되어 다양한 형태의 묘제가 확인되었다. 묘제 중에서 대형 목곽묘는 백제지역에서는 흔하지 않게 목관을 이어주던 쇠못, 꺽쇠 등이 완전한 형태로 남아 있어 그 형태를 복원 할 수 있다. 4호 횡혈식석실분은 연도가 있는 장방형 형태로서 웅진시기 묘제와 닮은 형태이고 더 나아가 중국 남조의 묘제와 통하고 있다. 유물은 도굴되지 않은 채로 발견되었는데, 금동관모, 금동식리, 금동과대, 환두대도, 호등과 재갈 등의 마구류, 살포 등의 금속유물뿐만 아니라 천계형주자, 청자사이호 등의 중국제 도자기들도 출토되어 그 중요성을 알 수 있다.[53]

이 고분에서는 다양한 형태의 무덤이 발굴되어 백제고분의 변천을 파악할 수 있고, 더 나나가 웅진기 횡혈식석실분의 기원을 파악할 수 있는 자료로 평가받고 있다. 또한, 출토된 유물 중에는 중국제 도자기와 더불

작시기는 525년 이전이라고 주장하였다. 그 동안 이들 백자잔이 중국 북방에서 제작된 북방자기라고 하였으나, 김홍남선생은 중국 남조에서 백자를 본격적으로 생산하여 그에 파생된 중국 남방 자기라고 하였다.

53. 공주 수촌리유적에 대한 소개는 꽤 많은 글들이 발표되었는데, 유적 출토 중국도자에 대한 자세한 소개는 아직까지 진행되지 않고 있다. 다만 2005년 4~5세기 금강유역의 백제문화와 공주 수촌리 유적이라는 학술대회에서 박순발교수가 公州 水村里 古墳群 出土 中國瓷器의 交叉年代 問題라는 발표에서 수촌리 출토 중국도자의 제작년대에 대한 검토를 진행한 바 있다. 유적의 연대와 중요 유물에 대한 검토는 발굴기관인 충남역사문화원의 이훈선생에 의해 구체적으로 진행된바 있다.
이훈, 「公州 水村里 遺蹟」, 『百濟文化』第三十二輯, 公州大學校百濟文化研究所, 2003, pp.273~285.
이훈, 「묘제를 통해 본 수촌리유적의 연대와 성격」, 『百濟文化』第三十三輯, 公州大學校百濟文化研究所 2004,pp.77~106.
박순발, 「公州 水村里 古墳群 出土 中國瓷器의 交叉年代 問題」, 『4~5세기 금강유역의 백제문화와 공주 수촌리 유적』, 충청남도역사문화원, 2005, pp.57~60.

어 지역 유력자의 신분을 알려주는 위세품이 포함되어 그 위상을 짐작하게 한다.

(1) 黑釉天鷄形注子

천계형주자는 盤口壺의 어깨부분에 닭머리모양의 注口와 손잡이를 붙인 형태로 일명 鷄首壺라고도 한다. 중국에서는 서진·동진대부터 남조대에 걸쳐 많이 사용되다가 수당시기에는 그 수량이 줄어들고 있다. 그 형태는 동진시기까지

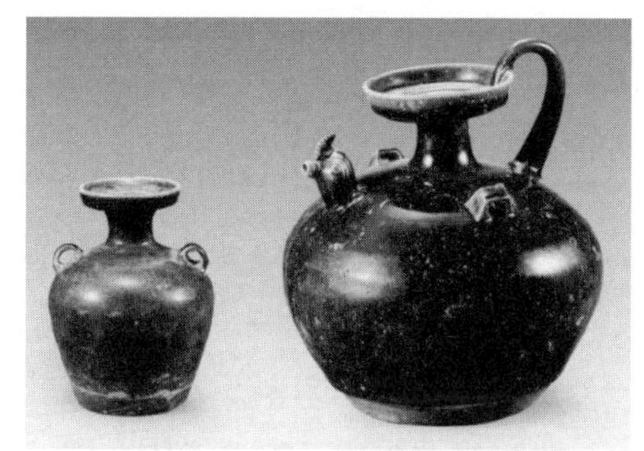

공주수촌리 출토 흑갈유 양이반구병·흑유천계형주자

몸체가 둥근 口形이 중심을 이루다가 남조에 들어서면 목이 길어지는 등 실용적인 기형으로 변해간다. 수촌리4호 석실분에서 출토된 黑釉天鷄形注子는 몸체가 둥근형태로 동진시기의 특성을 잘 반영하고 있어 동진시기에 제작되어 이후 시기에 백제로 전해진 것으로 판단된다. 높이가 23.0cm, 구경이 9.6cm로 전체적으로는 동체중앙에서 퍼진 형태이다. 높이가 16.4cm인 천안 용원리 출토 천계형주자보다는 규모가 전체적으로 커진 모습이며, 닭머리모양의 주구도 천안 용원리 출토품 보다는 규모가 전체적으로 커졌으며, 닭의 벼슬도 점더 크게 만들어졌다. 견부에서 구연부사이에 부착된 손잡이는 가늘고 얇아 실용성이 떨어지며, 용원리 출토품에 비해 구경부도 얇으면서도 길게 되어 있다. 어깨에는 ∩모양의 꼭지가 부착되어 있다. 동진시대 자기의 특징이 이 천계형주자에서도 확인되는데, 바닥에서 동체하단까지는 유약이 시유되지 않았다. 손잡이, 꼭지, 계수가 부착된 동체의 어깨부분에는 약하게 음각선이 돌려져 있다. 유약의 시유상태가 고르지 못하며, 전체적으로 많은 빙렬이 보이는데, 특히 경부와 동체 중앙에 집중적으로 나타난다. 천안 용원

리 출토 천계형주자와 비교하여 나타난 특색으로 보면 이 천계형주자는

중국 江蘇 無錫 太和 5년(370) 기년묘 출토품이나 南京 司家山 M4호 '謝球' 부부 합장 義熙 12년(416) 기년묘 출토품과 유사하여 대략 370년에서 400년 전후에 만들어진 천계형 주자로 생각된다.

(2) 黑褐釉兩耳盤口瓶

흑유양이반구병 역시 4호 석실분에서 출토되었는데, 높이가 13.6㎝에 불과한 작은 병이다. 동체 상부의 양쪽면에는 넓은 형태의 ∩형 꼭지가 양쪽에 부착되어 있다. 구경부는 동체 중앙부에서 짧게 구연부와 연결된다. 구연부의 입술은 거의 직립한 모습이지만 바닥면과 입술부가 얇아 넓게 보인다. 구연부 일부는 파손되었다. 바닥에서 동체하단에는 유약이 시유되지 않아서 태토가 그대로 들어나 있다. 구연부의 입술부분은 유약이 탈락되어 태토가 그대로 들어나 있다. 동체, 구연, 경부부분 등에는 유약이 고르게 시유되지 않아 기포와 빙렬이 많이 나타난다. 동체 일부분에 유약이 시유되지 않는 점 등은 이 도자가 중국 동진시대데 제작되었음을 알려준다고 하겠다.

(3) 靑磁盌

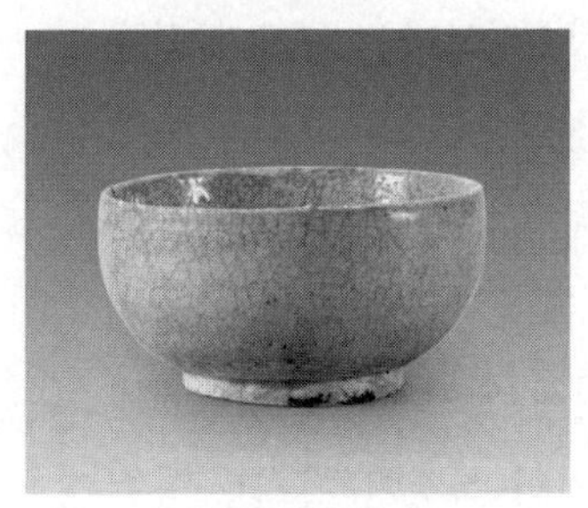

이 청자완은 4호석실분에서 출토되었는데, 높이는 4.4㎝이다. 이런 청자완들은 규모에 있어 약간 차이가 있지만 백제지역의 공주 무령왕릉과 천안 용원리 등에서 출토된 바 있다. 구연부는 거의 직립된 형태이며, 굽바닥은 平底의 형태이다. 동체에는 녹회색의 유약이 시유되었으나, 동체하부

수촌리 4호석실분 출토 청자완

에서 굽사이에는 유약이 얇게 시유되어 태토가 그대로 들어난다. 동체 내·외면에는 빙렬이 많이 나타나 있고, 그릇안쪽으로는 황색의 거친유가 부착되어 있다.

(4) 黑褐釉壺

이 흑갈유호는 4호석실분에서 출토되었
는데, 높이가 33.2cm에 이르는 대형호이
다. 동체 중앙을 경계로 상단 1/2에는 黑
釉가 시유되었지만 하단 1/2은 유약이 시
유되지 않았다. 바닥은 平底로 유약이 시
유되지 않았다. 호의 입술부는 경부가 없
이 야트막하게 처리하였는데, 일부 부분에
서는 유약이 탈락되어 있다. 유약이 시유

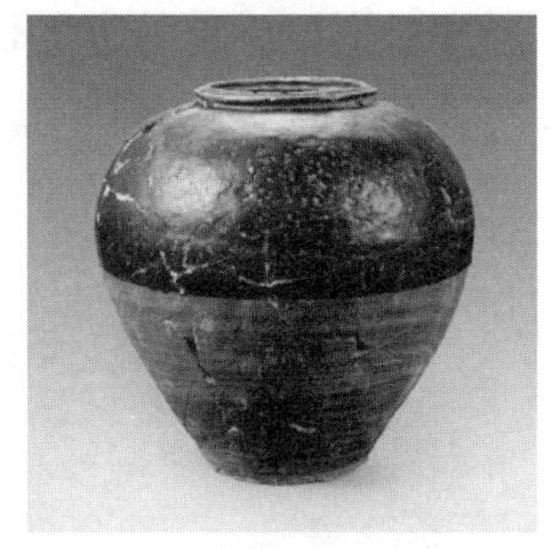

공주 수촌리 4호석실분 출토 흑갈유호

된 상단은 기포가 많이 보이며, 유약의 시유상태가 고르지 못하다. 하단
의 1/2은 유약이 시유되지 않았는데, 물레자국이 선명하게 남아 있다.
많은 부분이 파손되어 접합한 것이다. 동체 상단이 볼록하게 퍼져 동체
상단에서 최대경을 이루는 특이한 壺의 형태를 가지고 있다.

(5) 靑磁有蓋四耳壺

수촌리에서 출토된 다른 자기류와 달리
1호 목곽묘에서 출토되었다. 높이가 25.4
cm인 호로서 진한 녹색이 시유되었다. 동
체 하단의 1/3정도는 유약이 시유되지 않
아서 태토가 그대로 들어난다. 유약이 시
유된 동체 상단에도 유약이 고르게 시유되
지 않아 유약이 흘러내리다 응고된 흔적이
많이 보이며, 태토가 들어나 물레돌린자국

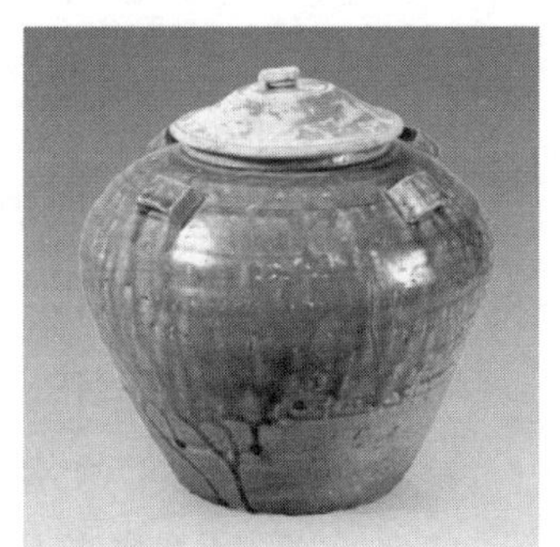

공주 수촌리 1호목관묘 출토 청자유개사이호

이 뚜렷하게 보인다. 최대폭은 동체 상단에서 이루는데, 네곳에 넓은
형태의 ∩형 꼭지가 부착되어 있다. 꼭지가 부착된 곳은 한줄의 얇은
음각선이 돌려져 있다. 넓은 ∩형 손잡이가 부착된 뚜껑은 유약이 시유
되어 있으나 박락이 심하여 일부분에만 유약이 남아있다. 바닥은 평저

로서 유약이 시유되지 않았다. 이러한 청자사이호는 백제지역의 공주 무령왕릉, 익산 입점리, 천안 화성리유적 등에서 출토되었으나 가장 비슷한 전체적인 형태는 같은 수촌리 4석실분에서 출토된 흑갈유 항아리이다.

6) 瑞山 富長里出土 中國陶磁

(1) 靑磁四耳壺

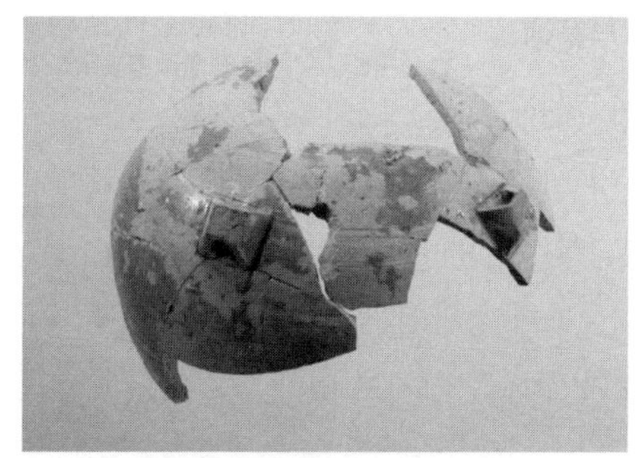

서산 부장리 6호 분구묘 출토 청자사이호

서산 부장리 6호 분구묘의 주구에서 출토된 靑磁四耳壺片은 잔존높이 11.5㎝, 최대지름 22.7㎝로서 구연부와 저부가 결실된 동체편이다. 잔존하는 동체의 어깨에는 ∩형 꼭지가 2개 남아있는데, 전체적인 규모와 형태로 볼때 결실된 부분에 2개의 꼭지가 더 있었을 것으로 추정된다. 연녹색유약이 시유되었으나, 많은 부분에서는 釉의 탈락이 심한 편이다. 접합된 동체편외 3편이 더 수습되었다. 사이호의 내면에는 물레 돌린자국이 남아있다. 연녹색의 유약이 시유되어 있다. 현높이로 볼때 약 25㎝정도의 청자사이호로 추정되는데, 유색이나 형태로 볼때 동진시대에 제작된 청자로 추정된다.

(2) 黑釉片

2004년 서산 부장리 유적 시굴조사 당시에 흑유도자편이 출토되었다. 구연부와 동체의 일부만 수습되어 정확한 형태를 추정할 수 없지만 잔존 높이가 5.5㎝로 보아 흑유호편으로 추정된다. 구연은 직립되어 곧바로 선 형태이다. 동체에는 기포가 많으며, 잡물이 많이 부착되어

있다. 유약이 전반적으로 고르게 시유되었
지만 구연부는 흑유가 아닌 연한 녹갈색유
약이 시유되었다. 발굴기관에서 흑갈유도
기편으로 소개하고 있으나, 유약의 시유
및 용융상태, 태토 등을 고려하면 도기가
아닌 흑유도자편으로 판단된다. 규모로 추
정하면 대략 10cm이상의 小形 黑釉壺로 판
단된다.

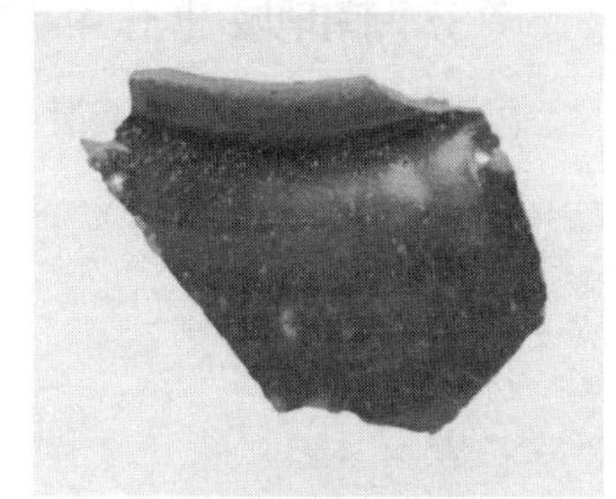

서산 부장리 출토 흑유편

7) 錦山 水塘里里出土 黑釉片

금산 수당리유적은 2005년도에 지표조
사 및 발굴조사가 이루어진 유적으로 유적
에서는 청동기시대 주거지 및 수혈유구 등
과 함께 백제시대 석곽묘와 석실분, 옹관
묘, 토광묘 등이 조사되었다. 이 중 백제시
대 2호 석곽묘에서 흑유도자편이 광구호,
고배 등과 함께 수습되었다[54]. 흑유도자편

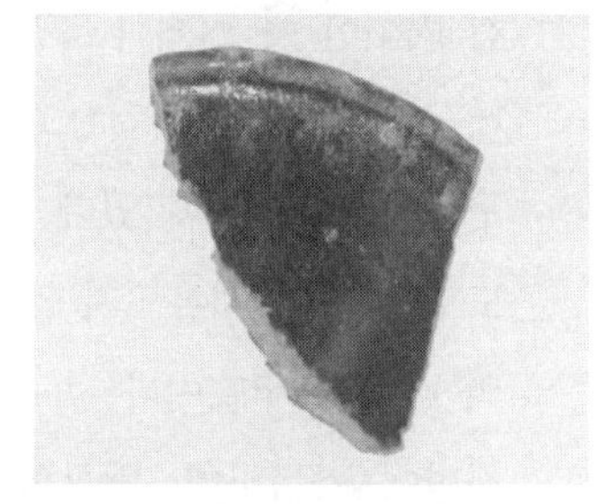

금산 수당리 출토 흑유편

은 모두 3분되었던 것을 복원한 것인데, 구연부는 직립한 형태로서 구
연은 약간 외반되었다. 구연부 내외면에는 황갈색의 반점들이 보이며,
나머지 동체에는 유약이 고르게 시유되지 않았다. 내·외면에는 빙렬이
많이 보이나, 특히 내면에 더욱 많이 보인다. 현재 잔존하는 높이와 폭
모두다 4.0cm 정도인데, 이를 고려하여 추정하면 黑釉片은 小形 黑釉盌
이나 盞이었는 것으로 판단된다.

---

54. 한국고고학회, 『원삼국시대 문화의 지역성과 변동』, 제29회 한국고고학전국대회, 2005,
　　pp.370~371.

3. 湖南地域 出土 中國陶磁

1) 益山 笠店里古墳群 出土 靑磁四耳壺

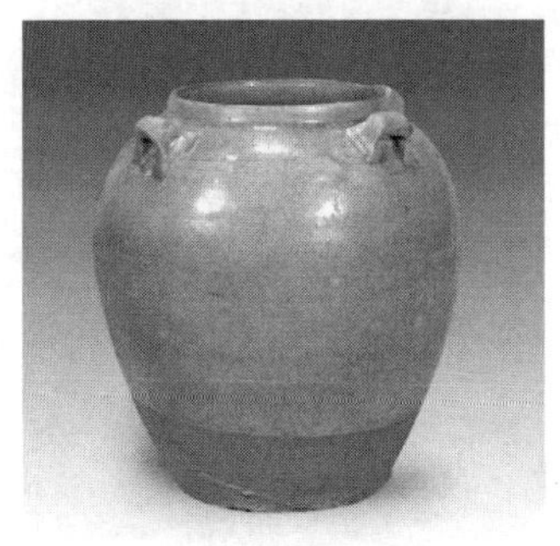

익산 입접리 고분군 출토 청자사이호

익산시 웅포면 입점리고분군은 금동제 관모, 금동제 신발 등이 출토되어, 사비백제 시대 왕족과 관련된 중요한 고분군이다. 이들 고분군 중 86-1호로 명명된 제1호 횡혈식석실분에서 출토된 청자사이호는 높이가 17.3㎝, 최대 복경 16.2㎝, 구연 9.5㎝, 굽지름이 12.0㎝인데, 옅은 황갈색을 유약이 시유되었다. 구부는 구연이 약간 內頃한 듯 직립하였으며, 구부 가까이 띠고리 형태의 각진 귀가 어깨 네 군데 서로 대칭적으로 붙어 있다. 동체의 양감이 줄어들었으며 귀가 구부에 바짝 붙어 있다. 동체 하단에는 태토가 그대로 들어나 있을 정도로 유약이 시유되지 않았는데, 저부의 넓은 부분은 노태이며, 사이호의 바닥은 平底이다. 또한 釉調는 균일하지 않은 편이다. 작은 빙렬이 전면에 가득하며, 저부의 노태부분과 내면에 유약이 흘려내려 응고된 흔적이 있다. 이 사이호는 사이호의 바닥이 평평한 점과 유면에 빙렬이 가득한 점은 5~6세기 중국 남조의 특징을 가장 잘 나타내고 있는 특징 중에 하나이다.[55]

2) 扶安 竹幕洞祭祀遺蹟 出土 中國陶磁

부안 죽막동유적은 서해안에 고구마모양으로 돌출된 邊山半島 내에서도 서쪽으로 돌출된 끝부분에 자리잡고 있다. 유적은 해안가의 높은 절

---

55. 김영원, 「百濟時代 中國陶磁의 輸入과 倣製」, 『百濟文化』第二十七輯, 1998, P.74,
　　문화재연구소, 『익산입점리고분』, 1989. p.40.
　　익산시, 『입점리고분전시관』, 2004, p.19.

벽위에 입지하고 있고, 가까이에 큰 해식동굴을 끼고 있고, 주변으로는 채석강과 적벽강이라는 명승지가 있다. 토기를 비롯한 각종 유물들은 절벽위에 평탄면, 즉 水城堂 뒤편의 8×9㎡의 범위에 20~39㎝의 두께로 쌓여 있었다. 삼국시대의 각종 壺 , 器臺 등과 함께 중국제 도자기가 소량 출토되었다.[56] 죽막동유적에서는 중국제 청자사이호편과 흑갈유 甕片등이 출토되었다.

(1) 靑磁四耳壺片

청자사이호편은 어깨에 각진 한쌍의 귀가 세로로 붙어있는 南朝時代 청자호의 형식을 따르고 있다. 유약은 갈색을 머금은 청자유이며 가는 빙렬이 전면에 나타나 있으며, 유약이 변색되어 뿌옇다는 느낌을 준다. 서울 석촌동, 익산 입점리, 공주 무령왕릉 출토 청자사이호와 유사한 형태로서 그 제작시기는 4~6세기로 추정된다.

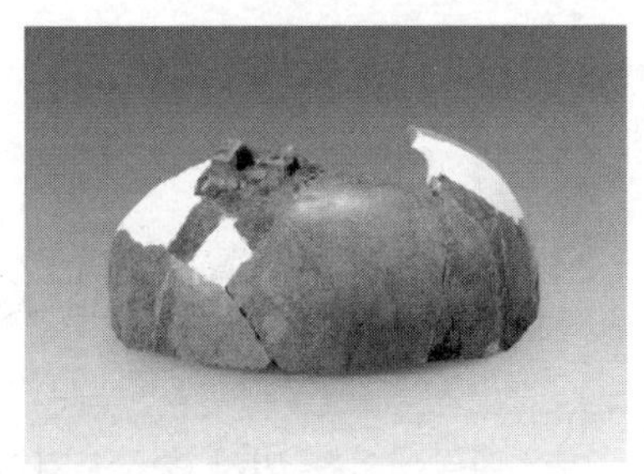

부안 죽막동 제사유적 출토 청자사이호편

(2) 黑褐釉甕片

흑갈유옹편은 동반하여 저부편이 수습되었는데, 입술지름이 39.5㎝에 이르는 커다란 항아리로 추정된다. 불룩하게 팽배한 어깨에 둥근 귀가 세로로 붙어 있다. 육조시대에 유행했던 양식이 유사하다. 동반하여 출토된 저부편은 유약이 많이 박락되어 태토가 거의 들어나 있다. 잘 남아있는 동체의 구연부는 직립한 형태이다. 청자사이호편과 유사한 시기에 제작된 것으로 추정된다. 이러한 죽막동유적의 중국도자는 제사를

---

56. 國立全州博物館, 『바다와 祭祀』-扶安 竹幕洞 祭祀遺蹟-, 1995, pp. 16~17.
    國立全州博物館, 『扶安』-全北의 역사문물전 Ⅲ-, 1995, 2001, p. 96.

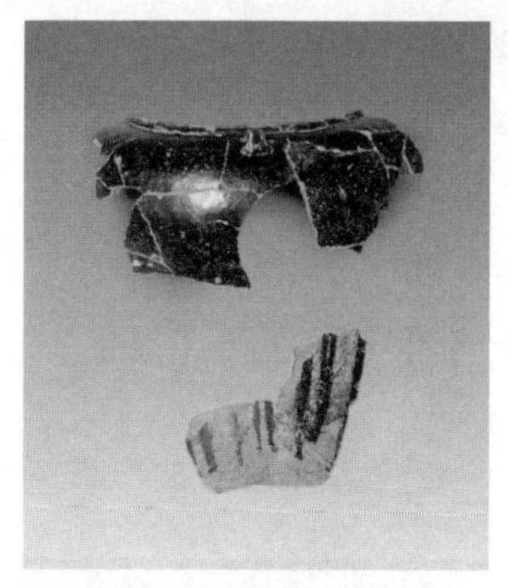
부안 죽막동 제사유적 출토 흑갈유옹편

지낸 주체가 직접 중국과 교역을 하였거나 교섭능력을 지니고 있었던 중앙의 지배세력에 의해서 제사의 주체인 각 지방의 유력자에게 나누어진 것 일 수 있다. 제사를 지낸 주체가 정치·경제적으로 상당한 능력을 갖추고 있었음을 증명하여 주는 유적이라 할 수 있다.[57]

V.韓半島 出土 中國陶磁의 性格

이글에서는 먼저 중국도자가 출토된 유적의 성격과 중국도자의 성격을 먼저 규명하고, 나중에 4~5세기 백제지역 출토 중국도자의 성격만을 별도로 규명하고자 한다. 2006년 3월에 전남 고흥군 안동고분에서 백제의 금동관이 발굴되어 학계에 많은 관심을 불러 일으켰다. 고흥이 백제의 영역화 되었다는 실증적인 유적이라는 설과 함께 발굴담당자는 백제의 중앙권력과 적당한 거리를 유지한 재지 세력의 영향력을 보여주는 대표적인 유적이라는 설이 상반되게 존재하는 중요한 유적이다. 이 유적은 원형의 石室墳으로서 고분 전체의 직경이 3.4m, 높이가 6m에 이르는데, 금동관과 함께 금동신발, 銅鏡, 환두대도, 살포 등의 威勢品的 性格이 강한 유물이 출토되었다. 또한 동반 출토된 철제갑옷은 倭色이 짙어 고대 이 지역과 일본과의 밀접한 교류관계를 보여주고 있다. 고분의 동—서 방향을 長軸으로 삼고 동벽보다는 서벽이 많이 오므려진 평면

---

57. 김영원, 「百濟時代 中國陶磁의 輸入과 倣製」, 『百濟文化』-第二十七輯-,1998, pp.75~76.

사다리꼴 형태인 이 석실에서 갑옷 등 철제품은 동벽에서, 금동신발, 금동관모, 살포 등은 서쪽에서 출토되었다. 발굴담당자는 이 고분이 마한의 재지세력을 가능성이 크며, 고분의 축조시기는 5세기 초반으로 추정하였다.   앞에서 언급한 4~5세기 백제를 대표하는 유적인 천안 화성리·용원리, 공주 무령왕릉·수촌리유적, 서산 부장리, 익산 입점리 유적등에서는 금동관, 금동신발, 환두대도 등의 위세품적 유물과 함께 중국 수입도자가 확인되었으나, 이 안동고분에서는 중국 수입도자가 확인되지 않았다. 또한 위세품적 유물과 함께 중국도자가 출토되었던 공주 무령왕릉과 수촌리 유적에서는 백제시대 토기가 출토되지 않았거나, 극소량만 출토된 것으로 확인되었는데, 이 안동고분에서는 토기가 1점도 출토되지 않아 이 유적의 성격규명에 중요한 단서를 제공하고 있다. 이러한 출토유물과 유적의 성격으로 볼때 고흥 안동고분은 백제 중앙권력집단이 재지세력에게 위세품적 성격으로 하사한 유물로 보기 어려운 성격을 갖는 동시에 또한 출토 유물의 성격만으로는 공주 무령왕릉과 수촌리 유적적 성격을 갖는 양면성을 가지고 있어, 이 유적의 성격규명은 유물에 대한 정확한 분석과 유적에 대한 정밀한 조사 후 보다 체계적인 연구가 이루어져야 가능 할 것으로 추정된다. 천안 용원리유적에서는 9호 석곽묘에서 천계형주자가 출토되었는데, 천계형주자와 환두대도, 冠帽裝飾과 장식품, 흑색마연토기, 성시구 등이 함께 출토되어 이 용원리 고분은 4~5세기 한성 백제의 중앙 권력과 지방 권력간의 관계를 잘 보여주고 있다. [58] 충남대의 박순발 교수는 『漢城百濟의 誕生』에서 이러한 4~5세기 백제 유적들에서 출토된 중국도자, 금동관모, 환두대도, 금동신발 등은 威信財로서 백제의 최상위 계층의 최상위계층의 위상을 보여주는 대표적인 유물이라고 하였다. [59] 그는 원주 법천리유적은 한성

---

58. 李南奭,『百濟墓制의 研究』, 서경, 2002, pp.277~302.
59. 朴淳發,『漢城百濟의 誕生』, 서경, 2001, pp.215~247.

백제기의 중국과의 교류를 보여주는 대표적인 유적으로서 4세기 경 백제의 중앙권력과 대등한 지위를 누린 지방권력의 위상을 보여준다고 하였다. 익산 입점리고분군은 5세기 중후반에 걸친 대표적인 백제의 고분으로서 백제와 영산강유역 세력과 교류하던 한성백제기의 대표적인 세력의 위상을 보여준다고 주장하였다. 이러한 예에서 볼 때 이번에 전시되는 원주 법천리, 천안 용원리, 공주 수촌리, 서산 부장리, 익산 입점리 유적 등은 백제의 중앙권력과 지방 재지세력과의 관계를 보여주는 중요한 유적이며, 이들 유적에서 출토된 중국도자들은 동반하여 출토한 유물들로 볼때 그들의 신분을 확인시켜주는 위신재적 요소를 강하게 나타낸다고 할 수 있을 것이다. 이러한 요소들을 종합하면 4~5세기 백제지역에서 중국도자가 출토되는 유적에서는 중국도자와 더불어 금동관, 금동신발 등의 위신재가 같이 출토되고 있다. 이것을 반대로 해석하면 중국도자가 출토되지 않으면서, 금동관, 금동신발, 환두대도 등만 출토되는 유적은 중앙권력과 관계에서 격이 떨어진다고 할 수 있다. 이렇게 볼때 4~5세기 백제 지역에 나타나는 중국 수입도자들은 금속류의 위신재와 함께 강력한 위신재적 요소를 내포하고 있다고 할 수 있다. 결론적으로 중국 수입도자들은 금속류의 위신재와 함께 동반 출토하여 강력한 재지세력의 위상을 확인시켜 주는 역할을 하고 있는 것이다. 4~5세기 백제지역에서 출토된 중국도자는 靑磁, 白磁, 黑釉로 크게 나뉘며, 형태는 兩耳壺, 四耳壺, 六耳壺, 八耳壺, 四耳甁, 盤口壺, 羊形靑磁, 天鷄形注子, 硯, 鉢과 盌, 盞 등이 있다. 이러한 중국 수입도자에 대한 검토에서 각 연구자들은 한국 도자사에 끼친 영향들을 검토하였으나, 현재까지는 백제에서 제작된 토기에서 중국 수입도자를 모방하여 방제하였다는 견해외에는 뚜렷한 성과가 없다.[60] 중국 수입도자에 대한연구에서

---

60. 李鍾玟,『百濟硏究』제27집, 「百濟時代 輸入陶磁의 影響과 陶磁史的 意義」,忠南大學校百濟

수입도자를 交易·輸入·貿易陶磁 로 부르고 있는데, 용어적 차이만 있을 뿐 대부분의 논문에서는 개별 유물에 대한 소개와 백제의 시대별 수입도자의 양과 변천에 주목하고 있다. 이 단계에서 진일보하여 이종민과 김영원 선생은 백제의 끼친 영향을 토기의 기형의 변화에서 찾고 있다. 권오영과 성정룡교수는 백제의 4~5세기 수입도자를 도자사 발전 측면에서 벗어나 백제와 중국과의 교류상, 또는 중국 도자가 출토되는 유적의 성격변화에 초점을 두어 중국 수입 도자자체 보다는 이를 이용한 정치·외교·문화적 측면에서 검토하고 있는 것이다. 이러한 중국 수입도자는 유물자체가 백제의 문화적 변화를 가져오고, 강력한 위신재로 사용되어 백제의 중앙권력과 지방권력간의 정치적 산물로서 활용되고 있다고 할 수 있다. 현재는 威信財의 역할과 한국 도자문화 발달과 백제의 중국과의 교류관계, 중국 수입도자의 제작년대를 추정하여 중국 수입도자가 출토된 유적의 조성연대 연구에 활용 등 각각의 필요에 따라 부분적으로 연구하고 있는 수준에 머물러 있는 상태이다. 이러한 면들을 종합적으로 분석 및 정리하면 4~5세기 백제지역에 집중적으로 출토된 중국 수입도자가 갖는 의의를 구체적으로 조명할 수 있을 것으로 생각된다.

研究所,1997. PP. 165~194.

李蘭英,『百濟研究』제28집「百濟 지역 출토 中國陶瓷 研究」-古代의 交易陶瓷를 중심으로- ,忠南大學校 百濟研究所,1998. PP. 213~244.

김영원,『百濟文化』第二十七輯「百濟時代 中國陶磁의 輸入과 倣製」, 公州大學校 百濟文化研究所, 1998. PP53~80.

權五榮, 『古代 東亞細亞와 三韓·三國의 交涉』「百濟의 對中交涉의 전개와 그 성격」, 복천박물관, 2002. PP. 1~17.

成正鏞,『百濟研究』第38輯「百濟와 中國의 貿易陶磁」,忠南大學校百濟研究所, 2003. PP. 25~56.

Ⅵ. 맺음말

지금까지 4~5세기 백제지역에서 출토된 중국 수입도자를 지역별로 나누어서 상세히 검토하여 보았다. 서울·경기·강원지역에서는 원주 법천리고분 출토 羊形靑磁, 서울 석촌동고분 출토 靑磁四耳壺, 서울 몽촌토성 출토 中國靑磁, 서울 풍납토성 출토 中國靑磁, 오산 수천동유적 출토 靑磁盤口壺·등이, 충청지역의 천안 용원리유적 출토 黑釉天鷄形注子와 鉢·盌 2점, 화성리고분 출토 靑磁盤口瓶, 공주 무령왕릉 출토 靑磁六耳壺 2점, 黑褐釉四耳瓶, 盌 6점, 수촌리고분 출토 黑釉天鷄形注子, 黑褐釉兩耳盤口瓶, 靑磁盌, 黑褐釉壺, 靑磁有蓋四耳壺, 서산 부장리 출토 靑磁四耳壺, 黑釉片, 금산 수당리 출토 黑釉片, 호남지역인 익산 입점리 고분 출토 靑磁四耳壺, 부안 죽막동유적 출토 靑磁四耳壺片, 黑褐釉甕片 등 총 13개 유적과 약 40여점의 유물에 대해서 알아 보았다. 이들 유적 에서는 靑磁·白磁와 함께 黑釉가 확인되었으며, 또한 壺·瓶·盞·盌 등 다양한 기종들이 확인되어 백제와 중국과의 왕성한 교류상을 알 수 있다. 그리고 이들 중국 수입도자들은 지역적으로 한성기와 웅진기의 중요한 근거지인 서울·경기·충청지역에 밀집되어 있고, 호남지역은 서·북부에 해당하는 지역에 밀집되어 있어 중국 수입도자가 출토되는 지역은 그 당시의 백제의 지배권역에 해당된다고 하겠다. 이러한 사실 은 웅진기인 5세기 초반~중반에 해당된다고 생각되는 전남 고흥군 안 동고분군에서 금동관과 금동신발 등 최고급의 위신재가 출토되었는데도 불구하고 중국 수입도자가 확인되지 않은 것은 고흥 안동고분이 5세기 무렵에 백제의 직접적인 지배를 받지 않았음을 증명하여 준다고 생각된 다. 이 시기에 출토되는 중국 수입도자가 백제의 생활문화 중 토기에 방제되고 있음을 논하는 논문들이 발표되었으나, 백제토기에 중국 수입 도자의 형태와 기형이 반영되는 시기는 백제의 후기인 사비백제 시대에

만 해당되어 4~5세기 백제지역에서 출토되는 중국 수입도자는 무역이나 교역에 의해서 한반도로 백제의 중앙권력에 의해 수입되어 백제의 지방권력층에게 賜與되는 중요한 威信財로서 역할을 하였음을 알 수 있다. 그리고 4~5세기에 수입된 중국 도자는 제작기법이나 형식으로 볼 때 중국자체에서 제작된 시기는 西晉·東晋時代(256~419) 및 南·北朝時代(420~589) 중 거의 東晋時代에 해당되며, 극히 일부의 도자만 南·北朝時代 初期에 제작된 것으로 보인다. 대부분의 중국 수입도자는 동진시대에 제작되었는데, 그것이 한반도로 수입되어 어느시기 만큼 傳世되다가 古墳 등에 부장되었는가는 아직도 의문으로 남아있다. 그렇기 때문에 이 중국 수입도자들이 동진시대에 제작된 것을 가지고 고분 등 이들 중국 도자들이 확인되는 유적의 조성연대를 추정하는 것은 약간의 문제가 있다고 하겠다. 마지막으로 국립공주박물관은 2006년 11월 발간을 예정으로 무령왕릉 신보고서를 준비중에 있는데, 그중 도자부분의 연구를 위해서 현재 무령왕릉 출토 중국 수입도자와 함께 인근에서 출토된 천안 용원리와 수촌리의 중국도자 들의 유약과 태토의 정밀 분석을 진행하고 있다. 이들 유적의 도자들 중 일부에서 기존의 학계에서 통용되던 학설과 배치되는 결과도 확인되고 있어, 그 동안 우리나나 학계에서 사용하던 도자의 구분과 시대추정을 정밀하게 분석한 후, 체계적인 검토가 있어야 할 것으로 생각된다.

扶蘇山城 出土 瓷器

부소산성 출토 자기

I. 머리말

扶蘇山城은 백제 사비시대(538~660년)의 중심성으로서, 百濟 都城 體系의 中心部를 이루는 유적이다. 이러한 중요성 때문에 지금까지 부소산성에 대한 조사와 연구는 활발하게 진행되었다. 부소산성에 대한 발굴조사는 1980년에 扶蘇山 西麓 百濟寺址를 시작으로 하여 1981년부터 2002년까지 매년 실시되었다. 1980년 서쪽 백제사지 발굴조사를 시작으로 하여 군창터, 동문지, 북문지, 남문지, 북문지 동편일대 등이 2002년까지 조사되어 그 결과를 수록한 보고서가 총7권 발간되었다. 그러나 부소산성이 泗沘百濟의 사비도성 구조와 방위체계를 연구하는 중요성 때문에 조사결과는 부소산성의 기능과 역할에 촛첨이 맞추어 졌다.[61]

이러한 부소산성의 기능과 역할의 중요성 때문에 발굴 유물의 개별 연구는 미진하여 체계적으로 진척되지 않고 있어, 부소산성에 대한 종합적인 이해를 어렵게 만들고 있다. 현재까지 부소산성에서 발굴 및 수집등으로 확인된 중국 수입도자는 施釉陶器・綠青瓷・青瓷・黑褐釉陶

---

61. 부소산성의 발굴결과를 종합적으로 정리한 논고는 부소산성의 발굴을 담당한 국립부여 문화재연구소가 발간한 다음의 학술발표집과 보고서를 들수 있다.
   崔孟植,『사비도성과 백제의 성곽』「泗沘都城과 扶蘇山城의 最近成果」, 국립부여문화재연구소,, 2000. PP.159~178.
   국립부여문화재연구소,『부소산성』발굴조사보고서V, 2003. PP.198~218.

瓷 등으로 총30여 점에 이르고 있다. 이러한 중국자기는 대체로 백제~통일신라말에 이르는 기간동안 중국에서 수입되어 사용하다가 폐기된 것으로 보인다. 또한 이외에도 고려시대 청자와 조선시대 전반기에 유행한 분청사기, 조선 중·후기에 사용된 백자 등이 1981년 및 1982년 발굴조사된 군창지를 중심으로 부소산성 거의 전역에서 수습되었다. 이 글에서는 중국 수입도자로 백제에서 통일신라시대시대 부소산성의 도자를 정리하고, 그 도자의 사용의미와 한반도에 미친 영향을 결론적으로 정리하고자 한다. 고려 및 조선시대에 사용된 청자, 분청사기, 백자 등은 부소산성의 유구와 직접적으로 관련없는 층위에서 수습된 도자편들이므로 유물의 성격을 대략적으로 파악하고 개별 도자가 갖는 특성을 종합하여 정리하고자 한다.

Ⅱ. 扶蘇山城

부소산성은 백제 사비시대(538~660년)의 中心城으로서, 부소산은 현 부여의 북쪽에 위치한 白馬江을 마주하고 있다. 이 부소산을 중심으로 남쪽에 시가지가 펼쳐져 있고, 부소산성의 동·서 좌우에는 羅城이 뻗어 나가 사비백제 당시의 사비 도성을 둘러싸는 외곽 경계를 이룬다. 부소산성은 이러한 당시 都城 體系의 중심부를 이루는 유적으로서, 지금까지의 조사·연구결과에 의하면 이 부소산성의 남쪽 기슭 官北里 일대에 宮闕과 官府가 자리잡고 있었을 것으로 추정되고 있다. 결국 부소산성은 백제 사비시대의 왕권과 관련하여 가장 중요한 위치를 차지하고 있는 유적의 하나라고 할 수 있다.

지금까지의 조사결과에 의하면 부소산성은 크게 두 개의 봉우리를 감싼 테뫼식 산성과 그 두 봉우리를 외곽에서 감싸고도는 包谷式 산성의 두 형식이 혼합된 複合式 산성으로 알려졌다. 발굴조사시 조사된 層位 區分에 의하여 백제시대에는 포곡식 산성밖에 없었으나, 그 후 통일신라에 들어서서 기존 포곡식 산성에 남쪽 군창터와 서쪽 반월루에 걸친 고위평탄면과 泗泚樓 南便을 둘러싼 테뫼식 산성이 축조되었다고 한다. [62]

부소산성 출토 중국도자는 東門址와 南門址 그리고 軍倉址 주변에서 주로 확인되었다. 이들 도자 역시 모두 파편으로 출토되었으나 중국측에서 보고된 자료와 국내 출토 중국도자를 참고하면 대체적인 기형이 파악된다. 이들 도자들은 시유된 유약에 의해 크게 '施釉陶器'와 '黑褐釉'·'靑釉' 도자로 구분되며, 중요한 기종은 항아리 형태의 罐과 접시류인 盌, 그리고 벼루편 등으로 구분된다. 이글에서는 먼저 수입도자를 시유된 유약과 기종에 따라 분류하여 서술하고, 끝으로 중국 수입도자가 갖는 의의를 조명하고자 한다. 그리고 후반부에 국내도자를 출토지역별로 구분하여 서술하고자 한다.

Ⅲ. 扶蘇山城 出土 中國 陶瓷의 區分

부소산성 출토 중국도자는 동문지와 남문지 그리고 군창지 주변에서 출토되었다. 이들 도자 역시 모두 파편으로 출토되었으나 그 동안의 연구성과에 의하거나 중국측에서 보고된 자료를 참고하여 器形을 파악하면 기종을 파악할 수 있다. 이들 도자들은 시유된 유약에 의해 크게 '施釉陶器', '黑褐釉 陶瓷'와 '靑釉 陶瓷', '綠釉 陶瓷'로 구분되며, 기종은 靑瓷耳附罐을 비롯하여 흑갈유로 조성된 罐과 黑褐釉 및 靑瓷盌 으로

---

62. 李蘭英, 『百濟硏究』제28집 「百濟 지역 출토 中國陶瓷 硏究」- 古代의 交易陶瓷를 중심으로-, 忠南大學校 百濟硏究所, 1998. PP.221~222.

분류할 수 있는데, 이 글에서는 시유도기 · 흑갈유도자 · 청자 · 백자 · 녹유로 된 벼루의 5종으로 분류 및 서술하겠다.

1. 施釉陶器

시유도기는 東吳 만기에서 西晉代에 걸쳐 강소~절강 지역에서 제작 · 사용되었는데 높이 80cm, 구경 40cm, 저경 30cm 전후의 크기에 타원형의 동체, 말린 입술, 평평한 바닥, 흑갈색의 색조 , 동체에 시문된 鋸齒文과 線文 등을 특징으로 한다.

한국에서는 풍납토성과 몽촌토성 등 백제때 한성지역은 물론이고 홍성 신금성에서도 시유도기가 출토되어 백제의 대외 교섭과 지방의 지배 방식 등의 이해에 많은 시사점을 주고 있는 유물이다. 부소산성에서는 2000년도 추정 북문지의 북성벽의 조사시에 중국제 시유도기 1점과 북문지 다지구 Ⅱ층에서 2점이 확인되었다.[63]

2000년 추정 북문지 발굴조사에서 확인된 중국제 시유도기는 '가' 지구 북쪽 산사면 탐색트렌치 및 잡석층에서 각각 출토된 것을 복원한 것으로 대부분 결실되고 저부편만 잔존한다. 바닥은 중앙이 약간 들린 平底이고 가장자리를 따라 바닥과 기벽을 접합한 흔적이 확인된다. 내면에는 연녹색의 유약이 시유되어 있고, 외면에는 유약이 시유되지 않았으나 상부에는 내면과 마찬가지로 유약이 시유되어 있을 것으로 추정된다. 기벽은 두꺼운 편이며 벌어져 올라가는 기형으로 보아 壺의 저부편으로 판단된다.

북문지 Ⅱ층 에서는 중국제 시유도기 저부편 2점이 수습되었는데, 그

---

63. 국립공주박물관, 『백제문화 해외조사 보고서』Ⅴ- 中國 江蘇省 · 安徽省 · 浙江省-, 2005. PP.50~51.
국립부여박물관, 『百濟의 文物交流』, 2004. P.56
서울역사박물관, 『풍납토성』잃어버린『王道』를 찾아서, 2002. P.108.
國立扶餘文化財硏究所, 『扶蘇山城』發掘調査報告書Ⅴ, 2003. P.77, 176.

중 한점은 황갈색 경질로서 내·외면에 황녹색 유약이 시유되었다. 壺
의 저부편으로 추정되며, 같은 Ⅱ 층에서 출토된 저부편은 황백색 경질
로서 출토 당시 바닥만 남아있었으며, 平底이다. 내면에는 연녹색의 유
약이 얇게 묻어 있다.

2. 黑褐釉 陶瓷器

부소산 출토 흑갈유 도자기들은 유약에 있어 동일한 성분으로 보여지
며 그 색조와 시유 방법 등의 공통점이 있을 뿐만 아니라, 제작된 태토,
소성방법 등도 동일하다. 따라서 이들의 중국에서의 제작지도 동일한
곳이었을 것이고 수입된 시기도 동일 시대였을 것으로 판단된다. 확인
된 기종은 罐(壺 종류)과 盌 2종이었으나 이들 모두 태토가 堅緻한 점토
로서 내부는 회백색을 띠나, 외부는 적갈색이었다. 底部가 남아 있는 罐
과 盌의 경우 모두 平底이며 바닥 면은 燒成時 받쳐 구웠던 받침눈 흔적
이 남아 있다. 유약의 시유방법은 그릇 외부 下腹部에는 시유하지 않은
채 몸체 중앙 아래까지만 시유하고, 나머지는 태토를 그대로 露胎시킨
공통점이 확인된다.[64]

1) 黑褐釉 兩耳罐

1993년 군창지 동편의 토광내에서 편으로 출토되었으나, 底部가 완전
하고 구연과 귀 등이 비교적 온전한 형태로 전체의 기형을 파악할 수
있다.

구연은 직립 형태면서 둥글게 마무리되었으며, 목은 따로 만들어지지
않았다. 둥글게 부풀어진 어깨는 몸체 중앙에서 점차로 줄어들다가 저

---

64. 國立扶餘文化財硏究所, 『扶蘇山城』發掘調査 中間報告, 1995. PP. 176~178.
   國立扶餘文化財硏究所, 『扶蘇山城』發掘調査 中間報告Ⅱ, 1997. PP. 234~235.
   國立扶餘文化財硏究所, 『扶蘇山城』發掘調査報告書Ⅴ, 2003. P.131.

부쪽으로 가면서 탄력있게 급격히 준다. 저부는 평평하다. 조그마한 橫帶고리형 귀는 구연부와 어깨의 경계에 낮게 붙어 있다.

단아한 형태의 작품으로 1995년 발굴된 黑褐釉 兩耳罐과 동일한 형태이다.

2) 黑褐釉 兩耳罐

출토지는 1989년도에 조사된 동문지 치성내의 황갈색 마사토층에서 확인되었다. 남아있는 片은 구연·어깨·몸체로 연결된 일부로 그 기형은 구연 끝이 둥글면서 직립되어 있으며 구연과 연결된 짧은 목은 또다시 어깨와 연결되어 있다. 타원으로 내려온 어깨선은 몸체 중앙에서 최대복경을 이루고 있다. 목과 어깨가 만나는 부분에 고리형의 귀(耳)가 횡으로 달려 있다. 이와 같은 동일한 유약과 기형을 갖춘 罐이 93년도 조사시 군창지 동편지역의 토광시설 내에서 출토된 바 있다. 이 유물을 참고로 할 때 귀는 2개가 달렸고 저부는 平底의 기형임을 확인하였다. 따라서 이 罐 명칭은 兩耳罐으로 할 수 있었다. 유약은 갈색빛이 도는 흑색유로 외벽은 몸체 중앙인 복부까지 시유되고 나머지 하복부는 露胎된 상태이며 내부는 구연부쪽만 시유되었는데 한 줄기 유약이 뭉쳐져 아래로 흘러 고여 있기도 하다.

유약은 고르게 시유되지 않았고 일부는 두껍게 뭉쳐진 곳도 있는데 이런 부분에 빙렬이 엷게 보여지기도 한다. 특히 시유된 외벽의 유약은 두꺼우면서도 수평으로 갑자기 멈추어진 듯 고여 시유되지 않은 하복부와의 경계가 매우 뚜렷하다. 이는 위에서 아래로 흘러내린 유약을 정리하기 위해 붓을 사용해 횡으로 돌려 칠한 상태에서 마감한 듯하다. 내벽엔 물레 성형자욱이 뚜렷하나 노태된 외벽은 기구를 사용해서 한 번씩 돌려 깎은 듯 경미한 각 처리면이 보이고 있다. 태토는 회갈색으로 견고한 편이다. 이 외에 동일한 기형의 몸체편 1점이 함께 출토되었는데 복원은 되지 않고 있다. 복원구경은 8.2cm, 기벽두께는 2.5~3.5mm이다.

3) 黑褐釉盌

부소산성에서 출토된 흑갈유 양이호와 동일한 동문지에서 盌 2편이 출토 확인되었다. 유약·태토·소성방법 등은 黑褐釉 兩耳罐과 같은데 다만 유색이 暗褐色 빛을 띠는 차이만을 보이고 있다. 그 중 하나는 구연에서 저부까지 확인되었는데 그 복원된 구연지름은 17cm, 저부지름은 7.8cm, 높이는 5.3cm이다.

底部바닥은 平底이며 底部에서 완만한 경사로 올라간 器身은 구연부쪽에서 내만되어 좁아들어 거의 수직을 이룬 후 구연부에서 둥글게 마무리 된다. 內底面은 완만한 각을 주어 둥글게 형성하고 있다. 암갈색빛 유약은 내·외벽 모두 몸체 중간부까지만 두껍게 시유하고 나머지는 노태된 상태이다.

半破된 露胎상태의 저부 내·외부에는 소성시 받쳐구웠던 호박씨만 받침눈 자국인 적갈색 반점 2개소가 남아 있다. 태토는 견치한 점토로 회백색을 띠나 유약이 발라지지 않는 부분은 모두 적색이다.

또 다른 片은 구연만이 확인되었는데 유약 및 시유방법·태토 등은 앞의 완과 동일하다. 복원 구연지름은 13.4cm이다. 내저 곡면을 띤 저부 아랫부분에서 올라온 器身은 구연쪽으로는 거의 직선을 그으며 올라가다 그 끝을 둥글게 마무리 하였다. 이들 완들은 기벽 두께가 두꺼워 투박함을 주며 유약 역시 고르지 못하면서도 두껍게 칠해져 있다.

4) 黑褐釉 瓷器片

흑갈유를 시유한 접시편으로서 굽이 없는 평평한 모습이다. 이러한 흑갈유를 시유한 중국자기편은 그동안 부소산성에서 여러편이 출토된 바 있는데 태토는 밝은 적갈색이라는 점이 공통점이고 유약 역시 기벽의 전면에 시유하지 않고 저부쪽을 잡고 유약통에 집어 넣어 일부만 시유한 점에서 기형을 막론하고 모두 일치하고 있다. 이러한 흑갈유계통의 중국 자기는 중국의 당나라 李徽墓에서의 출토된 예가 기준이 되고 있다. 이 시기는 李徽의 생존년대가 7세기 전반에서 후반에 걸쳐 살았던 인물인 점을 고려하면 중국 初唐에 이러한 기형과 유약을 시유한 자기가 유행했던 것으로 나타나고 있다. 이 접시는 1994년 발굴 구역중 군창지 옆의 水口址시설 입구주변에서 출토되었으나 이층은 조선전반기경까지 사용된 층으로 안정된 층은 아니다.

5) 黑褐釉 盌

2000년 북문지 발굴에서 출토 되었는데, 구연부만 잔존하고 있다. 구연부에만 흑갈유가 시유되었는데, 잔존높이가 4.3cm이다.

3. 靑瓷釉 陶瓷器

청자유가 시유된 중국 도자기 편은 여러 종이 확인되었으나 전체 기형이 복원되는 경우는 없어 형태가 특색이 있는 벼루와 耳附罐 외에는 정확한 형태를 추정할 수 없다. 罐은 기종과 유색에 있어서도 차이를 보여주고 있는데, 모두 귀가 달린 형태에서 공통점을 찾을 수 있다. 청자유 도자기는 주로 남문지와 동문지에서 발굴되었다.[65]

---

65. 國立扶餘文化財研究所, 『扶蘇山城』發掘調査 中間報告, 1995. PP.93~94, 233~234, 257~258.
國立文化財研究所, 『扶蘇山城』發掘調査報告書, 1996. P.143.
國立扶餘文化財研究所, 『扶蘇山城』發掘調査 中間報告Ⅱ, 1997. PP.53~54, 93~95, 257~258, 278.
國立扶餘文化財研究所, 『扶蘇山城』發掘調査報告書Ⅴ, 2003. P.77, 131, 173, 174, 176, 196.

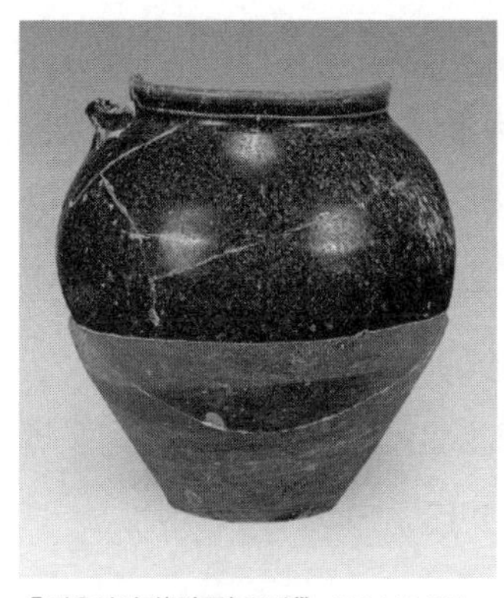
흑갈유양이관(黑褐釉兩耳罐) 부여 부소산성

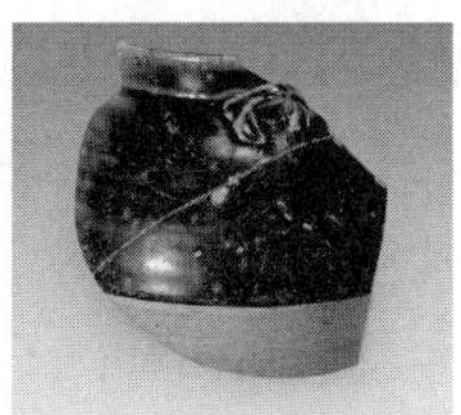
흑갈유관 편(黑褐釉罐 片) 부여 부소산성

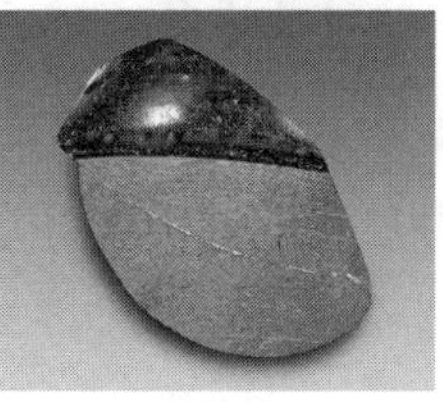
흑갈유편(黑褐釉片) 부여 부소산성

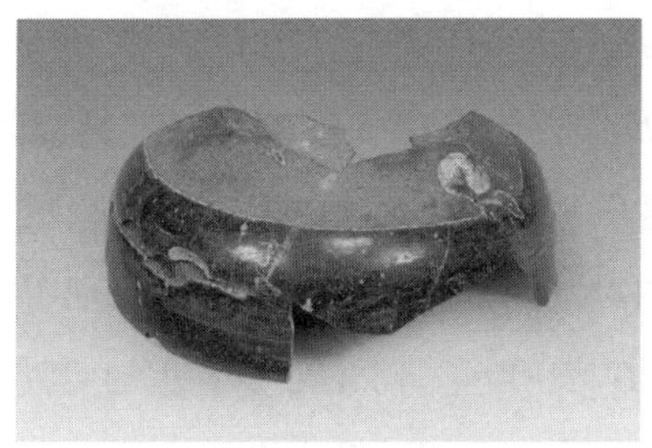
흑갈유자기편(黑褐釉瓷器片) 부여 부소산성

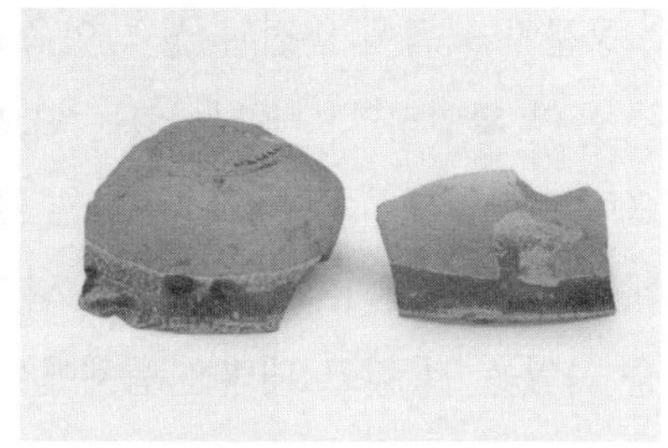
흑갈유자기편(黑褐釉瓷器片) 부여 부소산성

1) 靑磁耳附罐

출토지는 동문지의 토루 내부의 敷石列 상면으로 안정된 백제시대 층위로 볼 수 있겠다. 구연부와 동체어깨부에 해당하고 片이 2점 복원된 상태로 기형파악이 어느정도 가능하다. 즉 구연은 이중구조로 내벽은 몸체에서 연결되어 올라온 구부가 직립된 채 그 끝이 둥글게 말린 구연이 있고 그 외벽에 2cm 정도의 널따란 전이 사선형으로 돌려져 있는 내구연과 외구연을 지닌 雙脣罐 이다.

동체의 기형은 목선에서 풍만한 곡선을 그리며 내려온 어깨로 추정할 때 아래 배부분에서 최대 넓이를 이루는 것으로 판단되어진다. 또한 외구연 밑에는 귀가 달렸던 흔적이 남아있는데 그 간격이 120 ° 각도차로 보아 원래 3귀를 지녔던 것으로 추정된다.

잔존된 귀의 상·하·양끝으로 보아 고리형의 귀를 縱으로 부착했을 것으로 여겨진다. 유약은 갈색빛이 도는 청자유로 외벽은 어깨부분인 귀끝까지만 한 번 돌려 시유하고 나머지는 박락된 상태이다. 그러나 내벽은 거의 시유흔적이 보여지지 않고 있다.

시유된 유약은 두껍고 그 표면에는 가는 병렬이 있다. 태토는 회홍색 고운점토에 가는 모래가 섞여 있으며 경질이다.

2) 靑瓷耳附罐

동문지 북쪽에 연접된 성벽 안쪽 퇴적토에서 출토되었다. 구연부 일부 片만 확인되었으나 남아있는 편으로 보아 뚜껑이 있고 배가 부른 罐으로 판단된다. 즉 구연은 뚜껑을 덮을 경우 받칠 수 있게 이중적인 형태를 취하는데 외벽에 수평형의 널따란 전(2cm 폭)이 있어 받침턱 구실을 하였을 것 같고 내벽은 몸체에서 직립되어온 口部의 일부만 남아있는 상태이나 기형의 흐름으로 보아 雙脣罐으로 판단된다.

짧은 목선에서 둥근 어깨로 흐르는 기형은 잔존된 片으로 보아 매우 풍만하게 전개될 것 같다. 즉 목은 짧고, 어깨부는 둥글고 넓은 형태로 판단된다. 어깨에는 반파된 ∩ 모양의 귀 1개만이 단정하게 붙어 있어 원래 귀가 모두 몇 개인지 알 수 없으나 복원할때는 兩耳로 복원하였다. 유약은 옅은 녹색이 얇게 器面에 시유된 상태인데 외벽은 귀의 아래쪽까지만, 내벽은 파손부에만 시유되었다. 따라서 그릇의 상단부인 일부만 시유한 상태로 보아야 할 것이다.

釉 표면에는 잔 빙렬이 전면에 보이며 태토는 견치한 점토로 회갈색 빛을 띤다.

3) 靑瓷耳附片

동문지 남쪽 연접성벽 관통부 다짐토에서 출토 된 것인데 목 부분의 도자편에 불과하다. 따라서 아주 일부 편이어서 기형복원은 불가능하나 편의 상태로 보아 목이 있고 귀가 달렸던 대형의 壺나 罐으로 판단된다.

귀는 결실되었으나 일부 잔존된 흔적으로 볼 때 목과 어깨에 걸쳐 두 가닥의 고리를 모아 위에서 아래로 만들어 붙였던 것 같다. 이와 같이 두줄의 귀를 세로로 세워 붙인 형태를 중국에서는 復式系耳라 표현한다.

목아래 내·외벽에는 음각선이 두껍게 각 각 한줄 돌려지고 그 아래 기벽은 특히 두껍다. 태토는 회갈색인데 堅緻하지 못하며 깨진 단면에는 점토에 모래 알갱이가 보인다. 표면에는 잔구멍들이 일부 뚫려 있기도 하다. 잔존 크기 가로변 6.5cm, 세로변 8.5cm이다.

4) 靑瓷片

부소산 竪穴 住居址에서 출토된 청자완으로서 파편이나 굽에서 구연부까지만 남아 있다. 태토는 정선되었다. 기벽은 대단히 고르며, 저부에서 45°정도 넓게 벌어진 채 구연부까지 굴곡없이 곧바로 연결되었다. 저부 내부와 器壁과의 연결부위는 대단히 완만한 곡선을 유지하는데 이는 당시 중국 청자완과 대체로 비슷한 양상이다. 굽은 넓은 해무리굽으로서, 파손으로 인하여 넓은 굽의 전체는 남아 있지 않으나, 잔존 굽 너비는 1.3cm에 이른다. 굽 높이는 매우 낮은 0.3cm 정도이다. 유약은 굽의 외벽까지만 시유하고 굽바닥은 처음부터 시유한 흔적이 보이지 않는다. 유약 색조는 옅은 연두색계인데, 외면의 유약은 산화된 흔적과 탈락 현상이 나타난다. 외면에는 부분적인 빙렬흔적이 나타난다.

5) 青瓷片

군창터 남쪽에서 수습되었는데, 저부와 몸통 일부만 잔존하며 해무리굽으로 굽에 태토비짐받침흔 4개 확인되나 파손된 부분까지 추정하면 총 8개로 추정된다. 기형은 고려청자와 달리 내부바닥과 기벽 연결부가 대단히 완만하며 굽은 성형시 밑면과 외측을 칼로 정교하게 베어내 처리하였다. 유약 색조는 연녹색계이며 기벽 내외 모두 고른 氷裂痕을 유지하고 있다. 中國 越州窯系 靑瓷片으로 추정된다. 잔존높이는 3.1cm이다. 唐에서 제작된 9세기 무렵의 靑瓷片으로 추정된다.

6) 靑瓷 兩耳罐

군창지 남쪽에서 파편으로 출토되었는데 출토 당시부터 동체부의 상면중 1/2정도는 결실되었고 나머지 잔존파편은 모두 복원되어 기형파악은 가능하다.

기형은 平底에 비교적 고운 태토로서 이 청자 양이관의 특징은 동체부의 1/2상층부만 아주 짙은 녹청자색조를 띠고 있는 유약이 시유되었고 내측은 구연부까지만 시유되었는데 내측의 경우 유약을 듬북 담궈 아랫측은 두텁게 흘러내려 뭉친 상태를 보이고 있다.

태토는 유약이 시유되지 않은 기벽의 內 · 外를 막론하고 모두 밝은 적색계를 띠고 있다.

그러나 청자의 단면은 백색을 띠고 있어 사뭇 다른 양상을 보이고 있다. 외측 기벽중 유약을 시유한 곳은 관찰할 수 없지만 시유되지 않은 부분은 날카로운 칼로서 손질했던 흔적이 역력하게 나타나 있다. 목과 어깨상면이 이어지는 부분에는 동체부쪽에 치우쳐 반원형의 손잡이가 부착되어 있었으나 다른 반대쪽은 기벽의 결실로 인하여 남아 있지 않다. 중국의 동시대에 발굴된 同一器形의 자기에서 볼 수 있듯이 원래는 양쪽에 손잡이가 각각 하나씩 부착된 기종으로 확인되었다.

기벽의 내측바닥과 동체부쪽에는 물레를 사용하여 기벽을 성형했던 흔적이 뚜렷하게 나타나 있다. 소성시 받침대가 있었던 부분은 다른 부분보다 어둡고 짙은 적갈색을 띠고 있다. 또한 바닥면에는 소성시 받침 흔적이 네곳에 크게 나타나 있지만 흔적만 있을 뿐 받침대 재료는 부착되지 않아 내용물을 구체적으로 알 수는 없다. 높이 13cm, 저부직경 5.4cm, 구연부 지름 8cm 정도인 청자이다.

7) 靑瓷盌

청자완 역시 전체기형중 1/2정도만 잔존한 상태인데 그중에서도 구연부는 많이 결실되었다. 그러나 파편으로 출토된 자기완은 복원되어 구연부의 기형은 충분히 확인할 수 있다.

기형은 굽없는 평저에서 크게 벌어지면서 올라오다가 동체부 1/3되는 지점에서 크게 꺽여 거의 직립상태로 구연부까지 뻗었다. 유약은 짙은 녹색으로 두텁게 시유되었는데 역시 한손으로 그릇을 잡고 유약통에 그릇의 반쯤만 담구어 빼내었다. 따라서 이 완 역시 전체기형중 1/2정도만 시유되었고 저부쪽은 일체 유약이 시유되지 않았다.

자기의 바닥면과 내측면에는 받침흔적이 나타나 있는데 받침흔적은 다른 기벽보다 짙은 적갈색조를 띠고 있어 확연하게 구분되었다. 역시 군창지에서 출토 되었다. 높이 6.5cm, 저부지름 4.8cm, 구연부지름 12.5cm.인 작은 盌이다.

8) 靑瓷 底部片

두 편이 모두 잔편만 남아 있고 심한 산화현상으로 인하여 원유약의 발색상태를 관찰할 수 없지만 잔존 기형으로 보아 청자완류로 판단되며, 이러한 기형을 가진 청자류는 그 동안 부소산성과 더불어 미륵사지, 완도 장도의 청해진유적등에서 확인되었다.

중국 唐代에 제작된 越州窯系 靑瓷盌 으로. 추정된다. 역시 군창지에
서 수습되었다.

9) 靑瓷 底部片

두 점의 저부편이 모두 산화되어 유약은 거의 녹아 없어 졌거나 색조
가 변질된 상태이다. 어느 것이나 중국 당나라시대 월주요계의 靑瓷盌
片이다. 한 점은 저부의 1/2정도 남아 있으며 내부는 바닥면에서 기벽
으로 이어지는 면이 아주 부드러운 곡선으로 유지된다. 또한 이 바닥면
의 1/2정도 잔존한 부분에 4개의 하얀 백토와 점질을 섞은 받침흔적이
잘 남아있다. 또 다른 저부편은 굽이 해무리형 굽으로서 칼로 잘 다듬
어 대단히 정교하며 굽의 면이 고르고 낮다. 굽에도 동질의 받침흔적이
6개가 남아있다. 역시 군창지에서 출토되었다.

10) 靑瓷 口緣部片

청자 구연부편은 군창지 저장공에서 출토되었는데, 세로 5.7cm, 가로
6.3cm 정도로 기벽두께는 1cm나 된다. 그러나 파편 일부만 잔존하여
정확한 기형은 알 수없다. 구연부 외측에는 전이 있어 마치 2중 구연과
비슷한 모습이다. 유약은 짙은 녹색이며 잔존한 기벽의 내외측에 모두
시유되었고 가는 빙렬이 나타난다. 유약은 흠이나 돌기가 있는 윗면에
는 두텁게 뭉쳐 있다. 태토는 아주 정선된 것은 아니어서 유약을 통하
여 작은 입자가 여지 저기 표현되어 있다.

11) 靑瓷盌

北門址 산사면 탐색트렌치에서 출토되었으며, 바닥부만 잔존하고 있
다. 내 · 외면에 연녹색의 유약이 시유되고 일부 흘러내린 부분도 확인
된다. 유조는 황백색을 띠고 있다.

잔존높이 3.9cm 정도인 盌으로 판단된다.

12) 靑瓷 片

북문지 상부 퇴적층에서 출토되었는데, 동체 일부만 잔존하고 있다. 내·외면에 연녹색의 유약이 시유되었다. 잔존길이가 4.5cm에 불과하다.

13) 靑瓷耳付罐

2001~2002년 발굴된 북문지에서 출토된 중국제 청자로 구연 일부만 잔존한다. 구연부는 살짝 내경하면서 길게 뻗어 있고 경부 하단에는 위로 속은 전이 부착되어 뚜껑을 덮을 수 있게 하였다. 그리고 전의 바로 밑에 는 ∩모양의 귀가 각 각 다른 편에 1 개소씩 확인되어 兩耳일 가능성이 크다.

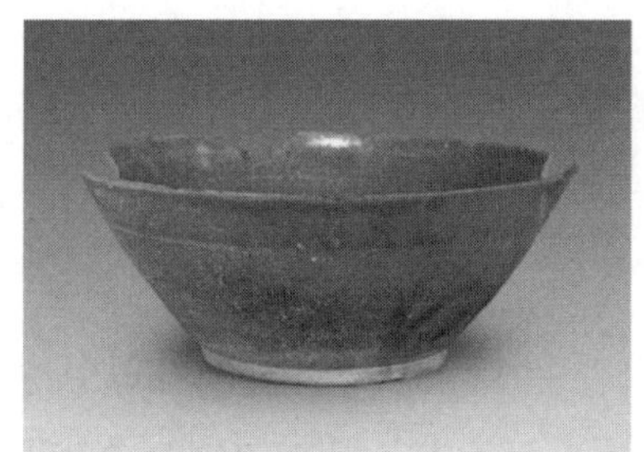

청자 완(靑瓷花形 盌) 부여 부소산성

동체부는 잔존한 상태로 보아 배부른 壺의 형태를 취하는 것으로 보인다. 전 하단부에서 귀가 부착된 부분까지의 외면에는 연녹색의 유약이 얇게 시유되었다.

14) 靑瓷花形 盌

북문지의 고려 석곽묘 내부바닥에서 출토된 완형의 자기로 청자 아래에는 백제 기와편이 놓여 있었고, 구연부가 서쪽을 향한채 옆으로 기울어져 있었다. 외면 상부에는 담황갈색의 유약이 묻어 있고, 하부에는 옅은 청색으로 변색되어 있다. 기형은 얕은 굽에 이어 동체가 벌어져 올라가고 구연부는 살짝 외반한다. 입술에는 등간격으로 홈이 파여 연판

효과를 내었다. 이 음각 홈은 4곳이 확인되며 일부 결실된 부분까지 추정하면 총 5곳에 문양을 내었다. 내저면에는 백색의 내화토가 11개소 묻어 있다. 높이 7cm, 구경 17cm, 저경 8.4cm이다

15) 靑瓷 片

북문지에서 출토되었는데, 저부편만 잔존하고 평평한 바닥이다. 외면 일부에만 자연유가 부착되었으며, 바닥과 단면에서 동체 접합흔적이 확인된다.

역시 북문지에서는 중국제 청자완편이 수습되었는데, 녹갈색으로 태토는 매우 정선된 편이다. 외면 전면에 유약이 시유되었으나 내면에는 일부만 시유되었다. 굽부분도 시유되었으며, 내화토받침 흔적이 남아있다. 또 다른 중국제 청자편이 수습되었는데, 구연부만 남아있다. 구연부는 나팔꽃 같이 벌어지고 있는 형태인데, 목과 구연에 수직으로 된 돌대가 나타나 있고, 전체적으로 황회색 유약이 고르게 시유되었다. 기종은 병으로 추정된다.

이밖에도 북문지에서는 시유도기 저부편 2점과 중국제 자기편, 중국제 벼루 등이 출토되었다.

벼루는 다리가 모두 결실되었으며, 다족형인데, 구연은 직립되었다. 외면에 암녹색 유약이 일부분 잔존하나 그 외에는 유약이 시유되어 있지 않다.

2003년 북문지 판축대지 발굴유물 중에는 중국제 청자가 1점이 확인되었는데, 회색의 경질청자로서 고화도에서 소성되었다. 청자 안쪽에는 녹유가 시유되었으며, 굽 바닥 가운데는 홈이 파였다. 잔존높이가 1.5cm밖에 안되는 소형편이다.

16) 靑瓷盌[66]

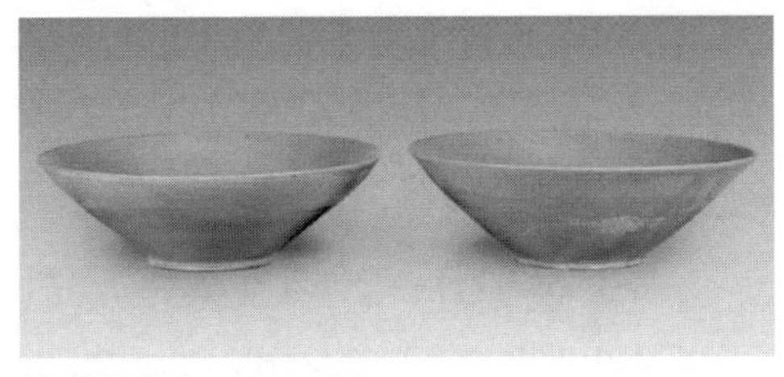

청자완(靑瓷盌) 부여 부소산성

부여 부소산에서 출토되었다는 청자완으로 1943년 일제가 扶餘神宮을 짓기 위한 토목 공사중 발견되었으며, 출토지는 부소산 동쪽이라고 알려졌을 뿐 정확하지는 않다. 청자완과 함께 청동병, 철제약연, 청동정병 등이 함께 출토되어 통일신라에 수입된 청자로서 추정이 가능하다. 당 후기의 월주요에서 생산된 청자로 알려져 왔다.

굽은 전형적인 玉壁形이 아니라 接地面의 폭이 좁아져 있는 형태의 해무리굽이다. 완의 기벽에 약간 휘인맛이 있지만 전체적인 풍격은 당대의 형태이다.

월주요 특유의 올리브 그린색의 청자유을 바닥까지 시유하고 내화토 받침을 이용하여 구웠다. 대략 8~10세기에 제작된 것으로 추정되며, 높이가 8.5cm에 이르는 완형이다.

함께 출도된 청동정병과 청동병 등 청동 제품은 상감기법이 가미 되지 않은 작품으로서 주목된다. 특히, 청동정병은 경주 석굴암의 십일면 관음보살상과 일본 정창원 소장유물인 정병과 비교되어 그 제작시기가 대략 10세기 전후의 유물로 추정되고, 청동병의 모양은 통일신라 시대의 토기와 비교해 볼 수 있어 이들 유물들의 연대를 통일신라로 올려 볼 수도 있겠다. 이 부소산 출토 유물들은 통일신라에서 고려시대로 넘어가는 과도기의 것으로 추정되며, 중국 월주요 계통의 청자와 나말여

---

66. 국립부여박물관, 『국립부여박물관』, 1997. PP.187~188.
　　李蘭英, 『美術資料』第 二十號, 「扶蘇山 出土 一括 遺物의 再檢討」- 그 年代를 中心으로- 1977. PP.1~9.

초의 특징을 보이는 동기류가 발견되어서 대략적인 연대 추정이 가능한 유적이라는 점에서 매우 중요하다.

4. 綠釉 陶瓷器

녹유 도자기는 중국과의 교류로 유입된 중국청자의 영향과 시유도기 제작기법의 수용으로 사비시기에 이르러서 백제는 토기에 유약을 입히게 된다.

백제지역에서 발견된 綠釉陶器는 부여 능산리 출토 녹유그릇받침, 나주 복암리 1호분 출토 녹유탁잔과 녹유방추차, 부여 능산리절터 출토 녹유병편, 익산 미륵사터에서 출토된 녹유서까래기와 등이 알려져 있는데, 대부분이 녹유도기 이다. 처음 백제에 등장한 綠釉陶器의 형태는 중국의 황갈유 연유 계통의 도기를 모방하여 만든 것으로 사비시기에 이르러 본격적으로 제작되었다. 부소산성에서는 녹유로 만든 獸足形 벼루 한점과 녹유 뚜껑1점이 출토되었다.[67]

1) 綠釉 獸足形 벼루

부소산 남문지에서 출토된 綠釉 獸足形 벼루는 현재 다리가 현재 3개만 남은 벼루편은 硯般이 原形으로서, 복원된 지름은 21.4cm로 추정되며, 잔존 높이는 6.6cm이다. 벼루의 구연이라 할 수 있는 硯堤는 거의 직립한 채 그 끝이 둥글게 마감되었고, 외부에 진 넓은 턱은 본래 뚜껑을 받칠 수 있도록 제작된 듯하다. 두툼한 다리는 힘차게 바깥쪽으로 벌린 채 연반을 떠받치고 있고 다리 하단부에는 2條의 띠를 橫으로 출각하여 대나무와 같은 마디 장식을 하고, 그 아래는 3條의 복판 연잎을 돌려 장식하였다. 다리의 斷面은 角이 있는 마름모 형태인데, 5각에 가

---

67. 國立文化財硏究所,『扶蘇山城』發掘調査報告書, 1996. PP. 243~244.
    國立扶餘文化財硏究所,『扶蘇山城』發掘調査 中間報告Ⅱ, 1997, PP. 126~127.

까운 다리는 벼루 몸체와 따로 제작하여 붙인 흔적이 역력하였다. 胎土는 매우 고운 백색의 점토이며, 유색은 녹색빛이 도는 靑釉로서 내·외면 전면에 얇게 시유하였다. 이와 같은 유형의 벼루는 중국 長沙市 左家塘36호묘에서 16足을 지닌 獸蹄硯이 출토되었다고 전하며, 그 년대는 初唐에 해당된다.

한편, 이와 같은 중국제 벼루가 백제시대에 제작된 벼루의 모델이 되었음을 알 수 있는 동일한 형태의 토제 벼루편이 함께 출토되어 중국 양식의 전파를 엿볼수 있었다. 또한 부여 錦城山 朝王寺 출토의 벼루도 이것의 模倣形이라 판단되어 泗沘 시대에 유행된 벼루 형태로 생각된다.

2) 綠釉 뚜껑편

綠釉 뚜껑편은 군창터의 동쪽에서 출토되었는데, 이 뚜껑편은 높은 드림새를 가졌다. 드림새의 중앙부에 한 조의 양각선을 돌렸다. 잔존한 기형으로 보아 큰 뚜껑편에 속하는데 뚜껑 가장자리부분에는 처마처럼 턱을 내밀고 있는 것으로서 이 턱의 바로 윗면에는 한 조의 음각선을 돌렸다. 이 뚜껑편은 기벽의 내· 외측 모두 청아한 투명유약이 시유되어 있는데 부분적으로는 옅은 녹색계의 색조로 관찰되고 있다. 태토는 극히 정선된 백색으로 일반 백제의 토기에서는 확인되는 예가 없다. 뚜껑의 胎土가 연질인 점을 보면 높은 온도로 굽지않았는데, 이는 일반 청자에서 사용되는 유약과 구분되는 점이다.

5. 벼루

현재까지 우리나라에서 발견된 삼국시대 벼루의 대부분은 백제 것으로서 국립공주박물관에 소장되어 있는 공주 공산성에서 출토된 도제 원형벼루 1점 외에는 주로 부여를 중심으로 발견되고 있어서 백제가 중국

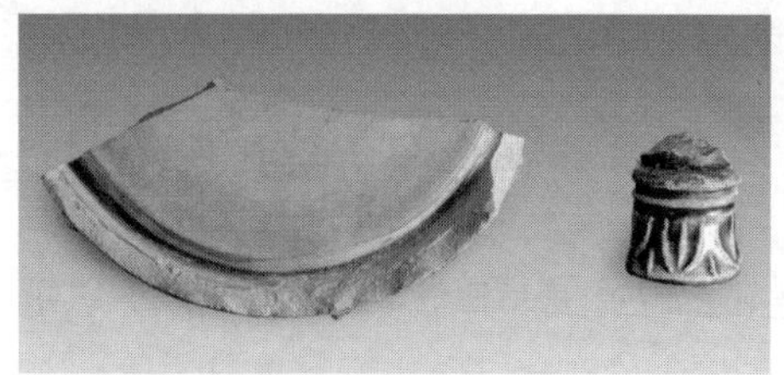
흑갈유벼루편(黑褐釉硯片) 부여 부소산성

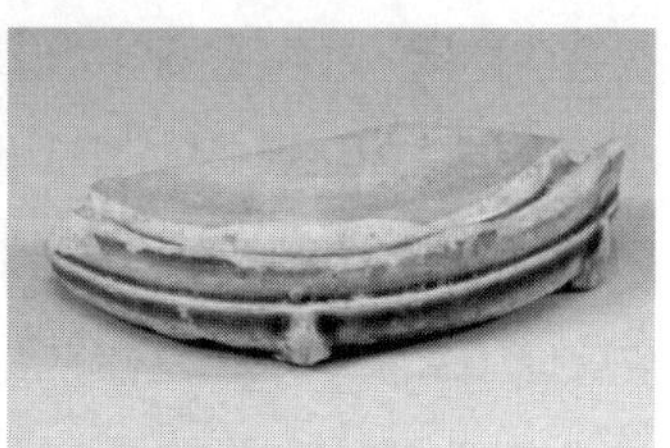
청자벼루편(靑瓷硯片) 부여 부소산성

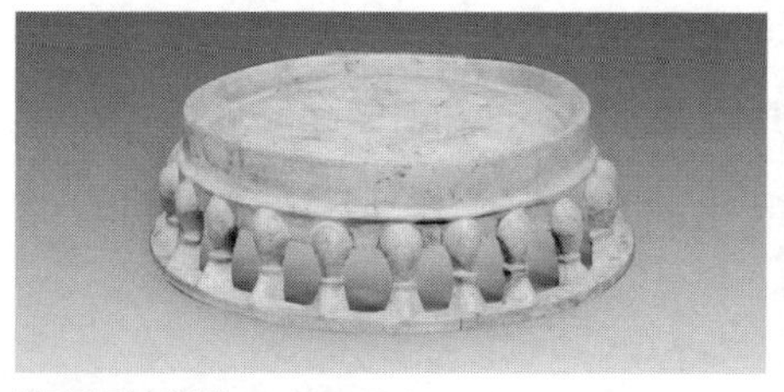
백자벼루(白瓷硯) 부여 부소산성

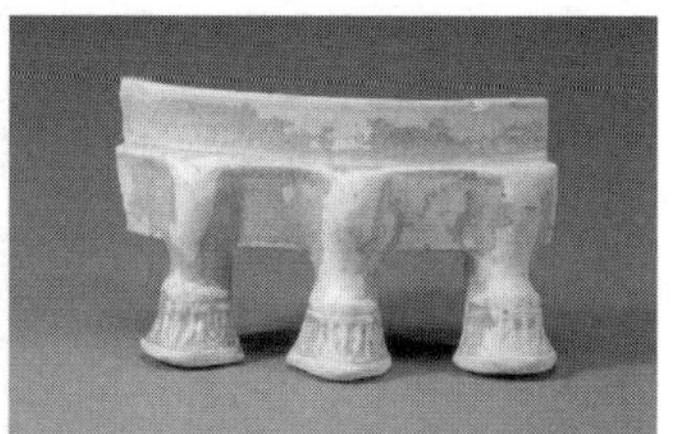
녹유 벼루편(綠釉硯片) 부여 부소산성

으로부터 벼루를 수용하여 사용이 보편화된 시기는 사비도읍기로 추정된다.

중국 벼루는 다리의 구조에 따라 圓筒臺足形·多足形·多足連環臺形 등으로 크게 구분된다. 사비시대 벼루의 주요한 형태는 다족형으로서 이는 獸足形과 水滴形 으로 나누어진다.

부소산성에서는 주로 수족형 벼루가 출토되었다. 녹유와 흑유 벼루편들이 모두 확인되었다.[68]

1) 중국제 벼루편

북문지의 주거지에서 중국제벼루가 출토되었는데, 다리만 잔존하고

<hr>

8. 金姸秀, 『考古學誌』第6輯「傳, 扶餘 發見 中國靑磁벼루에 대하여」, 1994. PP.101~103.
  山本孝文 , 『百濟硏究』第38輯「百濟 泗沘期의 陶硯」-分類·編年과 歷史的 意義 -, 2003. PP.89~95.
  國立扶餘文化財硏究所, 『扶蘇山城』發掘調査報告書Ⅴ, 2003. P131.

있다. 벼루는 밖으로 벌어지는 형태로 안쪽은 대칼같은 것으로 ·A은 흔
적이 있고, 바같면은 양각선을 이용하여 굽과 같은 문양을 시문하였다.
외면에는 연녹색의 유약이 시유되었다.

2) 白瓷벼루

부여 부소산성에서 출토되었다고 전하는 작품으로 7세기 무렵의 중국
제 백자 벼루의 특징을 잘 보여준다. 고월자요에서 유래하는 이런 벼루
는 원반형의 동체 아래에 많은 다리가 달렸다 하여 百足硯이라 부르는
종류이다. 다리모양이 백제시대 유행하던 벼루의 형태에서 많이 간략화
되어있다. 이런 벼루가 백제에 수입되어 사용되다가 이를 본 따 토기로
많이 만들어 진 것으로 추정된다.

3) 多足形 黑褐釉 벼루편

부여주민인 김광선씨가 부소산 광장 부근에서 채집하여 부여박물관에
보관되어 있는 벼루편으로 황색을 띠는 청자유가 전면에 시유되어 있
다. 현재 벼루의 형태만 확인가능한 1/4정도만 잔존하고 있는데, 외면에
는 빙렬이 많고, 유색은 많은 박락을 가지고 있다. 다리는 붙어있는 흔
적만 확인되어, 정확한 다리의 형태는 알 수 없다. 이 벼루를 추정 복원
하면 여섯 개의 다리를 가지고 있었던 것 같다. 잔존 높이는 3.8cm이
며 복원된 원반의 지름은 14.4cm 가량이다. 硯盤의 외부에는 보통 다
른 벼루에서 볼 수 있는 뚜껑을 받칠 수 있는 턱 대신 굵은 橫帶線이 돌
려져 있어 뚜껑 받침턱이 퇴화된 器形의 양식으로 판단된다. 연반을 받
쳤던 다리는 이 횡대선에 바로 부착되었는데, 잔존된 다리의 흐름으로
보아 그 형태는 둥글었던 것으로 추측된다. 退色된 유색은 黑褐釉이며
유약이 고인 곳에는 갈색 빛이, 엷게 발린 곳에는 황색 빛을 띤다. 그러
나 갈판인 연반은 전혀 시유되지 않아서 태토가 붉은 빛이 돌아 박락된

상태를 보여주고 있다. 이러한 벼루를 통해 중국의 벼루가 백제로 유입
되어 사용되었음을 추정할 수 있다. 이러한 五足 및 六足을 가진 벼루
에서 10개 이상의 다리를 가진 다족형 벼루로 변화되며, 기술상의 문제
등으로 인하여 토기로 만든 다족형 벼루가 백제에서 많이 제작된 것으
로 추정된다.

Ⅳ. 扶蘇山城 出土 中國 輸入 陶瓷의 意義

지금까지 제작형태와 종류에 따라서 부소산성 출토 중국도자에 대해
알아 보았다. 현재 부소산성 출토 중국 수입도자에 대한 개별 논고는
없지만 백제지역 출토 중국 도자에 대한 심층적인 연구는 계속 진행되
어 왔다[69]. 李蘭英은 1998년의「百濟 지역 출토 中國陶瓷 研究」에서 처
음으로 부소산성 출토 중국 수입도자를 체계적으로 정리 하였다. 그는
사비시대의 對中 交易陶瓷가 武王의 唐과의 적극적인 교류 추진정책에
힘입어 활발하게 수입되었으며, 이를 뒷받침할 수 있는 중국도자로서
부소산성 출토 耳附罐과 盌類를 들었다. 또한 그는 사비시대 수입된 도
자는 北齊·隋·唐 등에서 제작된 청자와 백자 그리고 흑갈유 도자의
尊·罐·盌·벼루 등 다양한 기종이 확인되었다고 하였다. 이난영은 또

---

69. 李鍾玟,「百濟研究」제27집, 「百濟時代 輸入陶磁의 影響과 陶磁史的 意義」,忠南大學校百濟
研究所,1997. PP. 165~194.
李蘭英,「百濟研究」제28집 「百濟 지역 출토 中國陶瓷 研究」-古代의 交易陶瓷를 중심으
로- ,忠南大學校百濟研究所,1998. PP. 213~244.
김영원,「百濟文化」第二十七輯 「百濟時代 中國陶磁의 輸入과 倣製」, 公州大學校 百濟文化
研究所, 1998.PP53~80.
權五榮, 「古代 東亞細亞와 三韓·三國의 交涉」「百濟의 對中交涉의 전개와 그 성격」, 복
천박물관, 2002.PP. 1~17.
成正鏞,「百濟研究」第38輯 「百濟와 中國의 貿易陶磁」,忠南大學校百濟研究所, 2003. PP.
25~56.

부소산성 남문지에서 출토된 靑瓷耳附罐片이 中國 上海博物館 소장의 六耳罐 및 국립공주박물관에 소장되어 있는 무령왕릉 출토 靑瓷六耳壺와 기형이 유사하다고 하여 그 제작 시기를 5세기말 ~6세기초로 편년하여 부소산성에서 나타난 최초의 중국 수입도자로 보고 있다. 김영원은 1998년 「百濟時代 中國陶磁의 輸入과 倣製」글에서 부소산성을 비롯한 부여지방의 중국 수입도자가 단지 수입에만 그치지 않고 백제에서 토기제작시에 중국도자의 모양을 본뜨는 倣製의 기법이 나타나고 있어 백제의 토기제작에 커다란 변화가 일어난다고 하였다. 그는 부소산성 중국 도자를 흑갈유·청자로 크게 나누었으며, 청자 중에서도 벼루를 심도있게 다루었다. 이러한 중국 도자의 모습이 단지 수입하는 단계에서 모방하여 제작하는 단계로 발전하여 최종적으로 부여 定林寺址 출토 綠釉塑造佛像, 부여 능산리출토 綠釉器臺 등의 '백제연유'로 발전하였다고 주장하였다. 권오영은 2002년 「百濟의 對中交涉의 전개와 그 성격」이란 글에서 사비시기 중국도자의 수입량이 절대적으로 적어지는 것은 도자가 사비시대에 오면 부장품으로서의 기능을 상실 했을 가능성을 제기하였으며, 사비시기에는 남조 청자만이 아니라 북조계의 도자가 이입되고 있는데, 그 증거로서 부소산성 출토 黑釉罐을 들고 있다. 이러한 백제의 대중 교섭방식의 변화는 백제 威德王 14년(567)부터 진행된 남·북조 등거리외교와 관련이 있을 것으로 파악하였다. 성정용은 2003년의 「百濟와 中國의 貿易陶磁」에서 사비시대 부소산성에서 확인되는 중국도자의 수량을 16점으로 파악하고 있다. 그는 백제 사비기에 중국 수입도자의 수량이 급격히 적어진 것은 당시 백제의 薄葬化현상과 더불어 중국 수입도자의 희소성과 위세품적 성격이 약해지고 있는데 기인화고 있다고 보았다. 이러한 고급품에 대한 사회적 분위기의 변화는 백제에서 개발한 綠釉陶器 등의 생산실험이 성공을 이루어 사회적 분위기가 실용성에 기반을 두었기 때문이라고 추정하였다. 또한 성정용은 사비기 수입도자의 특색으로 고분출토 부장품이 한점이 없다는 것을 들고 있는데, 이것은 웅진시대 중국 수입도자가 무령왕릉에서 9점이 출토되어 대부분 고분에서 확인되는 것과는 확연히 구분되는 커다란 변화라고 주장하였다.

이상의 결과를 종합해 보면 부소산성에서 확인되는 30여점의 중국 수입도자는 몇 가지의 커다란 의의를 갖는다고 보여진다. 첫째, 지금까지의 연구결과에 의하면 백제 全 時代에 걸쳐 확인되는 중국 수입도자가 약 漢城期 74점, 熊津期 9점, 泗沘期 23점 등 약 106점에서, 최근에 조사된 새롭게 확인된 사비기 대표적 유적인 부소산성에서 13점, 한성기 遺蹟인 공주 수촌리와 서산 부장리 유적에서 5점 정도가 추가될 경우 백제의 중국 수입도자는 약 120여점을 훨씬 상회하게 되는데, 이중 1/4인 30여점이 부소산성에 집중되어 부소산성은 백제시대 최대의 중국 수입도자 출토지역이 된다. 둘째, 한성에서 웅진시대까지의 백제의 對中交涉이 南朝에 집중되었던 반면 부소산성에서 확인되는 北朝의 문물인 黑褐釉罐 등이 출토되는 것은 백제의 중국 교섭의 방향이 바뀌어 백제가 남·북조 등거리 외교정책을 본격적으로 실시한 사실을 확인시켜 준다고 하겠다.

셋째, 부소산성 군창터에서 1993년 출토된 녹유뚜껑편과 능산리출토 녹유기대편은 백제가 독자적인 백제연유를 제작하기 시작했다는 사실을 확인시켜주어 백제인들이 중국 수입도자를 모방하여 백제인에게 적합한 실용기를 제작하여 사용하고 있음을 알려 주고 있는 것이다. 넷째, 한성시대와 웅진시대에는 중국 수입도자가 생활유적과 고분에서 골고루 출토하고 있는데 반해, 사비시대에는 부소산성과 익산 왕궁리 유적과 같은 생활유적에만 집중적으로 출토되고, 분묘유적에서는 아직까지 한점도 확인되지 않는 것은 백제인의 사생관의 변화 즉 薄葬化 현상이 심화되고 있음을 알려주고 있다고 하겠다. 이러한 점에서 부소산성에서 출토된 중국 도자들은 백제의 시대적 변화를 확인해주는 점에서 커다란 의의를 가진다고 하겠다.

V. 扶蘇山城 出土 國內 陶瓷

1. 軍倉址 出土

1981~1982년 사이에는 부소산성의 최초의 발굴조사인 軍倉址에 대한 발굴조사가 실시되었다. 이 조사에서는 많은 양의 도자가 수습되었다. 東·西·南·北庫址에서는 12점의 청자가 확인되었으며, 12점의 분청사기를 비롯하여 東庫址를 제외한 지역에서 골고루 13점의 백자편이 수습되었다.[70]

수습된 청자들은 주로 盌·大楪·접시·瓶·盤·蓋片으로서 기종이 다양하다. 이중 청자완 저부편3점은 우리의 고려청자가 아니라 중국 월주요계의 청자로 판단되고 있다.

北庫址에서 출토된 청자완 저부편은 내저가 넉넉하며 굽이 낮지만 접지면이 1.0cm 내외로 비교적 넓은 玉環底 형태이다. 청자완의 표면의 유약은 산화되어 뿌옇게 변색된 상태인데 굽 주위는 원래 시유되지 않았다. 半破 상태지만 8군데 정도에 내화토 비짐흔이 있는 것으로 판단되는데, 흔적은 약간만 남아있다. 西庫址에서 출토된 청자완 저부편의 내저는 넓고 비교적 낮은 굽이다. 接地面은 0.85cm 내외로서 굽의 접지면에는 내화토 비짐흔이 나타난다. 유색은 황녹갈색을 띠고 있다. 역시 서고지에서 출토된 저부편은 내저가 완만하며 비교적 낮은 굽으로 접지면은 1.0cm 내외이다. 굽을 제외한 전면에 유약이 시유되었으며,

---

70. 國立扶餘文化財研究所,『扶蘇山城』發掘調査報告書Ⅴ, 2003. PP. 451~457.

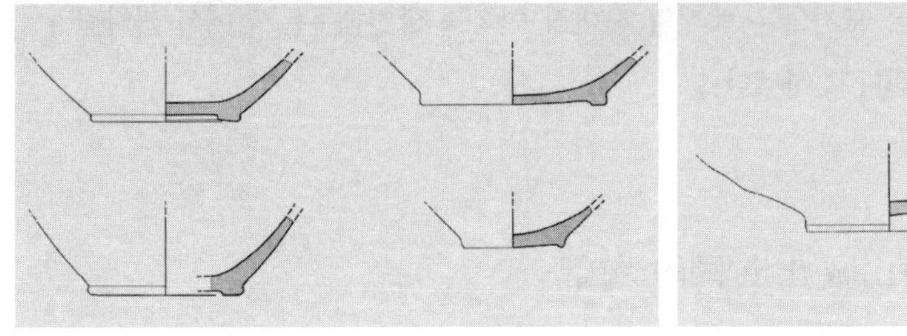
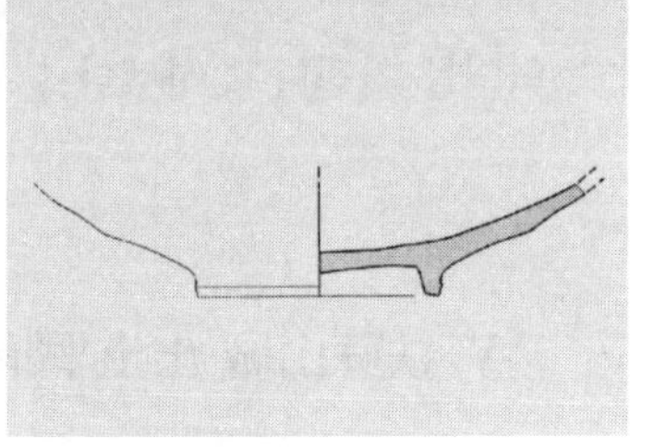

청자완저부편   분청자 「내섬(內贍)」명 자기편

황녹갈색조를 띠고 있다. 고려청자의 일부에서는 내저원각이 나타나며, 국화문과 보상화문, 우점문 등이 압출기법과 상감기법으로 표현되기도 한다. 분청사기는 대접과 접시片이외에 壺·푼주·瓶등이 확인되는데 분청사기의 인화·덤벙·상감·조화·철화 기법등 다양한 기법이 사용되고 있어 분청사기는 부소산에서 전 기간동안 사용되었던 것으로 추정된다. 분청사기 초기의 대표적인 문양인 국화문·연주문 등이 사용되었으며, 北庫址 東側에서 수습된 인화 「內贍」명 대접 저부편은 국화문과 함께 그 內底에 장방형의 도장이 압인되어 있으며, 안에는 명문이 양각으로 새겨져 있다. 잔존 높이가 3.0cm인 작은 대접이다. 군창지에서는 13점의 백자편이 수습되었는데, 주된 기종은 대접과 접시이다. 구연은 외반되었으며, 일부에서는 내저원각이 사용되었으며, 굽은 죽절굽이 대부분이다. 내화점토 비짐흔과 굵은 모래사용 흔적이 확인된다. 대략 16세기 이후에 제작된 백자로 추정된다.

2 東門址 出土

부소산성 동문지는 1988년부터 1991년까지 4년간 발굴되었는데, 중국자기 일부를 제외하면 국내자기 중 청자에서 백자에 이르는 소량의 편들이 수습되었다. 이러한 편들은 시기적으로 볼때 부소산성 동문지 유구와 관련된 유물은 아니다.

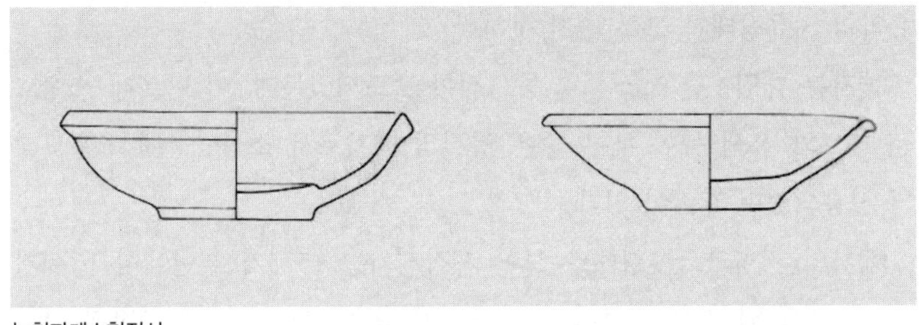

녹청자계소형접시

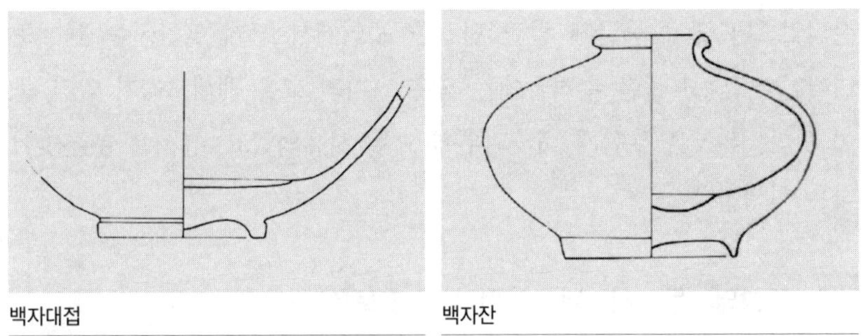

백자대접   백자잔

　그 출토지 또한 관계유구가 확인된바 없는 자연 퇴적물로서 청자·분청사기·백자편들이 모두 함께 확인되고 있어 안정된 유구 출토의 유물은 아니라는 판단이다. [71]

　청자는 기종이 모두 접시들로서 4점이 확인되었는데, 녹청자계 소형접시·素文·양각문의 접시 등으로 그 제작시기는 11~12세기 무렵의 일상용기로 판단된다. 접시들은 입지름이 8.6 ~12.2cm, 밑지름 3.4~7.8cm 높이 2.4~2.7cm 정도의 소형접시다.

　분청사기는 항아리·접시·대접·손잡이로 추정되는 편등 4점이 확인되었는데, 상감·인화·귀얄 등의 다양한 시문기법이 사용되었다. 구연·저부 등의 일부로서 매우 작은 편으로서 정확한 규모를 알수 없다.

---

71. 國立扶餘文化財研究所,『扶蘇山城』發掘調査 中間報告, 1995. PP. 171~176

유약의 시유상태가 모두 좋지 못하다.

백자는 대접·잔·소형 호 등 3점이 출토되었는데, 이 가운데 소형호
는 태토와 유색 등이 매우 좋은 양질의 백자로서 소성당시에 고운모래
가 사용되었던 흔적이 있다.

백자의 기형과 굽 형태로 보아 제작시기는 15세기 후반에서 16세기
초반에 제작된 것으로 보이는데, 대접과 잔은 15세기 말에 제작된 것으
로 판단된다. 이 중 백자소형호는 저부만 완전할 뿐 나머지는 모두 파
손되었으나 짧고 둥글게 말린 단정한 구연에서 크게 팽창하는 몸체로
연결된다. 낮고 좁은 수직굽에는 작은 크기의 고운 백색모래가 약간 묻
어 있다. 유약은 두껍게 내·외부에 모두 시유되었고, 유색은 푸른빛이
나는 회색이다.

3. 군창터·동·서·남·북편 성벽 출토[72]

1992년 조사에서 청자를 비롯하여 분청사기, 백자가 출토되었다. 그
러나 자기류가 출토된 지역은 이러한 유물들과 관련된 유구가 확인되지
않아 얼마 떨어지지 않은 군창터 유적이 경영될 당시 이 지역으로 흘러
들어 왔을 가능성을 배제할 수 없다.

다만 방형주거지 군창터 주변에서는 주거지보다 상층에서 고려시대
기와편과 금속류, 자기류등이 함께 출토되어 이 층위가 당시 구지표로
서 드러나 있었을 것이라는 추정을 할 수 있는 단서를 제공하였다. 주
거지 서쪽 주변에서도 고려 전반경의 청자가 일괄 출토되기도 하였다.
이 자기편중에서는 중국 월주요계의 청자 저부편 1점이 고려시대의 청
자류와 함께 반출되었다.

군청터 주거지에서는 고려청자 14점이 출토되었다. 순청자가 주류를

72. 國立扶餘文化財硏究所, 『扶蘇山城』發掘調査 中間報告 Ⅱ, 1997. PP. 53~64, 253~257.

이루고 있는데, 접시·대접·盤 등이 확인되었는데, 일부청자에서는 목단문이 확인되었다. 구연부의 일부만 확인 되고, 대부분의 陶片은 底部만 확인되어 정확한 자기의 규모는 추정하기 어렵다.

약 50여점의 분청사기도 수습되었는데, 청자류와 마찬가지로 출토지역에서 관련 유적은 확인이 되지 않았으며, 조선시대에 경영되었던 군창터에서 어떠한 경유로 흘러 들어오거나 인근의 군청터 인근 길목에서 유입된 것으로 판단된다.

50여점의 분청사기에서는 병·접시·잔탁·대접 등이 기종이 확인되며, 雨點文·菊花文 등이 주 문양으로 사용되었다. 片은 대부분이 底部로서 작은 소형편이다. 대표적인 편이 底部만 남아있지만 내측 상면에 「內贍」이라는 명문이 가로 1.6cm, 세로 2.2cm 정도의 양각의 직사각형 안에 찍혀있는 분청사기 소형 접시이다. 현재 전체의 1/3정도만 남아있어 정확한 규모를 추정하기는 어렵지만 굽이 대략 5cm인 소형접시로 추정된다.

출토된 분청사기의 년대는 유적층이 아니고 이에 따른 정확한 반출유물의 층위상태등을 확인할 수 없지만 고려시대의 청동유물과 조선시대 제작된 백자 저부편등이 주변의 층위에서 확인되어 분청사기들은 14~16세기경에 제작되어 사용된 것으로 추정된다.

백자편은 3점이 확인되었는데, 모두 주거지 주변에서 출토되었다. 백자의 기종은 접시·대접 등이 확인되었으나 유약이 고르게 시유되지 않은 것 등을 볼 때 양질의 백자는 아닌 것으로 판단된다. 대략 16세기경에 제작된 백자로 보인다.

1994년 군창지 '라' 지구 조사에서도 청자·분청사기·백자편 30여점이 확인되었다. 청자류는 대접이나 접시의 底部片 들이 대분이며, 분청사기는 병·대접·접시가 확인되는데, 상감기법이 사용되었으며, 주 문양으로는 雨點文 등이 사용되었다.

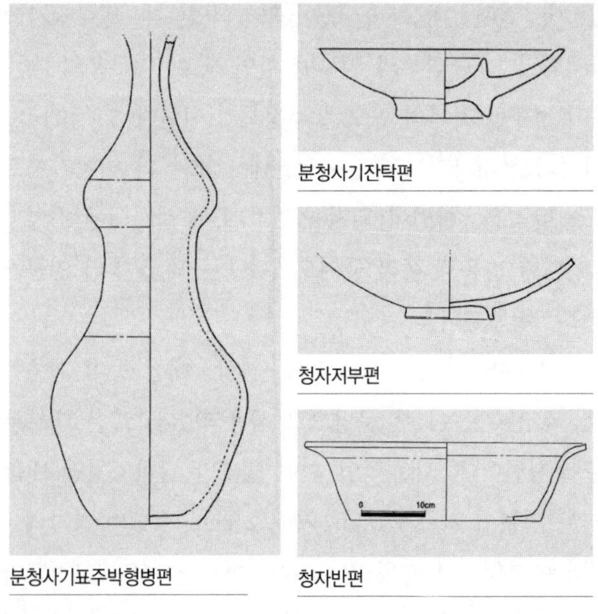

백자는 접시·대접 등이 주류를 이루는데, 대부분 半破되었다. 백자
편들은 암거시설과 같은 깊이의 모래층이나 부식토층에서 출토된 것들
이어서 백자의 제작시기는 15~16세기로 추정된다. 1994년 군창지 '마'
지구 발굴에서도 약 20여점의 청자·분청사기·백자 편들이 확인되었
는데, 1994년도 라지구 출토 자기류와 성격은 대동소이 하다.

'마' 지구 출토유물로서 靑瓷兩耳附壺가 대표적인 유물이다. 양이호는
2/3가 결실되었는데, 저부와 한쪽 把手部 및 구연 일부는 저부에서부터
잔존하여 기형은 짐작할 수 있다. 기형은 평저로서 몸통부의 기벽면은
크게 꺽여 올라가나 기벽면자체는 크게 곡선을 그리지 않고 완만하게
곡선을 이루면서 어깨부까지 뻗다가 여기서부터 크게 줄어들어 목에 이
른다. 손잡이는 횡으로 부착된 半弧形으로서 근래까지도 흔히 물동이와
같은 옹기의 손잡이로 사용했던 것과 같은 모습이다. 녹색유약이 두텁
게 시유되어 불투명하며 빙렬현상은 보이지 않는다. 저부를 먼저 만든

후 기벽면을 따로 부쳐 올라가는 방식인데 이 부착흔적이 뚜렷하게 남아 있다. 저부 바닥면은 밝은 연한 적색을 띠고 있어 생활용기로 사용하면서 불에 직접 닿았을 가능성도 있다.

4. 泗沘樓 남동편 百濟·統一新羅 城壁 및 建物址 出土

1996년 '가' 지구에서는 분청사기 1점과 백자 3점이 수습되었으며, '나' 지구에서는 녹청자와 청자 편 3점, 분청사기편 2점, 백자편 5점 등 총 14점의 자기류가 확인되었다.[73]

분청사기는 모두 상감기법을 사용하였으며, 거의 접시나 대접류이다. 유약의 상태가 좋지않고, 빙렬이 나타난다. 백자는 태토가 매우 정선되었으며, 유약의 시유상태도 매우 양호한 편이다. 모래비짐흔적이 주로 사용되었으며, 기형은 대접·접시류로 밝혀졌는데, 거의 저부만 잔존하여 정확한 규모는 파악이 불가능하다. 청자는 구연부 1편과 녹청자 구연부와 저부편이 확인되었는데, 녹청자 저부 및 구연부편은 태토 및 유약의 시유상태가 좋지 않다. 녹청자들은 고려말이나 조선초에 막그릇으로 사용된 것으로 추정된다.

1997년 조사에서는 분청사기 5점과 백자편 18점이 수습되었는데, 분청사기와 백자의 주 기종은 대접이며, 그밖에 壺등도 확인된다. 분청사기에는 우점문과 국화문 등이 일부 확인되며, 인화문기법이 주로 사용되고 있어 조선 전반기인 15세기 무렵의 분청사기로 파악된다. 백자는 유약의 색조가 녹색·청색·회색계열이 많으며, 거의 모든 백자편에서 빙렬이 많이 확인된다. 기종은 대접의 저부편이 대부분으로 내저원각형으로 제작하였다. 바닥면에는 모래비짐눈 흔적과 함께 내화토받침흔적도 확인된다. 모든 자기편들은 方形積石壇 유구에서 수습되었는데, 일

---

73. 國立扶餘文化財研究所, 『扶蘇山城』發掘調査 中間報告書 Ⅲ, 1999. PP.136~140,223~231.

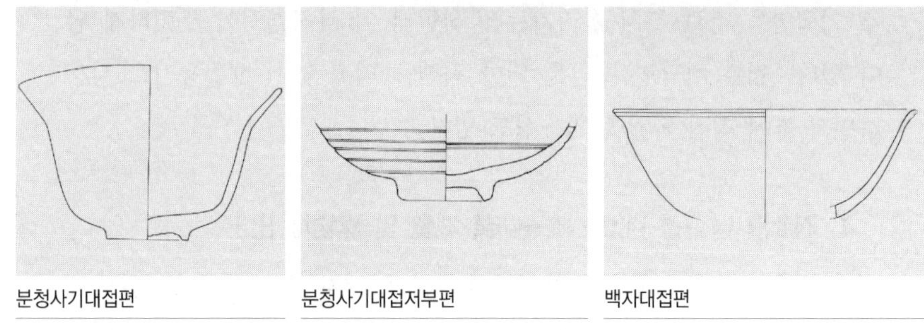

분청사기대접편   분청사기대접저부편   백자대접편

부는 임진왜란 전에 사용된 것으로 판단되지만 대부분은 조선 후기에 사용된 것으로 판단된다.

5. 南門址 周邊 出土

1999년도 남문지 주변 발굴조사에서는 백자 항아리와 함께 백자 발 2점이 수습되었다[74].

이 중 백자 항아리는 아가리 부분에 백자사발이 씌어진 채로 출토되었는데, 葬骨用器로 사용된 것으로 여겨진다. 흐린 회청색 계열의 백자 항아리로 기벽 내·외면에 고르게 유약이 시유되었다. 굽은 좁고 평평한 형태이며, 동체부로 올라오면서 급격하게 폭이 벌어지면서 최대를 이루다가 구연부쪽으로 갈수록 점차로 좁아지는데 아가리 부분은 底部보다 훨씬 넓다. 구연부는 살짝 외반된 형태로 안쪽으로 살짝 들어간 모습이다. 전체적으로 볼록하면서 풍만한 느낌을 주는 백자 항아리이다. 백자 사발은 백자 항아리 위에 덮어 씌어진 상태로 출토되었다. 유백색 색조를 띠고 있는데, 아가리 부분은 넓적하게 벌어져 있고, 아래쪽으로 갈수록 점차로 완만하게 줄어들다가 저부에서는 얕은 平底의 굽받침을 하고 있다. 구연부는 직립한 상태로 끝부분은 둥근데, 동체부와

---

74. 國立扶餘文化財硏究所, 『扶蘇山城』發掘調査中間報告書Ⅳ, 2000. PP.210~212.

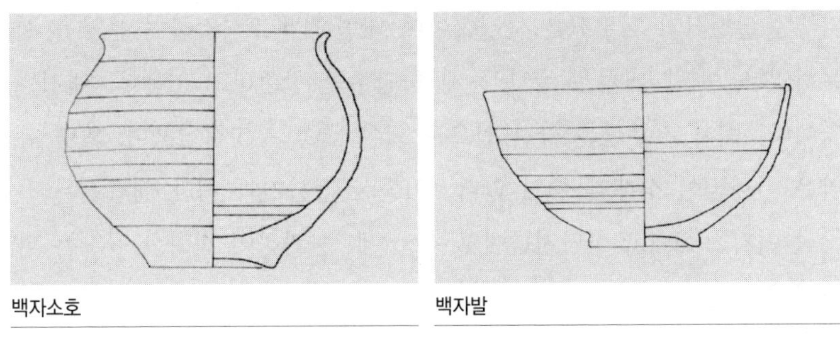

백자소호

백자발

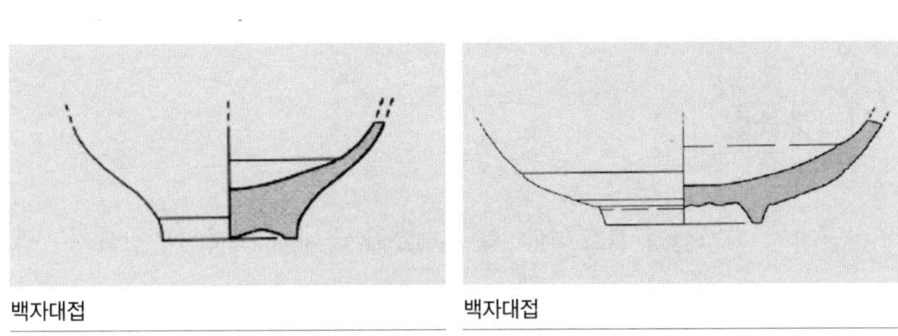

백자대접

백자대접

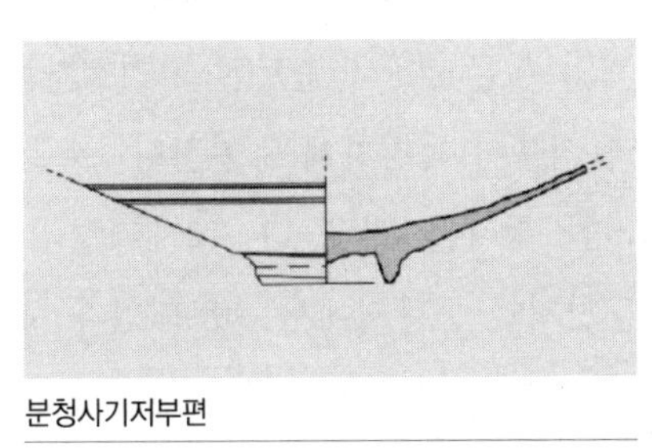

분청사기저부편

의 구분이 거의 없이 구연부에서 약간 굴곡을 이루다가 동체부와 연결된다. 안쪽 바닥부분은 검게 산화된 흔적이 일부 남아 있어 실생활에서 사용되었던 것을 재이용한 것으로 보인다.

6. 北門址 周邊 出土

2000년 추정 북문지의 북성벽과 북성벽 안쪽 평탄지역의 발굴조사에서는 분청사기 저부편과 함께 백자대접 및 백자 저부편이 출토되었다[75] . 분청사기 저부편은 죽절굽이며 내면에 백토상감하여 문양을 시문하였다. 백자 대접은 굽과 동체 하단부만 잔존하고 있는데, 내저원경이다. 백자 저부편은 약간 안으로 굽은 굽을 부착하였으며, 외면 유약은 산화되어 상태가 좋지 않다. 이들 분청사기와 백자 대접편은 잔존 높이가 2~3cm, 바닥지름이 3~6cm에 불과하여 정확한 규모는 파악이 힘들다.

VI. 맺음말

지금까지 부소산성 출토 中國 輸入陶瓷와 국내의 청자 · 분청사기 · 백자를 정리하여 보았다. 중국 수입도자에 대해서는 이미 앞에서 언급한 적이 있으므로 생략하고 부소산성 출토 국내도자만 정리하고자 한다. 국내도자 중 군창지와 동문지에서 출토된 고려청자는 초기양식인 玉環底 형태인 청자완과 더불어 녹청자계 소형접시 · 소문 · 양각문의 접시가 확인되었는데, 이러한 청자는 대략 11~12세기경의 청자로 판단된다. 청자는 대부분이 군창지와 동문지에서 출토되었다. 분청사기 중 주목을 끄는 것은 1981~1982년 사이에 조사된 군창지와 1992년 조사된 군창터 주거지에서 출토된 「內贍」銘 대접 편이다. 「內贍」銘 은 주로 전라도 지방의 자기소에서 구웠던 분청사기에 사용되었던 기관명칭으로 태종3년(1403)에 설치되어 정조 24년(1800)까지 존속했던 기관이다. "內贍寺"를 새긴 형태는 장방형의 도장으로 "내섬" 두 자만을 대접이나 접시 안바닥에 한 개 혹은 여러 개를 압인하고 백토를 넣는 경우가 많다. "내섬"명 대접과 부소산성에서 출토된 대부분의 분청사기들이 주로 국화문

---

75. 國立扶餘文化財研究所, 『扶蘇山城』發掘調査報告書V, 2003. P.77.

과 우점문이 함께 사용되는 것을 볼때 대략 조선 전기인 14~15세기에 제작되었던 분청사기들로 판단된다. 또한 부소산성에서는 전라도에서 주로 분청사기를 제작할 때 사용하는 기법인 덤벙기법과 더불어 계룡산 록에서 주로 사용되었던 철화기법 등 다양한 기법이 골고루 나타나고 있어 부소산성에서 출토된 분청사기는 조선 전기에서 임진왜란까지 계속 사용되었던 것으로 추정된다. 백자는 주로 동문지와 군창지, 사비루 등에서 확인되는데, 대부분의 백자는 小形片으로서 정확한 기종의 추정은 어렵지만 대접·접시·잔 등 생활에 사용되는 생활용구였으며, 제작된 형태 및 기법을 볼때 임진왜란 전의 백자보다는 조선후기 백자가 압도적으로 많이 확인된다. 이러한 국내자기로 볼 때 부소산성 출토 자기는 고려 초기에서 조선 말기까지의 각종 도자가 모두 수습되었다. 백제의 수입도자를 고려하면 부소산성은 약 1,400여년 동안 우리 선조들이 사용했던 다양한 도자문화를 보여주는 도자문화 연구의 보고인 것이다. 우리는 이 부소산성에서 한반도에서 처음 사용되었던 중국 수입도자를 비롯하여 고려 청자·분청사기·백자 등 다양한 도자를 체험 할 수 있다.

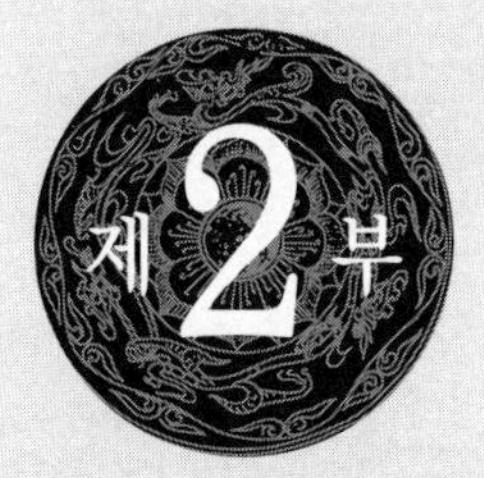

제2부

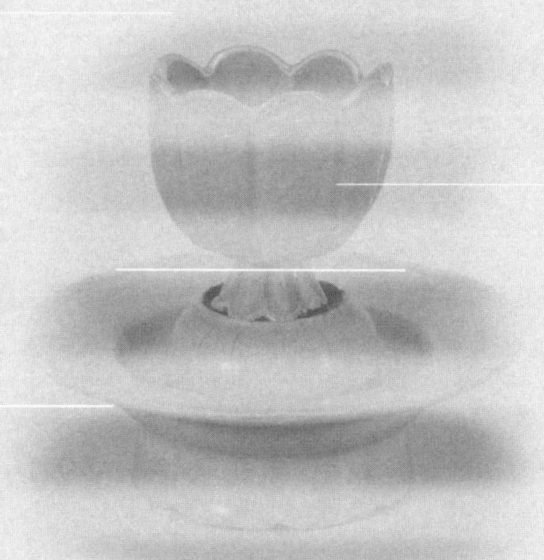

한·국·도·자

錦江의 陶磁文化

금강의 도자문화

Ⅰ. 머리말

  금강의 수계를 따라 발전한 도자문화는 공주지역의 학봉리 철화분청자, 신영리 청자가마 대표되는 계룡산록과   대전의 보문산과 성북동일대, 진안의 주천과 용담면 지역등에는 수많은 가마가 집중되어 운영될 정도로 수많은 도요지들이 산재해 있다. 이러한 가마들은 90년대 이후에 활발해진 발굴조사와 지표조사를 통하여 조사되어 본격적으로 알려지기 시작하여 금강유역이 우리나라 도자사 발달에 있어 중요한 역할을 담당했음을 실증해주고 있다. 이 글에서는 금강유역에서 발굴조사된 가마터를 중심으로 하면서 아울러 지표조사된 가마들의 개략적인 양상도 소개하여 이 지역의 도자발전 과정과 특징을 파악하고자 한다.

Ⅱ. 本論

1. 發掘窯址

1) 大田 舊完洞 靑磁 窯址

  구완동 청자 가마는 1995년 8월 9일~10월 17일 까지, 조사는 해강도자미술관이 담당하였다. 1995년 청자가마 발굴에서는 청자가마터 2기,

고려 후기 기와가마터 1기 등 총 3기가 확인되었다. 유구는 구릉사면 중앙에 기와가마가 위치하고, 그 좌·우에 청자가마터가 각각 1기씩 분포하였다. 오른쪽의 청자 1호 가마터는 봉통부에서 요상, 굴뚝부까지의 하부구조가 비교적 완만하게 남아있다. 봉통부에서 굴뚝부에 이르는 가마의 총 길이는 17.5m, 가마벽선의 너비는 내벽 110cm~120cm이며, 바닥면의 경사도는 22°~25° 가량 된다. 가마는 2~3차례 내벽을 보수하여 사용하였던 것으로 보인다. 왼쪽의 청자 2호 가마는 봉통부와 요상의 일부가 발굴대상지를 벗어나 있어, 요상의 일부와 두차례 개조된 굴뚝부만 노출되었다. 가마의 길이는 약 12.8m이며, 내벽선의 폭 1.2m이며, 바닥의 경사도는 약 15° 가량된다. 좌·우벽에는 2~3회에 걸쳐 보수한 흔적이 있다. 출토유물은 1호·2호 가마터 모두 대접·접시·잔 등이 중심을 이루며, 이 밖에 광구병·매병 등도 소량이 수습되었다. 청자의 유색은 녹색이 약간 짙은 투명유약이며, 가는 빙렬이 전면에 나타나 있는 것이 대부분이다.

2) 大田 舊完洞 象嵌靑磁 窯址

구완동 상감청자 가마는 1996년 8월 2일~10월 10일 까지 약70여일 조사되었는데, 조사는 해강도자미술관이 담당하였다. 전체지형의 표고는 동쪽면이 낮고 서쪽이 높은 편이다. 가마터는 모두 2기가 조사되었는데, 북쪽 가마가 1호, 남쪽 가마가 2호로서 1호가마의 상태는 전체적으로 불량한 편이며, 2호 가마는 아궁이와 굴뚝부까지 남아있어 상태가 양호한 편이다.

1호 가마터는 窯床과 굴뚝부의 바닥면이 약간 남아있었으나, 아궁이 부분은 소실되어 남아있지 않다. 가마의 총길이는 대략 12m, 가마벽선의 너비는 내벽이 평균 100cm가량 된다. 바닥면의 경사도는 11°~13° 정도 된다. 2호 가마터는 아궁이·요상·굴뚝부가 거의 완전하게 남아

있는데, 총 길이가 25m, 소성실 내벽이 약 110~140cm 가량 된다. 출토유물은 1호 가마보다 2호 가마가 상태도 좋고 양도 많은 편이다. 2기 모두 대접과 접시가 많이 수습되었으며, 그밖에 잔·매병·항아리·병·마상배 등이 출토되었다. 출토유물은 《'內', '資', '執', '用'》등 명문인화문계 분청사기편과 말기청자류로 구분할 수 있다. 이것으로 볼 때 구완동 상감청자가마는 말기상감청자로부터 상감문계분청과 인화문계분청으로 넘어가는 과도기적 단계에 속하는 양상의 가마로서 15세기의 초반부에 가마를 운영하였던 것으로 볼 수 있다.

3) 公州 鶴峰里 粉靑沙器 窯址

현재까지 공주 학봉리일대는 분청사기 8개소 백자가마 2개소 등 총 10개소의 가마가 알려져 있으나 이중 체계적으로 발굴된 가마는 野守健과 강경숙에 의해 각각 분청사기 가마 5호로 명명된 가마뿐이다.

5호 가마는 1927년 발굴이후 국립중앙박물관에 의해 1992년 4월에서 6월까지의 추가 발굴에서 가마의 구조가 다시 밝혀졌다. 가마는 火窓이 하나이며, 처음 가마벽(1차 가마벽)과 개축한 가마벽(2차 가마벽)이 밝혀 졌다. 제5호 가마는 재발굴 결과 편마암계의 단단한 자연 암반층을 굴착한 후 암반면에 진흙을 발랐거나, 암반이 없는 부분을 돌로 쌓아 축조한 특이한 구조임이 확인되었다. 가마의 경사는 12°이며, 가마 바닥은 모래를 깔았고, 2.5m 간격으로 칸을 만든 登窯이다. 총 길이는 49.5m로 화창 18개 19칸이며, 1차 요벽폭이 180~190cm내외, 2차 요벽폭이 125~130cm 내외이며, 아궁이의 형태는 파괴되어 원상파악이 힘들었고 그 길이는 70cm 이며, 화창간의 길이로 250cm 내외로 밝혀졌다. 5호 가마에서 수습된 도편의 특징은 15세기 초기에 해당하는 상감분청, 성긴 인화분청이 조금씩 수집되며, 생산품은 철화분청, 무문분청, 그리고 백자편이다. 모래를 받쳐 포개구이를 주로 하였고, 드물게 태토비짐눈받침이 나타난다. 기형은 대접과 접시류등의 생활용기가 대부분이며, 그 밖에 항아리·병·장군·제기·마상배·벼루·묘지석의 파편이 수습되었다. 명문편도 많이 수습되었는데, 內贍寺, 禮賓·內·大·十 등의 명문이 철화안료로 새겨져 있다.

5호 가마의 제작시기는 퇴적층의 완전교란으로 인해 퇴적 층위별 제작시기를 구분하기 어려우나 『세종실록』「지리지」 공주목 토산조에 의하면 공주목에는 자기소가 2곳 있는데 하나는 州北의 군지촌이고, 또 한 곳은 州東에 위치한 동학동에서 그릇을 구웠다는 기록으로 볼 때 주동은 학봉리의 분청자기 가마로 생각된다. 특히 수습되는 도편들이 1420년 무렵에 제작되었던 성긴 인화분청편이라든지 태초비짐받침수법, 갑발등이 사용된 것으로 보아 이5호 가마는 1420년대에 제작활동을 하였음이 분명하다.

4) 大田 政生洞白磁窯址

대전 정생동가마터는 가마의 복원과 도예촌 건립을 위한 목적을 위해 1997년 5월 26일~8월8일 까지, 해강도자미술관에서 조사 하였다. 정생동가마는 주변 석비례층을 깊게 굴삭한 후, 천정부분을 진흙으로 덮어씌운 登窯이다. 가마는 전체길이 26m, 너비 약 140cm내외이고, 경사도는 약 20°내외이다. 가마의 봉통부는 길이 약 2.5m 가량의 장타원형에 돌로 조성했고, 소성실 벽면은 평균 50cm 높이로 20m가량에 모두 5개의 방이 구획되었다.

출토유물은 대부분 백자편이며, 일부 도지미와 같은 요도구류가 포함되었다. 도지미는 원반형이 많고, 때로는 자연석이나 폐기된 백자편을 활용한 것도 있다. 백자편은 대부분이 문양이 없으며, 접시편 가운데 철화문양이 몇점 발견되었다. 백자편들은 회색 수비토에 푸른빛 유약을 거칠게 시유했고, 소성은 굵은모래받침을 사용하였다. 출토기종은 대

접 · 접시 · 종지와 같은 반상기류가 주종을 이루고 있는데, 항아리 ·
병 · 제기류도 소량 포함되어 있다.

이와 같은 특징을 종합할 때 정생동 백자가마는 16세기말에서 17세
기 후반까지 운영되었던 임진왜란 이후의 가마로 판단된다.

5) 大田 壯安洞 白磁窯址

장안동 백자요지는 대전광역시 서구 장안동의 장태산 휴양림의 입구
에 위치하고 있는데, 마을 주민이 민묘를 가꾸는 과정에서 발견되어 유
적의 보존을 위하여 발굴조사가 진행되어 가마의 성격이 규명되었다.
발굴조사는 충남발전연구원에 의해 2000년 11월 15일부터 12월 29일
까지 진행되었다.

장안동의 백자가마는 산의 경사면을 깍아 하강한 상태에서 축조한 登
窯이며, 가마의 축조시에는 진흙과 약간의 돌을 재료로 이용하여 조성한
土築窯이다. 장안동 백자가마는 1기를 운영하였으며 운영기간 중에 중
첩하여 개축한 흔적은 보이지 않는다. 조사시에 아궁이와 소성실의 하
단부는 비교적 잘 남아있어서 가마의 구조는 어느정도 확인되었다. 가
마의 규모는 아궁이와 굴뚝부까지 총길이가 16.6m, 내벽폭은 소성실
하단부가 1.8m, 소성실 상단부가 3.2m 이며, 전체 경사도는 15°인 것
으로 확인되었다. 이 가마에서 수습된 출토유물은 素文白磁편이 대다수
이며, 소수의 철화백자편도 수습되었다. 기종은 일상생활 용기가 중심을
이루고 있는데, 그 중 70% 정도가 대접이며, 약 20%정도는 접시류이
다. 그 밖에 종지, 잔, 항아리, 소호, 병, 주구편등이 수습되었다.

출토유물과 제작기법등을 종합할 때 이 가마의 운영시기는 대략 17세
기 후반에서 18세기 전반에 운영된 가마로 판단된다.

6) 扶餘 갓점골 白磁窯址

부여 갓점골 백자요지는 1997년 부여–논산간 국도 4차선 확장을 위한 사전의 지표조사를 국립부여박물관에서 수행하던중 발견된 백자요지로 조사는 1999년 충청매장문화재연구원에 의해 시굴조사가, 2000년 3월 2일부터 5월 27일 까지 동 연구원에 의해 발굴조사 실시 되었다. 이 가마에서는 백자가마터 1기와 가마관련 작업장과 퇴적구등이 조사되었다.

백자가마는 남서향으로 낮게 형성된 능선의 정상부에서 1기가 확인되었는데, 가마는 반지하식의 계단식 連室登窯로 모두 4칸으로 구획되었다. 가마는 회구부, 연소실입구, 연소실, 소성실 등으로 구분되는데, 전체 길이는 19.6m이다. 연소실 입구의 최대 너비는 93 cm, 길이는 65cm, 깊이는 35cm 이다. 소성실은 모두 4칸으로 구획되어 있는데, 모두 평면 장방형을 이루고 있다. 구획된 각 칸의 소성실은 단면상 하단부가 낮고 편평하며, 중단부 이상으로 갈수록 20° 정도의 경사를 이룬다. 단벽의 높이는 대략 23~48cm이며, 단벽 상면에는 점토로 만들어진 4~5개의 불창이 있었을 것으로 판단된다. 출토된 유물들은 모두 백자편으로 초벌구이편과 도지미등이 다수 출토되는데, 주요 기종은 대접과 접시류이다. 대접과 접시류는 대부분이 문양이 없으며, 청색빛을 띄는 유약이 시유되었다. 거의 다수의 백자편은 오목굽형태로서 굵은 모래받침을 사용하였다. 이러한 제작형태를 볼 때 이 가마의 운영시기는 16세기 후반에서 17세기 전반기에 운영된 백자가마로 판단된다.

2. 重要 地表調査 窯址

1) 公州地域 靑磁 窯址

공주지역 청자요지는 현재까지는 사곡면 신영리의 청자요지만 확인되었는데, 신영리요지는 고려초기인 11세기의 청자요지로 널리 알려져 있다. 신영리 청자요지는 5개의 가마가 확인되었는데, 사곡면 신영리의 상인영이라고 불리는 마을의 구릉부에 분포하고 있다. 소문 및 음각·양각기법으로 제작된 청자가 수습되며, 주요기종은 대접·접시·잔·등이다.

유색은 암녹색, 청록색, 녹갈색이 주로 시유되었다. 가마의 방향은 北東向이며, 모래받침과 태토비짐흙받침등이 사용되었다. 문양은 素文, 蓮瓣文, 花文, 菊花文 등이 사용되어 제작기법과 主 문양등을 고려할 때 11세기의 청자요지로 판단된다.

2) 公州地域 粉靑沙器 窯址

공주지역 분청사기 가마터는 총 19개소가 조사되었는데, 이 가운데 가산리, 중흥리, 입석리, 온천리, 어물리, 도신리, 명곡리가마터 등은 인화분청자가 주류를 이루는 가마터이며, 학봉리, 하신리, 송곡리가마터는 철화분청자가 주류를 이루는 가마터이다. 14세기말에는 국가의 과중한 공역과 왜구의 침략 등으로 인해 강진과 부안의 관요적 성격의 가마터가 붕괴되고, 전국 각지에 분청사기 가마터가 골고루 확대된다. 공주지역에서 15세기 초반에 운영되던 가마로는 도신리, 중흥리, 가산리 가마 등을 들수 있는데, 발견된 도편들은 유태가 조잡한 편으로 蒲柳水禽文, 牧丹唐草文, 雲鶴文과 같은 상감청자에서 즐겨 쓰이던 문양의 표현이 단순하고 거칠어졌으며, 菊花文, 六角文 등의 印花文을 대접과 접시의 안쪽 중심면에 성글게 施文하여 전체적인 문양구성이 산만하게 되는 등 15세기의 대표적인 미술작품인 분청사기의 자태가 제대로 갖추어지지 않고 있다. 이러한 상태에서 국가는 토산물의 질을 높이려는 노력으로 1417년과 1421년의 두 차례에 걸쳐 해당 官廳銘과 匠人銘을 그릇의 밑바닥에 새기도록 명하여 공물의 질적인 개선을 유도하였는데, 이러한 조처에 힘입어 실제로 1420년경을 즈음하여 분청사기가 빠르게 발전하기 시작하였다. 공주지역의 인화분청자 가마터의 특징적인 상황을 살펴보면 입석리 분청가마터에서는 '賓'字로 판단되는 銘文이 시문된 인화분청편이 수습되었는데, 賓자와 관련되는 관사명으로는 '禮賓寺'가 있다. 이 예빈시는 고려 태조 4년(921)에 처음설치되어 조선조로 계승된 관청으로 賓客, 燕享의 일을 담당했으며, 고종 31년(1894)에 폐지된다. 이 빈명이 출토되는 확실한 가마로는 공주시 반포면 학봉리, 연기군 전동면 금사리가마인데, 이 예빈시의 존재기간이 길어 절대적인 제작연대를 밝히는 것은 곤란하다.

입석리 가마 주변에서 수습되는 陶片들에서 菊花文, 나비문, 集團蓮圈文, 蓮瓣文帶가 사용되고 있으며, 상감분청자도 소량확인 되고 있다. 이러한 문양과 상감분청자는 15세기 초반에 주로 사용되던 문양으로 시문상태가 상당히 흐드러지게 印花施文되고, 白土嵌入한 것으로 보아 15세기 초반의 가마터로 생각된다. 중흥리 분청사기 가마는 이곳에서 출토되는 도편들 중 말기청자에서 연원한 蓮唐草文이라든지 司甕房이나 司膳暑의 첫글자일 가능성이 높은 司字銘 도편이라든지 장인명으로 생각되는 金자명 편이 발견된 것으로 볼때 대략 1420년 전후로 대략적인 활동기간을 추정할 수 있다. 가산리 가마는 기존의 상감청자기형 외에 도편의 안팎으로 인화문이 빽빽하게 시문된 고급품들이 수습되어 인화기법 분청사기의 특유의 세련된 문양구성이 어느정도 완성되었음을 보여준다. 또한 기형에 있어서도 대형화된 접시류와 내저곡면에 구연이 外反된 형태의 접시가 만들어지며 전체적으로 굽높이가 1cm 가까이 되며, 대접류에 있어서는 무게중심이 아래에 놓여 우묵해지면서 안정감이 커지는 현상이 나타나는등 변화현상이 뚜렷해진다. 특히 굽 바같면에 卍자문대를 상감하거나 굽주변에 여러 겹의 굵은 白象嵌線을 시문하는 이색적인 문양대가 나타나는데, 이는 충청도 일대의 분청사기 가마터에서 보이는 두드러지는 특징으로 대체로 1420년 이후부터 공주지역에서의 요업활동이 매우 활발해지는 것을 알 수 있는 증거이다. 조선초기의 자기의 제작상황은 『世宗實錄』「地理志」를 통해서 알 수 있는데, 1424년에서 1432년의 8년동안 조사한 자료를 바탕으로 전국에 산재한 자기소 139곳·도기소 185곳을 품질별로 일목요연하게 기술하고 있다.

『세종실록』「지리지」토산조 공주목 에는 '공주 남쪽의 동학동과 북쪽의 군지촌에서 중품의 자기를 생산하였다' 는 기록이 있는데, 동학동은 반포면에 위치한 학봉리로 밝혀졌으며, 가산리는 군지의 발음과 유사한 군졸마을이 있는 것으로 보아 당시의 군지촌이었을 가능성이 높다. 이런 여러 상황을 고려하여 볼 때 가산리 분청사기 가마는 1420년에서 1440년대 사이에 窯業活動을 한 가마로 생각된다. 온천리 분청사기 가마터는 상감기법의 蓮唐草文의 도편은 수습되지 않으나 草文, 重圈文, 集團蓮圈文의 도편은 수습된다. 현재 수습되는 기종은 종지편과 접시편으로 종지의 경우 바깥 면에 집단연권문으로 빽빽이 인화시문한 경우가 많은데, 백토감입상태는 양호한 편이다. 이 가마터는 접시와 대접의 內底圓圈 가장자리에 흔히 시문되는 특이한 나비문형태와 집단연권문의 유사성으로 볼때 가산리 가마의 도편들과 상당히 비슷한 점이 많은 것으로 판단된다. 이를 근거로 온천리 가마로 대략 1430~1440년대에 요업활동이 계속된 것으로 보인다. 어물리가마는 대접편들이 주로 수습되는데, 전체적으로 풍만한 양감을 가지고 있으며, 상감과 인화시문기법이 주로 보이는데, 상감기법이 양간 많이 보인다.

예외적으로 굽주위에 卍자문을 象嵌 시문한 전기적 수법의 접시류가 수습되는데, 모두 태토비짐눈 받침을 사용하여 포개구이를 하였으며, 유약은 굽 부분까지를 포함하여 전면에 시문되었다. 분청사기 인화기법가운데에서는 비교적 초기적인 것으로 15세기 초반의 것으로 판단된다. 이상의 분청사기 가마들은 대부분 15세기 초반의 기법인 인화분청기법과 상감분청기법이 나타나는 것으로 보아 대부분의 제작활동 기간이 15

세기 초반의 가마로 생각된다.

학봉리 철화분청가마는 대략 현재 8기의 가마가 확인되고 있는데, 이 가마의 제작시기는 여러 연구자들에 의해 대략 1420년대부터 16세기 전반기로 편년되고 있다.

학봉리 도편의 특징은 첫째는 인화도장을 얕게 누르고서 귀얄로 대충 백토분장한 조질의 분청사기가 수습되는데 이것은 인접한 하신리와 가산리3호 가마에서도 발견된다. 둘째는 짙은 발색의 철화안료를 이용하여 대범하고 활달하게 문양을 표현한 철화분청사기편들이 많이 수습된다. 특히 문양의 주소재인 물고기, 연꽃, 새, 당초문, 연판문은 다른 지역에서 볼 수 없는 추상적인 형태를 띤다. 셋째로는 1929년에 발간된 『계룡산록도요지발굴보고서』에 의하면 成化 23년(1487), 弘治3년(1490), 嘉靖 15년(1536)의 철화묘지편이 발견되는데 이 묘지편들은 학봉리가마의 제작활동 시기를 15세기 후반~16세기 전반으로 추정할 수 있는 중요한 단서가된다. 넷째는 官司銘이 새겨진 도편들이 많이 보이는 것인데 예빈시, 內資寺, 內 등의 관사명 그릇은 발색이 선명한 철화안료를 이용하여 질이 낮은 인화기법 분청자기에 內, 內資, 禮등의 명문을 기입하였다. 학봉리가마는 16세기 초반에 이르면 조질화가 가속화되어 가정15년 명 묘지석에 이르면 인화문이 사라지고 거칠게 귀얄칠하거나 담금분장한 면에 철화안료로 글귀를 적었다.

이를 종합하여 보면 공주지역의 분청사기 가마들은 15세기 초반의 가산리, 중흥리 가마에서 발생하기 시작하여 16세기 전반기의 학봉리 철화분청가마로 계속적으로 발전하여 오다가 점차 소멸하고 백자가 제작되었음을 알 수 있다.

3) 公州地域 白磁窯址

약 20여기에 이르는 각 백자요지의 기존 지표조사 결과는 생략하고 몇 개의 중요한 요지를 가지고 공주지역 백자요지의 성격과 편년을 정리하고자 한다.

먼저 도신리 가마는 印花文技法의 분청자와 백자편, 그리고 기와편이 인근에서 같이 수습되고 있어 대체적으로 3~4 이상의 가마가 계속적으로 활동을 한 것으로 판단된다. 백자편을 분석하여 보면 공주시 신영리 백자가마터 등에서 나타나는 특징인 器壁이 두텁고 구연이 바로서며, 굽 안을 깊게 깎는 특징과는 다소 다른 점이 있다. 대략 18~19세기에 제작활동을 하였던 것으로 보인다.

명곡리와 봉곡리 요지의 편들을 분석하면 분청사기의 마지막 단계에서 粗質의 백자를 생산하던 조선 중기 이후인 17세기 이후에 제작하여 주로 지방의 민수용으로 공급되었던 것으로 보인다.

학봉리 백자요지 1 · 2호는 경작과 도로개설등으로 인해 가마터의 흔적을 발견할 수 없는데, 이글 가마의 편들이 모두 다소 투박하고 거칠한 느낌을 주어 학봉리의 분청사기 가마가 퇴화 · 변질하여 백자가마로 바뀐 것으로 판단된다. 정확한 상한년대는 추정할 수 없지만 대략 18세기 무렵부터 조선말기까지 용업활동이 계속된 것으로 판단된다. 신영리 백자가마는 청화안료가 사용된 편이 수습되었고, 굽다리가 각진 제기류의 편들이 수습되는 것으로 보아 조선 후기인 19세기에 제작활동을 하였던 것으로 추정된다. 이러한 백자편들의 특징은 조선후기 백자의 대체적인 양상이라 할 수 있다.

금암리 1 · 2 · 3호 가마는 모두 도로개설 · 민묘조성 · 경작으로 인해 각 가마가 파괴되어 정확한 가마의 형상은 알 수 없다. 2호 가마는 陶片들의 분포와 燒土片 들의 분포 범위로 추정할 때 東南向으로 長軸을 이루는 가마가 2~3기 정도 있었을 것으로 추정되며, 3호 가마는 가마의 위치를 고려하여 볼 때 오름식 가마였을 것으로 추정된다. 수습되는 백자의 대접이나 접시편들에 굽보다 넓은 內底圓刻을 하고 있어 조선중기의 백자 특징이 나타나고 있다. 약간의 차이가 있지만 이를 통해서 볼 때 1·2·3호 가마는 대략 18세기 이후에 제작활동을 한 것으로 추정된다.

이상의 가마3기는 모두 동일 지역내에 형성되어 있는데, 각각 가마의 경계가 위에서 아래로 이어지는 것을 알 수 있다. 즉 한무리의 가마가 요업활동을 하기 위해서는가장 중요한 조건은 燔木과 용수의 조달, 그리고 운반의 편리성을 가지고 있어야 하는데 이 가마터의 경우에는 대략 10년 단위로 한번씩 가마를 옮겨 가면서 요업활동을 전개 한 것으로 추정되어 적어도 각 가마의 요업이 동시에 이루어 졌다고 하더라도 적어도 30년 이상은 요업활동을 지속한 것으로 판단된다.

온천리 1·2호 가마는 주위에서 청화문양의 도편이 수습되어 청화백자가 지방에서도 활발히 제작되는 18세기 후반이후의 요지로 판단되며, 양상은 학봉리 백자요지와 유사하다. 쌍대리 1호가마는 지형의 요건상 1~2기 이상의 가마가 존재했을 것으로 보이며, 2호 가마와는 제작양상이 비슷하다. 2기 모두 18~19세기에 제작활동을 하였던 것으로 보인다.

동원리 가마는 도편들의 제작형태의 조잡성을 기준으로 볼 때 19세기 이후의 조질백자 가마이다. 농기와 계실리 가마는 청화백자의 음각 명문편과 福字 銘, 草文 도편들이 수습되는 것으로 보아 청화백자가 일반에게 널리퍼진 18세기 후반에서 19세기 중반경의 가마로 판단되는데, 도편의 종류도 일반서민들이 많이 사용하는 종지 및 굽이 높은 제기들이 많이 수습되고 있다.

4) 錦江 上流地域 窯址

금강의 상류지역은 전북 진안군, 충북 옥천군, 대전광역시 등이 해당되는데, 최근 몇몇 조사기관의 지표조사를 통하여 새로운 도요지 등이 많이 알려지게 되었다. 진안의 주천, 용담면 지역에서는 송풍리 방화마을, 옥거리 운교마을 등에서 15세기에서 18세기에 이르는 가마가 조사되었다. 대부분은 백자가마인데 비해, 운교마을에서는 청자와 분청사기 가마가 확인되었다.

진안의 주천면 대불리, 신양리, 운봉리등에서는 15세기에서 18세기에 이르는 백자요지가 확인되었는데, 주요 기종은 생활용구인 대접과 접시 외에 완, 종지등으로서 대부분 회백색이나 청백색 유약이 시유되었으며, 경질로서 조잡한 형태를 띄고 있다.

충북의 경우에는 옥천군의 군서면과 이원면 지역에 도요지가 집중적으로 분포되어 있는데, 이 양지역은 충남의 금산과 대전지역에 인접한 지역이다. 군북면 자모리, 군서면 사정리, 이원면 장갑리등에서는 주로 백자요지가 확인되었는데, 사정리에서는 분청사기 가마도 발견되었다. 사정리의 경우 분청사기 가마의 운영시기가 14세기에서 15세기 무렵으로 추정되는데, 수습된 접시의 안바닥에 「定」, 「司」와 같은 명문이 새겨져 있다. 나머지 백자가마들은 16세기에서 18세기에 해당하는 가마로서 생활용구인 대접과 접시류가 대부분이며, 굽은 죽절굽형태이며, 굵은 모래받침을 주로 사용하였다.

대전지역에서는 일제시대에 조사된 대덕군 진잠동 청자요지가 있는데, 지금은 성북동도요지로 불리고 있다. 대전지역의 요지는 크게 보문산지구와 성북동지구로 나눌 수 있는데, 성북동지구는 대전광역시 유성구 성북동 새뜸마을 부근으로 현재 약 11개소의 가마가 있으며, 보문산지구에는 9개소의 가마가 확인되었다. 이들 가마들 중 성북동요지는 고려시대의 청자와 상감청자편등이 수습되어 1927년 고적조사보고서에 수록되어 있다. 나머지 가마들은 조선 후기로 보이는 17세기 이후의 백자요지로서 주로 생활용구인 접시·대접등을 생산하였는데, 주로 회백색유약이 시유되었으며, 굵은 모래받침이 사용되었다. 보문산지구의 구

완동·정생동 가마등은 해강도자미술관에서 발굴되어 자세한 조사성과
와 결과는 앞에서 언급했으므로 생략하기로 한다.

5) 錦江 下流地域 窯址

금강의 하류지역은 전북 익산과 군산지역이 해당된다. 먼저 익산지역
의 용안면 화배리 신화마을 사기점요지, 웅포면 송천리 송천마을 요지,
함열읍 석매리 용왕마을 점촌 요지, 황등면 동연리 하동마을 요지등은
금강 인접지역으로서 주로 19세기에서 20세기 초반의 백자가마로 확인
된데 반해, 웅포면 송천리 송천마을 요지는 18세기에서 19세기의 백자
요지로 조사되었다. 이들 가마의 백자들은 기종이 대부분 대접과 접시
류로서 회백색이나 청백색 유약이 주로 시유되었다. 굽은 대부분 투박
한 다리굽으로 지저분한 흙받침과 내화토비짐눈등이 사용되었다.

군산지역에서는 서수면 취동리 내무장마을 요지와 성산면 고봉리 점
촌마을 요지가 조사되었는데 두 가마모두 19세기 후반에서 20세기 초
의 가마로 추정된다. 생활용구인 대접과 접시류가 주요 생산된 기종인
데 유백색, 회백색 등의 유약이 시유되었으며, 지저분한 흙받침과 내화
토 비짐눈등이 주로 사용되었다.

Ⅲ. 맺음말

지금까지 발굴조사된 요지와 지표조사된 금강유역의 도요지를 개략적
으로 고찰하여 보았다. 이 결과 금강유역에서는 11세기 무렵의 신영리
청자가마를 시작으로 하여 20세기 초반의 일반 민수용 백자들에 이르기
까지 도자생산이 끊임없이 지속되었음을 알 수 있다.

대전의 구완동 청자요지와 상감청자요지는 주로 素文靑磁가 수습되었

지만 인근의 정생동 백자가마와 함께 대전의 보문산일대의 요지가 일찍부터 생산활동을 활발히 하여 학봉리를 중심으로한 계룡산산록의 요지군과 함께 금강의 중심 요지임을 증명하여 준다고 하겠다.

대전의 진잠동은 일제시대에는 대덕군 진잠리 청자요지로 알려졌으나 지금은 행정구역이 변경되어 대전광역시 유성구 성북동으로 알려져 성북동도요지군으로 분류되는데, 이 요지에서는 청자와 백자요지군이 복합적으로 형성되어 있어 보문산일대의 요지군과 함께 대전지역의 내륙의 중요한 도요지군 이었다는 사실을 증명하여 준다. 금강의 상류와 하류지역의 요지군들은 최근의 지표조사에 의해 새로운 요지들이 조사되었는데, 충북 옥천군 군서면 사정리 분청사기 요지를 제외하고는 17세기에서 20세기 초반의 민수용 백자요지로 판단된다. 이러한 백자요지들이 금강의 각 지역에 골고루 분포하는 것은 조선후기에는 일반서민층에도 백자로 제작된 생활용기가 대중화되고 있음을 의미한다고 하겠다. 이러한 백자요지에서 수습된 백자편들은 주로 대접과 접시류가 주종을 이루며, 잔, 종지, 완등 생활용기가 주를 이루며, 유색은 회백색이나 회청색을 띤다. 굽은 대부분 굵은 모래받침이나 지저분한 흙받침, 내화토받침이 사용되어 조선후기에는 일반 서민들을 위한 민수용 생활자기들이 대량 생산되고 있음을 증명한다고 하겠다. 이러한 금강유역의 도요지들 중 현재까지 체계적인 발굴에 의한 조사작업은 6개 가마에 그치고 있어 더많은 가마들이 발굴 조사되면 금강유역의 도자발달 과정과 지역적 특징 그리고 생산과 수요에 따른 생산활동등을 체계적으로 정립할 수 있을 것으로 판단된다.

發掘窯址로 본 大田·忠南陶磁略史

발굴요지로 본 대전·충남도자약사

Ⅰ. 머리말

대전·충남지역 가마발굴의 시작은 한국 도자사에서 있어 최초의 가마발굴인 1927년의 공주 학봉리 철화분청자 가마터 발굴인데, 그 이후 현재까지 대전·공주·부여·천안·연기·보령 등 6개 지역 13개 가마가 14차례 발굴되었다. 이러한 발굴빈도는 단일지역에서 최고일 뿐 만 아니라 발굴 된 가마가 청자·분청사기·백자등 陶磁 전 양식에 걸쳐있어 한국 도자발달사를 파악하는데 있어 매우 주요한 지역이라 할 수 있다. 선학들의 지역별 또는 단일유적[1]에 대한 연구결과를 바탕으로 이 지역의 13개 발굴가마를 종합적으로 검토하여 이 지역의 도자발달 양상을 파악·분석하며 더 나아가 한국도자발달의 양상을 지역적인 양상속에 비교하여 이 지역의 도자문화의 특성을 규명하고자 한다.

---

1. 姜敬淑, 「연기 송정리 분청사기 대접」『한국 도자의 연구』, 시공사, 2000.
   具一會·李愛玲, 「公州地域의 陶磁文化」『공주의 역사와 문화』, 공주대학교박물관, 1995.
   이현숙, 「窯址」『公州文化遺蹟』, 公州大學校博物館, 1995.
   尹龍二, 「鷄龍山의 陶瓷窯址」『鷄龍山址』, 忠淸南道, 1994.
   鄭相基, 「公州地域 白磁窯址 地表調査 報告」『東垣學術全國大會』, 韓國考古美術研究所, 2001.
   鄭相基, 「公州地域 粉靑沙器窯址 地表調査 報告」『美術資料』, 제67호 國立中央博物館, 2001.

Ⅱ. 각 지역별 도요지 현황

1. 大田地域

1) 舊完洞 靑磁 窯址

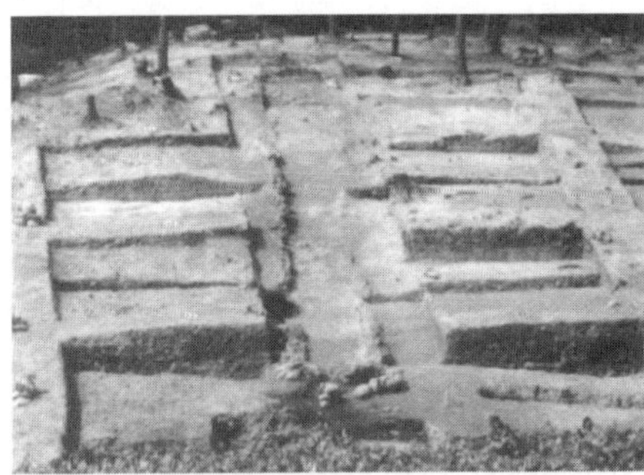

대전구완동 청자요지 전경

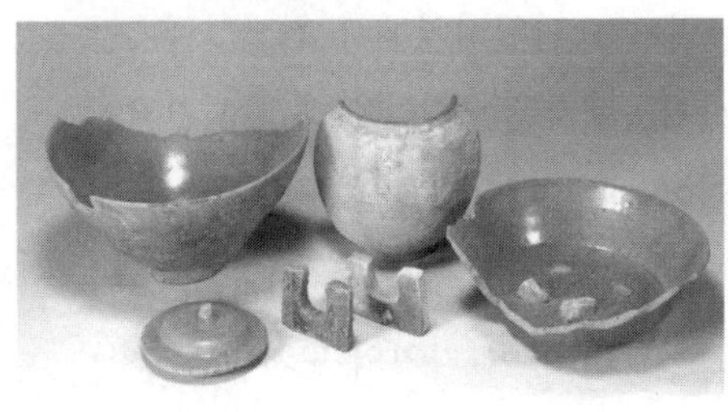

대전구완동 청자요지출토 청자, 요도구

구완동 청자 가마는 1995년 8월 9일~10월 17일 까지, 조사는 해강도자미술관이 담당하였다. 1995년 가마 발굴에서는 청자가마터 2기, 고려 후기 기와가마터 1기 등 총 3기가 확인되었다. 유구는 구릉사면 중앙에 기와가마가 위치하고, 그 좌·우에 청자가마터가 각각 1기씩 분포하였다. 오른쪽의 청자 1호 가마터는 봉통부에서 요상, 굴뚝부까지의 하부구조가 비교적 완만하게 남아있다. 봉통부에서 굴뚝부에 이르는 가마의 총 길이는 17.5m, 가마벽선의 너비는 내벽 110cm~120cm이며, 바닥면의 경사도는 20° 가량 되는데, 아궁이부터 소성실, 굴뚝부에 이르는 전체윤곽이 어느정도는 확실하게 확인 되었다. 가마는 2~3차례 내벽을 보수하여 사용하였던 것으로 보인다. 왼쪽의 청자 2호 가마는 봉통부와 요상의 일부가 발굴대상지를 벗어나 있어, 요상의 일부와 두차례 개조된 굴뚝부만 노출되었다. 가마의 길이는 1차 가마가 약 12.9m이며, 2차 가마는 10.6m 가 확인되었다. 내벽선의 폭 1.2m이며, 바닥의 경사도는 약 14° 가량된다.

2차 가마의 경우 굴뚝부분 개보수를 포함하여 좌·우벽에는 3~4회에 걸쳐 보수한 흔적이 확인 되었다. 출토유물은 1호·2호 가마터 모두 동일한 형태를 띄고 있으며 출토 기종은 대접·접시·잔 등이 중심을 이루는데, 이 밖에 광구병·매병 등도 소량이 수습되었다. 청자의 유색은 녹색이 약간 짙은 투명유약이며, 가는 빙렬이 전면에 나타나 있는 것이 많다.

釉色은 약간 짙은 녹색을 기본으로 하여 황녹색 또는 회녹색에 가까운 것들이 대부분이다. 이 가마에서 수습되는 도편들 중에서 文樣施文方法중 押出陽刻을 사용한 사례가 보이는데, 이 기법은 원래 중국 北宋의 輝州窯에서 유행하였으며 고려에는 11세기경에 전래되어 11세기에서 12세기사이에 집중적으로 이용되고 있다. 또한 기형에 있어서도 이 가마의 대접이나 접시류등에는 구연이 안으로 약간 오므라지거나 구연이 外反하면서 側射線이 한번 꺽인 형태 등이 나타나는데 이러한 제작기법은 11세기 이후에 유행하던 형식이다.[2] 절대편년자료가 없어 가마의 운영시기를 추정하는 것이 약간의 문제점을 가지고 있지만 이러한 문양시문법과 제작기법등을 고려할 때 이 가마는 11세기 후반에서 12세기 전반에 운영되었다고 추정할 수 있다.

2) 舊完洞 象嵌靑磁 窯址

구완동 상감청자 가마는 1996년 8월 2일~10월 10일 까지 약70여일 조사되었는데, 조사는

해강도자미술관이 담당하였다. 전체지형의 표고는 동쪽면이 낮고 서쪽이 높은 편이다. 가마터는 모두 2기가 조사되었는데, 북쪽 가마가

---

2. 李鍾玟, 「대전지방의 도자문화」『大田地方의 發掘遺蹟』, 大田光域市鄕土史料館, 1997, pp.144~145.
　　崔健·李鍾玟·張起薰,『大田 舊完洞 窯址』, 海剛陶磁美術館, 2001, pp.77~80.

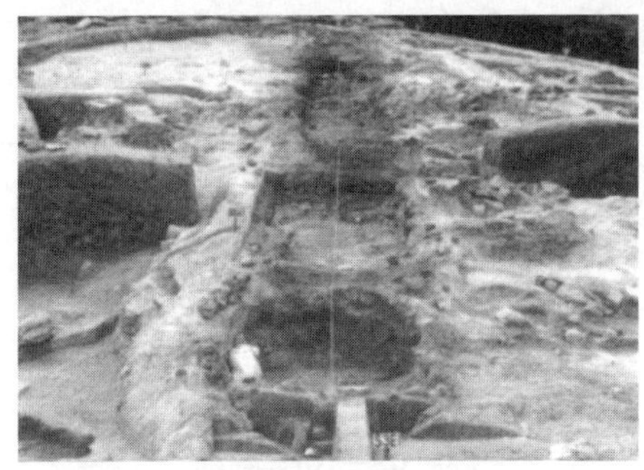

대전구완동 상감청자요지 전경

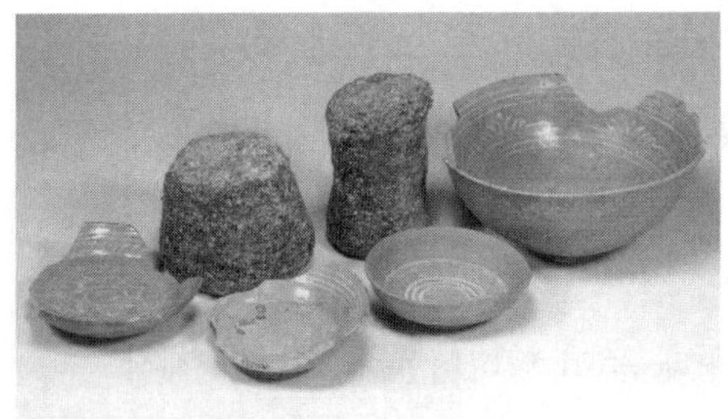

대전구완동 상감청자요지 출토 상감청자, 도지미

1호, 남쪽 가마가 2호로서 1호 가마의 상태는 전체적으로 불량한 편이며, 2호 가마는 아궁이와 굴뚝부까지 남아있어 상태가 양호한 편이다.

1호 가마터는 窯床과 굴뚝부의 바닥면이 약간 남아있었으나, 아궁이 부분은 소실되어 남아있지 않다. 가마의 총길이는 대략 12m, 가마벽선의 너비는 내벽이 평균 100cm가량 된다. 바닥면의 경사도는 11~13° 정도 된다. 2호 가마터는 아궁이·요상·굴뚝부가 거의 완전하게 남아있는데, 총 길이가 25m, 소성실 내벽이 약 110~140cm 가량 된다. 출토유물은 1호 가마보다 2호 가마가 상태도 좋고 양도 많은 편이다. 2기 모두 대접과 접시가 많이 수습되었으며, 그밖에 잔·매병·항아리·병·마상배 등이 출토되었다[3]. 출토유물은 《'內', '資', '𡊍', '用'》 등 명문인화문계 분청사기편과 말기청자류로 구분할 수 있다. 이것으로 볼 때 구완동 상감청자가마는 말기상감청자로부터 상감문계분청과 인화문계분청으로 넘어가는 과도기적 단계에 속하는 양상의 가마로서 14세기 말에서 15세기의 초반부에 가마를 운영하였던 것으로 볼 수 있다.

---

3. 具守弘·尹煥, 『大田地方의 陶窯址』, 大田光域市鄕土史料館, 1999, pp.26~30.
  李鍾玟, 앞의 책, pp.148~149.

3) 政生洞白磁窯址

대전 정생동가마터는 가마의 복원과 도예촌 건립을 위한 목적을 위해 1997년 5월 26일~8월8일 까지, 해강도자미술관에서 조사 하였다. 정생동가마는 주변 석비레층을 깊게 굴삭한 후, 천정부분을 진흙으로 덮어씌운 登窯이다. 가마는 전체길이 26m, 너비 약 140cm내외이고, 경사도는 약 20°내외이다. 가마의 봉통부는 길이 약 2.5m 가량의 장타원형에 돌로 조성했고, 소성실은 평균 50cm 높이로 20m 정도에 모두 5개의 방이 구획되었다.

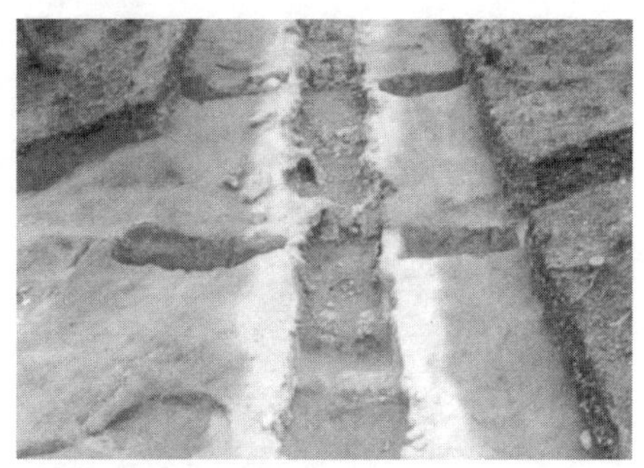

대전정생동 백자요지 유구전경

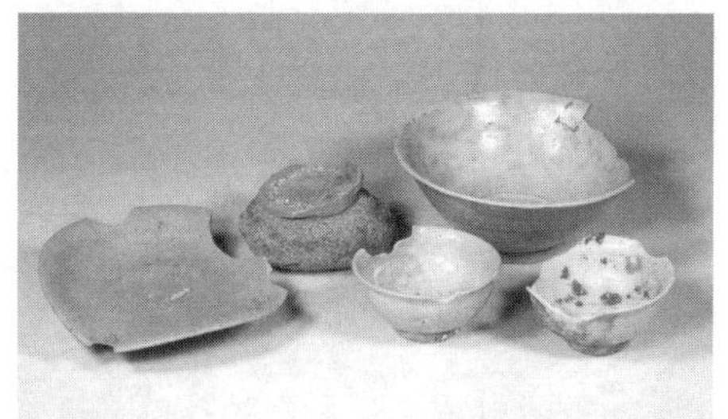

대전정생동 요지 출토 백자, 도지미

출토유물은 대부분 백자편이며, 일부 도지미와 같은 요도구류가 포함되었다. 도지미는 원반형이 많고, 때로는 자연석이나 폐기된 백자편을 활용한 것도 있다. 백자편은 대부분이 문양이 없으며, 접시편 가운데 철화문양이 몇점 발견되었다. 백자편들은 회색 수비토에 푸른빛 유약을 거칠게 시유했고, 소성은 굵은모래받침을 사용하였다. 출토기종은 대접 · 접시 · 종지와 같은 반상기류가 주종을 이루고 있는데, 항아리 · 병 · 제기류도 소량 포함되어 있다. [4]

---

4. 李鍾玟, 앞의 책, pp.149~153.
   구수홍 · 윤환, 앞의 책, pp.33~35.

이와 같은 특징을 종합할 때 정생동 백자가마는 16세기말에서 17세기 후반까지 운영되었던 임진왜란 이후의 가마로 판단된다.

4) 壯安洞 白磁窯址

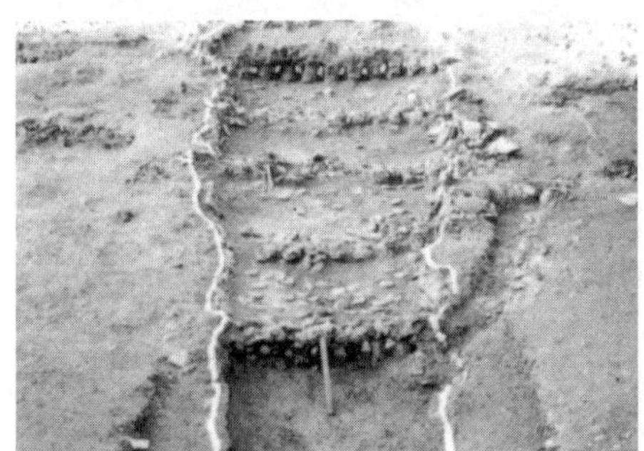

대전장안동 요지 요지전경사

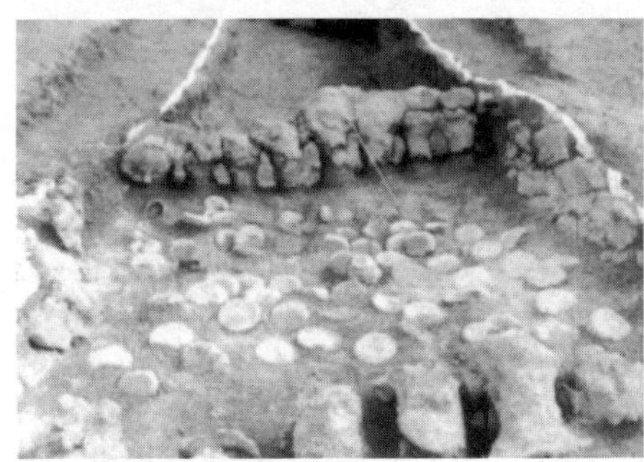

대전장안동 요지 소성실

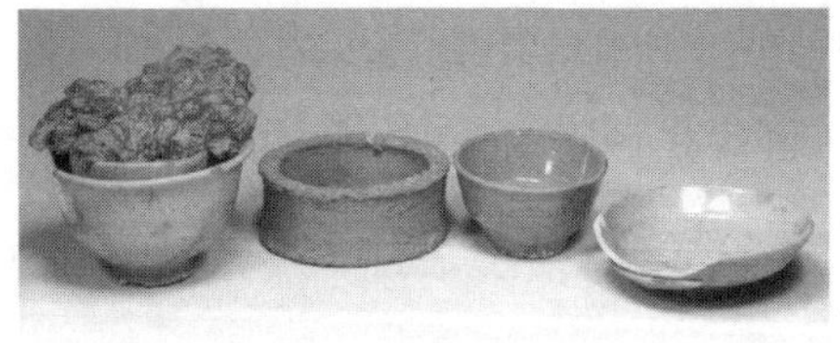

대전장안동 요지 출토 백자 요도구

장안동 백자요지는 대전광역시 서구 장안동의 장태산 휴양림의 입구에 위치하고 있는데,

마을 주민이 민묘를 가꾸는 과정에서 발견되어 유적의 보존을 위하여 발굴조사가 진행되어 가마의 성격이 규명되었다. 발굴조사는 충남발전연구원에 의해 2000년 11월 15일부터 12월 29일 까지 진행되었다.

장안동의 백자가마는 산의 경사면을 깍아 하강한 상태에서 축조한 登窯이며, 가마는 축조시에 진흙과 약간의 돌을 재료로 이용하여 조성한 土築窯이다. 장안동 백자가마는 1기를 운영하였으며 운영기간 중에 중첩하여 개축한 흔적은 보이지 않는다. 조사시에 아궁이와 소성실의 하단부는 비교적 잘 남아있어서 가마의 구조는 어느정도 확인되었다. 가마의 규모는 아궁이와 굴뚝부까지 총길이가 16.6m,

내벽폭은 소성실 하단부가 1.8m, 소성실 상단부가 3.2m 이며, 전체 경사도는 15°인 것으로 확인되었다. 이 가마에서 수습된 출토유물은 素文白磁편이 대다수이며, 소수의 철화백자편도 수습되었다. 기종은 일상생활 용기가 중심을 이루고 있는데, 그 중 70% 정도가 대접이며, 약 20% 정도는 접시류이다. 그 밖에 종지, 잔, 항아리, 소호, 병, 주구편등이 수습되었다.[5]

출토유물과 제작기법등을 종합할 때 이 가마의 운영시기는 대략 17세기 후반에서 18세기 전반에 운영된 가마로 판단된다.

2. 公州 · 扶餘地域

1) 公州 鶴峰里 粉青沙器 窯址

현재까지 공주 학봉리일대는 분청사기 8개소 백자가마 2개소 등 총 10개소의 가마가 알려져 있으나 이중 체계적으로 발굴된 가마는 野守健과 姜敬淑에 의해 각각 분청사기 가마 5호로 명명된 가마뿐이다.

5호 가마는 1927년 발굴이

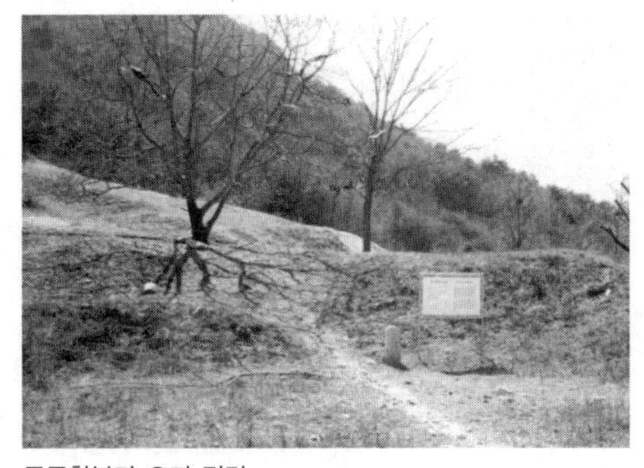

공주학봉리 요지 전경

후 국립중앙박물관에 의해 1992년 4월에서 6월까지의 추가 발굴에서 가마의 구조가 다시 밝혀졌다. 가마는 火窓이 하나이며, 처음 가마벽(1차 가마벽)과 개축한 가마벽(2차 가마벽)이 밝혀 졌다. 제5호 가마는 재발굴 결과 편마암계의 단단한 자연 암반층을 굴착한 후 암반면에 진흙을 발랐거나, 암반이 없는 부분을 돌로 쌓아 축조한 특이한 구조임이 확인

---

5. 이훈 · 강종원 · 이종민, 『大田 牡安洞 白磁窯址』, 忠南發展硏究員, 2002. pp.70~76.

되었다. 가마의 경사는 12°이며, 가마 바닥은 모래를 깔았고, 2.5m 간격으로 칸을 만든 登窯이다. 총 길이는 49.5m로 화창 18개 19칸이며, 1차 요벽폭이 180~190cm내외, 2차 요벽폭이 125~130cm 내외이며, 아궁이의 형태는 파괴되어 원상파악이 힘들었고 그 길이는 70cm 이며, 화창간의 길이는 250cm 내외로 밝혀졌다. 5호 가마에서 수습된 도편의 특징은 15세기 초기에 해당하는 상감분청, 성긴 인화분청이 조금씩 수집되며, 생산품은 철화분청, 무문분청, 그리고 백자편이다. 모래를 받쳐 포개구이를 주로 하였고, 드물게 태토비짐눈받침이 나타난다. 기형은 대접과 접시류등의 생활용기가 대부분이며, 그 밖에 항아리·병·장군·제기·마상배·벼루·묘지석의 파편이 수습되었다. 명문편도 많이 수습되었는데, 內贍寺, 禮賓·內·大·十 등의 명문이 철화안료로 새겨져 있다. 5호 가마의 제작시기는 퇴적층의 완전교란으로 인해 퇴적 층위별 제작시기를 구분하기 어려우나 『세종실록』「지리지」공주목 토산조에 의하면 공주목에는 자기소가 2곳 있는데 하나는 州北의 군지촌이고, 또 한 곳은 州東에 위치한 동학동에서 그릇을 구웠다는 기록으로 볼 때 주동은 학봉리의 분청자기 가마로 생각된다. 특히 수습되는 도편들이 1420년 무렵에 제작되었던 성긴 인화분청편이라든지 태토비짐받침수법, 갑발등이 사용된 것으로 보아 이5호 가마는 1420년대에 제작활동을 하였음이 분명하다[6]

---

6. 具一會·李愛玲, 「公州地域의 陶磁文化」『공주의 역사와 문화』, 공주대학교박물관, 1995, pp.304~310.
   강경숙, 「도자 가마터 발굴의 현황과 전망」『한국 도자사의 연구』, 시공사, 2001, pp.46~50.
   鄭相基, 「公州地域 粉靑沙器 窯址 地表調査 報告」『美術資料』제67호, 國立中央博物館, 2001, pp.147~151.

2) 扶餘 갓점골 白磁窯址

부여 갓점골 백자요지는 1997년 부여─논산간 국도 4차선 확장을 위한 사전 지표조사를 국립부여박물관에서 수행하던중 발견된 백자요지로 조사는 1999년 충청매장문화재연구원에 의해 시굴조사가, 2000년 3월 2일부터 5월 27일 까지 동 연구원에 의해 발굴조사 실시 되었다. 이 가마에서는 백자가마터 1기와 가마관련 작업장과 퇴적구등이 조사되었다.

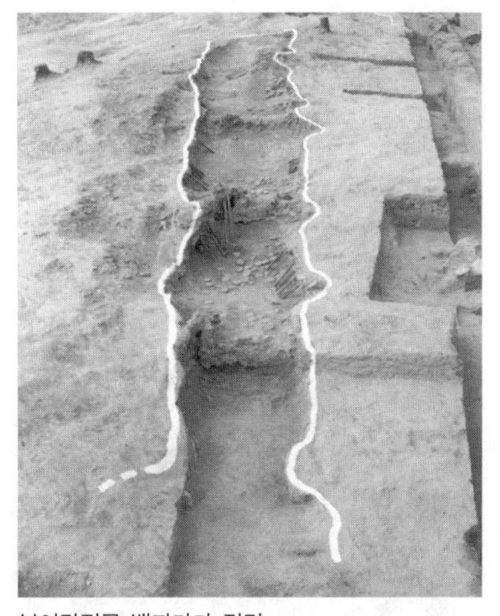

부여갓점골 백자가마 전경

백자가마는 남서향으로 낮게 형성된 능선의 정상부에서 1기가 확인되었는데, 가마는 반지하식의 계단식 連室登窯로 모두 4칸으로 구획되었다. 가마는 회구부, 연소실입구, 연소실, 소성실 등으로 구분되는데, 전체 길이는 19.6m이다. 연소실 입구의 최대 너비는 93 cm, 길이는 65cm,

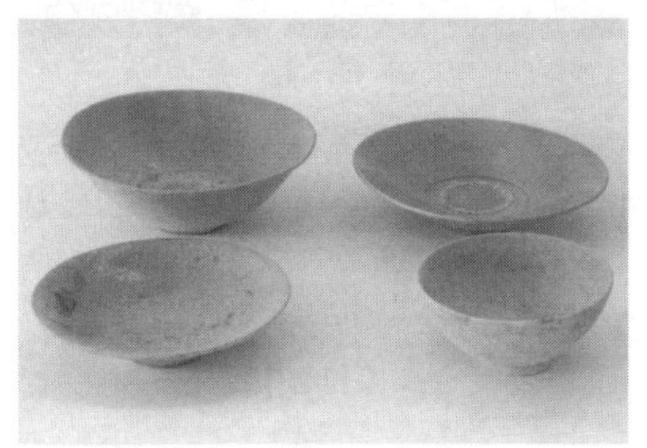

부여갓점골 백자요지 출토유물

깊이는 35cm 이다. 소성실은 모두 4칸으로 구획되어 있는데, 모두 평면 장방형을 이루고 있다. 구획된 각 칸의 소성실은 단면상 하단부가 낮고 편평하며, 중단부 이상으로 갈수록 20° 정도의 경사를 이룬다. 단벽의 높이는 대략 23~48cm이며, 단벽 상면에는 점토로 만들어진 4~5개의 불창이 있었을 것으로 판단된다. 출토된 유물들은 모두 백자편으로 초벌구이편과 도지미등이 다수 출토되는데, 주요 기종은 대접과 접시류이다. 대접과 접시류는 대부분이 문양이 없으며, 청색빛을 띠는 유약이 시유되었다.[7] 거의 다수의 백자편은 오목굽형태로서 굵은 모래받침을 사용하였다. 이러한 제작형태를 볼 때 이 가마의 운영시기는 16세기 후반에서 17세기 전반기에 운영된 백자가마로 판단된다.

3. 保寧地域

1) 勒田里 白磁窯址

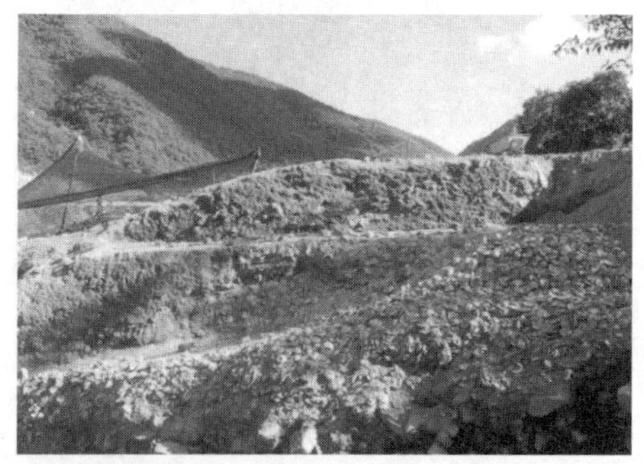

보령늑전리 백자요지 퇴적층 노출

보령댐 수몰지역 발굴조사사업의 일환으로 조사된 늑전리 백자요지는 1995년 7월5일부터 8월 14일 까지 이화여자대학교 도예연구소에서 발굴하였다.

유적은 충남 보령시 미산면 늑전리 산 2-3번지로 백자가마 1기와 작업장, 폐기물 퇴적층을 각각 1기씩 발굴하였다. 조사지역은 해발 60~65m 지역에 큰 퇴적더미 형태로 논과 밭 가운데 돌출되어 있으며 등성이에 잡목외에 수령100년 정도의 느티나무가 있고 지표에는 도편들이 산재되어 있어 요지일 가능성이 높아 발굴조사가 진행되었다.

조사지역의 남서쪽에 위치한 가마는 가마바닥과 봉통부를 포함하여 동서방향으로 14m, 폭은 남북방향으로 3m 정도이다. 가마벽은 잡석과 진흙을 혼합하여 사용하였고 봉통과 3개의 소성실로 이루어진 칸가마로 불창살의 흔적이 있다. 가마의 동쪽에는 작업장이 위치하는데, 지름이 48~50cm 인 원형의 수비통이 2개 있다. 이 가마터에서는 백토의 정제를 위한 수비시설, 점토와 유약재료, 원료 분쇄시 사용한 것으로 추정되

---

7. (재) 충청매장문화재연구원, 『갓점골 문화유적 발굴조사 현장설명회 자료』, 2000, pp.7~9.

는 갈돌, 물레 부속구 등이 출토되었다.[8]

수습된 백자기종은 대접, 접시, 발, 잔 등 일상 식기류가 주류를 이루며 각진 제기나 각병도 일부 수습되었다. 굽은 대부분이 정교하지 않은 다리굽이다. 담급법을 사용하여 시유한 후 굵은 모래를 받쳐 9~11개까지 포개서 번조하여 대량생산 한 것도 있다.

출토된 도편들의 제작방법과 특징들로 미루어 볼 때, 이 가

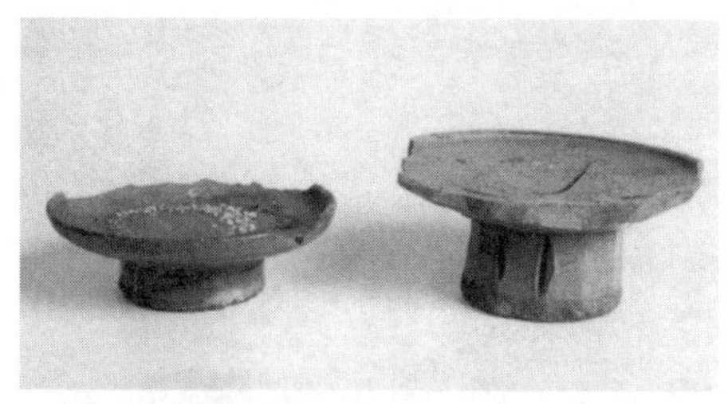

보령늑전리 백자요지 출토 백자제기

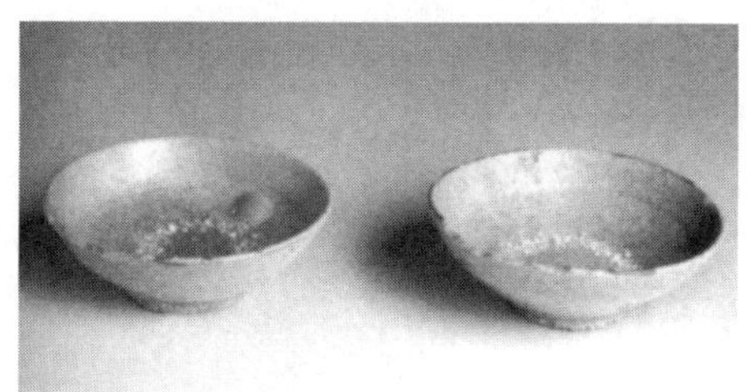

보령늑전리 백자요지 출토 백자접시

마의 운영은 대량생산을 하였던 조선말기의 지방 가마로 추정되어 근대 도자사의 한 단면을 볼 수 있는 가마터로 생각된다.

2) 龍水里 1호 粉靑沙器 窯址

용수리 1호 백자요지는 보령댐 수몰지구내 조사의 일환으로 1995년 7월 5일~1995년 9월 5일 까지 약 60일간 이화여자대학교 박물관에 의해 조사되었다.

용수리 1호가마는 미산면 舊 면소재지인 평라리 삼거리에서 도화담으로 연결되어 대천, 부여로 나가는 613번 지방도로의 東便에 남북으로

---

8. 나선화 · 김인호 · 장남원 외, 『특별전 도요지 발굴 성과 20년』, 이화여자대학교박물관, 2001, p.56.
  강석영 외, 「保寧댐 水沒地域 勒田里 白磁 窯址 發掘 調査 報告」『陶窯址 發掘調査 報告』, 이화여자대학교 도예연구소, 1996, pp.2~22

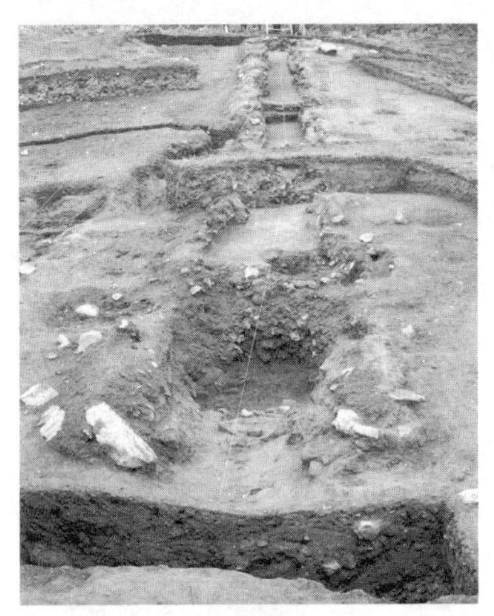

보령용수리 1호요지 가마전경

길게 형성되어 있는 수현마을의 동쪽을 막고있는 東高西底의 西向 사면에 있다. 가마터는 東南쪽이 높고 西北쪽이 낮은 西向 사면의 구릉으로 능선을 중심으로 남쪽과 북쪽이 낮은 형태이며 남쪽은 낮은 지형의 소하천을 이용하여 만든 양사가 인접하여 있었다.

이 가마는 1기의 자기가마와 小窯 1기, 숯가마로 이루어졌는데, 자기 가마는 서향의 사면구릉의 중심부에 地方高 59m 위치에서 시작하여 올라가는 등요로 長軸이 西北向이다. 가마는 자연 경사면의 오름새를 이용하여 구축되었으며, 窯床은 지표에서 20~30cm 내려가고 봉통부는 130cm정도 깊게 파내어 조성한 반지하식의 土築登窯이다. 특히 가마바닥은 물이 잘빠지는 석비례층에 지표를 파서 진흙을 다지고 모래를 깔아 만드는 방법으로 3회 개축하여 썼으며, 2차 바닥의 사용기간이 가장 길었던 것으로 보인다. 전체길이는 총 31.5m, 넓이는 1.1~1.2m 이며, 소성실은 15~20°의 가파른 경사에 격벽이나 불창살이 없이 좁고 긴 터널식 구조로 되어 있다. 소성실 상단에는 割石으로 벽을 쌓은 방이 2개 달려있고 소성실 하단에는 평면 타원형으로 깊게 파인 봉통부가 있다. 小窯는 자기가마의 아래쪽 평평한 곳에 자기가마와 같은 평면에 동시에 구축되었던 것으로 판단된다. 평면이 표주박 형태로 총길이 4.3 m, 넓이 1.65m, 소성실의 길이가 2m 정도의 규모이다. 구조는 소성실과 봉통부가 이분된 單室窯로 지하를 파서 조성하였고 천정은 등요와 같이 地上土築이다. 용수리 1호가마에서는 청자로 제작된 대접, 접시, 완, 잔등과 함께 마상배, 제기, 병, 화분

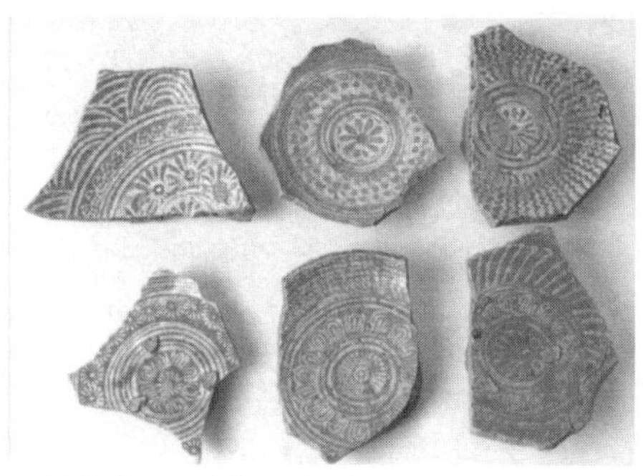
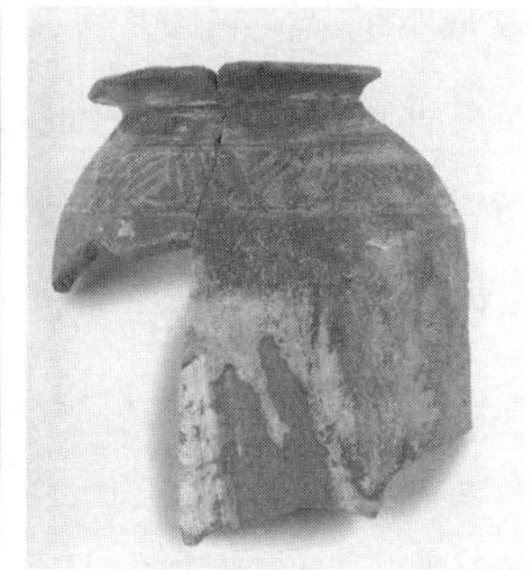

보령용수리 1호요지 출토 청자상감문양편   보령용수리 1호요지 출토 청자상감장동호

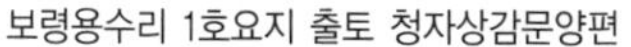

등의 생활용기등이 제작되었다. 이 요지의 청자류는 유약에 의해서 구분하면 청자류로 분류할 수 있으나 제작기법에 의하면 無文으로 제작된 것이 90% 정도이고, 象嵌·印花, 白土귀얄文 청자류는 10%정도 수습되었다. 상감·인화기법중에는 선상감과 인화문이 8:2 정도로 상감청자계가 많으며, 인화기법의 경우는 밀집된 인화문이 아닌 성긴 인화문이 주로 사용되었다. 대부분의 기종은 기벽이 얇고 빙렬이 없으며 匣을 씌우지 않고 여러 가지 형태의 그릇을 크기순으로 3~4개씩 포개서 번조한 중품 이하의 청자들이다. 대접, 접시, 잔 등은 14세기 후반에 널리 쓰인 食器가 주로 제작되었는데, 병, 호, 장군, 장고등도 일부 제작되었으나 대체로 높이가 20cm 미만의 중·소형의 기종이 제작되었다. 태토는 청자와 같은 회색으로서 푸른색의 유약이 얇게 시유되었다. 태토비짐받침을 주로 사용하였고 내화토와 모래비짐받침도 약간 사용되었다.[9] 가마의 구조와 수습된 도편들을 분석하여 볼 때 이 가마는 14세기 후반 고려청자에서 분청사기로 넘어가는 과도기적 특징을 보이는 가마로 볼 수 있다.

---

9. 나선화·장남원 외, 앞의 책, p.58.
　나선화 외, 「龍水里 1號 窯址」 『保寧댐 水沒地域 發掘調査 報告 3 陶窯址 發掘調査 報告』, 梨花女子大學校博物館, 1996, pp.25~103.

3) 龍水里 2호 靑磁·粉靑沙器 窯址

보령댐 수몰지구의 구제발굴로 확인된 용수리 2호 가마는 1995년 7월 5일 ~9월 5일 까지 이화여자대학교 박물관에 의해 진행되었다. 이 용수리 2호 가마는 1호 가마에서 약 300m 떨어진 東高西低의 斜面이며, 1호 가마와 마찬가지로 경사면의 西向이다. 이 가마는 가마2기와 폐기물 퇴적층 1기로 이루어졌는데, 가마는 방향에 따라 北窯와 南窯로 구분하였다. 北窯는 가마의 형상이 용수리 1호 가마와 비슷한데 좁고 긴 無段登窯이며 地上土築窯이다. 그러나 용수리 1호 가마와 달리 가마를 구축한 생토층이 석비례층이 아니고 窯床 下部에 잔돌이 깔려있는 생토로 그 생토 위에 진흙을 깔고 모래를 조성하여 만든 가마이다. 요상에 불창의 흔적이 있고 도침을 사용하여 가마바닥의 수평을 맞추었다. 봉통부는 서북쪽에 위치하며, 지표에서 깊게 파서 양벽을 활석으로 보강하여 진흙을 쌓아 축조하였다. 봉통의 규모는 길이가 3.2 m, 봉통바닥의 넓이 1.5m, 봉통입구 80cm 이다. 窯床은 약 2m 간격인데, 바닥면이 약 30cm 넓이로 경사가 약간 오르는 차이가 있고 표면에는 부분적으로 우둘우둘한 유리질이 형성되어 있다. 요상의 폭은 1.1~1.2m 이며, 길이는 25m이다. 이 요상의 두께가 약간 얇은 것으로 보아 일찍 폐요된 것으로 추정된다.

南窯는 북요의 5m 남쪽에 있는데, 현존하는 폭은 1.2m 이고, 요상은 약 5m정도만 남아있다. 가마의 남쪽 인근에서 조사된 퇴적층은 약 20cm~40cm 정도의 두께로 청자와 함께 상감·인화문계 분청편들이 수습되었다.

이 북요와 남요에서 수습된 도편들은 청자류와 백토분장자기류가 출토되었는데, 청자와 분청사기 접시에는 官司銘으로 보이는 명문이 새겨져 있는 경우가 소량 확인되었다. 청자류는 무문이 대부분이고 상감·인화문이 약간있는데, 기종은 대접과 접시가 주류를 이룬다. 무문의 대

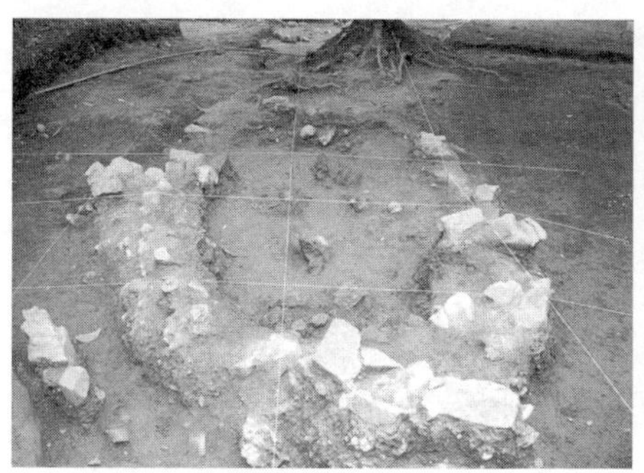

보령용수리 2호요지 가마전경

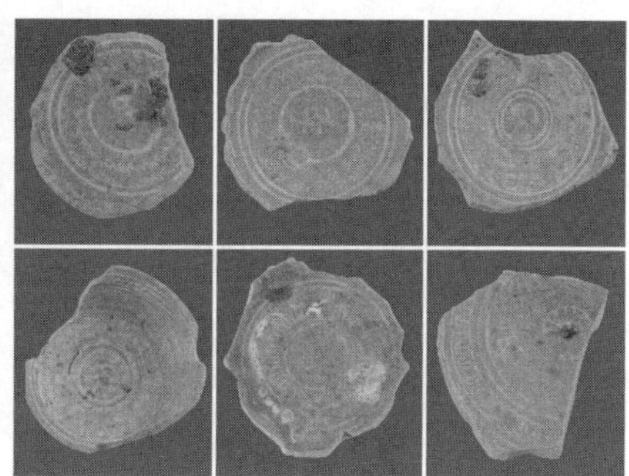

보령용수리 2호도요지 출토 청자상감인화문 명문편

접들은 잡티가 섞인 밝은 회색조로서 유약은 굽바닥까지 전면에 시유된 경우가 많으며, 유색은 회녹색, 회청색이 대다수이다. 象嵌印花文 대접은 내저원각이 없는 경우에는 구연이 외반되었으며, 내저원각이 있을 경우에는 구연이 내만되어 있다. 기형이나 번조방법, 문양등은 용수리 1호가마와 대체로 유사한 면이 많다. 그러나 상감청자, 인화문이 시문된 작은 접시류의 바닥에는 "庫, 長" 등의 文字가 1字씩 線刻, 印刻으로 백상감되어 있는 경우도 보인다. 이러한 문자들을 관사명으로 단정하기는 어렵고, 단지 수요처를 표기한 것이 아닐까 추정된다.

백토분장류도 대접, 접시가 주류를 이루는데 청자계열의 기형과는 아주 다르게 구연이 심하게 외반되고 모래받침을 사용하여서 포개어 번조하였다. 大壺의 경우에는 특이하게 넓적한 입을 가진 우각파수가 부착되어 있는 土器壺의 성형방법이 사용된 것으로 판단된다.[10] 이러한 출토 유물과 가마를 통해서 볼 때 이 용수리 2호 가마는 14세기 후반에서 조선초에 운영되는 가마로서 고려청자에서 분청사기로 넘어가는 과도기적 도자양식을 잘 보여준다고 할 수 있다. 아울러 이 용수리일대에는 1호

---

10. 나선화 · 김인호 · 장남원 외, 앞의 책, p.64.
  나선화 외, 「龍水里 2號 窯址」, 앞의 보고서, pp.117~174.

가마와 함께 2, 3호가마가 집중되어 운영되고 있어 이 일대가 이 시기 무렵의 대단위 도자생산 단지였을 가능성이 매우 높다고 하겠다.

4) 龍水里 3호 白磁窯址

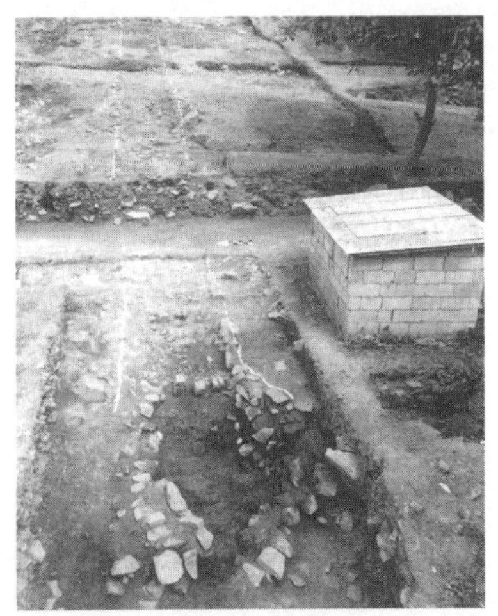

보령용수리 3호 백자요지 유구전경

용수리 3호 백자요지는 보령댐 수몰지구의 발굴 중 하나로 1995년 7월 2일~8월 17일 까지 진행되었으며, 발굴조사는 해강도자미술관이 실시하였다. 이 가마는 충남 보령시 미산면 용수리의 아미산 자락의 구릉사면에 위치하고 있는데 지세는 동고서저이다. 가마는 발굴지역을 남·북 으로 나눈 북쪽 그리드내에 위치하고 있으며, 구릉의 방향과 거의 일치한다. 장축이 정북으로부터 약 90.5° 정도 기울어 거의 동·서 방향인데, 발굴 당시 확인된 가마는 봉통부를 포함하여 길이가 34.80m, 폭이 1.4~1.7m 이다. 연실은 흔적도 없이 유실되었으며 소성실은 끊어진 부분도 있지만 추정하여 연결이 가능하고 봉통부는 잘 남아 있었다.

가마는 구릉의 완만한 경사를 이용하여 구지표층만 약간 파낸 오름가마로 거의 땅위로 올라온 지상식이다. 방향은 서쪽에서 동쪽으로 향하며 내부는 거의 3~4m 간격으로 불창기둥을 세워 소성실을 구획하여 운영했던 것으로 보이나 뚜렷하게 계단을 형성했던 것 같지는 않고 칸이 있는 터널형으로 추정된다. 가마벽은 돌과 진흙을 사용하여 축조하였으며 내벽에는 백토를 발랐으나 매우 거칠고 울퉁불퉁하다. 남아 있는 벽체는 내면의 유리질화된 면에서 외면의 붉게 익어있는 부분까지 일정하지는 않지만 두께가 약 20~25cm 정도이다.

봉통부는 돌을 규칙적으로 쌓아올려 축조하였는데 형태는 타원형이다. 봉통벽은 최초에 축조된 벽으로부터 안쪽으로 점점 좁아지면서 2차례에 걸쳐 개축하였다. 출입시설은 남벽에 4곳이 남아 있지만 가마전체 길이를 고려해 보면 약 7~8 개 정도 있었던 것으로 추정된다. 각 출입문의 간격은 약 3m 정도로 추정된다. 이 용수리 3호가마는 15세기 후반 이후의 지방의 백자가마로 『世宗實錄地理志』의 藍浦縣條의 현의 동쪽 취련모로리와 탄부포에 각각 자기소와 도기소가 있는데, 자기소는 중품이고 도기소는 하품이라는 기록과 『東國與地勝覽』의 藍浦縣 土産條에 보이는 사기를 만드는 가마기록이 있는 것으로 보아 이 藍浦縣이 용수리일대의 가마의 관련이 있을 것으로 추정된다.[11]

용수리3호 가마에서 제작된 백자는 釉와 胎가 정선되고 그릇의 형태도 각 기종에 따라 대·중·소로 규격화되어 있다. 그릇의 종류는 생활기명으로 대접·접시·종자와 같은 반상용기이고 특수한 기종은 거의 없다. 그릇의 형태는 구연외반형과 내만형이 있다. 굽의 형태는 외면이 수직으로 깎여 있는 수직형과 한번 꺾인 죽절형이 있으며, 모든 기종에는 거의 내저면에 원각이 있다. 그릇의 굽기에는 백색으로된 내화토받침을 몇 개씩 포개어 사용하였다. 모든 기종은 무늬가 없는 소문백자로 당시의 중앙가마인 광주지역의 번천리 9호, 우산리 2호와 9호 가마와 비교하여도 손색이 없는 백자가 제작된 것으로 볼 때 경기도 광주에 중앙관요인 분원이 설치될 무렵의 왕실이나 관청에 백자를 공납하던 가마로 판단된다. 운영시기는 대략 15세기 무렵으로 추정된다.

---

11. 최건·이종민·윤미정, 「龍水里 3號 白磁窯址 發掘調査 報告」 『陶窯址 發掘調査報告』, 海剛陶磁美術館, 1996, pp.186~190.

5) 平羅里 粉靑沙器 窯址

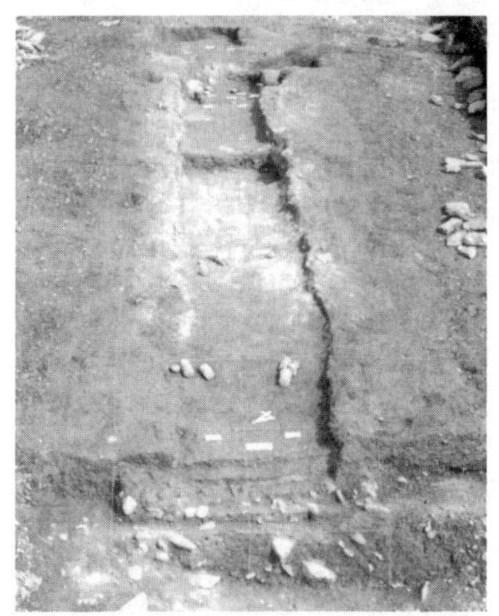

보령평라리 1호가마 전경

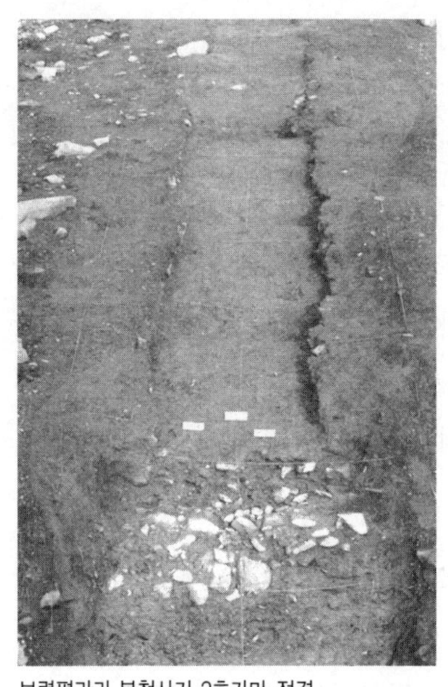

보령평라리 분청사기 2호가마 전경

평라리 분청사기 가마는 충남 보령시 미산면 평라리 157－1, 3. 5번지에 위치한 평라리 가마는 평라리에서 판교로 가는 남북 도로변 좌측에 있는데, 뒤로는 깃봉으로부터 완만한 구릉으로 연결되고, 도로 아래쪽으로는 남쪽 늑전리로부터 유적앞 들가운데를 거쳐 봉성천으로 들어가는 내평천이 흐르고 있다. 이 가마는 보령댐 수몰지구의 발굴조사사업의 일환으로 1995년 7월 26일~9월 1일 까지 연세대학교 박물관에 의해서 조사되었다. 평라리 분청사기 가마는 2개로 1호 가마는 길이가 18.74m, 폭이 1.1~1.3m, 경사도는 13°인데, 연소실은 도로 개설로 인하여 소멸되었으며, 굴뚝은 첫째, 두 번째 바닥이 연실로 추정되나 세 번째 바닥은 가마 끝부분만 확인되고 굴뚝부분은 확인이 되지 않았다. 2호 가마는 발굴 당시 도로 개설로 인해 가마 하단부가 잘려나가서 확인된 가마의 길이는 12m, 너비 100~110cm이고 경사는 14°이며, 가마벽은 북쪽부분이 약간 남아있었다. 불창바닥은 5곳이 확인되었으나 불창과 불창의 거리는 약

2 m 정도였다. 이들 가마의 구조를 종합하면 이 평라리 가마는 구릉의 경사도를 이용, 가마바닥 밑에는 작은 자갈돌을 깔고 중간 출입문으로 추정되는 지역에는 받침대편, 벽편, 자갈돌등을 내화점토와 이겨서 막은 흔적이 있다. 가마의 형태는 폭이 좁고 긴 형상으로 바닥에는 일정하게 가로로 골이 져 있고 골은 1호가마에서 확연히 확인된다. 가마의 전체적인 구조는 통가마의 발전된 형태로 볼 수 있는데, 바닥의 구조로 볼 때 이 들 가마는 통가마에서 계단식 가마 즉 칸가마로 넘어가는 과도기적 형태의 가마로 추정된다. 이들 2기의 가마에서는 무문의 분청사기와 상감 · 인화분청사기가 출토되었는데, 기형은 대접, 접시, 잔, 단지, 병등이 수습되었다. 특히 상감 · 인화분청사기에서는 마상배, 단지, 장군등 약간 특이한 기종도 수습되었는데, 그 중에서 대접과 접시의 바닥면에서는 용수리 2호가마에서 보이는 "長"字銘의 자기류가 5점 출토되었다. 굽은 수직굽, 죽절굽들이 많이 사용되었으며, 굽받침은 태토비짐받침과 모래받침이 사용되었다. 釉色은 밝은 회녹색이 많이 사용되었다. 상감과 인화분청사기의 출토예의 약 90% 정도가 인화문으로 인화문중에서는 국화문이 주류를 이루고 있다.[12] 이 가마의 운영시기를 확정할 수 있는 "長"자명 편들을 "長興庫"로 본다면 이 가마의 편년을 15세기 전반으로 추정할 수 있지만 이 "長"자명 도편을 장흥고로 보기에는 약간의 문제가 있다고 생각된다.

4. 天安 · 燕岐地域

1) 天安 陽谷里 粉靑沙器 窯址

천안시 북면 양곡리 가마는 1996년 8월에 공주대학교 박물관과 충남발전연구원에 의해서 조사된 유적으로 분청사기 가마4기가 확인되었다.

---

12. 김인회 · 박충래 · 박성원, 「보령 평라리 분청사기 가마터 발굴조사 보고」 『陶窯址 發掘調査報告』, 延世大學校博物館, 1996, pp.5~40, pp.112~113.

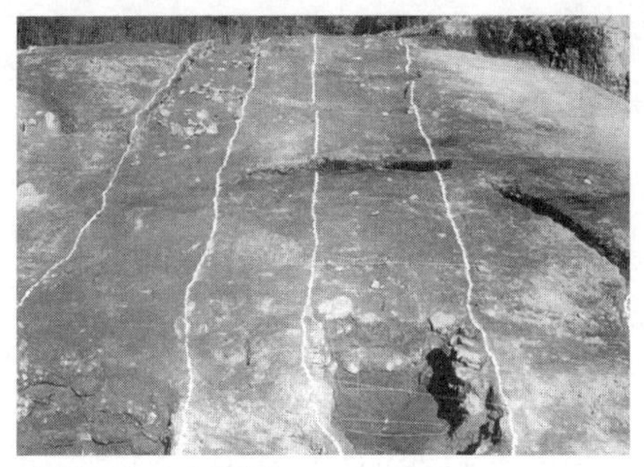

천안양곡리 1호가마 전경

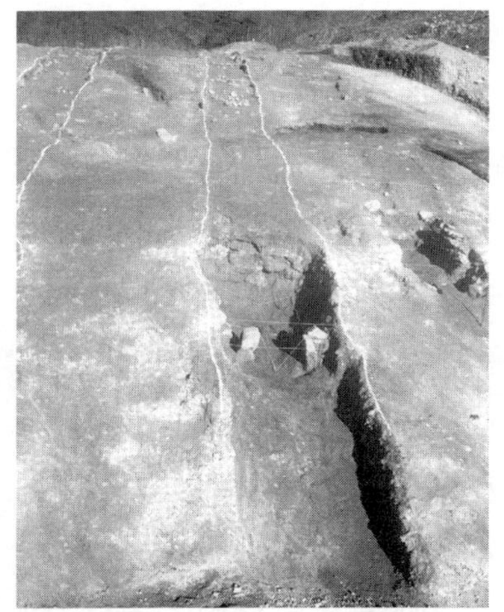

천안양곡리 2호가마 전경

조사지역을 두 지역으로 나누어서 조사하였는데, 동·서요지군은 500여 m 정도의 거리에 있었다. 양곡리 일대는 천안의 가장 동쪽 지역으로서 성남면과 연결되는 남쪽만이 평지이고 대부분의 지역이 깊은 산골지역이다. 요지는 양곡리의 정중앙에 위치하고 있는데, 표고 482m 삼성산의 서쪽 끝의 경사면에 위치하고 있다. 이들 가마들은 모두 경사면을 이용하여 아궁이와 소성실을 구축한 반지하식의 등요인데, 煙室부분은 이미 유실된 상태였다. 연실은 능선의 정상부에 해당되는데, 후대에 다른용도의 건물을 증축하면서 모두 유실된 것으로 보인다. 가장 동쪽의 1호가마는 전체길이가 19.3m, 소성실의 폭이 1.3~1.8m, 연소실은 200×130cm이다. 봉통부는 타원형으로 길이가 200cm정도 이다. 이 가마에서는 귀얄분청사기가 출토되었다. 출토되는 기종은 대접과 접시류로 내화토받침과 모래받침을 주로 사용하였다. 2호가마는 규모가 확인되는 가마의 정중앙에 위치하고 있었으며, 1호 가마와는 약 1.5 m 거리를 두고 있다. 가마의 전체길이는 20.5m, 소성실 폭은 1.3~1.7m 이고, 봉통부는 지하로 120cm 정도를 파내고 조성한 반지하식 등요이다. 연소실의 규모는 220×180cm정도 이다. 역시 봉통부는 길이가 220cm 에 이르는 타원형이다. 이 가마에서는 인화분청과 귀얄분청편이 수습되었는데, 주요기종은 대접과 접시이다. 수습된 인화분청 접시편에서는 바닥에 "內贍"명 명문이 새겨져 있다. 내화토받침과 모래받침이 주로 사용되었다. 3

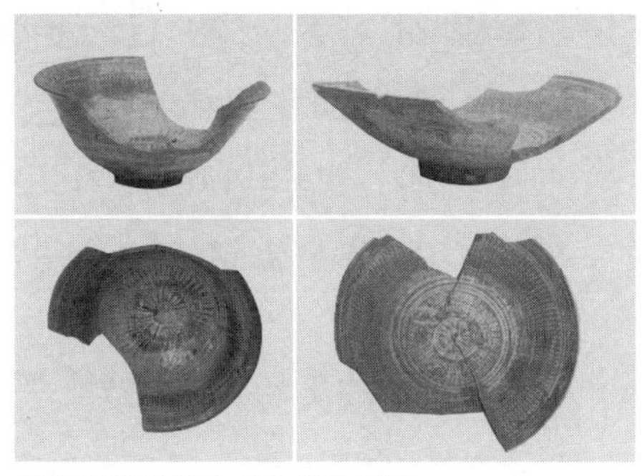

천안양곡리 2호가마 출토 인화분청편

호 가마는 제일 서쪽에 위치한 가마로 2호 가마와는 약 3m 정도 떨어져있다. 전체 길이가 18.3m, 소성실 폭이 1.2~1.4m이며, 연실은 이미 발굴전에 파괴되었다. 연소실의 규모는 190×130cm 이다. 봉통부는 장타원형구조에 길이가 190cm이다. 수습되는 도편은 귀얄분청으로 대부분이 대접과 접시이다. 일부 인화분청편이 수습되나 극소량이다. 내화토받침이 주로 사용되었으며, 굵은 모래받침도 일부 사용되었다. 4호 가마는 앞에서 언급한 3기의 가마와는 달리 독립되게 제일 동쪽에 위치하고 있는데, 1호 가마와는 약 3m의 거리에 있다. 3기의 가마와 같이 경사면을 이용하여 요상을 구축한 登窯이며, 조사 전에 이미 소성실과 연실이 파괴되어 있어 정확한 규모를 알 수 없으나 남아있는 길이가 2.5 m이고, 연소실은 180×98cm 규모이다. 소성실은 장타원형으로 바닥은 길이가 180cm 에 이른다. 귀얄분청편이 약간 수습되었다.

이 분청사기 가마의 남쪽에 백자요지로 보이는 유구가 확인되었으나 조사는 진행되지 못했고 지표상에서 대접과 접시편 일부가 수습되었다[13]

가마의 구조와 수습된 도편들을 볼 때 인화분청편이 극소수이며, 귀

---

13. 李南奭·徐程錫, 「天安 陽谷里 粉靑沙器 窯址」, 公州大學校 博物館, 1997, pp.110~115.

얄분청편이 압도적인 양이고 2호가마에서 "內瞻"명 편이 수습된 것과 인근에 백자요지가 존재하고 있는 것으로 보아 이 가마는 15세기 후반에서 16세기 전반경의 분청사기 말기에서 백자로 이행되는 시기에 지방에서 운영되던 분청사기 가마로 판단된다.

2) 燕岐 松亭里 粉靑沙器 窯址

송정리 가마는 충남 연기군 전동면 송정리에 위치하고 있는데, 1990년 12월 1일~12월 30일 까지 도로학장에 따른 구제발굴로 고려대학교 고고미술사학과에 의해 조사되었다. 이 가마는 서북이 가파른 산으로 둘려 있고 남쪽이 완만한 경사를 이루고 있는 곳에 축조되었다.

가마는 길이가 12.48m, 폭 2.5m, 깊이가 70cm이다. 가마의 축조시, 벽면에는 돌과 진흙을 이용했으며, 입구는 돌을 이용하여 설치하였다. 발굴 조사에서는 아궁이와 굴뚝을 확인하지 못했는데, 이러한 성과를 통해 볼 때 이 가마는 돌과 흙으로 축조된 등요임을 알 수 있다.

이 가마에서는 상감·인화기법 분청사기가 주로 출토되었는데, 주요한 기종은 대접과 접시이다. 상감기법의 대접과 접시에서는 연당초문, 초화문, 중권문이 주로 사용되었으며, 인화문기법에서는 주로 국화문, 六角瓣文등이 사용되었다. 이 송정리 가마에서는 인화문 도편에서 관사명이 흑상감으로 "司膳, 膳" 등의 명문이 內底面에 새겨져 있고, 또한 外面에는 "官貝海貝珠司永永"이라는 음각문자가 새겨진 예가 수습되어 이 가마의 운영시기를 판단하는 중요한 자료를 제공하여 준다.[14] 이러한 관사명과 수습된 도편들을 분석할 때 이 가마의 운영시기는 대략 1420년 전후일 것으로 판단된다.

---

14. 강경숙, 「연기 송정리 분청사기 대접」 『한국 도자사의 연구』, 시공사, 2001, pp.188~190, pp.211~219.

Ⅲ. 맺음말

　지금까지 대전·충남지역의 발굴조사된 요지를 개략적으로 고찰하여 보았다. 이 결과 대전·충남 지역에서는 11세기 후반의 구완동 청자가마를 시작으로 하여 조선말기의 일반 민수용 백자들에 이르기까지 도자생산이 끊임없이 지속되었음을 알 수 있다.

　대전의 구완동 청자요지와 상감청자요지는 주로 素文靑磁가 수습되었지만 인근의 정생동 백자가마와 함께 대전의 보문산일대의 窯址群이 일찍부터 생산활동을 활발히 하여 학봉리를 중심으로한 계룡산산록의 요지군과 함께 대전·충남의 중심 요지임을 증명하여 준다고 하겠다.

　대전 지역을 먼저 살펴보면 대전 구완동 청자요지에서는 발, 대접, 완, 접시류와 광구병, 매병, 항아리 등 크게 두 종류의 청자들이 제작되었는데, 이것은 구완동 청자제작에 있어서 두가지 기법의 성형방법이 사용되었음을 의미한다 하겠다. 즉 대접류는 고속회전의 磁器式물레를 사용하였으며, 광구병등 대형기물은 토기제작때 사용되는 권상법(coiling)으로 기벽을 만드는 기법이 사용되었음을 의미하는데 이것은 자기생산의 기술적 방법이 시대적 요청에 따라 변화되고 있음을 의미한다 하겠다. 이 구완동가마 출토 청자류는 기술적인 면에서 보면 아직 조질계통이라 할 수 있지만 초벌구이를 보편적으로 행하고 있어 같은 조질계통인 인천 경서동 이나 해남 진산리 녹청자 가마에서는 초벌구이편 발견되지 않았다는 것에 비추어 보면 기술적으로 한 단계 발전한 가마로 볼 수 있다.

　구완동 상감청자가마에서는 《'內', '資', '執', '用'》 등 명문인화문계 분청사기편들이 수습되었는데, 이러한 銘文片들은 1403년부터 조선말기까지 운영되었던 內資寺에 납품된 것으로 판단된다. 또한 제작기법상에서 보면 기형과 문양 등을 볼 때 상감청자에서 분청사기로 넘어가는 과도기적 형태를 보이고 있어 이 가마의 운영시기를 대체적으로 14세기 말에서 15세기의 초반부의 가마로 볼 수 있다. 결론적으로 이 가마는 금강유역의 대표적인 분청사기 가마인 학봉리를 중심으로 한 계룡산록의 가마군 보다는 선행된 시기에 운영되었다고 할 수 있다.

대전의 정생동 백자가마는 수습된 백자편들이 대부분 문양이 없으며, 접시편 가운데 일부 철화문양이 새겨진 예가 몇점 있다. 기종의 대부분이 대접·접시 등 반상기류이고 기형은 구연이 외반되고, 내저원각이 나타나고 있으며, 굽은 죽절굽이나 수직굽 형태를 띄고 있는데, 이러한 형태는 16세기 후반에 주로 보이는 백자제작 기법이다. 또한 굵은 모래받침은 대부분 민수용제작을 위한 대량생산을 위한 목적으로 주로 17세기 이후의 백자생산에 나타나고 있어, 이 가마가 16세기 후반경 이후에 운영되었던 가마임을 증명하여 준다고 하겠다.

장안동 백자가마에서는 소문백자편이 대다수인데, 일부 철화백자편도 수습된다. 발굴된 백자편들은 胎土와 釉色에 의해 크게 2종으로 구분되는데 하나는 어두운 회색태토에 짙은 회색의 유색을 가졌으며, 또 하나는 밝은 회색 태토에 밝고 푸른 투명유가 씌어졌는데 수량은 후자가 훨씬더 많은 편이다. 이 가마의 구조와 비슷한 예가 승주 후곡리 백자가마와 안성 화곡리 백자가마, 대전 정생동 백자가마, 군포 산본동 백자가마 등이 있으며, 백자의 생산방식도 갑발을 사용하지 않고 굵은모래받침 포개구이방식을 채택되고 있어 이 가마가 고급수요층을 위한 생산이 아닌 일반 대중을 위한 대량생산 방식을 채택하고 있는점 등을 고려할 때 이 가마는 임진왜란 이후인 17세기 후반의 조질백자를 생산하던 가마로 추정된다. 현재까지 대전지역에서 발굴 조사된 가마는 대략 11세기 중반이후의 구완동 청자가마에서 17세기 무렵의 장안동백자가마까지 계속적으로 자기의 생산이 이루어지고 있음을 확인할 수 있다.

공주지역은 학봉리철화 분청가마는 대략 현재 8기의 가마가 확인되고 있는데, 이중 발굴조사가 이루어진 것은 1기 뿐이다. 발굴조사된 가마를 비롯해서 지표조사를 통해 확인된 가마에 대한 종합적인 고찰을 통해서 학봉리 가마에 대한 정리를 하고자 한다. 앞에서도 언급했듯이 『世宗實錄』「地理誌」의 忠淸道 土山物條에는 자기소가 2곳으로, 한 곳은 州北의 군지촌이고, 다른 한곳은 州東의 동학동이라고 되어 있는데, 그 중 동학동이라고 불렸던 지역은 현재의 동학사일대의 학봉리가마로 판단된다. 이것에 의하면 학봉리에서는 1424~1432년경의 중품자기가 생산되었다고 할 수 있다. 그러나 현재 학봉리가마에서는 초기의 도편들이 확인되지 않고 있다. 학봉리 가마출토 도편의 특징은 첫째는 인화도장을 얕게 누르고서 귀얄로 대충 백토분장한 조질의 분청사기가 수습되는데 이것은 인접한 공주 하신리와 가산리3호 가마에서도 발견된다. 둘째는 짙은 발색의 철화안료를 이용하여 대범하고 활달하게 문양을 표현한 철화분청사기편들이 많이 수습된다. 특히 문양의 주소재인 물고기, 연꽃, 새, 당초문, 연판문은 다른 지역에서 볼 수 없는 추상적인 형태를 띤다. 셋째로는 1929년에 발간된 『鷄龍山麓陶窯址發掘報告書』에 의하면 成化23년(1487), 弘治3년(1490), 嘉靖15년(1536)의 철화묘지편이 발견되는데 이 묘지편들은 학봉리가마의 제작활동 시기를 15세기 후반~16세기 전반으로 추정할 수 있는 중요한 단서가된다. 넷째는 관사명이 새겨진 도편들이 많이 보이는 것인데 《禮賓寺, 內資寺, 內, 禮賓銘》 등의 관사명 그릇은 발색이 선명한 철화안료를 이용하여 질이 낮은 인화기법 분청자기에 內, 內資, 禮 등의 명문을 기입하였다. 학봉리가마는 16세기 초반에 이르면 조질화가 가속화되어 가정15년명 묘지석에 이르면 인화문이 사라지고 거칠게 귀얄칠하거나 담금분장한 면에 철화안료로 글귀를 적었다. 이를 통해 볼 때 학봉리 일대의 가마의 운영시기는 대략 1420년대부터 16세기 전반기로 편년된다고 하겠다.

부여 갓점골 백자요지는 출토 기종이 대접, 완, 접시등 일상 생활용

반상기류이며, 제작방법에 있어서도 갑번이나 예번이 아닌 굵은 모래받침으로 상번하였다는 것은 대량생산을 위한것임을 알 수 있어 일반 민수용으로 운영되었음을 알 수 있다. 또한 수습된 백자편들이 모두 오목굽 형태를 취하고 있는 점은 장성 대도리나 주암댐의 후곡리가마와 비슷하여 이 가마들의 운영시기인 16세기 후반에서 17세기 전반기에 운영되었던 가마로 볼 수 있다.

보령댐 수몰지구의 용수리 1·2·3호 가마와, 평라리 분청사기 가마, 늑전리 백자가마 등을 일괄적으로 살펴보면 용수리 1·2호 가마는 상감·인화문 청자가 제작되었는데, 대접, 접시, 화분 등 일반 민수용 생활용기들이 제작되었는데, 특히 2호 가마에서는 청자류와 분청사기 인화문 접시의 내저면에는 "庫, 長"등의 文字가 1字씩 線刻, 印刻으로 백상감되어 있는 경우가 보이는데 한 字만 각각 감입되어 있는 명문을 가지고 관사명으로 판단하기에는 약간 무리가 있지만 이를 바탕으로 운영시기를 추정하면 대략 14세기 후반이후에서 조선시대 초반에 운영되던 가마로 판단할 수 있다. 또한 일반적으로 한국도자사에 있어서 인화분청 다음에 분장분청이 성행하였던 것으로 알려져 왔으나 용수리 2호 퇴적층에서는 청자계 퇴적층위에 덮힌 검은 부식토에서 분장분청편이 수습되어 앞으로의 연구성과를 기다려 볼 수 밖에 없다. 용수리 3호 백자가마는 분청사기 제작이 종료될 무렵의 초기 백자가마로 경기도 광주지역의 중앙가마인 번천리와 우산리 가마와 제작형태와 기술이 비슷하며, 그릇들의 생갬새도 유사하여 15세기경의 가마로 판단되는데, 질적인 면에서는 중앙관요인 경기도 광주의 가마와는 비슷한 수준이거나 오히려 질적으로 더 우수한 백자들이 생산되었다.

평라리 분청사기 가마에서는 용수리 2호 가마에서도 확인된 "長"자명 편들이 수습되어 그 운영시기가 대략 14세기 말에서 15세기경의 가마로 판단된다. 이상의 보령댐 수몰지구의 조사성과를 종합하면 보령댐 수몰지구는 고려의 상감청자가 쇠퇴하면서 도자의 생산이 전국화되는 14세기 중엽이후의 가마에서 분청사기로 연결되는 가마가 집중적으로 분포하고 있는데, 이러한 가마가 용수리 1·2호 및 평라리 가마이며, 용수리 3호는 15세기 초반의 백자양상을, 늑전리 가마는 조선후기의 대중화된 백자의 모습을 보여주는 중요한 가마라고 할 수 있다.

마지막으로 천안의 양곡리와 연기의 송정리 가마는 분청사기의 지역적 특색을 파악할 수 있는 가마로서 양곡리 2호 가마에서는 "內贍"銘片이 송정리 가마에서는 "司膳", "膳"銘片들이 수습되어 이들 가마의 운영시기를 어느정도는 파악할 수 있는데, "內贍"銘片은 內贍寺로 진상하기 위해 자기를 제작했던 것으로 조선 태종 3년(1403)에 고려의 "德泉庫"가 개칭되어 정조 24년(1800)까지 존속된 관청이다. 이러한 명문의 기록을 법제화한 시기가 태종 17년 (1417)인데, 양곡리의 분청사기가 전성기의 인화문기법 양상을 벗어나 귀얄기법으로 생산된 磁器糧이 상대적으로 많아지고 있어 양곡리의 운영시기는 대략 15세기 후반에서 16세기 전반으로 추정된다. 연기군 송정리 가마도 그 제작 상한년대가 태종 17년(1417) 인데, 이 가마에서는 匠人名을 기록한 도편들이 출토되지 않고 있다. 태종 21년(1421) 이후에 생산활동을 지속하는 가마에서는 이러한 匠人名을 기록한 명문편들이 수습되고 있는데 비해, 이 가마에서는 이러한 편들이 수습되지 않아 제작하한을 이 시기로 추정할 수 있는 단서가 된다. 또한 『世宗實錄』「地理誌」의 忠靑道 土山物條에 충청도 전의현에 자기소가 두 곳이 있는데, 한 곳이 芚峴里이고, 다른 곳이 松峴里로 모두 중품의 자기를 생산하였다는 기록을 참고로 할 때 송현리는 지금의 송정리로 추정할 수 있다. 이 『世宗實錄』「地理誌」의 조사연도가 1424~1432년 사이의 기록임으로 이를 정리하면 송정리 가마의 운영시기는 대략 1420년대 전·후일 것으로 판단된다. 이상으로 대전·충남 지역의 1927년 이후 현재까지의 발굴된 가마의 대략적인 파악을 바탕으로 대전·충남의 도자사를 간단히 정리하여 보았다.

현재까지 조사된 13개 요지를 통해서 볼 때 대전·충남지역의 발굴된 가마터들은 대략 11세기에서부터 근대의 20세기에 이르는 가마까지가 조사되었다. 이 지역의 청자 발생시기는 지표조사 성과를 포함하여도 현재까지는 11세기 초반이전으로는 제작활동 연대가 올라가지는 않지만 분청사기와 백자들은 상당히 빠른 시기에 활동하고 있음이 증명되었고, 조선 후기에 이르기까지 그 제작활동을 꾸준히 지속하고 있음을 알 수 있다. 이 지역의 많은 가마터 중 체계적으로 조사된 일부가마를 대상으로 하여 이 지역의 도자사 전체를 파악한다는 것 자체가 많은 문제점을 안고 있지만 이 지역의 지표조사 성과를 반영하고, 앞으로 더 많은 이 지역의 가마들이 발굴되어 그 성과들을 종합할 때 이 지역의 완벽한 도자발정 과정 뿐만 아니라 한국도자사의 발달과정도 파악할 수 있을 것으로 생각한다.

公州의 粉靑沙器 가마

공주의 분청사기 가마

Ⅰ. 머리말

삼국시대 백제의 도읍이었던 공주지역은 1971년에 발굴된 무령왕릉에서 중국의 남북조시대 남방의 월주지방에서 제작된 것으로 보이는 백자등잔과 청자육이호와 흑갈유장경사이병 등이 출토되어 한반도의 다른 지방과는 달리 일찍 도자문화가 전수되었음을 알 수 있다.

중국의 영향을 일찍 받은 이 지역에서 무역품으로서 가치와 위세품으로서의 필요성 때문에 통일신라와 고려시대 초기에도 도자기를 제작하기 위한 가마가 존재했을 가능성은 충분하지만 아직까지 고고학적인 발굴성과가 없어 이 부분은 아직 연구의 공백상태로 존재한다. 또한 고려시대 이후 도자문화를 파악하는데 필수적인 가마터가 일제시대 이후 무분별한 개발과 도굴로 인해 거의 파괴되어 온전하게 남아있는 가마터가 거의 없어 공주지역의 도자문화의 정확한 양상을 개관하는데는 많은 어려움이 있다.

우리나라 첫 가마터 발굴조사인 공주시 반포면 학봉리 가마터 발굴은 1927년 조선총독부 박물관에 의해서 이루어 졌다. 5기의 분청사기 가마와 1기의 백자가마가 발굴되어 학봉리 분청사기 가마가 조선 초기의 것으로 추정되었고, 그 결과 『계룡산록도요지조사보고(鷄龍山麓陶窯址調査報告)』가 간행되었다. [15]

또한 1992년에는 국립중앙박물관과 호암미술관이 공동으로 학봉리가
마터의 1927년 당시 확실한 유구로 알려진 제5호 가마를 재발굴하여
15~16세기 분청사기 가마의 정확한 구조를 밝혔으며, 추가로 새로운
가마터를 확인하였다. 그리고 강경숙, 윤용이, 구일회, 이애령[16] 등은 공
주지역의 신영리 청자가마, 가산리 · 중흥리 · 학봉리 · 온천리의 분청가
마 및 백자가마터를 조사하여 공주지역의 도자문화를 개관하였다.   이
글에서는 발굴조사 및 선학들에 의해 지표조사된 분청사기 가마를 참고
하고, 이번 지표조사의 결과를 분석하여 공주지역의 분청사기 가마의
특징과 편년을 파악하고자 한다.

Ⅱ 공주지역 분청사기 각 요지 조사결과

공주지역의 분청사기 가마는 한 유적에 중첩되는 가마까지 포함하면
현재 19개가조사되었고, 이를 지역별로 보면 유구읍 입석리, 유구읍 명
곡리, 정안면 어물리, 의당면 중흥리, 의당면 가산리, 의당면 도신리, 반
포면 하신리, 반포면 학봉리, 반포면 온천리, 반포면 송곡리의 10개 지

---

15. 野守建,『鷄龍山陶窯址發掘調査報告』,『昭和二年度古蹟調査報告1冊』, 朝鮮總督府博物館,
    1929.
16. 姜敬淑,『분청사기연구』, 一志社, 1986, PP. 164~189.
    姜敬淑,『한국도자사』, 一志社, 1989, PP. 265~340.
    姜敬淑,『분청사기』, 대원사, 1990, PP. 88~123.
    姜敬淑,『한국 도자사의 연구』, 시공사, 2000, PP. 126~398.
    尹龍二,『분청사기』, 이화여자대학교박물관특별전도록 13, 이화여자대학교박물관,
    1984.
    尹龍二,『한국도자사연구』, 문예출판사, 1993, PP. 326~383.
    具一會 · 李愛玲, 「公州地域의 陶磁文化」,『공주의 역사와 문화』, 공주대학교박물
    관, 1995, PP. 284~323.
    李愛玲,『印花技法 粉青沙器의 變遷研究』, 이화여자대학교대학원 석사논문, 1993.

역으로 크게 분류할 수 있다. 이를 분석하여 보면 연기군에 인접한 의당면 지역과 계룡산록에 인접한 반포면 지역에 분청사기 가마가 집중되어 있는 것을 확인할 수 있다. 이를 조선 중기이후 이 지역에서 발생하는 백가마와 비교하면 지역적으로 극히 제한된 지역에만 분청사기 가마가 존재했다는 것을 알 수 있다.

이 글에서는 익히 알려진 학봉리와 온천리 가마를 바탕으로 나머지 각 가마의 지표조사 결과를 소개하고자 한다.

1. 立石里 가마터

유구읍 소재지에서 북쪽으로 아산에 연결되는 39번 지방도를 따라 2.5km 들어가면 도로의 서쪽으로 들어가면 사구시 마을의 입석교회를 지나서 마을 중앙의 도로 북쪽에 위치한 야산의 남쪽경사면 하단부의 밭과 산이 경계를 이루는 곳에 가마

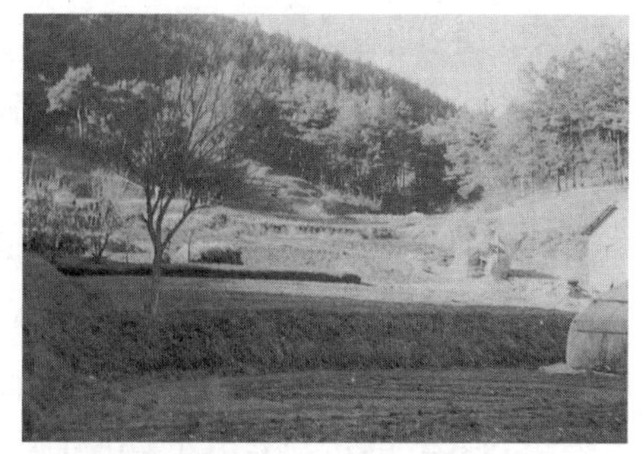

입석리 가마터 전경

가 위치한다. 현재 가마는 파괴되었는데, 가마에서는 대접과 접시 편이 수습되며, 象嵌·印花분청이 모두 확인된다. 또한 片의 內·外面에 명문이 있는 작은 口緣部 편도 수습되며, 도지미, 백자받침 등 도자기 제작에 필요한 도구가 발견된다. 수습 도자편들은 작은 접시편이 대부분으로 내·외면에 인화문이 빽빽이 시문되어 있는 것이 특징이다. 賓字로 판단되는 명문이 시문된 인화분청편도 수습되었는데, 賓과 관련된 조선시대 관청명으로는 禮賓寺가 있다. 이 예빈시는 고려 태조4년(921)에 처음 설치되어 조선조로 계승된 관청명으로 賓客, 燕享의 일을 담당했으며, 고종 31년(1894)에 폐지된다. 예빈명이 출토된 인근의 유적으로는 공주시 반포면 학봉리, 연기군 진동면 금사리 가마가 있다. 이 가마

의 陶片들은 주로 菊花文, 集團蓮圈文, 蓮瓣文을 사용하고 있으며, 상감 분청자편도 소량으로 수습된다.

2. 於物里 1·2호 가마터

정안면 소재지에서 604번 도로를 따라 동쪽으로 1.5km 정도 들어가면 어물리마을이 나온다. 마을에서 양지말 쪽으로 난 도로를 따라 약 600m정도 올라간 사기소 고개부근에 있는 가마가 어물리1호 가마이다. 마을로 들어가는 604번 지방도로를 따라 들어가다 보면 도로의 남쪽에 위치한 대광목장에 들어가는 입구가 나온다. 이 길을 따라 약 300m 정도 들어가는 도로가 중앙의 밭을 경계로 하여 나뉘는 곳에 도로의 동쪽편 야산 중하단부에 가마가 위치하는데 이 가마가 어물리 2호 가마이다. 제1호 가마에서 수습되는 도편은 분청사기의 대접과 접시로서 文樣은 인화분청이 주류를 이루는데, 조금씩 상감분청도 확인된다. 수습된 도편들 중 대접류는 底部에서 완만하게 상승하다가 口緣部에서 外反되는 형태를 가져 전체적으로 풍만한 胴體를 가지고 있으며, 굽 받침으로는 내화토 받침, 태토비짐 눈받침 등이 사용되었다. 문양으로는 菊花文과 集團菊花文 등이 인화시문 된 것이 많다. 회청색 및 회백색 유약이 주로 시유되었다.

전체적으로 보면 器形의 충만감은 눈에 띄나 유약의 시유상태가 깨끗하지 못하며, 內底部에 태토비짐 눈이나 내화토 받침눈 흔적이 많이 남아 있어 상태가 깨끗한 느낌을 주지 못한다. 주요 시문방법은 인화기법과 상감기법인데 상감기법이 많이 보이며, 특이 한 것으로 분청사기의 초기제작에서 보이는 만(卍)자가 굽주위에 상감된 대접편이 보이는 등 前期的 특징도 나타나고 있다.

어물리 2호 가마는 현재 가마의 중심부라고 보이는 지역에 민묘가 1기 조성되어 있고, 이 민묘를 조성하기 위해서 요지의 많은 부분이 파괴

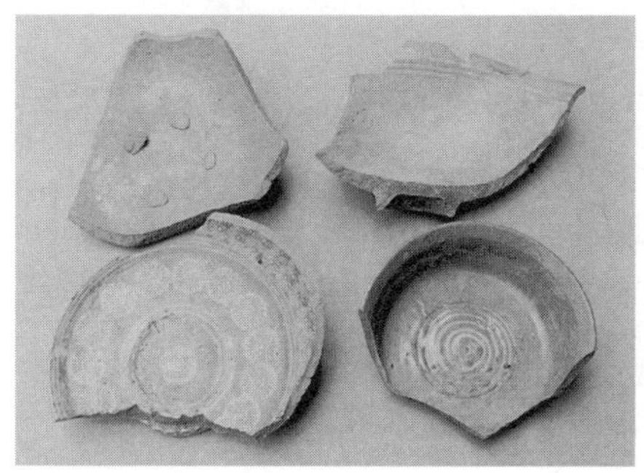

어물리 1호 가마 수습도편

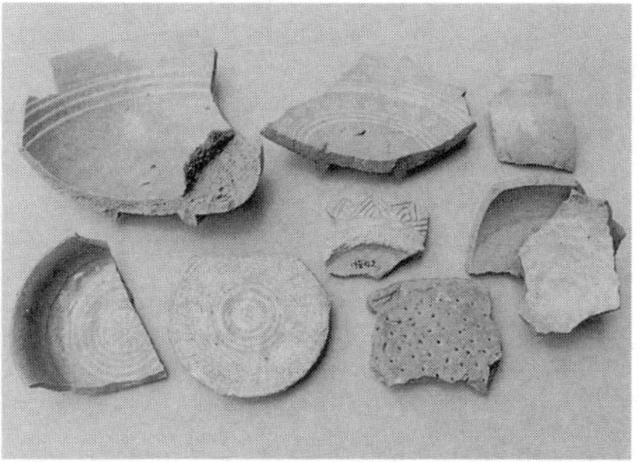

어물리 2호 가마 수습도편

된 것으로 보인다.

이 가마에서 수습되는 자기편들로는 대접, 접시, 종지, 병편, 마상배 등 다양한 기종이 나타나는데, 사용된 기법으로는 상감, 인화기법이 주로 눈에 띤다. 초벌구이된 마상배에서는 물레회전흔적이 보이며, 대접과 접시류는 굽이 비교적 낮은 상태에서 곧바로 동체로 연결되어 內面의 깊이가 깊지 않으며, 구연은 직각으로 안쪽으로 숙였거나 밖으로 벌어진 경우가 비슷하게 나타난다. 사용된 문양으로는 2~3조의 陰刻線文, 연판문과 국화문, 그리고 集團蓮圈文 등 단순한 문양이 많이 보이며, 인화문에 있어서는 雷文과 집단연권문 등 전성기의 인화기법에서 사용된 기법이 나타난다. 釉色은 회청색이나 청색계통이 많이 보이며, 유약의 시유상태는 대부분 좋지 않다.

3. 中興里 1 · 2호 가마터

의당면 소재지에서 동북쪽으로 약 4.2km정도 떨어진 곳에 중흥리 1 · 2구가 위치한다. 중흥리 1구 웃말에 위치한 중흥리 1호 가마는 1970년대 도로가 개설될 때 파괴되어 가마터와 퇴적층은 흔적도 찾을 수 없다. 현재는 파괴된 퇴적층에 모아 주었던 일부 도편만이 가마와 관계없는 곳에 버려져 있다. 주변에서 수습되는 도편으로는 대접과 접

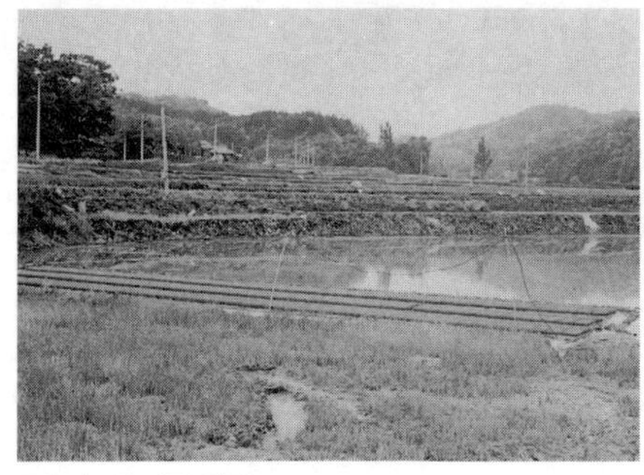

중흥리 1호 가마 전경

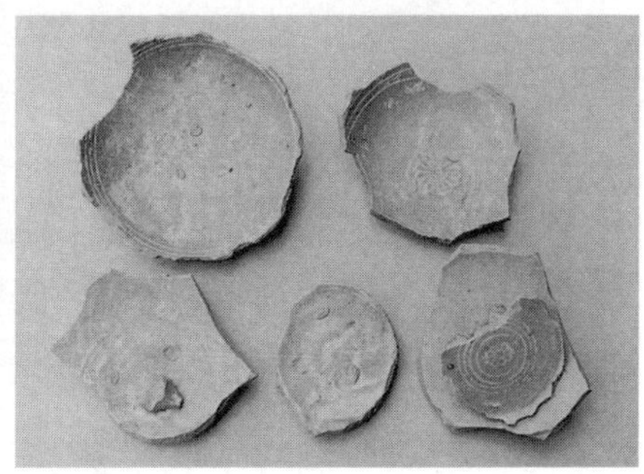

중흥리 1호 가마 수습도편-1

시류가 주를 이루고 있다. 중흥리 2호 가마는 중흥리의 골말마을의 안쪽에 남향한 명주산이 있는데, 이 산의 중턱에 위치한다고 전한다. 관련연구자들이 1980년대 초반까지는 가마의 위치를 확인하였으나, 1990년대 부터는 가마가 파손되어 정확한 위치를 찾기가 매우 어려운 상태이다.

중흥리 가마는 말기 상감청자의 대접과 접시류가 제작되기 시작하여 초기 분청사기의 접시들이 제작되었는데, 기법은 상감기법과 인화기법, 상감과 인화가 혼용된 세 가지 기법이 주로 사용되었다. 문양은 單獨菊花文, 集團蓮圈文이 주로 나타나며, 굽은 내화토 받침과 태토비짐눈이 주로 사용되었다. 釉色 은 회청색계열이 많으며, 胴體는 급격한 경사를 이루는 것보다 완만하게 상승하는 도자편이 많다.

장인명인 金을 상감한 접시편과 司 명편이 수습되었는데, 다른 도자편과 비슷하여 뛰어난 품질은 아닌 것으로 보인다. 이 장인명이라고 생각되는 편과 司甕房 또는 司膳屠의 약자로 생각되는 司와 定명 편이 수습되는 것은, 사선서가 기록에 나타나는 하한 년대가 태종17년(1417)이라는 것과 사기장인의 이름을 기록하게 한 년대가 세종3년(1421) 임을 고려해 볼 때 이 가마의 제작활동 연대가 15세기의 초반임을 알 수 있다.

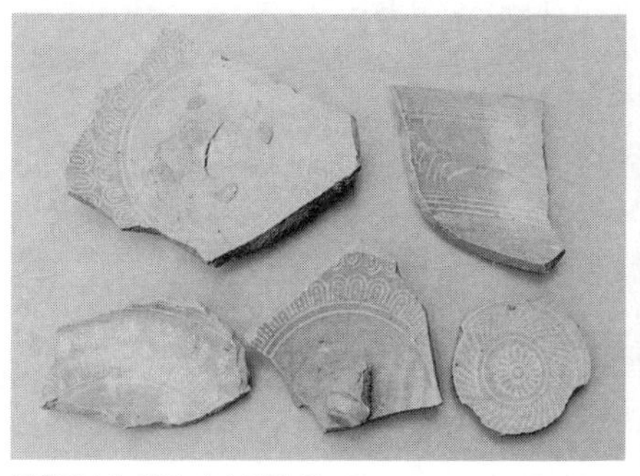

중흥리 1호 가마 수습도편-2

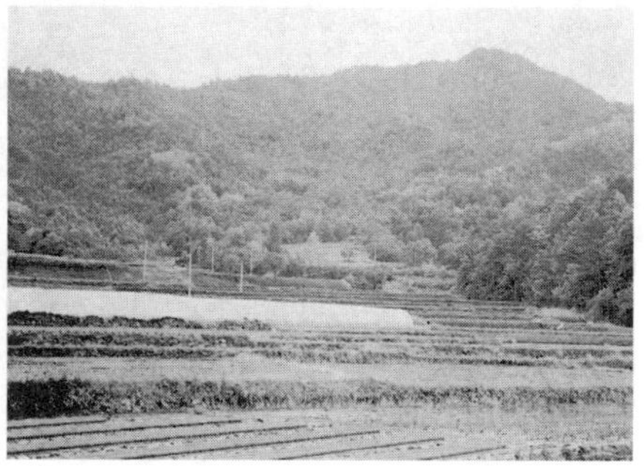

중흥리 2호 가마 전경

광주 충효동분청사기의 가마에서도 夫·金·德·加등의 생산에 종사하였던 하층민의 성과 이름들이 새겨진 銘文片들이 인화기법으로 문양을 가득 채운 분청사기에 나타나고 있는 것은 1421년의 세종의 조치 후 도자기에 제작자의 이름을 남기는 것이 전국화 되었음을 알려준다고 할 수 있어 중흥리가마의 '金'자 銘文의 분청사기편도 이 무렵에 제작된 것으로 볼 수 있다. 또한 이러한 명문편이 보이는 것은 이 중흥리가마에서 제작된 자기가 일정량 중앙에 공물로 상납되었다는 것을 알려준다고 하겠다.

중흥리 2요지는 개간된지가 오래되어 가마터와 퇴적층의 흔적은 거의 없으나 약간의 陶片, 도지미, 가마벽 등이 흩어져 있다. 주요 수집 도편은 대접인데 거의 작은 편들만 수집된다. 대접들은 內面에 원이 돌려져 있고, 문양은 無文이며, 內側面에 연판문대가 일부 나타난다. 주요 문양으로는 蓮唐草文, 如意頭文, 草文 등이 보이며, 유색은 회색이 많으며, 모래받침이 많이 사용되었다. 이들은 상감기법으로 문양을 새겼으며, 마상배같은 기형은 고려 상감청자의 영향을 받아 밝은 胎土에 투명유가 시유되고 있다.

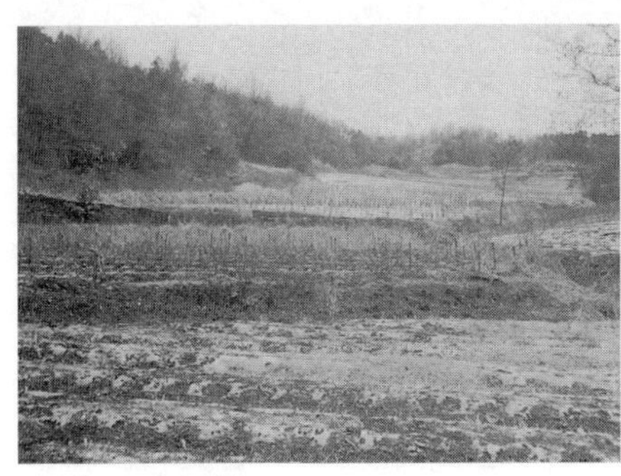

가산리 1호 가마 전경

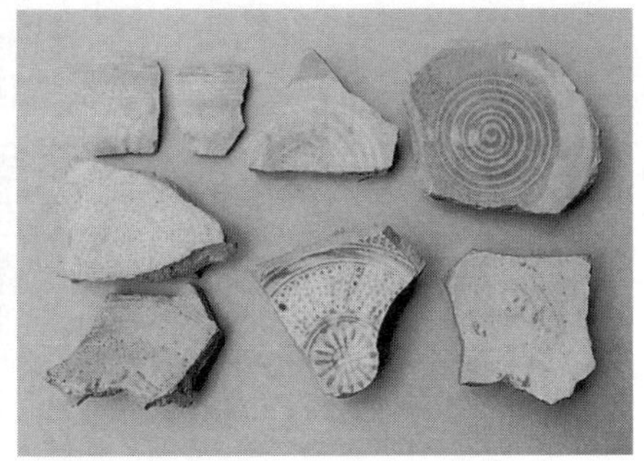

가산리 1호 가마 수습도편-1

4. 佳山里 1·2·3호 가마터

의당면 소재지에서 동북쪽으로 약 3.5km 정도 떨어진 곳에 가산리 마을이 있다. 이 가마터는 가산리마을 입구 도로에서 서북쪽으로 약 500m 정도 들어가면 중흥리와 고개를 사이에 두고 소로가 개설된 골짜기에 위치한다. 요지는 골짜기를 흐르는 가락천의 동북쪽에 모두 위치하고 있다.

가마는 개간과 경작으로 인하여 이미 파괴되어, 정확한 窯狀이나 陶片들을 통한 실체파악이 힘든 상태이다. 가마가 있었을 것으로 보이는 주변에서는 소토편과 함께 분청사기의 小片이 관찰된다. 수습되는 편으로는 접시·대접·병편이 주류를 이루는데, 象嵌분청과 印花분청이 주를 이루고 있다. 이 1호가마는 상감기법이 주된 문양으로 이용되며, 인화문이 성글게 시문되는 정도로 나타나 아직까지 분청사기의 독특한 면모는 잘 보이지 않는다.

문양은 牧丹唐草文, 雲鶴文 같은 말기상감청자의 여운이 짙은 소재가 주로 시문되며, 菊花文, 雷文, 蓮瓣文 등도 가끔 나타난다. 굽은 전반적으로 낮은 상태로서 낮고 투박한 대마디굽형이 대부분이다. 굽안바닥의 유약을 닦아낸 뒤 태토비짐눈과 내화토받침을 주로 사용하여 구웠다. 雜物이 섞인 회백색 태토에 녹갈색, 녹회색을 띠는 투명유약이 얇게 입혀지는데, 유약이 흐르거나 뭉쳐져 유면이 고르지 못한 경우가 많다. 대접과 접시들은 内底에 圓刻이 나타나는 경우가 많고, 内底部의 평평한 면에서 급한 경사를 이루는 胴體로 구성되었다. 특이한 것은 수습 대접편중에 卍자문이 나타난

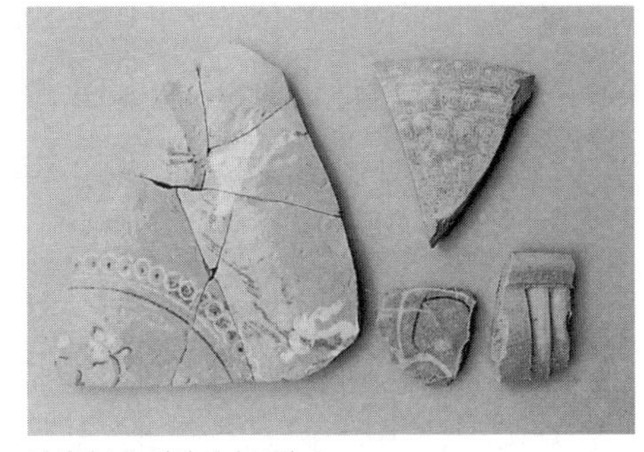

가산리 1호 가마 수습도편-2

경우도 있어 아직까지 불교적인 색채가 사회전반에 남아 있음을 보여주는 경우이다. 가산리 1호 가마는 말기 상감청자에서 印花文이 촘촘하게 시문되기 시작하는 초기 분청사기 모습도 나타나고 있어 한국 도자문화의 발전과정을 살필 수 있는 가마터인데 접시나 대접류 편을 고찰하여 보면 전체적으로 큰 기형도 나타나며, 이 편들의 굽은 전체적으로 약간 높아지는 경향도 보인다. 군졸부락의 15m 정도 앞쪽의 중산부락, 부처무렁이에서도 가마가 관찰되는데, 이 가마를 비롯하여 2, 3호 가마 역시 운영시기는 대략 1420~1440년 사이로 추정된다.

2호 가마는 부처무렁이에서 중산에 이르는 사이의 남쪽 경사면에 있는 개간된 밭에 위치하고 있는 1호 가마터에서 큰도로변으로 나오면 덕학리로 연결되는 농로를 따라 좌우로 형성되어 있는 밭과 논에 위치하였던 것으로 판단된다. 현재 가마는 심하게 파손되어 가마의 상태를 추청할 수 없다. 이곳에서 수습되는 도자편으로는 상감분청과 인화분청의 편이 주로 관찰되는데, 기형은 주로 대접과 접시, 그리고 병편이다. 특징적으로는 각 기종에 印花文이 가득 시문되어 있다는 것이다. 2호 가마에서는 인화문을 안팎으로 빽빽하게 시문하여 분청사기의 자태가 확연히 드러나는 고급품들이 보인다. 먼저 器形을 보면 상감청자가 없어지면서 상감청자에는 없던 内底面이 둥글고 口緣이 外反된 접시가 새롭

게 제작되기 시작하며, 전접시류는 규격이 커지며 대량으로 생산되었던 것으로 보인다. 상감청자의 대표적인 기형인 角접시의 생산이 보이지 않으며, 대접과 접시등 실용적인 기형은 대량으로 만들어지기 시작하였다. 상감청자의 유연한 곡선미는 사라지지만 양감이 풍부해지며, 낮은 竹節굽에서 1cm 이상의 높이로 굽의 높이가 변한다. 태토비짐눈과 내화토 받침만 사용하던 燔造方法에서 굵은 모래를 받치는 번조방법까지 사용된다. 문양은 唐草文, 蒲柳水禽文등의 고려적 요소가 사라지고, 점차로 인화기법 분청사기의 세련된 문양이 나타난다. 文樣帶에는 여러 소재를 복합적으로 시문하던 상감청자와는 달리 한가지 소재로 문양을 구성하여 단순화 되었는데, 菊花文, 蓮珠文, 雨点文 등을 기면 전체에 정교하게 印花施文 하면서, 굽바깥면에는 卍자문과 연주문을, 굽주변에는 重圈文 등을 시문하여 1호 가마에서는 안쪽중심면에 불과하던 문양 공간이 全面으로 확대되면서 백토를 입히는 양이 자연히 늘게 되어 기면은 누르스름한 백색이나 갈색계열의 유색이 나타난다. 특히 안바닥 둘레에 상징문양이 상감청자에서는 한 두개에 그쳤으나 분청사기에서는 귀엽고 단순한 문양을 印花技法으로 대량으로 도안하여 집중적으로 사용하였다. 분청사기에 귀엽고 단순한 나비문양의 등장은 인화기법이 상당히 발전하였음을 의미하는데 2호 가마에서 나타나고 있는 것은 본격적으로 인화기법이 발전하였음을 보여준다. 2호 가마에서는 귀얄기법의 도편도 소량으로 발견되는 점이 특징이다.

가산리 3호 가마는 가산리마을 입구도로에서 들어가면 중산마을에 이르는데, 북동쪽에 위치한 도로를 개설하기 위해서 마을을 경계한 낮은 야산의 중턱을 깍아내다가 노출되었다. 가마는 마을 뒤편의 경사면을 따라서 형성되어 있는데, 가마는 동남향으로 오름가마의 형태로 여러기가 존재했었던 것으로 판단되며, 현재는 소토편과 태토비짐눈받침이 散見되며, 분청사기 도편이 다량 확인된다.

지형적으로 상당히 넓은 면
적이 완만한 구릉을 형성하고,
상당 지역에 걸쳐서 자기편이
흩어져 있는 것으로 보아 가
마는 3~4기 정도가 있었을 것
으로 추정되나 대부분 파손되
었다.

이곳에서 수습되는 관련 도

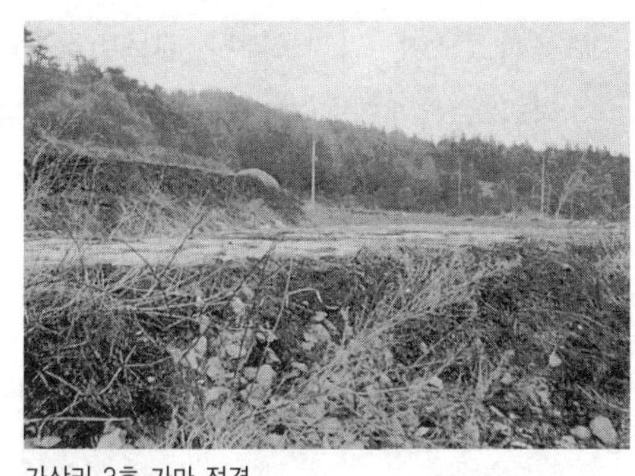

가산리 3호 가마 전경

편들은 象嵌粉靑 대접과 접시 등이 주류를 이루며, 그 중에서도 대접편
의 양이 제일 많이 보인다. 대접에 사용된 문양기법도 상감기법이 많이
관찰되는데, 胴體部와 底面에 3~5조의 陰刻의 圓圈文을 돌리는 것이 특
징이며, 국화문을 인화시문하기도 하였다. 대체적으로 유약은 짙은 녹
청색을 띄고 있으며, 시유상태는 좋지 못하다. 태토비짐눈과 모래받침
을 이용하여 구웠다. 이 3호 가마의 또다른 특색으로는 인화도장을 얕
게 누른 위에 백토를 두텁게 귀얄칠하여 기면이 거칠어졌고 아무런 무
늬없이 귀얄로 백토문장한 경우도 있다. 전반적으로 생산품의 질은 중
하품이며, 거친모래를 받쳐서 구웠다.

5. 道新里 가마터

공주시 의당면 도신리 남동쪽에 위치한 신성마을 안에 위치한 이 가
마는 현재 가마터로 추정되는 면적은 1000평에 이르는 넓은 밭으로 다
량의 陶片과 소량의 소토편이 흩어져 있어 가마의 존재를 추정할 수 있
으나 정확한 가마상태는 확인할 수 없다. 도신리 분청사기는 雜物이 섞
인 태토에 어두운 녹갈색의 투명유약을 시유하였으며, 유약이 흐르거나
부분적으로는 응어리져서 釉面의 상태가 불량하며, 굵은 빙열이 퍼진
대접이나 자기류가 보인다. 높이가 0.5cm 이하의 낮은 대마디 굽을 사

용하였으며, 거친모래나 태토비짐을 받쳐 구운 흔적이 보인다. 상감계
열과 인화계열의 조잡한 도편이 대부분이며 雨點文, 六角文, 如意頭文과
같은 말기상감청자의 퇴화된 문양이 일반적인 문양으로 사용되었다.

6. 下幸里 가마터

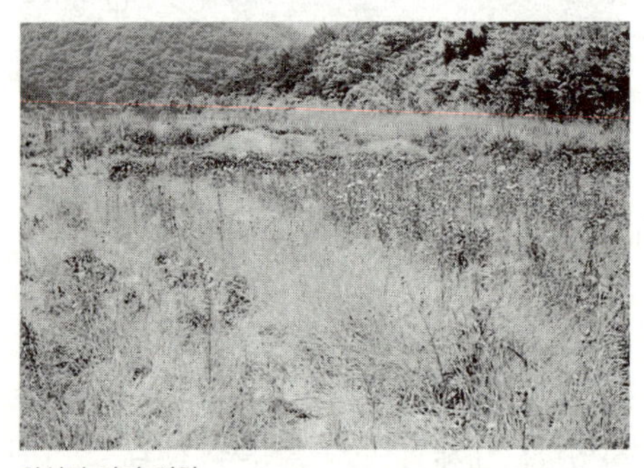

하신리 가마 전경

반포면 소재지에서 공주·대
전간 도로를 따라 남으로 가면
오른쪽으로 희망의 다리를 건
너 반포면 상·하행리 계곡내
의 도로가 개설되어 있다. 가
마터는 희망의 다리를 건너서
도로의 서쪽으로 약 100m 정
도 떨어진 지점의 야산기슭에

위치하고 있다. 가마터가 위치한 곳은 도자편과 소토편이 확인 수습되
는데, 개간 당시에 가마는 파괴된 것으로 보인다. 자세한 가마의 상태는
알 수 없지만 지형으로 판단할 때 가마는 동향하여 장축(長軸)을 이루며
2~3기 정도가 운영되었던 것으로 판단된다. 이곳의 논둑과 밭둑에서
상감과 철화분청편과 약간의 백자편이 수습되었다. 또한 약간의 청자편
도 확인되어 가마의 수는 적으나 제작기간은 청자 및 분청사기, 백자요
지가 존재하는 상당한 기간으로 판단된다. 분청사기는 대접 및 접시류
가 많이 보이는데 鐵畵 및 상감분청자로서 회청 및 회백색 계열의 유약
이 시유되었다. 이 하행리가마는 위에서 보듯이 3종의 자기들이 수습되
어 상감청자의 도편과 분청사기, 백자편이 혼합된 상태인데, 수습된 陶
片이 많지 않아 구체적인 제작시기 및 특징을 고찰하는데 많은 어려움
이 있다.

7. 鶴峰里 1~8호 가마터

학봉리는 철화분청사기를 생산하던 곳으로 매우 유명하지만 오랜 동안의 도굴과 개간으로 인해 개개 가마터의 고찰이 불가능한 상황이므로 학봉리 가마터에서 생산된 분청사기의 대표적인 특징을 살펴보고 각 가마의 위치와 특징을 기술하는 순으로 정리하고자 한다. 분청사기는 대부분 印花塗裝을 얕게 누르고서 귀얄로 거칠게 백토분장을 하였다. 그릇의 종류로는 대접·접시·병편이 많이 발견되며, 대체로 기벽은 얇고 굽이 1cm가량으로 높으며 굽 안을 경사지게 깍았다. 접지면에는 굵은 모래를 받쳐서 구운 것이 대부분이나 간혹 내화토받침 포개굽기가 나타난다. 내자시(內資寺), 內, 內資, 禮賓의 관사명편은 인화기법 분청사기에서만 발견되며, 바깥면에 鐵畫顔料를 칠하였다. 이 들 官司가 조선시대 전반에 걸쳐서 존속하였기에 분청사기의 시기규명에 결정적인 자료는 될 수 없지만 적어도 연기군 금사리·달전리에서도 인화도장으로 안바닥에 관사명을 새기는 예가 보이고 있어 충청도 일대의 가마에서 예빈시, 내자시와 관련된 도자가 제작 되었던 것 같다. 아직까지 鐵畫技法 분청자가 언제부터 어떤 이유로 학봉리가마에서 시작되었는지는 밝혀지지 않았다. 대체로 당시 경기도 광주 분원에서 생산하고 있던 우수한 靑華白磁의 영향을 받아 조잡한 印花技法 분청사기부터 철화안료가 도입된 것으로 보인다. 굽과 굽주변을 제외한 전면을 귀얄로 백토분장하고 발색이 짙은 철화안료를 써서 추상적으로 변모한 唐草文·蓮花折枝文·魚文·나비문·蓮瓣文 등을 화려하고 대담하게 도안하였다. 한편 분청사기와 더불어 백자도 제작되었는데 이것은 당시 백자의 수요가 증가함에 따라서 분청사기가 점차 쇠퇴의 길을 걷게 되어 결국에는 지방 가마의 생산품목이 백자로 대체되는 과정을 보여준다.

학봉리 1호가마는 반포면 소재지에서 남쪽으로 도로를 따라 3.2km 정도 들어가면 학봉리 마을이 나온다. 이 가마는 학봉리 1구 마을에서

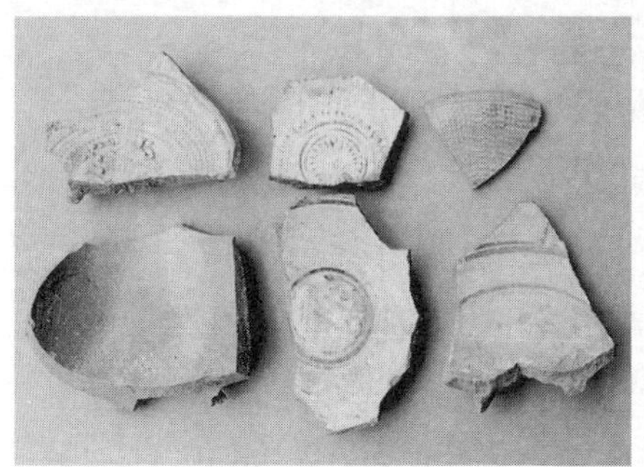

학봉리 1호 가마 수습도편-1

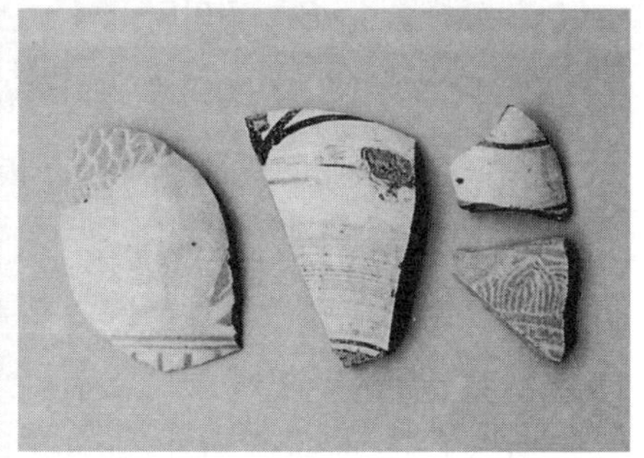

학봉리 1호 가마 수습도편-2

동학사 진입로를 따라 약 300m쯤 가면 진입로의 우측에 조성되어 있는 山斜面의 밭에 자리잡고 있다. 가마는 낮은 구릉의 東向斜面의 경작지에 위치하는데, 자세한 가마의 형태는 확인되지 않았으며 현재 작은 도편과 燒土片이 발견되고 있다. 1927년 발굴 당시만 하여도 완전한 형태의 가마가 3기가 있었던 것으로 알려져 있다. 현재는 이 일대가 여관마을로 바뀌어, 가마와 관련된 퇴적장이나 기타 관련 시설물의 확인은 어렵다. 이 곳에서 수습되는 유물은 대접, 접시, 병편의 기종이 주류를 이루고 있으며, 인화분청과 철화 · 귀얄분청이 대부분이다. 수습되는 특징적인 문양으로는 魚文이 인화되어 있는 편이 주목된다.

주요 문양으로는 魚文, 蓮瓣文, 菊花文, 集團蓮圈文, 蝶文 등이 있으며, 白土粉粧 위에 회청색유약을 시유하였다. 철화분청편에는 거칠게 물레회전흔이 보이며, 내화토받침을 주로 사용하여 포개굽기를 하였다. 학봉리 2호 가마는 학봉리 1구 마을에서 동학사 진입로를 따라 약 150m 정도 들어가면 진입로의 오른쪽에 민가가 빽빽이 들어서있는 마을이 있다. 가마는 마을 중앙에 위치한 작은 밭에 해당하는 곳으로 판단되는데, 주변에 들어선 민가와 도로개설 경작지로의 개간 등으로 인하여 가마의 상태는 모두 파괴되고 小片만 널려있다. 陶片이 보이는 범위로 미루어 추정해 볼 때 그리 넓지 않는 범위에 걸쳐 가마가 있었던

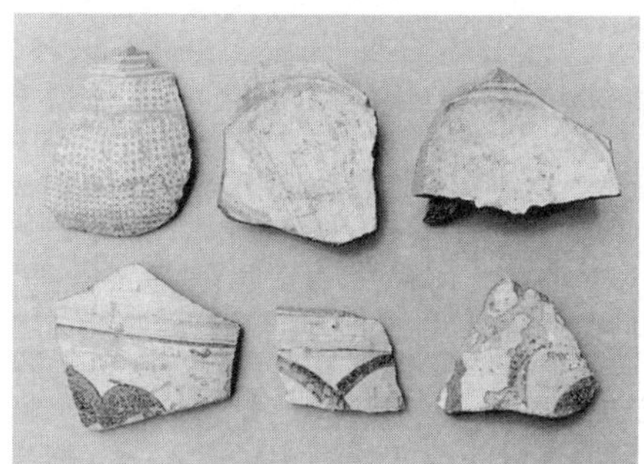

학봉리 2호 가마 수습도편

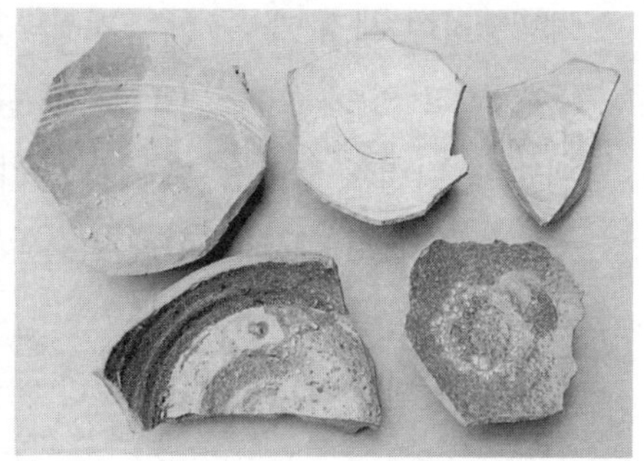

학봉리 3·4·5·6호 가마 수습도편

것으로 판단된다. 이 곳에서 수습되는 유물로는 철화분청편과 인화분청편이 주로 수습되는데, 접시·병편 그리고 종지편이 확인된다. 印花粉青片의 경우 전면에 빽빽이 集團蓮圈文을 인화시문한 후 두텁게 백토분장하였으며, 鐵畵粉靑은 귀얄로 백토분장한 후에 대담한 필치로 鐵畵文을 시문하고 있다. 철화분청편이 이 가마에서 주로 발견된다. 접시나 대접류에 주로 사용된 문양은 인화분청자에는 集團菊花文이 빽빽이 시문되었으며, 철화분청편은 두텁게 백토분장한 후에 철화문을 시문하였는데, 주로 회청색의 유약을 시유하였다. 굽은 대략1cm 이상으로 높은 대마디굽이며, 때로는 오목굽으로 편평하게 깍은 것도 보인다.

학봉리 3·4·5·6 호 가마는 학봉초등학교 뒷쪽으로 윗사기소라는 마을이 있는데, 가마는 이 마을 앞쪽으로 계룡산의 줄기인 황적봉에서 동북방향으로 뻗은 야산 末端部에 해당하는 지역이다.

가마에서 수습된 도편의 특징으로는 인화문과 철화문, 귀얄분청편이 다양하게 관찰되며, 釉胎도 양호한 편이다. 또한 맑은 유약이 전면에 잘 시유되어 있으며, 기형 外面에는 白土가 분장되어 있다. 이곳은 野守健과 강경숙, 그리고 국립박물관에서 조사한 지역으로 강경숙등에 의해 3·4·5·6호 요지로 명명된 가마이다. 각각의 가마는 서로 인접해 있는데, 특히 5호 가마는 1992~1993년에 걸쳐서 1927년 조사된 지역을 재발굴하여 사적 제333호로 지정되었으며, 가마에 대해서 상세한 기록을 남기고 있다. 현재 지표조사를 통해 확인할 수 있는 가마는 5호 가마이며, 나머지 3·4·6호 가마는 자세한 상황이 확인되지 않는다. 3호 가마는 『鷄龍山鹿陶窯址發掘報告』의 제3가마에 해당되며, 동학사를 향해서 개울 왼쪽구릉이고 이 구릉 일대에는 여러 개의 가마가 있었던 것으로 확인되었다. 학봉리 3호 가마는 현재 그 흔적만 있을 뿐 전체 양상의 파악은 불가능하다. 이 곳에서 수습된 도편의 양상으로 보아 唐草文·三葉文이 시문된 철화기법과 말기 현상을 보이는 集團蓮圈文 이 특징적으로 나타난 것으로 보인다.

4호 가마는 학봉리분청 가마의 3호 옆에 있는 돌무지로서 1927년 발굴이후 쌓아 놓은 것인지 아니면 원래의 것인지는 확실하지 않으나 불에 탄 가마벽편과 분청사기편이 섞여 있다. 학봉분청 4호는 『계룡산록도요지발굴보고』의 제4호 가마에 해당하는 것으로 기록에 의하면 퇴적층에는 귀얄문·인화문·백자편이 혼합되어 쌓여 있었기 때문에 분청사기 인화문·귀얄문 그리고 백자가 제작되었다고 확실이 기록하지 않고 있다. 이 주변에 채집되는 도편을 볼 때 귀얄당초문·귀얄문 그리고 녹색의 無文, 灰白磁등이 제작되었던 것으로 보인다. 5호가마는 학봉분청 4호가마 옆에 위치하며, 『계룡산록도요지발굴보고』의 제5호 가마에 해당된다.

이 5호 가마도 발굴당시 가마가 확실이 남아 있어 구조가 확실이 파악된 곳이다. 5호 가마에서 수습된 도편의 특징은 15세기 초기에 해당하는 상감분청, 성긴 인화분청이 조금 수집되며, 생산품은 鐵畵粉靑, 無文粉靑, 그리고 백자편이다. 모래를 받쳐 포개구이를 주로 하였고, 드물게 태토비짐눈받침이 나타난다. 기형은 대접과 접시류 등의 생활용기가 대부분이며, 그 밖에 항아리·병·장군·제기·마상배·벼루·묘지석의 파편이 수습되었다. 명문편도 많이 수습되었는데, 內瞻寺, 禮賓·內·

大·十 등의 명문이 鐵畵顔料로 새겨져 있다.

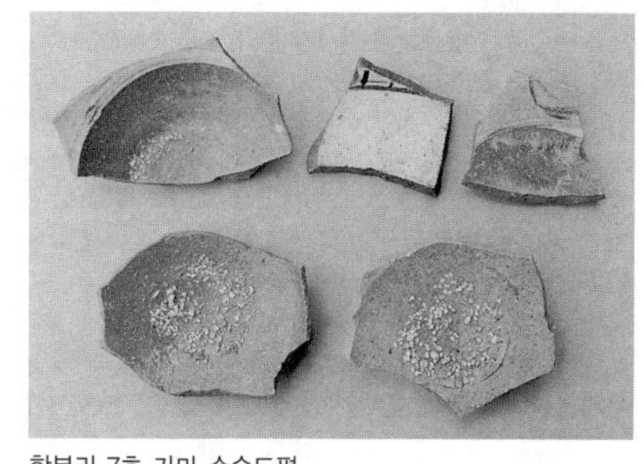

학봉리 7호 가마 수습도편

5호 가마의 제작시기는 퇴적층의 완전교란으로 인해 퇴적 층위별 제작시기를 구분하기 어려우나 『世宗實錄』「地理志」공주목 土産條에 의하면 공주목에는 자기소가 2곳 있는데, 하나는 주북의 軍知村이고, 또 한 곳은 州東에 위치한 東鶴洞에서 그릇을 구웠다는 기록으로 볼 때 州東은 학봉리의 분청자기 가마로 생각된다.

6호가마는 학봉 5호 가마 옆에 위치하며 발굴 당시 제6호 가마로 명명된 곳이다. 현재는 밭으로 이용되며, 小片만 관찰된다. 귀얄, 철화, 인화기법이 모두 보이며 그 외 黑釉도 수습되어 제작되었음을 알 수 있다. 이들의 제작기법이나 도편의 양상은 학봉리 분청가마의 특징과 대동소이하다.

학봉리 7호가마는 학봉리마을의 초등학교의 뒷쪽으로 윗사기소 마을이 위치하는데, 이 가마는 학봉리 2구의 윗사기소라는 마을 안에 있다. 요지로 추정되는 지역은 현재 밭으로 개간·경작되던 지역으로 경사면을 이루고 있는데, 표면에서 소토편 과 분청사기편, 도지미 등이 관찰된다. 귀얄과 철화분청자편이 주로 보이며, 백자편도 약간 보이고 있다. 학봉분청 7호 가마는 온천리 2호 백자요지와 인접하여, 위쪽지역에 속하는데 현재 정확한 가마형태를 확인 할수 없다. 가마에서 수습되는 유물편은 귀얄분청자가 주를 이루고 있으며, 모래받침으로 포개어 구운 것이 대부분이다. 수습되는 片은 대접과 접시가 대부분인데, 내·외 접지면에 가는 모래가 많이 부착되어 있고, 회청색 유약이 많이 사용되었다. 수습된 주요 器種인 철화분청편은 내면의 胴體部까지만 귀얄로 거칠게 백토분장한 후 철화문을 시문하고 있는 것이 특징적이다. 학봉리의 철화기법이 분청자에서만 나타나는 것이 아니라 백자의 철화기법으로 연결되고 있음이 확인되고 있지만, 이 가마의 분청철화기법과 유사한 예가 아직 발견·조사된 적이 없어 백토분장하는 귀얄의 묘미와 그 위에 그려진 철화기법의 추상성이 언제, 어디서 유래되었는지는 그 유래를 확인할 수 없다. 학봉 분청8호 가마는 온천 개발 지역 뒷편으로 온천리 건너편 산비탈에 위치하며 도편의 퇴적상태는 비교적 양호한편이다. 성긴 인화기법, 간략한 草花文, 대접 內底의 魚文, 無文의 녹청자 등이 수습되고 있다.

8. 溫泉里 1·2·3호 가마터

공주시 반포면 소재지에서 약 1km 쯤 공주-대전간 국도를 따라가면 온천리 2구 마을이 나오는데, 이곳은 아래사기소라 불리는 곳으로 이 지역에는 5기의 가마가 확인되었다. 온천리마을 西側으로는 계룡산의 東向丘陵이 흘러내리고 있으며, 東側에는 계룡산에서 나뉘어진 우산봉이 남에서 북으로 전개되고

있어 兩側의 구릉에 의해 길게 형성된 계곡사이로 비교적 넓은 평지가 있는 곳이다. 이 가운데 분청가마 1호는 우산봉의 東向斜面을 따라 약 100m 정도 올라가면 산의 중턱에 개간된 경작지에 위치한 가마터로, 이 곳은 요지를 중심으로 아래 면은 밭으로 개간되어 있으나, 뒷면은 아직 개발이 진행되지 않아 비교적 가마와 관련된 유물이 상당히 많이 발견된다. 출토되는 도편들은 사발·종지·접시류가 주를 이루며, 매병과 같은 병편도 수습되는 것으로 보아 비교적 고급의 器種도 제작한 것으로 보인다.

분청자의 초기에 해당하는 상감·인화분청이 주류를 이루고 있다. 온

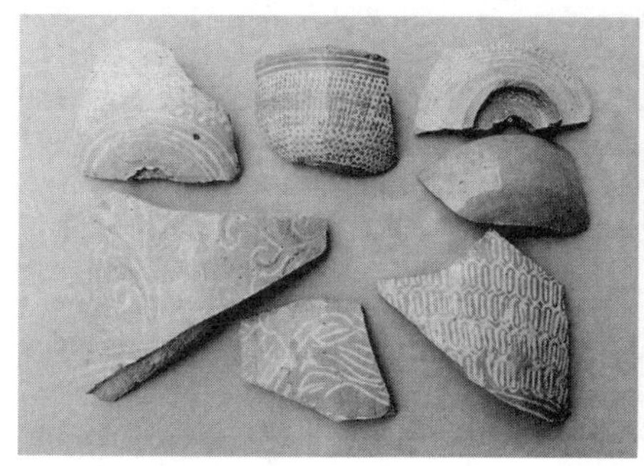
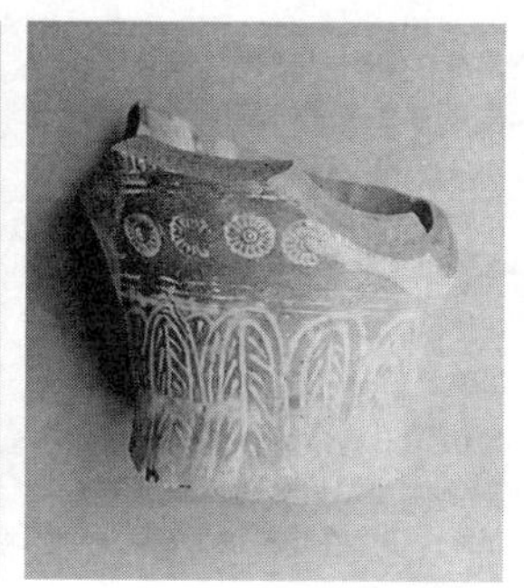

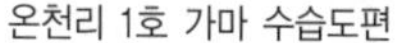
온천리 1호 가마 수습도편   온천리 1호 가마 수습 매병 저부편

천리 1호 가마에서는 蓮唐草文 상감기법의 陶片은 수집되지 않으나 草
文 · 重圈文 · 集團蓮圈文등이 주로 수집된다. 현재 주로 수습된 기종은
종지편과 접시편이 대부분인데 종지의 경우 외면에 集團蓮圈文으로 빽
빽이 인화시문 하였는데, 白土嵌入상태가 상당히 양호하다. 또한 매병
편이 수습되었는데, 병편의 外面에는 흑백상감된 草文이 전면에 시문되
어 있다. 이곳에서 수습된 매병저부편의 경우 상감기법과 인화기법이
혼용되어 나타나거나, 蓮瓣文帶와 單獨菊花文帶가 일렬로 시문되어 있
는것도 보인다. 이 가마는 인근의 의당면 가산리분청 가마와 가장 많은
유사성을 나타내고 있다. 접시와 대접 底部의 圓圈文이 새겨져 가장자
리에는 흔히 나비문 형태와 集團蓮圈文의 형태가 나타난다.

2호 가마는 마을과 도로가 연접하는 곳에 위치한 목장의 돈사가 지어
진 부분을 중심으로 존재 했었던 것으로 파악된다. 현재는 파괴되어 가
마터의 구체적인 상태는 확인하기 매우 어렵다. 주변의 散布된 도편들
을 미루어 가마터의 범위를 추정할 수 있다. 분청자 2호 가마 옆에는
남쪽으로 10여 m 떨어진 곳에 온천리 백자가마 2호가 인접되어 있어
시대적인 연관관계가 있었을 것으로 추정된다. 이 곳에서 수습되는 도
편은 인화분청자편이 대부분인데 부분적으로 철화분청편이 소량으로 수
습된다. 주된 기종은 접시 · 대접 · 종지편 등이 주를 이룬다. 대접과 접

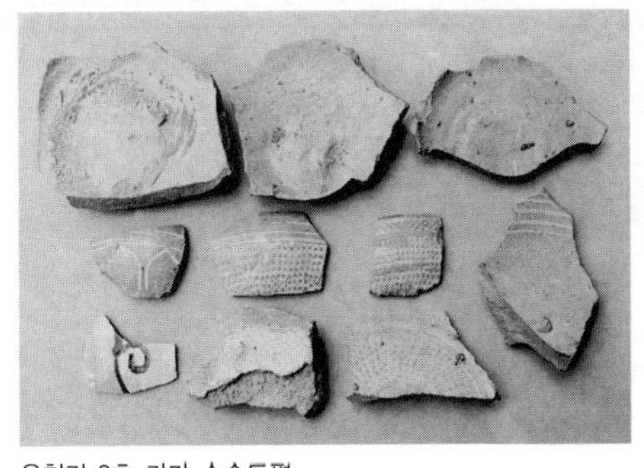

온천리 2호 가마 수습도편

시편들은 인화기법과 상감기법이 관찰된다. 주로 인화분청편이 대부분인데, 主文樣은 集團蓮圈文이 中心文樣帶로 전면에 거칠게 백토감입되어 있다. 상감기법의 대접편은 內底中央은 무문이며, 동체부 주위에 3~4조의 陰刻線文을 돌리거나 蓮瓣文을 상감한 경우가 종종 수집된다. 태토는 대체적으로 잘 수비되었으며, 태토비짐 받침을 이용하여 구웠다. 가마의 분청자는 전체적으로 유태는 양호하나, 백토감입상태는 인화분청자의 전성기 이후의 퇴락해 가는 모습을 보여준다고 하겠다.

3호 가마는 아래사기소 마을의 건너편 즉 용수천을 건너 계룡산의 동쪽방향의 구릉의 末端에 자리하고 있는데, 산계곡의 왼쪽에 자리잡고 있다. 이 지역은 개간되어 이미 상당부분 지형변경이 이루어져 가마터의 형상은 정확히 파악되지 않는다.

가마터로 추정되는 주변에서는 적은 양의 소토편이 확인된다. 이 지역에서는 소토편 외 다른 도자편들이 확인되지 않아 정확한 요업 규모나 방법이 관찰되지 않는데, 온천리의 1·2가마터와 기존의 조사자료를 검토해 볼 때 분청사기를 제작했던 가마터가 존재했을 것으로 판단된다.

9. 松谷里 가마터

공주시 반포면소재지에서 동북으로 1km 정도 가면 송곡리 부락에 이르면 작은 구릉상이 형성되어 있다. 가마가 위치했던 곳은 丘陵의 경사면인데 이미 경작되고 있으므로 정확한 가마구조는 파악할 수 없는 상황이다. 주변지역에서는 가마의 흔적으로 추정되는 소량의 燒土片과 철화분청편, 그리고 황갈색의 기와편이 散見된다. 분청사기는 철화분청이 주를 이루고 있는데, 기종은 대접과 접시류가 주종을 이루고 있다.

분청가마터에서 수습된 유물은 주로 귀얄분장철화문이 시문되어 있는데, 대접의 경우에는 내면의 胴體部까지만 白土粉粧되어 있어 경쾌한 느낌을 주며, 접시는 전면에 백토분장한 철화문을 시문하는 것이 특징이다. 이 지역의 가마터에서 수습되는 도편으로 판단하건대 철화분청이 주로 사용되었으며, 인근의 학봉리 및 가산리 유적과 관련성을 추측해 볼 수 있을 것으로 판단된다.

Ⅲ. 공주지역 분청사기 가마의 성격과 편년

조선시대의 도자편년은 각 학자마다 약간씩 차이가 있으나 대체적으로는 정양모와 강경숙[17]의 편년에 따르면 전기: 1392~1600년경, 중기 : 1600~1751, 후기 : 1752~1910로 시대구분을 하고 있다. 조선전기는 분청사기가 도자의 중심에 서는 시기로 초기에는 상감·인화분청이 주류를 이루며, 중기에는 線刻·剝地·철화분청자가 발달하며, 후기는 귀얄·분장분청사기가 제작되며, 분청사기가 점차 소멸하던 시기이다. 분청사기 가마터는 총 19개소가 조사되었는데, 이 가운데 가산리, 중흥리, 입석리, 온천리, 어물리, 도신리, 명곡리가마터 등은 인화분청자가 주류를 이루는 가마터이며, 학봉리, 하신리, 송곡리가마터는 철화분청자가 주류를 이루는 가마터이다. 이 가마터중 14세기말 국가의 과중한 공역과 왜구의 침략 등으로 인해 강진과 부안의 관요적 성격의 가마터가 붕

---

17. 鄭良謨, 『韓國의 陶磁器』, 文藝出版社, PP. 75~120.
    姜敬淑, 『韓國陶磁史』, 一志社, PP. 356~365.

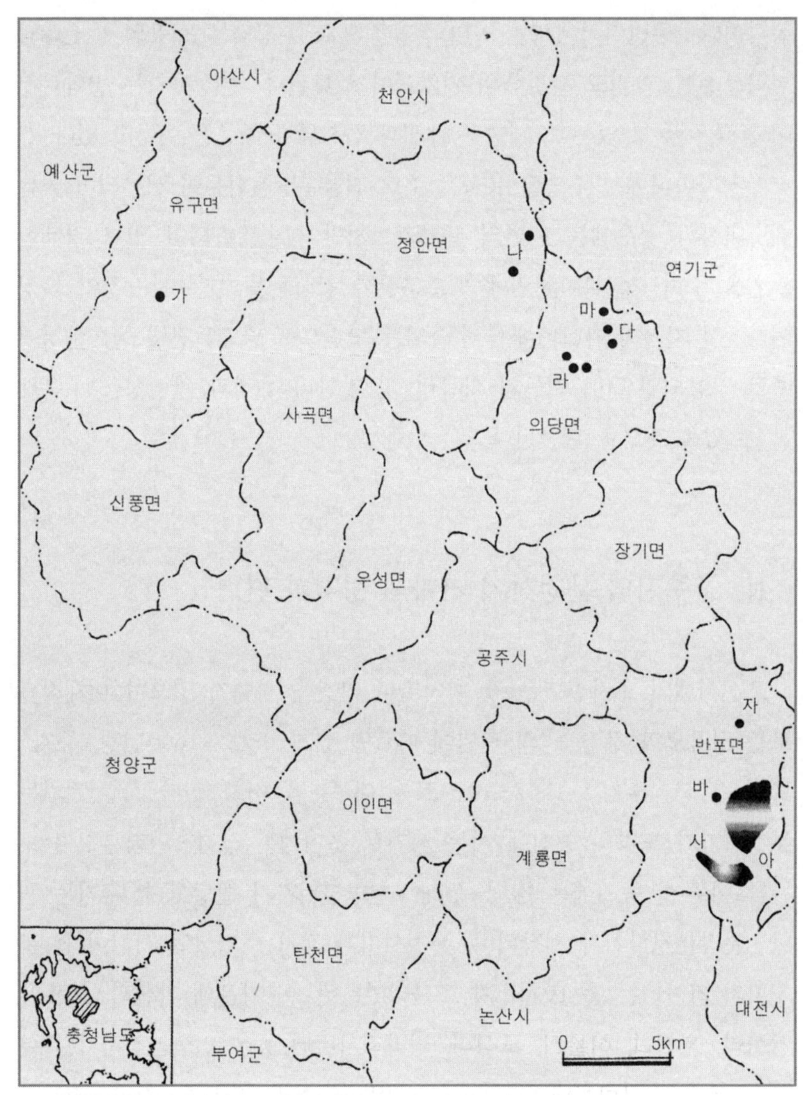

공주지역의 분청사기 가마터 분포도(아-온천리 1~3호, 사-학봉리 1~8호)

괴되고, 전국 각지에 분청사기 가마터가 골고루 확대되는데, 15세기 초
반에 운영되던 가마로는 도신리, 중흥리, 가산리 가마 등을 들수 있는데,
발견된 도편들은 유태가 조잡한 편으로 蒲柳水禽文, 牧丹唐草文, 雲鶴文

과 같은 상감청자에서 즐겨 쓰이던 문양의 표현이 단순하고 거칠어졌으며, 菊花文, 六角文 등의 印花文을 대접과 접시의 안쪽 중심면에 성글게 施文하여 전체적인 문양구성이 산만하게 되는 등 15세기의 대표적인 미술작품인 분청사기의 자태가 제대로 갖추어지지 않고 있다. 이러한 상태에서 제대로된 분청사기로 탈바꿈하게 되는 자극은 토산공물의 질을 높이려는 국가의 꾸준한 노력에서 인한 바가 컸다. 『조선왕조실록』의 기사에 따르면 1417년과 1421년의 두 차례에 걸쳐 해당 官廳銘과 匠人銘을 그릇의 밑바닥에 새기도록 명하여 공물의 질적인 개선을 유도하였는데, 이러한 조처에 힘입어 실제로 1420년경을 즈음하여 분청사기가 빠르게 발전하기 시작하였다. 이러한 두 조처는 이후 분청사기에 관사명과 장인명이 기입되는 중요한 계기를 이룬다. 공주지역의 인화분청자 가마터의 특징적인 상황을 살펴보면 입석리 분청가마터에서는 '賓'字로 판단되는 銘文이 시문된 인화분청편이 수습되었는데, 賓자와 관련되는 관사명으로는 '예빈시'(禮賓寺)가 있다. 이 예빈시는 고려 태조 4년(921)에 처음설치되어 조선조로 계승된 관청으로 賓客, 燕亨의 일을 담당했으며, 고종 31년(1894)에 폐지된다. 이 빈명이 출토되는 확실한 가마로는 공주시 반포면 학봉리, 연기군 전동면 금사리가마인데, 이 예빈시의 존재기간이 길어 절대적인 제작연대를 밝히는 것은 곤란하다.

　입석리 가마 주변에서 수습되는 陶片들에서 菊花文, 나비문, 集團蓮圈文, 蓮瓣文帶가 사용되고 있으며, 상감분청자도 소량확인 되고 있다. 이러한 문양과 상감분청자는 15세기 초반에 주로 사용되던 문양으로 시문상태가 상당히 흐드러지게 印花施文되고, 白土嵌入한 것으로 보아 15세기 초반의 가마터로 생각된다. 중흥리 분청사기 가마는 이곳에서 출토되는 도편들 중 말기청자에서 연원한 蓮唐草文이라든지 司甕房이나 司膳屠의 첫글자일 가능성이 높은 司字銘 도편이라든지 장인명으로 생각되는 金자명 편이 발견된 것으로 볼때 대략 1420년 전후로 대략적인 활동기간을 추정할 수 있다. 가산리 가마는 기존의 상감청자기형 외에 도편의 안팎으로 인화문이 빽빽하게 시문된 고급품들이 수습되어 인화기법 분청사기의 특유의 세련된 문양구성이 어느정도 완성되었음을 보여준다. 또한 기형에 있어서도 대형화된 접시류와 내저곡면에 구연이 外反된 형태의 접시가 만들어지며 전체적으로 굽높이가 1cm 가까이 되며, 대접류에 있어서는 무게중심이 아래에 놓여 우묵해지면서 안정감이 커지는 현상이 나타나는등 변화현상이 뚜렷해진다. 특히 굽 바같면에 卍자문대를 상감하거나 굽주변에 여러 겹의 굵은 白象嵌線을 시문하는 이색적인 문양대가 나타나는데, 이는 충청도 일대의 분청사기 가마터에서 보이는 두드러지는 특징으로 대체로 1420년 이후부터 공주지역에서의 요업활동이 매우 활발해지는 것을 알 수 있는 증거이다. 조선초기의 자기의 제작상황은 『世宗實錄』「地理志」를 통해서 알 수 있는데, 1424년에서 1432년의 8년동안 조사한 자료를 바탕으로 전국에 산재한 자기소 139곳·도기소 185곳을 품질별로 일목요연하게 기술하고 있는데, 『세종실록』「지리지」토산조 공주목에는 '공주 남쪽의 동학동과 북쪽의 군지촌에서 중품의 자기를 생산하였다' 는 기록이 있는데, 동학동은 반포면에 위치한 학봉리로 밝혀졌으며, 가산리는 군지의 발음과 유사한 군졸마을이 있는 것으로 보아 당시의 군지촌이었을 가능성이 높다. 이런 여러 상황을 고려하여 볼 때 가산리 분청사기 가마는 1420년에서 1440년대 사이에 窯業活動을 한 가마로 생각된다. 온천리 분청사기 가마터는 상감기법의 蓮唐草文의 도편은 수습되지 않으나 草文, 重圈文, 집단연권문 集團蓮圈文의 도편은 수습된다. 현재 수습되는 기종은 종지편과 접시편으로 종지의 경우 바깥 면에 집단연권문으로 빽빽이 인화시문한 경우가 많은데, 백토감입상태는 양호한 편이다. 이 가마터는 접시와 대접의 內底圓圈 가장자리에 흔히 시문되는 특이한 나비문형태와 집단연권문의 유사성으로 볼때 가산리 가마의 도편들과 상당히 비슷한 점이 많은 것으로 판단된다. 이를 근거로 온천리 가마로 대략 1430~1440년대에 요업활동이 계속된 것으로 보인다. 어물리가마는 대접편들이 주로 수습되는데, 전체적으로 풍만한 양감을 가지고 있으며, 상감과 인화시문기법이 주로 보이는데, 상감기법이 양간 많이 보인다.

예외적으로 굽주위에 卍자문을 象嵌 시문한 전기적 수법의 접시류가 수습되는데, 모두 태토비짐눈 받침을 사용하여 포개구이를 하였으며, 유약은 굽 부분까지를 포함하여 전면에 시문되었다. 분청사기 인화기법 가운데에서는 비교적 초기적인 것으로 15세기 초반의 것으로 판단된다. 이상의 분청사기 가마들은 대부분 15세기 초반의 기법인 인화분청기법과 상감분청기법이 나타나는 것으로 보아 대부분의 제작활동 기간이 15세기 초반의 가마로 생각된다.

학봉리 철화분청가마는 대략 현재 8기의 가마가 확인되고 있는데, 이 가마의 제작시기는 여러 연구자들에 의해 대략 1420년대부터 16세기 전반기로 편년되고 있다. 앞에서도 언급했듯이 『세종실록』「지리지」의 충청도 토산물조에는 자기소가 2곳으로, 한 곳은 州北의 군지촌이고, 다른 한곳은 州東의 동학동이라고 되어 있는데, 그 중 동학동이라고 불렸던 지역은 현재의 동학사 일대의 학봉리가마로 판단되된다. 이에 의하면 학봉리에서 1424~1432년경의 중품자기가 생산되었다고 할 수 있다. 그러나 현재 학봉리가마에서는 초기의 陶片들은 확인되지 않고 있다.

학봉리 도편의 특징은 첫째는 인화도장을 얕게 누르고서 귀얄로 대충 백토분장한 조질의 분청사기가 수습되는데 이것은 인접한 하신리와 가산리3호 가마에서도 발견된다. 둘째는 짙은 발색의 철화안료를 이용하여 대범하고 활달하게 문양을 표현한 철화분청사기편들이 많이 수습된다. 특히 문양의 주소재인 물고기, 연꽃, 새, 당초문, 연판문은 다른 지역에서 볼 수 없는 추상적인 형태를 띤다. 셋째로는 1929년에 발간된 『계룡산록도요지발굴보고서』에 의하면 成化 23년(1487), 弘治 3년(1490),

嘉靖 15년(1536)의 철화묘지편이 발견되는데 이 묘지편들은 학봉리가마의 제작활동 시기를 15세기 후반~16세기 전반으로 추정할 수 있는 중요한 단서가된다. 넷째는 官司銘이 새겨진 도편들이 많이 보이는 것인데 예빈시, 內資寺, 內 등의 관사명 그릇은 발색이 선명한 철화안료를 이용하여 질이 낮은 인화기법 분청자기에 內, 內資, 禮 등의 명문을 기입하였다. 학봉리가마는 16세기 초반에 이르면 조질화가 가속화되어 가정15년명 묘지석에 이르면 인화문이 사라지고 거칠게 귀얄칠하거나 담금분장한 면에 철화안료로 글귀를 적었다.

IV. 맺음말

지금까지 공주지역의 도자가마가 체계적으로 발굴된 것은 1927년과 1992~1993년에 걸쳐 2번 조사된 학봉리 분청사기 가마뿐이고, 지금까지 언급한 20여개소의 분청사기 가마는 지표조사나 아니면 도자사 연구자들이 지표채집하여 기록한 글을 참고하여 기술하는데 불과하여 도자편들의 성격과 편년, 가마의 구조 및 형상 등을 정확히 확인하는데는 많은 한계가 있음이 사실이다. 이번 공주지역 분청사기 가마터 지표조사를 통하여 볼 때 공주지역은 15세기 초반의 가산리, 중흥리 가마에서 발생하기 시작하여 16세기 전반기의 학봉리 철화분청가마로 계속적으로 발전하여 오다가 점차 소멸하고 백자가 제작되었음을 알 수 있다. 앞으로 계룡산록의 주요 분청사기 가마인 가산리, 중흥리 가마들이 발굴되어 발굴 조사에 의한 체계적인 연구가 진행되기를 기대한다.

公州의 白磁가마

공주의 백자가마

Ⅰ. 머리말

공주지역은 1927년 조선총독부박물관에 의해 계룡산록의 가마터가 조사되면서부터 가마유적이 알려지기 시작하여 초기 청자가마터인 신풍면 신영리 가마와 조선 초기 철화분청자의 대표적 가마인 반포면 학봉리 가마등이 우리나라의 대표적인 가마로 주목을 받게 되었다.

현재까지의 조사된 결과에 의하면 공주지역에는 약 19개소의 분청사기 가마와 20여개소의 백자가마터가 확인되었다.

공주지역의 대표적인 분청사기 가마인 반포면 학봉리 가마의 경우에는 일제때인 1927년과 1992년에 국립중앙박물관과 호암미술관에 의해 공동으로 발굴되는 등 발굴성과에 의해서 어느정도 체계적으로 정리가 된 반면 약 20여기에 달하는 백자가마의 경우 발굴조사가 아닌 지표조사에 의한 정리만이 이루어져 많은 한계점을 가지고 있다.

90년도 이후의 몇차례 지표조사에 의하면 공주지역에서는 조선시대 초기의 백자가마는 확인되지 않고 대부분의 백자가마는 분청사기가 자연스럽게 소멸한 다음 17세기 이후의 대중화된 형태의 가마가 확인되고 있다. 이글에서는 먼저 중요 백자가마의 개별적인 특성과 현황을 간단히 알아보고, 이를 바탕으로 하여 각 백자가마의 편년을 정리하고자 한다. 이번 발표의 특성상 20여개소의 백자가마터에서 조사된 陶片들을

분석하여 공주지역 백자가마의 특징과 편년을 도출하는 것이므로 많은
한계점과 문제점들이 노출될 것으로 판단 되지만 앞으로의 학술적인 발
굴과 지속적인 연구에 의해 보완될 것으로 생각된다.

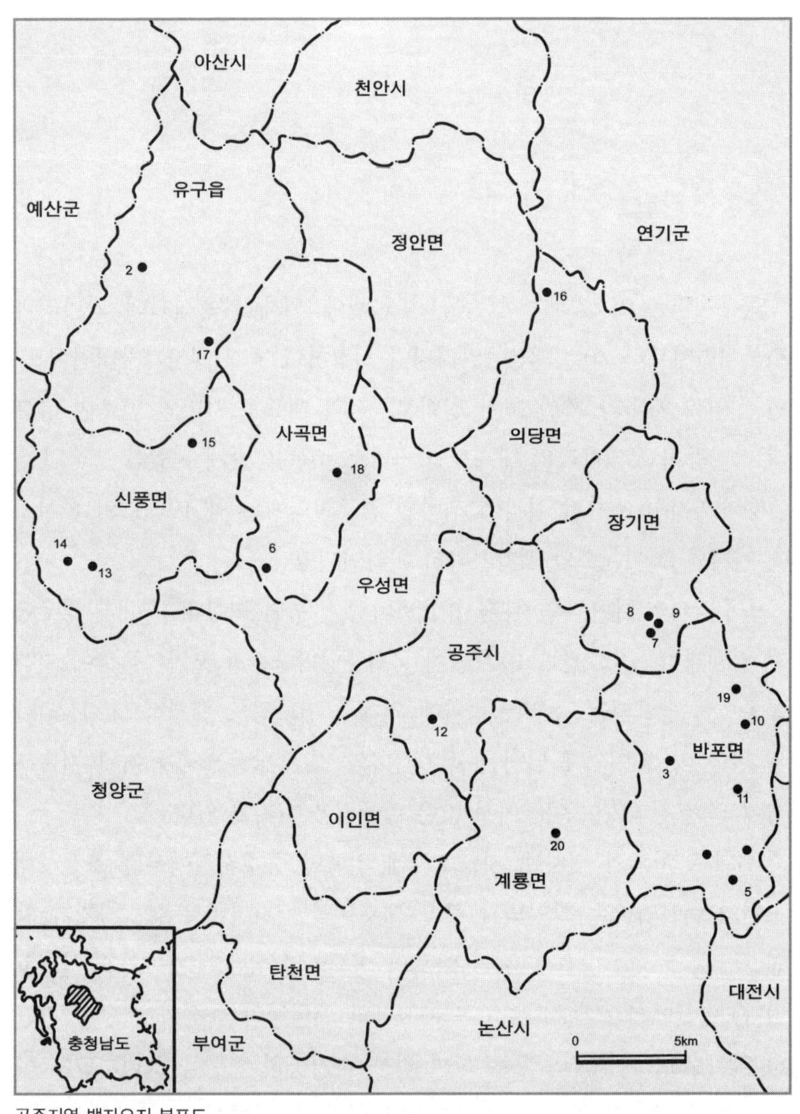

공주지역 백자요지 분포도

Ⅱ. 각 가마터 지표조사 개요

1. 道新里 가마터

의당면소재지에서 북동쪽으로 5.5km정도 떨어진 지역에 도신리 마을이 위치하는데, 마을의 남동쪽인 신성마을 안에 가마터가 위치한다. 접시류와 제기류가 주된 기종인데, 접시류는 內底圓刻이 두텁게 나타나며, 회청색계열의 유약이 시유되었다. 내화토받침으로 포개구운것과 모래받침소성의 백자가 대부분이다. 胎土는 전반적으로 양호하지만, 유약의 施釉狀態나 표면처리가 불량한 것이 많아 대부분 조잡한 형태의 백자이다. 이가마에서는 象形祭器의 굽 편으로 보이는 백자편이 수습된다.

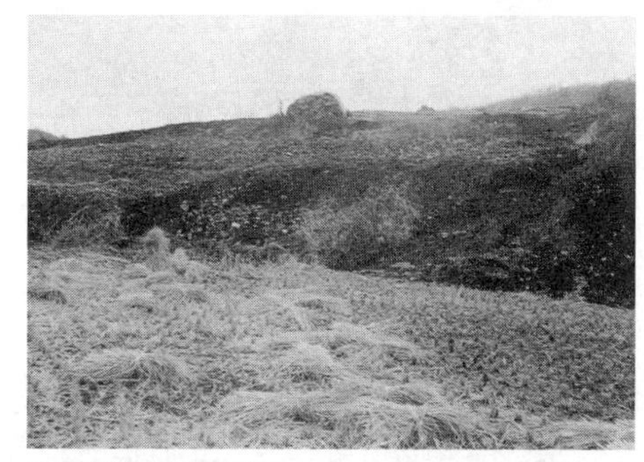

도신리 백자가마 전경

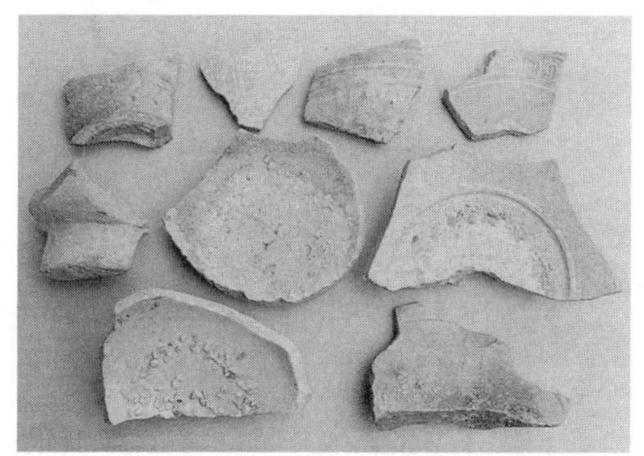

도신리 백자가마 수습도편

2. 鳴谷里 가마터

유구읍 소재지에서 아산군에 이르는 39번 지방도를 따라 약 3km 정도 가며는 도로의 서쪽편에 있는 명곡리 1구 마을 회관있다. 이곳에서 약 500m 정도 들어간 곳에 위치한 동대말 마을의 남쪽에 위치한 사기점골이란 계곡 주변에 가마가 위치하고 있다. 현재 분청사기와 백자편

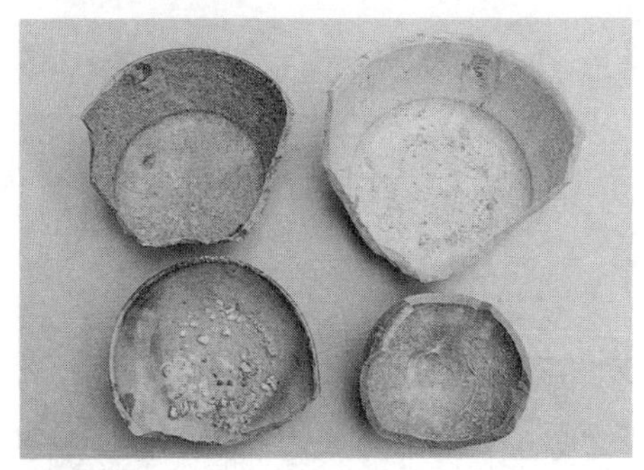

명곡리 백자가마 수습도편

들이 수습된다. 주요器種은 접시, 대접, 종지류 등이다.

수습되는 분청사기는 무문이 많으며, 굵은 모래 받침을 사용하여 구운 것이 많다. 백자접시 및 대접류는 內底圓刻이 넓게 패여 있으며, 수직의 굽에서 경사를 급하게 이루면서 동체부에 연결되어 胴體가 펑퍼짐한 느낌을 준다. 회청색 계열의 유약이 주로 시유되었으며, 가는 모래 받침과 굵은 모래 받침을 사용하여 구웠다. 내·외면 모두에 잡물이 많이 부착되어 있고, 유약의 熔融狀態도 고르지 못하고 凝固된 부분이 많다.

3. 鳳谷里 가마터

반포면소재지에서 西北間으로 약 1.5km의 거리에 봉곡리 1구 마을이 자리하고 있는데, 이 마을의 가마봉 협곡에 가마터가 있다. 주변의 조건들을 고려 해 볼 때 가마는 2~3기가 제작활동을 한 것으로 추측되고 있다. 수습되는 유물은 대접과 접시편이 주류를 이루고 있으며, 초벌구이편이 의외로 많이 수습된다. 접시편들은 內底圓刻의 線이 굵게 표현되고 있으며, 회백색이나 유백색조의 유약이 전면에 시유되었다. 접시류는 內底部에서 胴體部까지가 짧게 수직으로 연결된다. 내저부에는 내화토 받침 흔적이 상당히 넓게 자리잡고 있으며, 器面이 고르지 못하여 유약이 고르게 시유되지 않았다.

4. 鶴峰里 1.2호 가마터

가마터는 학봉리 마을의 동남쪽 뒷산의 北西方向 경사면에 위치한다.

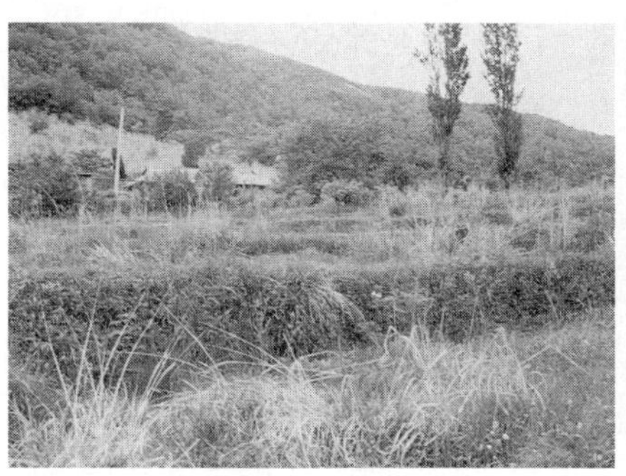

봉곡리 백자가마 전경

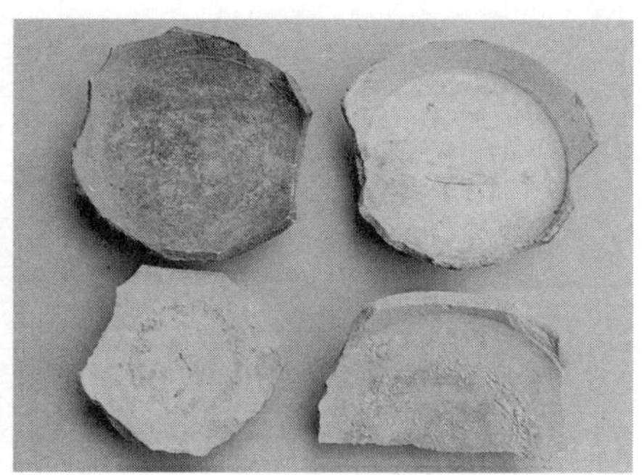

봉곡리 백자가마 수습도편

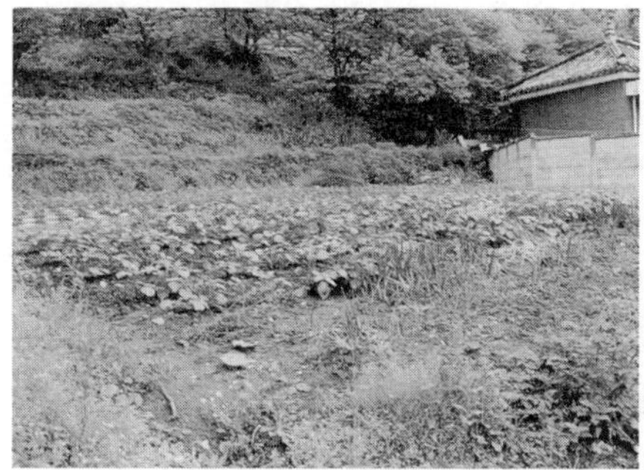

학봉리 백자가마 1호 전경

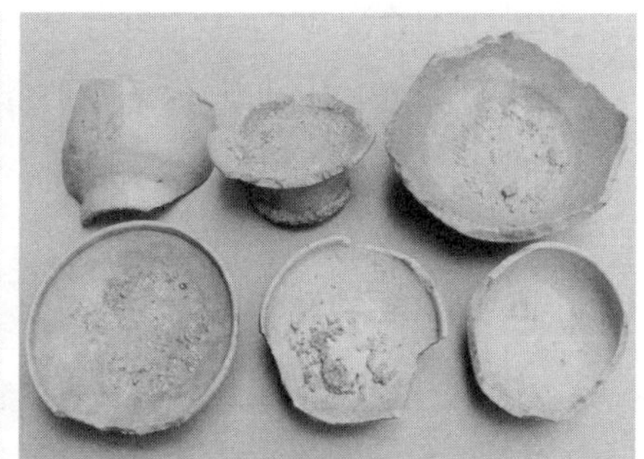

학봉리 백자가마 1호 수습도편

현재 1호 가마는 민가와 경작지의 개간으로 인해 심하게 파손되어 있어 자세한 가마구조는 확인하기 어렵다. 이 가마터에서는 막사발, 대접, 종지 등 다양한 기종이 확인되는데, 상당량은 거의 完形으로 수습되고 있다. 대접과 접시편들의 굽다리는 수직형태이며, 굽 안은 오목하게 깍았다. 유약은 맑은 청색조와 유백색계열이 많으며, 內底部와 굽바닥에는 굵은 모래 받침과 가는 모래 받침이 많이 부착 되어있다. 특히 접시편은 높고 곧바른 형태의 굽에서 수직으로 연결되어 胴體와 구연까지의 폭이 매우 짧은 형태이다. 동체의 내·외면에는 많은 雜物이 포함 된 것이 많아 조잡한 편이다.

학봉리 가마터 2호는 계룡산 줄기에 속하는 도덕봉과 백운봉이 합치

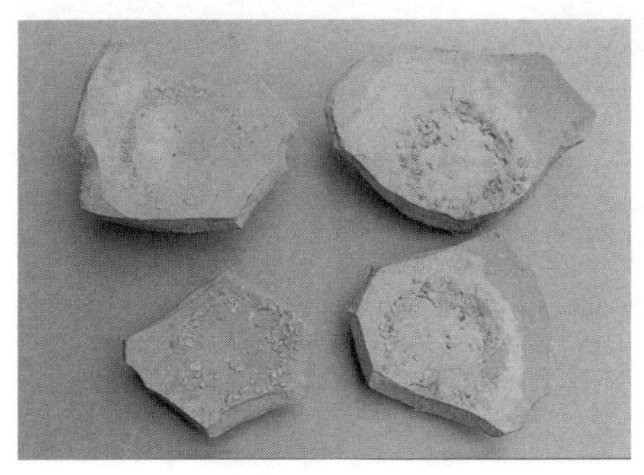

학봉리 백자가마 2호 수습도편

되는 부분에서 서북방향으로 뻗은 능선의 말단부에 이르는 지역에 위치한다.

주로 수습되는 陶片은 대접이 주류를 이루고 있는데, 높은 다리굽 형태이며, 경사지게 뻗은 胴體部에서 口緣으로 연결되어, 동체는 비슷듬하게 되어 완만한 모습을 보인다. 유약은 굽부분까지 全面에 시유되었으며, 굵은 모래받침 흔적이 굽과 內底面에 나타난다. 유약의 시유상태는 고르지 못하다.

5. 新永里 백자 가마터

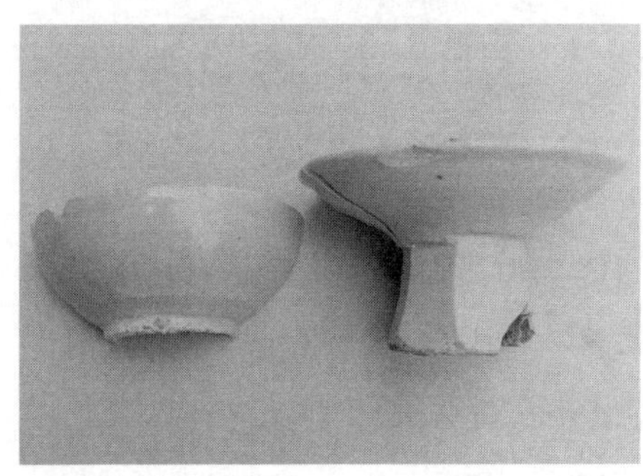

신영리 백자가마 수습도편

신영리 백자가마는 청자생산을 하던 신영리 1·2구 부락의 뒷산에서 동북으로 뻗은 낮은 구릉의 南東向斜面의 下端部에 위치한다. 지금은 가마터의 모습은 확인할 수 없다. 신영리 백자 가마에서는 대접, 접시, 백자제기와 같은 생활용기를 만들었다. 純白磁와 더불어 靑華白磁도 제작하였던 것으로 보이는데, 發色이 탁하고 흐린 靑華顔料를 이용하여 면과 면의 경계부분에 구획선을 한 줄 돌리거나 매우 疏略한 필치로 草文을 그렸다. 대접과 접시등의 굽은 안쪽을 깊게 깍아냈고 굽다리가 안으로 기울었는데, 잔은 오목 굽으로 처리하였다. 전반적으로 器壁이 두텁고 질이 떨어지기 때문에 다소 둔한 느낌은

있지만 양감이 좋다. 胎土는 잡물이 조금 섞인 회백색을 보이며, 푸른빛이 감도는 투명한 유약을 전면에 두텁게 입혔고 굵은 빙렬이 많다. 굵은 모래받침으로 구웠다.

6. 錦岩里 1 · 2 · 3호 가마터

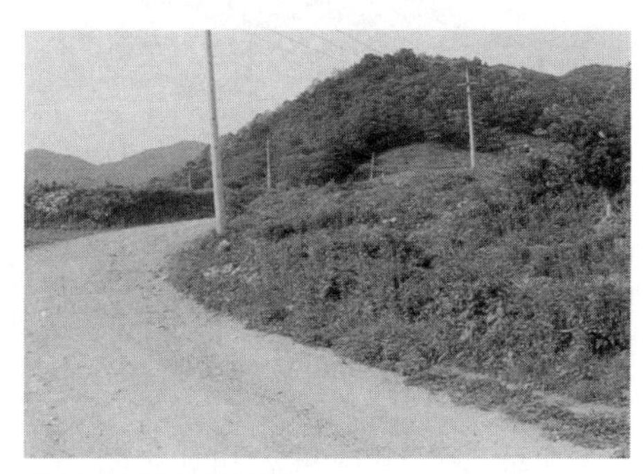

금암리 백자가마 1호 전경

공주시내에서 동쪽 방향으로 가면 구석기유적으로 널리 알려진 공주 석장리유적이 있다. 이곳에서 동북쪽으로 약 2.5km 정도 계곡을 따라 들어간 곳에 가마터가 위치한다. 금암리 1호 가마터 주변에서는 백자대접 底部片이 수습되는데, 백자대접들은 內底에 圓刻이 두텁게 나타나며, 태토비짐눈 받침을 이용하여 포개 구웠다. 맑은 회백색조의 유약이 전면에 施釉되었다.

금암리 2호 가마터는 마을의 북서쪽의 표고 354 m의 장군산에서 東南走한 稜線의 南向斜面 말단부에 위치한다. 가마는 경작으로 인해 이미 파괴되었을 것으로 판단되며, 陶片의 분포와 가마벽편들을 종합하여 볼 때 東南向으로 長軸을 이룬 가마가 2~3기 정도 있었을 것으로 추정된다. 수습되는 도편들은 접시와 종지, 대접이 주류를 이루고 있으며, 곳곳에 가마벽 파괴시 外部로 노출된 소토편이 보이고 있다. 유백색 및 회청색조의 접시나 대접이 많으며, 굽은 적당한 높이의 다리굽 형태로 안쪽은 적당히 깎아냈다. 내저부는 내저원각의 선을 넓게 돌렸으며, 굵은 모래 받침과 내화토 받침을 사용하였다. 굽부근에서 口緣部까지는 완만하게 연결되며, 도편의 일부는 구연부가 外反되었다.

2호 가마터에서 약 100m 가량 떨어진 구릉의 末端部에 자리잡은 3호

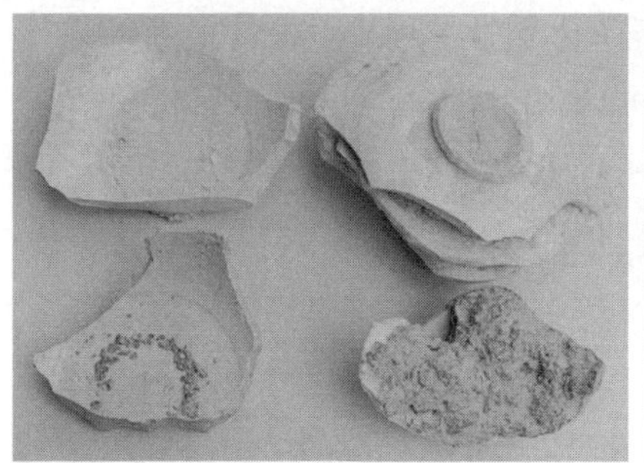

금암리 백자가마 2호 수습도편

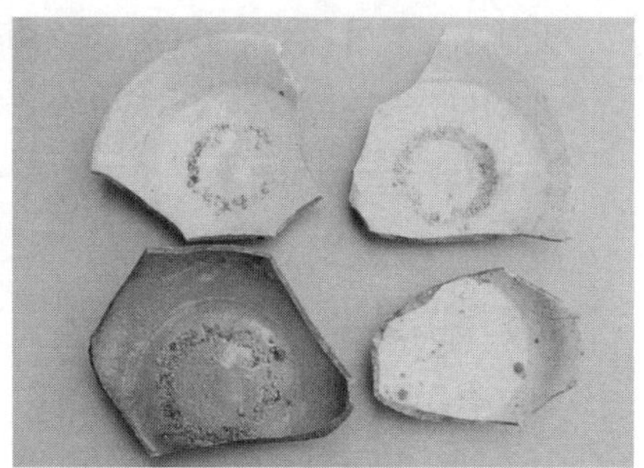

금암리 백자가마 3호 수습도편

가마터는 야산의 말단 구릉으로서 잡풀과 雜木이 우거져 있어 자세한 가마의 형상은 파악할 수 없다. 그러나 이곳의 지형은 평탄한 斜面이 구릉위에 넓게 펼쳐져 있는 곳으로, 이 지역의 가마는 오름식 가마였을 것으로 추정된다. 또한 비교적 평탄한 구릉 사면에서 도편과 소토편이 상당량 발견되고 있어 가마터의 분포 범위가 상당히 넓으며, 최소한 2~3기의 가마터가 있었을 것으로 추정된다. 이곳에서 수습되는 백자편들은 대접과 접시등인데 조그마한 접시에는 內底圓刻이 없으며, 큰 접시에만 내저원각이 나타난다. 굽다리에서 직각으로 胴體部를 형성한 후 口緣部로 연결되는데, 구연부는 약간 외반된 것이 많다. 유색은 회백색과 유백색 계열이 많으며, 굽다리와 內底部에는 내화토 받침과 모래받침 포개구운 흔적이 나타난다. 기벽은 상당히 얇으며, 口部는 넓게 구성되어 조금만 외반하고 있다.

7. 溫泉里 1 · 2호 가마터

반포면 소재지에서 32번 도로를 따라 남쪽의 박정자에서 분기하는 남쪽으로 온천리 1구 마을이 있다. 가마는 이 마을의 남쪽으로 치우쳐 도덕봉과 백운봉이 합해지는 북쪽으로 뻗은 능선의 북향사면의 하단부에 위치한다. 이 능선 주위에는 학봉리 백자가마 1~2 호와 분청사기 7호

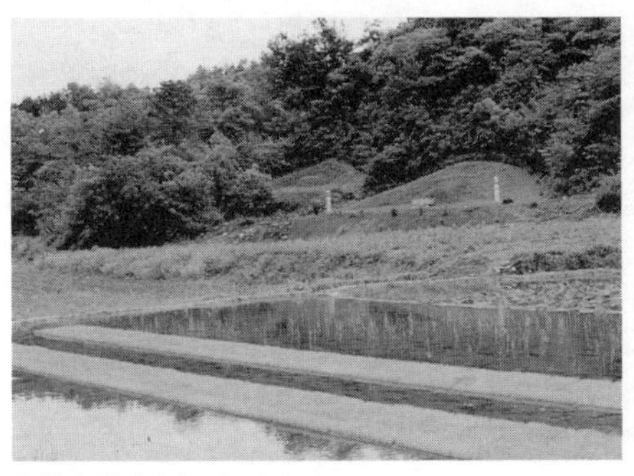

온천리 백자가마 1호 전경

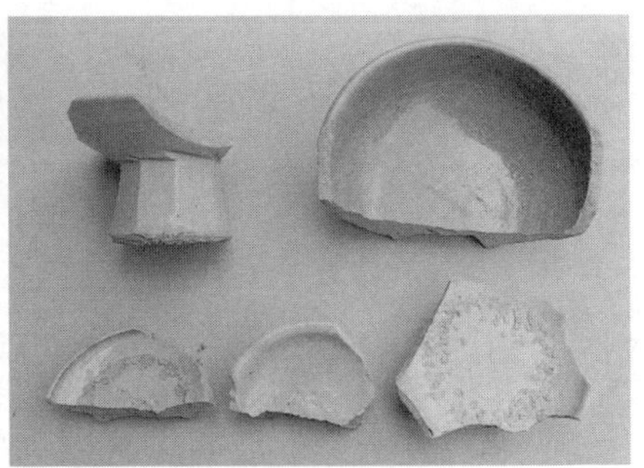

온천리 백자가마 1호 수습도편

가마가 위치하고 있다.

　가마로 추정되는 지역은 현재 경작지와 民墓로 개간되어 있다. 민묘의 개축과정에서 백자편이 밖으로 露出되어 가마터의 존재가 알려지게 되었다. 이 가마터에서는 대접 편과 굽이 높은 백자제기, 접시, 종지등이 수습된다. 대접과 접시류는 회백색 및 회갈색 釉調를 가지고 있으며, 굽에서 底部에 까지는 완만하게 연결되다가 저부에서 口緣部까지는 급격한 경사를 이루어 그릇의 안쪽면이 깊지 않다. 내화토 받침과 모래 받침으로 포개구웠으며, 구연부는 약간씩 外反되었다. 내·외면 모두 유약의 시유상태가 양호하지 못하다. 이 온천리 백자가마 1호는 학봉리 백자요지 2호와 거리도 비슷할 뿐더러 백자의 기형자체도 상당히 유사한 점이 많다. 특히 이 가마터의 대접편 중에는 靑華文樣이 있는것도 수습되어 이 가마의 활동시기가 청화백자의 마지막단계였던 것으로 판단된다.

　반포면 소재지에서 남쪽의 온천리 2구 마을에 이르러 도로의 왼쪽에 위치한 온천리 2구 아래사기소마을의 도로에 인접한 곳에 온천리 2호 가마터가 위치하는데, 가마는 민가의 改築시 파괴된 것으로 보인다. 가마터는 지형변경이 심하게 진행되어 정확한 상태는 알 수 없으나 현재 상황으로 추정하여 보면 남쪽방향으로 2~3기 이상의 가마가 상당히 길게 조성되었던 것으로 파악된다. 이 가마터에서는 순백자편과 청화문이

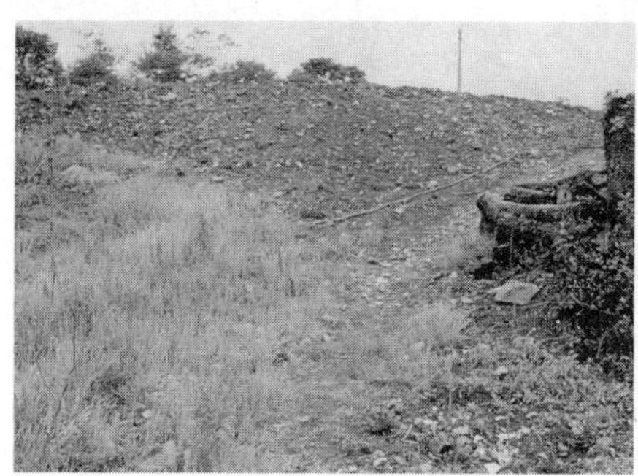

온천리 백지기마 2호 전경

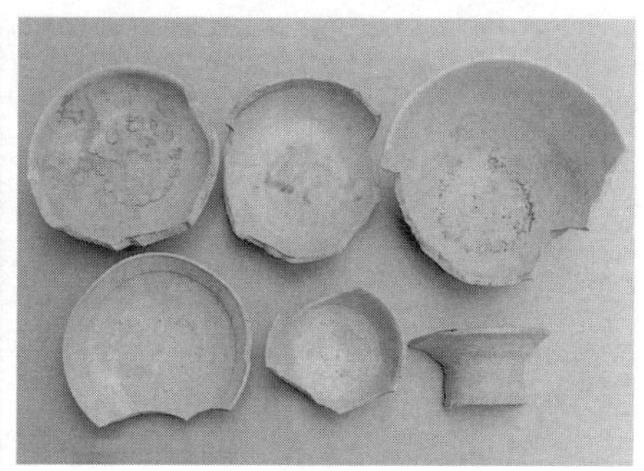

온천리 백자가마 2호 수습도편

시문된 백자편이 확인되는데, 器種은 사발과 접시·대접·종지·제기 등이 주로 수습된다. 이 가마에서 수습되는 백자편은 대접과 접시류가 주종을 이루지만, 종지와 제기류도 상당량 수습되어 다양한 기종이 제작된 것으로 판단된다. 또한 청화로 문양이 施文된 백자도 다량 수습된다. 백자편들은 태토비짐받침 번조에서 모래받침 燔造, 내화토 받침번조에 이르기 까지 다양한 燔造技法으로 제작되었다. 굽에서 수직으로 동체부를 구성하는 사발편과 동체부가 완만하게 상승하여 구연부까지 연결되는 접시류가 많이 수습되는데, 굽은 대부분 높은 편으로 오목굽과 평굽, 다리굽 등으로 다양하며, 釉色은 유백색이나 회백색계열이다.

8. 梧谷洞 가마터

공주에서 부여로 연결되는 40번 국도를 따라 약 2.5 km 정도 가면 도로의 왼쪽으로 오곡동에 이르는 도로가 개설되어 있다. 이 가마는 이 도로를 따라 약 200m 정도 들어가 도로의 동북쪽에 위치한 작은 계곡 사이에 있는 밭 가운데 위치한다. 현재 가마터가 있었던 곳은 밭으로 개간되고, 축사가 들어서 있어 가마는 대부분 파괴된 것으로 보여 정확한 형태를 추정할 수는 없다. 陶片과 불먹은 흙편 등은 다른지역으로 이동되어 버려진 상태로 현재 가마터에서는 작은 백자편만 수습할 수 있다.

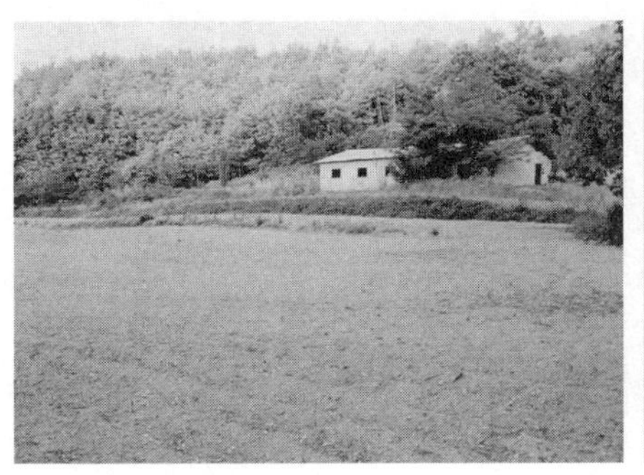
오곡동 백자가마 전경

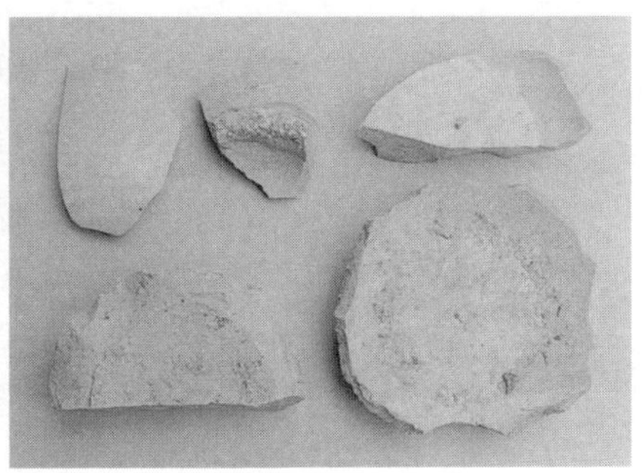
오곡동 백자가마 수습도편

이 가마에서는 대접·접시·종지류가 수습되고 있다.

작은 편들만 수습되어 자세한 기형파악은 어렵지만 도편의 釉色은 회백색 및 유백색 계열이며, 器壁은 상당히 두터우며, 모래받침 흔적과 내화토받침 흔적이 관찰된다. 유약의 시유상태도 고르지 않고 거친편이다. 內底部에 많은 氷裂과 雜物이 부착되어 있어 전체적으로 조잡한 백자로 보인다. 대략 조선 후기인 19세기경의 백자로 생각되어 조선 후기에 요업활동을 했던 가마로 추정된다.

9. 雙大里 1·2호 가마터

신풍면 쌍대리 마을 입구에서 작은 마을길을 따라 약 500m 남서쪽으로 가면 쌍대리 2구 마을이 있는데, 가마터는 마을 안쪽에 낮은 경사로 폭넓게 형성되어 있는 밭에 위치한다. 가마가 위치한 지형은 수년전에 인삼밭으로 사용하는

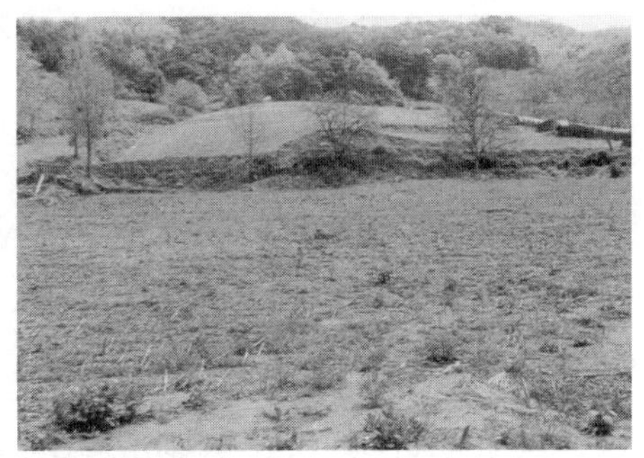
쌍대리 백자가마 1호 전경

등 현재는 개간으로 인하여 가마는 심하게 파손되어 가마의 구조는 확

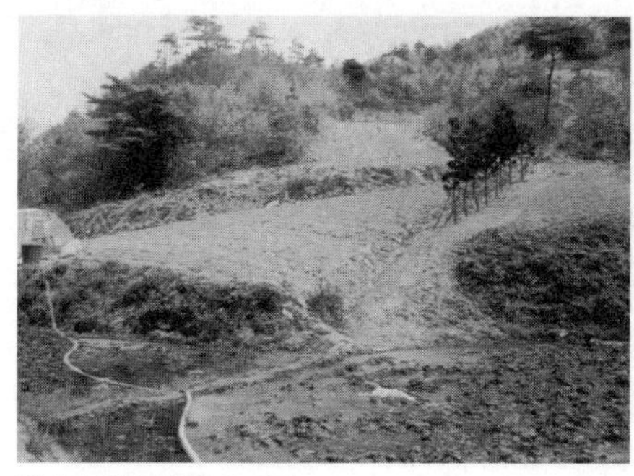
쌍대리 백지기마 2호 전경

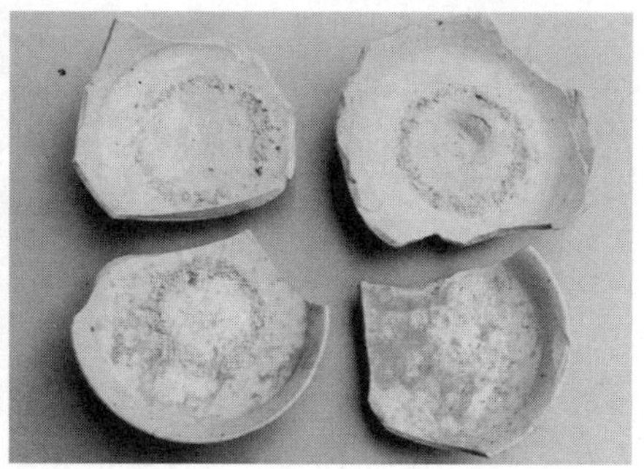
쌍대리 백자가마 2호 전경

인할 수 없다. 전체 지형을 고찰하여 볼 때 1~2이상의 가마터가 있었던 것으로 추정된다. 주변에서 수습되는 도편들은 대접과 접시류가 대부분인데, 대부분이 내저부의 바닥이 평평하고 胴體는 곡선을 이루는 대접편인데, 내화토받침을 이용하여 구웠다. 釉色은 유백색과 회백색이 주로 사용되었는데, 선명하지 못한 편이다. 굽은 굽다리에서 굽안을 오목하게 깎았으며, 胎土는 양호한 편이나 유약은 고르게 시유되지 않아 전체적으로 器面이 고르지 못한편이다. 胴體一部에 잡물이 붙어 있는 경우도 있고, 빙렬이 많이 보여 전체적인 燒成狀態는 좋지 못하다. 굵은 모래 받침이 내면 바닥에 상당량이 부착되어 있다.

쌍대리 2호 가마는 2구 마을의 안쪽으로 약 500m 정도 들어가면 길 오른쪽에 야산의 중턱을 개간한 밭이 나오는데, 가마는 이곳에 위치한다. 현재 가마터는 경작되고 있어 가마의 상황이나 규모를 확인할 수 없으며, 이곳에서 수습되는 백자편들과 燒土片의 존재로 가마가 있었던 흔적을 발견할 수 있다.

이 곳에서 수습되는 백자편들은 모래받침을 한 접시류가 많으며, 대접류도 확인된다. 1호 가마의 접시류와는 달리 내저에 圓刻이 나타나며, 굽에서 완만하게 胴體部로 이어져 口緣部에 연결된다. 내저면과 굽 부근에는 굵고 가는 모래가 많이 부착되어 있다. 유백색과 회백색의 釉調

가 많은데, 유약의 시유상태가 고르지 못하다. 모래를 포개구운 內底部
에는 소성당시에 잡물이 일부 부착되어 있다. 굽은 전체적으로 높은 편
이며, 동체부가 굽에서 완만하게 소성되었으며, 구연은 직각으로 곧추선
형태이다.

10. 東院里 가마터

신풍면 소재지에서 동북쪽으로 약 700여m 떨어진 곳에 동원리 동막마을이 위치하는데, 가마터는 마을에서 백운암으로 향하는 길을 따라 500m정도 걸어가면 산의 南西方向 경사면 중·하단부를 개간하여 만든 논과 밭에 위치한다. 가마터가 있었던 지형은 밭과 논으로 개간되었는데, 논둑과 밭주변에서는 다량의 소토편과 백자편이 수습된다. 가마터는 서쪽방향으로 향하여 산의 경사면을 따라서 형성되었을 것으로 보이며, 주변에서 수습되는 도편들을 볼 때 비교적 넓은

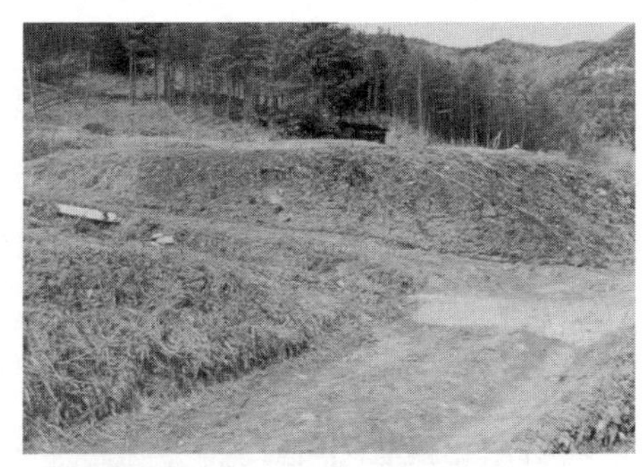

동원리 백자가마 전경

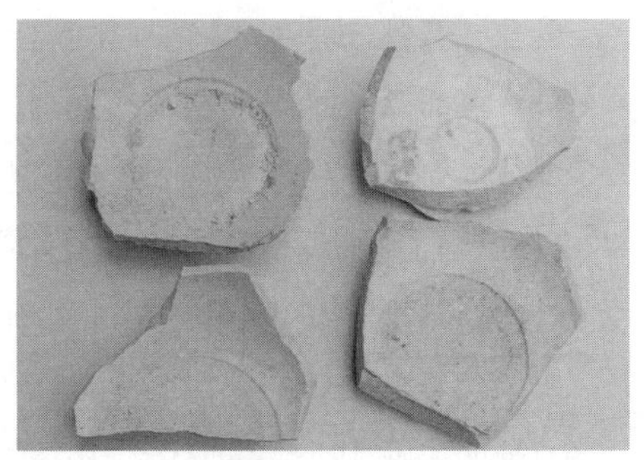

동원리 백자가마 수습도편

지형을 이용하여 대단위의 가마터가 존재하였을 것으로 추정된다. 지형
을 고려할 때 최소한 3~4기 이상의 가마가 운영되었던 것으로 추정되
는데, 현재는 계속된 경작으로 인하여 가마와 관련된 시설과 도편들이
많이 流失된 상태이다.

수습되는 백자의 기종은 대접과 접시류가 주를 이루는데, 대접편들은
器壁이 두텁고 투박한 형태를 취하고 있다. 거의 대부분의 접시와 대접
에는 內底圓刻이 굵게 새겨져 있으며, 釉色은 회백색이나 유백색이 대부
분이다. 유약의 시유상태는 不良하다. 받침은 내화토 받침을 이용하여
포개구웠는데, 굽은 상당히 높은 편으로 대마디굽과 다리굽 형태가 대부
분이다. 굽안쪽은 오목하게 깍았다. 굽에서 胴體部까지는 완만하게 상
승하여 구연에 이른 것으로 추정되나, 완벽하게 형태로 남은 것이 없어
서 구연부가 어떠한 형태였는지 추정할 수 없다. 내화토 포개구운 흔적
과 내·외면에는 잡물과 氣泡가 나타난 도편들이 대부분이서서 조선 후
기인 19세기 이후 일반 서민을 위해서 거칠게 제작된 민수용 백자가마
터로 추정된다

11. 德鶴里 가마터

공주시 정안면 소재지에서 동남쪽으로 약 2.5km정도 떨어진 곳에 덕
학리 마을이 있는데, 이 백자가마터는 의당면에 속해있는 해발 348m의
국사봉 바로 南端部에 덕재라 불리는 곳에 위치한다. 가마터는 국사봉
에서 나뉘어지는 능선 사이의 溪谷部에 위치하는 곳으로 계곡 깊숙이
위치한다. 현재 주변은 밭으로 경작되어 뽕나무 등이 심어져 있으며, 개
간과 농로개설로 인하여 산의 傾斜面이 절단되는 과정에서 가마터는 거
의 파손된 것으로 판단된다.

현재 가마터의 주변에서는 가마벽파괴 당시 露出된 燒土片과 일부 백
자편으로 가마터의 존재를 확인할 수 있다. 수습되는 백자편들은 주로
대접과 접시류가 주를 이룬다. 대접과 접시류는 굵은 모래 받침을 이용
하여 구웠는데, 內底部에는 많은 모래받침들이 부착되어 있다. 釉調는
주로 회백색이 사용되었는데, 내저면과 外面에 유약의 용융상태가 고르
지 못하여 탈색되거나 뭉쳐진 부분이 많다. 내저면에는 內底圓刻같은

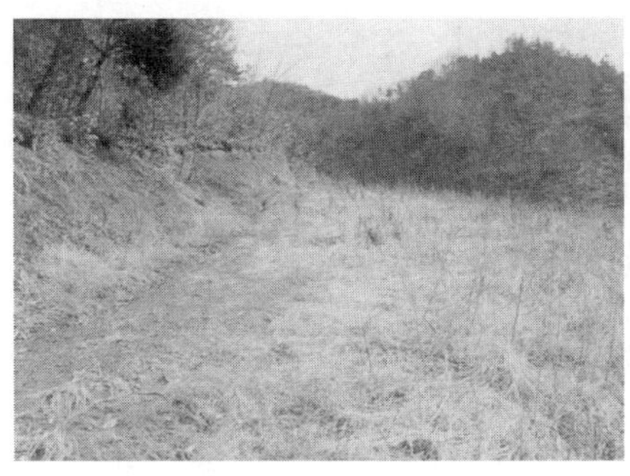

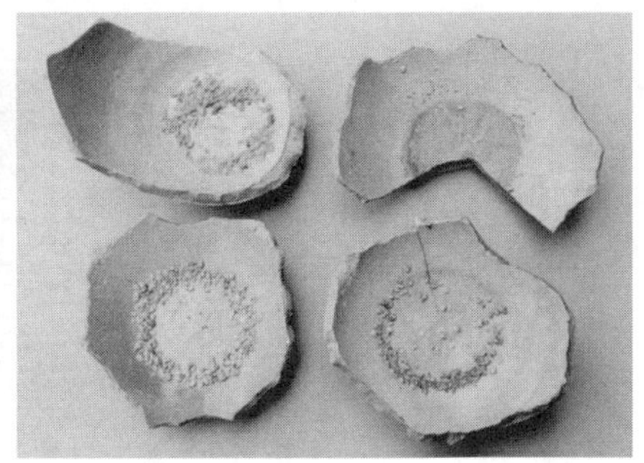

| 덕학리 백자가마 전경 | 덕학리 백자가마 수습도편 |

포개구운 흔적이 심하게 나타나며, 곳곳에 많은 빙렬이 나타나고 있다. 또한 器面에는 조그만 氣泡가 나타나는 등 상당히 투박한 느낌을 주는 백자편들이 많이 수습된다. 굽은 높은 편으로 굽다리와 오목굽이 주로 사용되었다. 이러한 특징들을 종합하여 볼 때 19세기 이후 일반 서민을 주 대상으로 하는 민수용 백자가마터로 추정된다.

12. 농기 가마터

유구읍 소재지에서 604번 도로를 따라 북동족으로 약 2km 정도 들어가면 구계리마을로 넘어가는 구제고개가 있는데, 가마터는 604번 도로변에 위치한 농기마을의 뒷편 야산에 위치한다. 현재 가마터로 추정되는 지역은 이미 밭으로 개간되

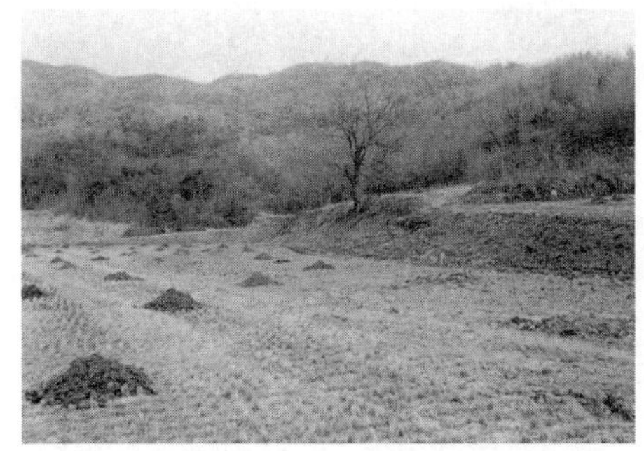

농기 백자가마 전경

어 경작되고 있어, 상당부분이 파손된 상태이다. 가마터에서 수습되는 도편들은 순백자와 청화로 文樣이 施文된 백자편들인데, 器種은 사발, 대접·접시·종지 등이 수습된다. 특히 백자제기편으로 추정되는 마상배

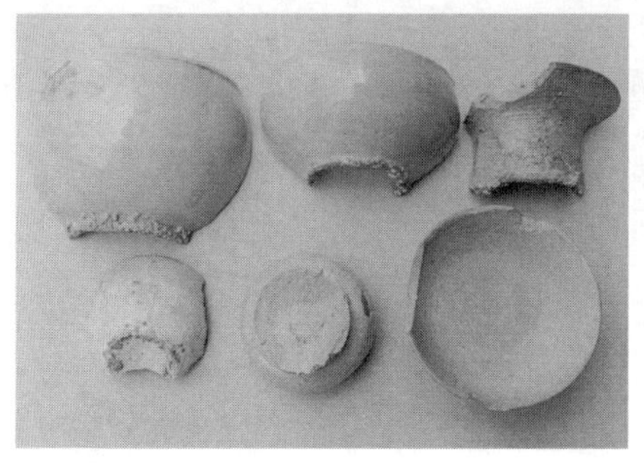

형태의 도편이 수습되고 있다. 이 가마터의 주요 기종은 청화백자인데, 이러한 청화백자는 良質의 회백색점토를 이용하여 소성한 후 陰刻으로 코발트색 안료를 사용하여 문양이나 銘文을 새긴후, 유백색이나 회백색의 유약을 시유하였다. 굽과

농기 백자가마 수습도편

의 接地面 등에는 굵은 모래 받침이 사용되었으며, 釉色은 회백색과 유백색 계열이 주로 사용되었다. 굽들은 오목한 형태로 굽다리가 낮게 만들어 졌다.

13. 桂室里 가마터

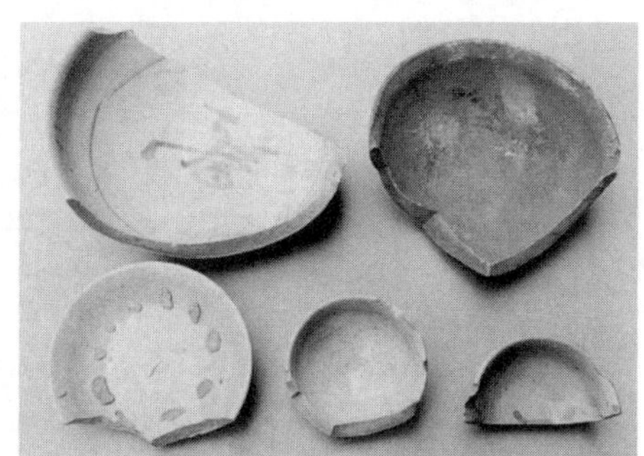

사곡면소재지에서 북동쪽으로 약 1.2km 떨어진 곳에 계실리 마을이 있는데, 가마는 계실리 양촌에서 마을의 뒷편에 나있는 조그마한 길, 즉 마곡사로 연결되는 길을 따라 300m 정도 떨어진 곳의 도로 오른쪽 작은 구릉상에 자리잡고 있다.

계실리 백자가마 수습도편

현재는 밭으로 개간되어 가마의 정확한 상태는 확인하기 어렵다.

수습되는 도편들은 사발·접시·종지·대접·굽이 높은 제기가 주를 이루고 있다. 계실리 백자 가마터는 문양이 간략하게 施文된 청화백자가 많이 보이는 특징이 있으며, 주로 대접·접시 등과 같은 실생활에 쓰이는 자기들이 제작되었다.

도편에는 청화로 福자를 새기고, 나비문과 草文등을 간략하게 시문한 경우도 종종 발견된다. 굽은 다리굽과 오목굽이 주로 사용되었으며, 釉色은 회백색과 유백색 계열이 많은데, 일부 접시는 깨끗한 釉調 위에 단아한 느낌을 주어 소성상태가 양호한 것도 꽤 보인다.

Ⅲ. 공주지역 백자가마의 성격과 편년

약 20여기에 이르는 각 백자요지의 지표조사 결과는(표 1 공주지역 백자요지 일람표 참조) 생략하고 몇 개의 중요한 가마터를 가지고 공주지역 백자요지의 성격과 편년을 정리하고자 한다.

먼저 도신리 가마는 印花文技法의 분청사기와 백자편, 그리고 기와편이 인근에서 같이 수습되고 있어 대체적으로 3~4 이상의 가마가 계속적으로 활동을 한 것으로 판단된다. 백자편을 분석하여 보면 공주시 신영리 백자가마터 등에서 나타나는 특징인 器壁이 두텁고 구연이 바로서며, 굽 안을 깊게 깎는 특징과는 다소 다른 기벽이 얇은 대접류와 함께 象形祭器편이 수습된다. 대략 18~19세기에 제작활동을 하였던 것으로 보인다.

명곡리와 봉곡리 가마의 도편들을 분석하면 內底圓刻이 나타나고 동체부가 다소 펑퍼짐한 느낌을 주어 분청사기의 마지막 단계에서 粗質의 백자를 생산하던 조선 중기 이후인 17세기 이후에 제작하여 주로 지방의 민수용으로 공급되었던 것으로 보인다.

학봉리 백자가마 1·2호는 경작과 도로개설등으로 인해 가마터의 흔적을 발견할 수 없는데, 이들 가마의 편들이 모두 다소 투박하고 거칠은 느낌을 주어 학봉리 분청사기 가마가 퇴화·변질하여 백자가마로 바뀐 것으로 판단된다. 정확한 상한년대는 추정할 수 없지만 대략 18세기 무

표 1 공주지역 백자가마 일람표

연번	가마명	유적의 위치	시대	비고
1	도신리 가마	공주시 반포면 도신리 신성	18~19세기	상형제기 굽편
2	명곡리 가마	공주시 유구읍 명곡리 1구	17세기 이후	분청사기와 동반 수습
3	봉곡리 가마	공주시 반포면 봉곡리	19세기 무렵	2~3기 가마운영
4	학봉리1호 가마	공주시 반포면 학봉리 2구	17~20세기	막사발, 대접, 종지등 다양한 기종 수습
5	학봉리2호 가마	공주시 반포면 학봉리 2구	20세기초 까지 운영	대접편이 주류, 굵은 모래 받침 사용
6	신영리 가마	공주시 사곡면 신영리	19세기	굽다리가 각진 제기류 등장, 기벽이 두텁고, 구연이 곧바로 섬
7	금암리1호 가마	공주시 장기면 금암리	18세기 후반 ~ 19세기	백자 대접 저부편이 주로 수습
8	금암리2호 가마	공주시 장기면 금암리	18세기 후반 ~ 19세기	가마 2~3기 운영 대접이 주류, 지형상 오름가마로 추정
9	금암리3호 가마	공주시 장기면 금암리	18세기 후반 ~ 19세기	내화토, 굵은 모래 받침 사용
10	온천리1호 가마	공주시 반포면 온천리 1구	18세기 후반 ~ 19세기	기종은 대접류가 주류, 청화백자 편 수습됨
11	온천리2호 가마	공주시 반포면 온천리 2구	18세기 후반 ~ 19세기	순백자, 청화백자 편 수습
12	오곡동 가마	공주시 오곡동	19세기 경	회백색, 유백색 유조
13	쌍대리1호 가마	공주시 신풍면 쌍대리 2구	19세기 말	조잡한 백자
14	쌍대리2호 가마	공주시 신풍면 쌍대리 2구	19세기 말	內底圓角形 대접류
15	동원리 가마	공주시 신풍면 동원리 2구	19세기 이후	민수용 백자 제작
16	덕학리 가마	공주시 의당면 덕학리	19세기 이후	회백색 유조 사용
17	농기 가마	공주시 유구읍 유구리 3구	18세기 이후	청화백자편 수습
18	계실리 가마	공주시 사곡면 계실리 1구	18세기 후반 ~ 19세기	대접이 주류, 청화로 福자 음각
19	송곡리 가마	공주시 반포면 송곡리	19세기 ~20세기	기벽이 두텁고, 유백색이 대부분
20	중장리 가마	공주시 계룡면 중장리	조선 후기	현재 가마확인 불가능

렵부터 조선말기까지 요업활동이 계속된 것으로 판단된다. 신영리 백자
가마는 청화안료가 사용된 편이 수습되었고, 굽다리가 각진 제기류의 편
들이 수습되는 것으로 보아 조선 후기인 19세기에 일반 민수용으로 많
이 제작활동을 하였던 것으로 가마로 추정된다. 이러한 백자편들의 특
징은 조선후기 백자의 대체적인 양상이라 할 수 있다.

금암리 1 · 2 · 3호 가마는 모두 도로개설 · 민묘조성 · 경작으로 인해
각 가마가 파괴되어 정확한 가마의 형상은 알 수 없다. 2호 가마는 陶
片들의 분포와 燒土片 들의 분포 범위로 추정할 때 東南向으로 長軸을
이루는 가마가 2~3기 정도 있었을 것으로 보이며, 3호 가마는 가마의 위
치를 고려하여 볼 때 오름식 가마였을 것으로 추정된다. 수습되는 백자
의 대접이나 접시편들에 굽보다 넓은 內底圓刻을 하고 있어 조선중기 이
후에 제작된 백자들의 특징이 나타나고 있다. 이를 통해서 볼 때 1 · 2 ·
3호 가마는 대략 18세기 이후에 제작활동을 한 것으로 추정된다.

이상의 가마3기는 모두 동일 지역내에 형성되어 있는데, 각각 가마의
경계가 위에서 아래로 이어지는 것을 알 수 있다. 즉 한무리의 가마가
요업활동을 하기 위한가장 중요한 조건은 燔木과 용수의 조달, 그리고
운반의 편리성을 가지고 있어야 하는데 이 가마터의 경우에는 대략 10
년 단위로 한번씩 가마를 옮겨 가면서 요업활동을 전개 한 것으로 추
정되어 각 가마의 요업이 동시에 이루어 졌다고 하더라도 적어도 30년
이상은 요업활동을 지속한 것으로 판단된다.

온천리 1 · 2호 가마는 주위에서 청화문양의 도편이 수습되어 청화백
자가 지방에서도 활발히 제작되는 18세기 후반이후의 가마로 판단되며,
양상은 학봉리 백자요지와 유사하다. 쌍대리 1호가마는 지형의 여건상
1~2기 이상의 가마가 존재했을 것으로 보이며, 2호 가마와 제작양상이
비슷하다. 2기 모두 18~19세기에 제작활동을 하였던 것으로 보인다.

동원리 가마는 도편들의 제작형태의 조잡성을 기준으로 볼 때 19세기

이후의 조질백자 가마이다. 농기와 계실리 가마는 청화백자의 음각 명문편과 福字 銘, 草文 도편들이 수습되는 것으로 보아 청화백자가 일반에게 널리퍼진 18세기 후반에서 19세기 중반경의 가마로 판단되는데, 도편의 종류도 일반서민들이 많이 사용하는 종지 및 굽이 높은 제기들이 많이 수습되고 있다.

Ⅳ. 맺음말

이상의 공주지역 백자가마들의 성격과 편년을 고려할 때 공주지역의 백자요지는 조선 중기의 특징을 보이는 이른시기 즉 15~16세기 가마의 존재는 확인할 수 없으며, 분청사기의 제작이 종료되고 일반서민들에게까지 널리 사용될 정도로 백자의 대중화가 이루어진 17세기 이후의 백자요지가 대부분임을 알 수 있다.

高麗時代 金銀製와 靑磁 托盞의 비교연구

고려시대 금은제와 청자 탁잔의 비교연구

I. 머리말

고려시대 금은제와 청자에 나타나는 가장 일반적인 器形인 托盞은 청자에 있어서는 현재 그 수량을 헤아릴 수 없을 정도로 많이 잔존하고 있다. 이렇게 많은 수량이 남아있다는 것 자체가 과거 고려시대에 가장 일반적인 기형이었다는 반증하고 있는 것이다. 우리나라에 탁잔이라는 器物이 처음으로 나타나는 것은 공주의 무령왕릉에서 출토된 銅托銀盞이다. 무령왕릉 출토 탁잔과 비슷한 綠釉托盞은 나주 복암리 고분군에서 출토된 것과, 국립중앙박물관에 소장되어 있는 보물 제453호 녹유탁잔이 있다. 그리고 일본에서도 우리의 탁잔과 비슷한 동제탁잔이 6세기 무렵에 집중적으로 제작되어 현재 약 10여기가 잔존하고 있다. 고대 백제이후 한반도와 일본에서는 액체를 담는 작은 그릇인 盞과 그 받침대를 만들어 특수용도에 사용하였던 것이다.

시대를 뛰어넘어 이러한 탁잔들이 고려시대에 금속제품과 자기류에도 상당히 많이 나타나고 있는데, 이러한 금속제 탁잔과 청자탁잔이 어떠한 용도로 사용되었는지, 탁잔의 제작시기와 기원에 대한 연구는 현재 거의 초보적인 연구수준에 머물러 있다.

이글에서는 고려시대 탁잔이 중국과의 교류속에 기형과 제작기술이 도입되어 어떻게 고려화 되었으며, 이러한 탁잔의 제작이 먼저 금속제에서 시작되어 청자로 기술적 轉移가 이루어지는 지를 확인하고, 이러한 탁잔이라는 기형이 어떠한 용도와 이유에서 발달하게 되는지와 청자 탁잔을 통해서 고려청자의 전개과정을 규명하며, 아울러 이 탁잔제작 당시의 고려의 시대적 상황과 대외교섭에 대해서도 검토하여 하나의 器物인 탁잔이 가지고 있는 다양한 면을 고찰하고자 한다.

Ⅱ. 古代托盞의 形狀과 出土 例

1. 托盞의 形態

액체를 담는 작은 그릇을 盞이라고 하는데, 보통은 잔이나 통용되고 있으나, 한자어로는 盞, 杯, 盃 등을 통칭하여 쓰고 있으며, 일반적으로 盞이나 杯는 불로 구운 도자기 재질을 말할 때 쓰이며, 굽이 있는 그릇이라는 의미이다. 잔은 원래 뚜껑의 있고 없음, 굽의 있고 없음, 손잡이가 있고 없는 형태로 구성되는데, 잔반이나 잔대가 갖추어진 형태에 따라 탁이라는 받침대가 첨가되는 것도 있다. 잔과 잔 뚜껑, 잔대가 갖추어진 형태의 탁잔은 무령왕릉 출토품에서 그 유래가 보이기 시작한다.[18]

고대의 탁잔은 고려시대의 탁잔과 비교하여 크기나 형태에서 많이 다르다. 한반도에 탁잔의 형태가 처음 출토된 것은 1971년 8월 발굴된 무령왕릉에서 수습된 銅托銀盞이 그 첫 번째 사례이다. 동탁은잔은 그후 백제시대에서 나주 복암리 1호분 발굴조사시 출토되었으며, 보물 제453호로 지정된 통일신라시대의 7세기 녹유탁잔이 전해지고 있다.[19]

---

18. 姜舜馨, 「盞」, 『한국민족문화대백과사전』19, 한국정신문화연구원, 1990, PP.65~66.
19. 국립공주박물관, 『百濟斯麻王』-무령왕릉 발굴, 그후 30년의 발자취-, 2001, PP.115~118.
    李揆山, 「銅鏡」, 『百濟武寧王陵』, 忠淸南道·公州大學校 百濟文化硏究所, 1991, PP.285~288.

백제 무령왕릉 출토 동탁은잔을 비롯하여 한반도 출토품들은 구조가 잔, 잔두껑과 함께 잔받침대로 구성되어 고려의 금속공예품으로 제작된 탁잔이나 청자탁잔의 盞, 盞座, 托의 구성과는 차이가 있으며, 또한 형태역시 고려의 탁잔이 잔과 탁이 비슷한 크기로 제작된 반면에 고대의 탁잔은 탁보다는 잔과 잔두껑이 훨씬 큰 구조로 제작되었다.

무령왕릉 출토 동탁은잔을 비롯하여 고대의 탁잔 받침대인 탁은, 무령왕릉 출토품이나 나주 복암리 21호분 출토 탁잔의 받침대 부분이 파손되어 정확한 높이를 알 수 없는 형편이지만 길이가 매우 짧은 반면 상대적으로 전의 넓이는 많이 퍼진 형태이다.[20]

백제문화의 영향을 강하게 받은 일본지역에서도 동제탁잔이 여러점 발견되어 소장되었는데, 이들 일본지역에서 발견된 유물들은 한국출토 탁잔들이 금속과 토제품으로 제작된 것임에 반해, 동제품으로 제작되었다는 점과 한반도 출토품에 비해 상대적으로 크기가 대형이라는 점, 또한 구조에 있어서도 대체적으로 한반도 출토품과 유사하지만 高崎市觀音塚考古資料館에 소장되어 있는 八幡觀音塚古墳群에서 출토된 동탁은잔을 제외하면, 잔과 탁을 연결시켜주는 잔 받침대가 매우 길다는 특색을 가지고 있다. 이러한 예는 金鈴塚古墳群 등에서 출토된 동탁은잔에서 사실로 확인된다. 또한 이러한 동탁은잔들은 일본학계에서는 동제탁잔이 출토된 고분군을 고대국가가 완성되어가던 6세기로 편년하고 있어 이시기에 집중적으로 제작된 유물로 파악하고 있다.[21]

---

20. 文化公報部文化財管理局, 『武寧王陵』, 1974, PP.37~39.
　　全南大學校博物館·羅州市, 『伏岩里古墳群』, 1999, P.26.
21. 國立公州博物館, 『日本所在 百濟文化財 調査報告書 Ⅲ』－近畿地方－, 2002, PP.32~35.
　　群馬縣立歷史博物館, 『觀音山古墳と동ァジア世界』, 1999, PP.80~81.

2. 武寧王陵 출토 銅托銀盞[22]

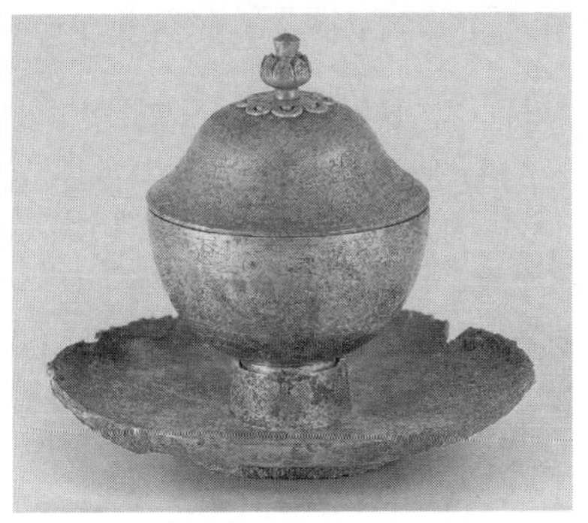

동탁은잔　무령왕릉, 백제, 전체높이 15㎝, 국립공주박
물관 소장

　　무령왕릉 출토 동탁은잔은 총 높이 15.0cm, 잔 높이 5.6cm, 뚜껑 높이 5.2 cm, 탁 높이가 4.7cm이다. 출토 위치는 왕비의 머리부분 남쪽 두침 가까이 놓여 있었는데, 잔 두껑은 銀製로 紫色의 녹이 덮여 있다. 托(盞臺)은 동제이며, 부식이 심하다. 臺·盞·蓋의 3부분으로 된 이 탁잔은 백제 특유의 부드러운 선과 細線으로 음각된 문양이 표면에 시공되어 있다.

　盞臺는 전면이 부식되었고 극히 일부분만 육안으로 확인된다. 얕고 넓은 굽이 있는 접시형 중앙에 높은 받침이 있다. 이 받침 下端을 중심으로 폭 1.5cm의 蓮花文帶가 있고 그 外周에도 문양대가 있으나 선명하지 않다.

　잔은 굽이 높은 원형이다. 내면과 구연 외부에 녹이 있고 외면 하부와 굽은 녹 없이 몸체가 드러나 있어 표면에 음각된 문양이 비교적 잘 남아 있다. 밑의 굽은 작아서 잔대 받침 속으로 들어가게 되었다. 문양은 구연에서 3.3cm 밑에 一條의 陰刻 橫帶를 돌린 아래에는 八葉의 單瓣蓮花를, 위에는 雲龍이 있다. 긴 동체에 지느러미 같은 발과 꼬리가 달린 용 3마리가 연속해서 음각되었다.

　蓋는 일부에 녹이 있을 뿐 잔존상태가 양호한데, 장식문양도 가장 선명하다. 표면은 백제시대 蓮瓣을 측면에서 보는 듯한 부드러운 곡선을

---

22. 국립공주박물관, 『百濟斯麻王』-무령왕릉 발굴, 그후 30년의 발자취-, 2001, PP.115~118.
　　李揆山, 앞의 책, PP.285~288.

그렸고 紐까지 해서 三重의 연화와 蓮蕾, 三山, 水禽 등이 전면에 시공
되어 있다. 紐는 蓋 中央에 높은 받침이 있고 그 위에 瓣端에 斜線이 있
고 세장한 單瓣蓮花 八葉이 돌려 있으며, 그 속에서 子房이 솟아 있는
형식이다. 紐 주위에는 單瓣蓮花 八葉으로 조각된 金板이 부착되었다.

3. 韓半島 出土 綠釉托盞

羅州 伏岩里 1號墳 出土 綠釉托盞[23]
은 전체 높이가 13.4cm 인데, 무령
왕릉 출토 동탁은잔과 비슷한 구조
로 잔, 잔두껑, 탁의 3단이다. 잔과
탁 전체에 녹유가 시유되었으나 박
리가 심하여 많이 탈락되어 있는 편
이다.

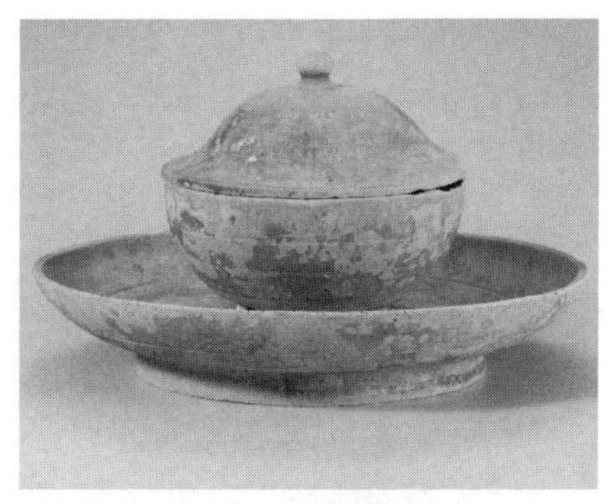

녹유탁잔 통일신라, 높이 12.9cm, 국립중앙박물관 소장

잔 뚜껑은 드림부 일부가 떨어져
나갔는데, 녹유가 시유된 부분이 많이 탈색되었다. 정상부에는 보주형
꼭지가 달려있으며, 잔 뚜껑의 드림부는 짧은 편으로 완만한 경사를 이
루고 있다. 잔은 잔을 받치는 대부가 거의 유실되어 있으며, 구연부는
뚜껑을 받치기 위하여 약하게 홈이 만들어졌다. 잔은 구연부가 직립한
형태로서 일부가 결실되었다.

탁은 대부접시형태로 구연일부가 유실되었으며, 내면에는 1줄, 외면
에는 2줄의 횡침선을 돌렸다.

보물 제453호 綠釉托盞[24]의 전체높이는 12.9cm로 15.0cm인 무령왕
릉 출토 동탁은잔이나 나주 복암리 1호분 출토 녹유탁잔이 13.4cm와
거의 비슷한 규모의 높이이다.

---

23. 全南大學校博物館 · 羅州市, 『伏岩里古墳群』, 1999, P.26.
24. 姜敬淑, 「綠釉托盞」, 『한국민족문화대백과사전』, 한국정신문화연구원, 1989, P.711.

이 탁잔은 무령왕릉 출토 托盞의 재질이 동제인데 비해 재질이 토도로서 오히려 나주 복암리 출토품과 재질이 비슷하나 전체적인 형태 즉 잔과 뚜껑의 형태 등은 무령왕릉 출토 동탁은잔과 비슷하다. 크게 3단계로 구성되어 보주형 꼭지가 부착된 뚜껑과 잔, 그리고 탁으로 구성되었으나 잔을 받치는 받침대는 거의 완형으로 남아 있으나, 탁의 일부는 유실된 부분을 수리하여 보완하였다. 나주 복암리 출토 탁잔은 녹유가 약하여 거의 박리된 상태인데, 이 탁잔도 많은 부분에서 황록색의 釉가 탈락되어 태토가 노출된 부분이 많다. 탁, 잔과 뚜껑의 일부에는 황록색 유가 많이 잔존하고 있다.

口緣이 외반되고 넓게 벌어진 접시는 측면선이 완만하고 곡선이며 밑에는 넓고 납작한 받침대가 있다. 접시 안쪽의 중심부에는 높이 솟은 筒形의 잔받이가 있어 잔의 굽다리를 고정시켜 주며, 잔 바닥에도 좁고 높은 받침대가 부착되어 접시의 잔받이에 들어가 얹히도록 하였다.

출토지와 제작장소는 알 수 없으나 무령왕릉 출토 동탁은잔과 비슷하며, 이러한 잔의 형태가 통일신라의 금속제품에도 나타나고 있어 제작시기는 7세기로 추정하고 있다.

4. 日本 出土 托盞의 몇가지 例

八幡觀音塚 古墳出土 銅製托盞은 무령왕릉 출토 동탁은잔과 형태적으로는 유사하지만, 가장 큰 차이점은 무령왕릉 출토 동잔의 표면에는 섬세하고 화려하게 새겨진 반면, 이 탁잔의 표면에는 아무런 문양이 새겨져 있지 않았다는 점이다. 전체 높이가 15.8cm로 전체적으로 잔과 뚜껑, 잔대의 2부분으로 구성되었다. 잔 뚜껑에는 보주형 꼭지가 달려있고, 잔의 상단부에는 1줄의 횡침선을 돌렸다. 盞臺의 동체는 무령왕릉 출토 동제완 형태인데 상·중·하단부에 2줄의 突帶가 돌아간다. 잔대는 전체적인 형태가 대부접시형으로 무령왕릉 출토 동탁은잔보다 높고

넓은 굽을 갖추었다. 잔대의 받침대는 넓게 밖으로 퍼진 원형이다.

　金鈴塚 古墳出土 銅製托盞의 전체적인 모습은 관음총출토 동제탁잔과 유사하다. 총 높이가 16.6cm로 크기도 관음총과 비슷한데, 잔대의 폭이 좁고, 넓이도 좁아 전체적으로는 관음총 출토 동탁은잔 보다 크지만 아담한 느낌을 준다. 托과 盞 부분에 푸른 녹이 슬어 표면의 문양이 잘 보이지 않지만 잔대부근에 2~3줄의 횡침선이 보이고, 뚜껑부의 상단과 하단에도 1줄의 횡침선이 보인다. 이 동탁은잔은 托과 盞, 잔 뚜껑부로 구성되어 있다.

　八幡觀音塚古墳 出土 銅製托盞은 전체적인 형태는 앞에서 본 금령총이나 같은 고분에서 출토된 1점과 유사하나 차이점은 잔대의 길이가 매우 길어 전체의 1/3 정도이며, 잔대에 2줄의 횡침선이 12차례 새겨진 점과 잔과 뚜껑부보다 盞托의 폭이 매우 넓어 전체적으로는 불안정된 느낌을 준다는 것이다. 총 높이가 16.1cm 인데, 일본학계에서는 위에서 언급한 3점 모두를 대략 6세기 말경에 제작된 것으로 보고 있다.

Ⅲ. 托盞 製作의 時代的 背景

1. 高麗의 金屬 및 陶磁 手工業 體系

　고려 전 시대를 통틀어 금속 및 도자관련 수공업이 일관된 방식으로 진행되었다고 할 수는 없지만 최근의 연구성과에 의하면 그 견해는 크게 서로 상반된 두가지로 정리된다. 그 중 하나는 고려의 수공업의 지배적 위치를 차지하는 것은 민간수공업이 아니라 관영수공업 및 所의 공납수공업이라고 보는 견해와 또 다른 견해는 고려시대 전 시대를 통틀어 민간수공업이 지배적 위치를 점유하였으며, 관영 및 소의 貢納手工業은 그 보조적인 역할만 하였다는 것이다. 현재는 이러한 양 견해의 대립을 어느정도 정리하면서 국가에 의한 관영수공업 및 소의 공납수공업이 전기에는 주도적인 역할을 수행하였으나, 12~13세기 무인의 난과 몽고와의 전쟁관계로 인한 사회적 구조의 변화에 따라 민간수공업 영역이 점차 확대되었다고 보는 견해가 많아지고 있다.[25]

고려사중 도자에 관련되어 최초로 국가의 貢納手工業에 의해 작업하는 사례로는 다음 두 가지를 들 수 있다.

① 《淳化三年壬辰 太廟第四室享器匠王公托造》[26]
② 《淳化四年癸巳 太廟第一室享器匠崔吉會造》[27]

이의 순화3년과 4년은 992년과 993년으로 고려 성종 11, 12년인데, 이 992년은 고려의 중앙집권화와 제도수립이 마무리 되던 성종때로서 성종8년에 시작된 태묘에 쓰기위한 제기를 국가장인인 왕공탁에게 제작시켰다는 기록이며, 993년은 고려전기의 일대사건인 거란의 1차 침입이 있었던 해로서 태묘에 쓰일 제기를 최길회가 제작하였다는 기록이 있다. 992년 황해남도 봉천군 원산리에서 제작된 제기는 1991년 북한사회과학원 고고학연구소의 발굴성과에 의해 확인되었으며, 993년에 제작된 제기는 전세품으로서 현재 이화여자대학교 박물관에 보관되어 있다. 이 두 가지 사례에서는 명문에 의해 제작자의 이름, 제품의 품목등의 기재방법이 모두 같아 이러한 점들로 볼 때 이 제기들을 제작한 원산리의 가마는 국가에서 이 지역에 여러 개의 窯를 관리하는 가마 중의 하나였을 것으로 판단된다. 이러한 사례로 볼 때 고려 초기인 성종때부터 도자는 국가에 의해 관리되는 官窯形態로 운영되었다고 할 수 있을 것이다. 또 위의 경우와는 다른 경우지만 康津靑磁資料博物館 所藏 靑磁象

25. 徐聖鎬, 『高麗前期 手工業 研究』, 서울대학교박사학위논문, 1997, PP.4~6, 143~151.
26. 尹龍二, 『韓國陶瓷史研究』, 文藝出版社, 1993, P.152.
27. 尹龍二, 앞의 책 P.153
    國立中央博物館, 『高麗陶磁銘文』, 1992, P.159.

嵌「王」銘 托은 탁과 전만 잔존하는 형태인데, 托에 연결된 넓은 전은 6개의 꽃잎으로 구성되었는데, 여섯 개의 전의 마디에는 음각선이 그어져 있고, 그 중앙에 「王」字가 흑백으로 새겨져 있다. 이러한 예는 탁의 전에 명문이 새겨진 대표적인 잔받침이다. 유약의 시유상태와 발색등을 고려하여 보면 13세기에 제작된 것으로 판단된다. 이 탁에 새겨진 명문을 볼 때 전라도 강진지역을 중심으로 한 가마에서 왕실전용 탁잔을 제작하지 않았나 추정할 수 있다.[28]

금속제품의 경우도 대외교섭 및 국왕의 賜與기록이 고려사에 많이 나타나는 것으로 보아 국가가 주도적으로 수공업을 운영하였던 것으로 판단된다. 고려 문종 26년 송과의 교역때 붉은 비단으로 포장된 금주자를 보냈던 기록이나, 전쟁 및 국가의 대소사에 관련된 관료에게 하사한 제품등에 銀盤, 은접시 등의 그릇들을 하사한 기록[29]에 의하면 고려 전반기 내내 국가 주도로 수공업을 공납형태로 운영하고 있음이 확인된다.

2. 高麗의 對外交涉

고려시대는 전·후기의 분기점을 대부분의 문헌사학자들은 1170년 무신의 난을 기점으로 보고 있다. 이는 무신난을 전·후로 하여 사회 및 정치적 상황이 확연히 구분되기 때문이다. 전기에 있어서 고려의 주요 교섭상대는 중국의 燕雲16州(河北, 山西 北部)를 차지하고 한족의 관제와 문화를 흡수하고 있던 遼였는데, 이는 고려의 대 중국 교역루트인 지금의 중국 만주지역 및 하북지역을 점령하고 있었던 결과였다.

고려의 탁잔에 많이 나타나는 打出技法은 원래 지금의 이란지역에 있었던 사산朝에서 발달되어 중앙 아시아를 거쳐 중국의 唐代에 발전하였

---

28. 강진청자자료박물관, 『고려청자, 그 숨겨진 혼을 찾아』, 1999, P.6.
29. 《고려사》권9 문종26년 6월 甲戌 및《고려사》권16 인종 7년 3월 계묘년에는 이러한 사례가 확인된다.

으나 이후에는 宋·遼가 이를 적극적으로 흡수하여 발달하였다. 고려 전기에 이 루트를 점령하고 있던 요와의 교섭에 의해 우리나라에 백제 및 신라시대에 도입되었던 타출기법이 획기적으로 발달하기 시작한다.

打出기법이란 금속판의 안이나 바깥에서 정과 망치로 두드려 부조식의 정교한 문양, 또는 凹凸에 의한 입채감을 표현하는 단조기법 중의 하나로 이 기법에는 작업방식에 따라 伴鑄造한후 금속판을 덧댄 뒤 두드리는 押出 기법도 포함하며 세부적인 표현은 陰刻이나 線刻으로 마무리한다. 고려사 卷9 世家 권제9(문종 32년, 1078) 중에는 '금으로 화려하게 아로새긴다는' 의 미에서 '金鏤銀'이란 용어가 나오고 있어 고려시대에는 누금기법으로 불리 었던 것으로 보인다. 이러한 타출기법은 국립중앙박물관 및 경북대학교 박 물관에 소장된 은제탁잔의 잔 받침부분에 집중적으로 나타나고 있다.[30]

탁잔에 많이 보이는 상감기법은 삼국시대에 처음 선보이기 시작하여 통일신라 및 고려시대에 이르러 다양하게 발달하기 시작한다. 가느다란 線象嵌技法과 함께 넓은 平象嵌이 특히 알려져 왔는데, 이러한 상감유 물은 금속기명 가운데 합, 향완등에 주로 사용되었다. 탁잔의 잔 동체를 장식할 때 많이 사용되고, 이러한 기법은 청자에도 많이 응용되었다. 이 상감기법은 고려에서는 '入絲' 기법으로 불렀다.[31]

고려는 전기에 있어 遼의 침입, 女眞과의 대결, 그리고 斷續的인 宋과 의 관계가 있었으며, 후기에는 긴 대몽항쟁과 元·明 교체기의 양측 외 교관계, 왜의 침입이 있었다. 고려는 이런 배경 속에서 강대국의 연호를 사용하기도 하였지만 遼·宋간의 澶淵之盟(1004)과 요의 세차례 침입 (993, 1010, 1018)이후 고려와 요가 맺은 화약으로 고려·요·송은 안정 적인 구도가 유지되었다. 이는 곧 문종시기에 국가의 여러 제도를 완비

---

30. 李蘭暎, 『한국 고대의 금속공예』, 서울대학교출판부, 2000, P.166
　　　金恩愛, 『高麗時代 打出工藝品 硏究』, 홍익대학교대학원석사학위논문, 2003, PP.1~5.
31. 李蘭暎, 『한국 고대의 금속공예』, 서울대학교출판부, 2000, P.83

하여 고려의 전성기를 형성하는 기반이 되었다.[32]

각 나라간의 당시 외교관계는 이러한 분위기 속에서 자국의 이익과 필요관계에 따라 공식 사행이 이루어졌다. 이는 공무역 및 사무역등을 행하면서 각국간의 최고 공예품이 이러한 무역을 통해서 전달되어졌을 것으로 추정된다.

금속기인 銀器 및 공예품의 중국과의 교류관계 횟수를 고려사에서 검토하면 후당·후진·송·요·여진등이 고려에 공예품을 사여한 횟수는 총 22회이며, 후기의 주요 대상국인 원과의 교류는 나타나지 않는다. 다른 나라들과의 관계는 1~2회 정도로 미비하지만 요와 북송이 각각 8회로 주류를 이루는데, 이는 고려의 문종시기에 집중된다.

반면 고려가 국가산물을 중국에 보낸 기록은 총 25회로 대다수는 금과 원에 집중되어 있다. 고려가 요·송으로 받은 교역품의 대부분은 금은으로 장식된 기물과 함께 金銀器, 磁器, 漆器 등이며, 고려가 금·원에 사여한 물품역시 금은기가 대부분을 차지하고 있다.[33]

총 47회의 교역중 금은기가 관련된 횟수는 총 37회에 달하며, 잔과탁이 관련되어 고려가 금·원에 사여한 경우는 총 5회에 이른다. 이러한 사실은 고려전기에는 주로 요·북송을 통해서 선진 금속공예 제작기술이 고려에 도입되어 금은기 제작기술이 상당히 높은 수준으로 발달하였고 후기에 이르면 기술적으로 뒤떨어진 금·원에 일방적으로 사여하고 있음을 알 수 있다.

또한 《宣和奉使高麗圖經》권 19에는 거란과의 전쟁에서 잡힌 포로 열명중에 한명은 뛰어난 기술을 가지고 있어 이들을 중앙관청에 머물도록 하였다는 기록이 있어 고려의 공예기술 발전에 요가 상당한 영향을 끼쳤다고 할 수 있다.

---

32. 朴龍雲, 『高麗時代史』, 일지사, 1985, PP.310~327.
33. 金恩愛, 앞의 논문, PP.26~39.

Ⅳ. 高麗 金銀製 托盞

1. 金銀製 托盞의 起源

탁잔형식은 탁과 잔이 분리되면서도 한 세트를 이루는 것으로써 동아시아 각 지역의 구분없이 사용되는 일반적인 기형이다. 고려 이전의 탁잔은 앞에서 언급한바 있지만 무령왕릉 출토 동탁은잔을 비롯하여 한반도에서 3점이 확인되지만, 접시에 가까운 넓은 원형의 탁, 잔의 뚜껑 사용으로 볼 때 고려의 花形 탁잔과는 다른 형식이다. 대신 唐代의 茶具 중 茶托 혹은 탁잔이라 불리우는 것과 유사성을 찾아볼 수 있다. 唐代의 9세기에는 茶의 유행으로 茶碾子 · 茶羅子 · 鹽台 · 籠子 등의 차를 마시기 위한 물품들이 다수 제작되었는데 그 중 茶托의 예를 살펴보면 陝西省 西安 和平門 출토〈銀製雙層蓮瓣多托〉의 花形이 주목된다.[34]

이는 원통형의 다리에 '大中十年(860)'이라는 편년이 있는 작품으로 六花形의 托盤에 雙層蓮瓣文 등을 생동감있게 표현하였다. 섬서성 輝縣 柳林背陰村 출토〈銀製茶杯 · 茶托〉은 받침대가 없지만 꽃 형태의 잔과 탁반 구성으로 고려의 탁잔과 유사성이 나타난다. 이후 탁반은 宋 · 元代에도 계속 제작되었지만 四川省 孝泉鎭 窖藏 출토의〈銀製杯 · 銀製六稜形托〉에는 '己酉德陽'과 '周家造'라는 명문이 확인되는데, 잔의 받침대가 있는 반면 탁반의 꽃잎부분이 둔탁하게 표현된 것을 알 수 있다. 여기서 확인된 '己酉德陽'은 1069~1129에 해당되어 12세기 이후 고려 탁잔의 변화과정을 살필 수 있는 계기가 된다.

잔으로서 고려의 탁잔의 잔과 비슷한 문양을 가진 예가 1992년 內蒙古 阿魯科爾沁旗 耶律羽之墓에서 출토된 〈金製五瓣花口杯〉인데, 이 杯

---

34. 韓衛, 「從飮茶風常看法門寺等地出土的唐代金銀茶具」, 『文物』, 文物編輯委員會, 1998年 10기, PP.44~54.

에서는 잔을 5개의 꽃잎 모양으로 구획한 것과 잔의 구연부 처리가 고려탁잔과 비슷하다고 할 수 있다.[35]

중국 도자사에서 이러한 탁잔과 같은 기형은 주로 화북지방의 청자에서 나타나는데, 화북지방 중에서도 汝窯에서 집중적으로 제작된다. 제작시기는 11~12세기에 주로 제작되는데, 정밀한 탁잔은 주로 12세기에 만들어진다. 한반도에서와 마찬가지로 중국에 있어서도 이러한 기형은 銀器나 칠기에서 유래된 것으로 보고 있으며, 최초로 제작된 시기를 8세기로 보고 있다.[36]

2. 規模와 特徵

國立中央博物館 所藏 銀製鍍金菊花文托盞은 도금한 잔과 받침이 따로 떨어져 있는 한 세트의 탁잔이다. 총 높이는 12.1cm이며, 잔의 높이는 5.6cm, 탁의 높이는 6.8cm 인데, 12세기에 제작된 것으로 판단하고 있다. 전체모습은 六葉의 花形으로, 잔과 받침의 단면이 동일하다. 잔은 다리와 잔 부분이 따로 만들어져 용접되었는데, 다리는 작고 盞身은 크다. 모두 안팎에 은은하게 도금이 되어 있다. 다리의 아래 부분과 잔신의 구연부에는 똑같은 모양의 押出波濤文이 시문되었고, 잔신 외부의 꽃잎마다에는 蓮花折枝文이 음각되었으며, 화판과 화판 사이의 움푹 들어간 곳에도 작은 연화절지문을 새겼다. 잔 받침부분에는 국화문을 빽빽하게 새겼다. 잔의 내부에는 음각문이 시문되었고, 기저의 중앙에는 연화절지문을, 기저와 기복이 만나는 부분에 음각파도문이 새겨져있다. 받침은 이중의 넓은 전이 있는 받침몸체에 다리가 달려 있는데, 이 둘은

---

35. 金恩愛, 앞의 논문, PP.50~52
36. 마가렛메들리 저·김영원 譯, 『中國陶磁史』, 悅話堂 美術選書, 1991, P.149.
    伊藤郁太郎, 『優艶の色·質朴のかたち』 - 李秉昌コレクション韓國陶磁の美 - 大阪市立東洋陶磁美術館, 1999, P.306.

따로 만들어져 용접되었다. 전에는 연화절지문이 화판마다 새겨져 모두 열두개이다. 이중의 전 중앙에 솟아 직접 잔을 받는 받침대에는 꽃이 자잘하게 새겨져 있다. 여섯 화판형인 받침대는 안쪽에 원형 무늬를 대고 쳐서 무늬가 도드라지게 하였는데, 그 섬세한 솜씨는 다른 작품의 예에서도 많이 나타난다.[37] 慶北大學校博物館 所藏 銀製蓮菊花文托盞은 은으로 도금된 잔과 받침이 떨어져 있는 한 세트의 탁잔이다. 전체적인 모습은 국립중앙박물관 소장 은제도금탁잔과 비슷하여 여섯 개 잎이 난 꽃잎 모양으로, 잔과 받침의 단면이 동일하다. 잔은 다리와 잔 부분이 따로 만들어져 용접되었는데, 다리는 작고 盞身은 크다. 다리의 아래부분은 무문이며, 잔신의 중앙부와 탁의 전 부분에는 연당초문을, 잔 받침에는 화판마다 10엽의 국화문을 배치하였다. 잔 받침은 탁의 넓은 전부분 중앙에 위치하는데, 탁은 여섯 화판형으로 되어 있는데, 托의 받침하단에는 잔의 구연부와 같은 초화문이 새겨져 있다.[38] 日本 國立東京博物館 所藏 銀鍍金陰刻草花文托盞의 총 높이는 27.0cm로, 잔의 높이는 12.6cm, 탁의 높이는 14.4cm로 다른 종류의 금속제 탁과잔에 비해 상당히 큰편이다. 다른 탁과잔과 비슷하게 은으로 도금된 잔과 받침이 떨어져 있는 한 세트의 탁잔이다. 특히 잔이 가름하고 길게 뻗어 시원한 느낌을 준다. 線彫技法의 일종인 蹴彫技法으로 초화문을 새겼다. 12~13세기에 제작된 것으로 추정된다.[39]

日本 個人所藏 銀製貼花菊花文托盞은 총 높이가 12.0cm로서 잔과 탁이 모두 여섯 개의 꽃잎 모양 잎으로 구성되어 있는데, 경북대 소장품과 형태는 비슷하나 잔 받침대가 옆으로 외반되면서 유난히 높게 주

---

37. 호암갤러리, 『大高麗國寶展』-위대한 문화유산을 찾아서, 1995, P.210, P.319.
　　국립중앙박물관, 『국립중앙박물관』, 1997, P.242.
38. 경북대학교박물관 『경북대학교박물관소장유물 도록』, 2003, P.160.
39. 李蘭暎, 『한국 고대의 금속공예』, 서울대학교출판부, 2000, P.159.
　　大阪市立東洋陶磁美術館 『高麗の金屬器と陶磁器』, 1991. P.12.

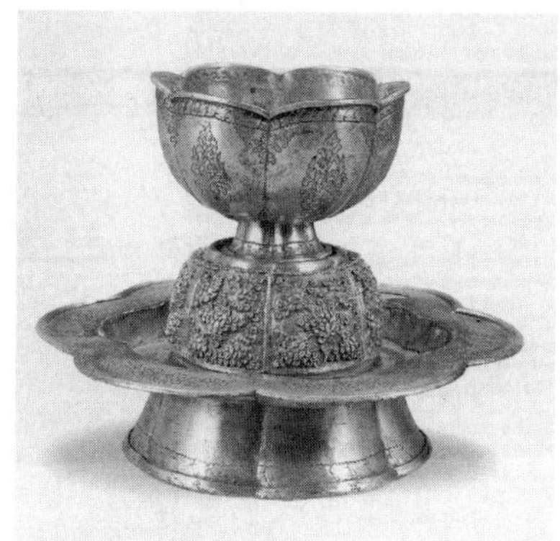
은제도금국화문탁잔 고려 12세기, 총높이 12.1㎝, 국
립중앙박물관 소장

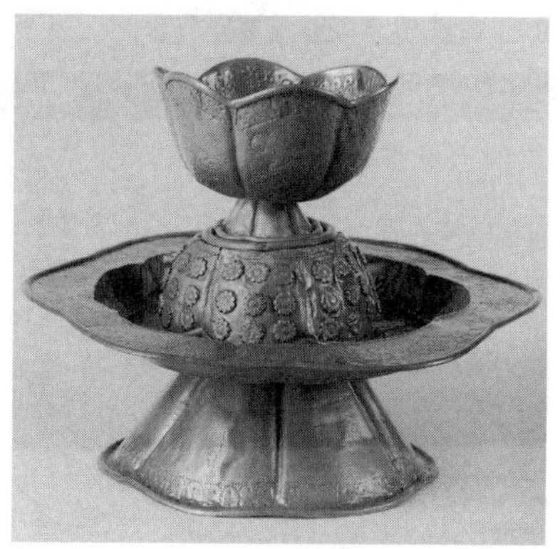
은제연국화문탁잔 고려 13세기, 높이 9.7㎝, 경북대
학교박물관 소장

조되었다. 문양 또한 잔받침대에 국화문을 집중적으로 배치하여 잔탁의
무게중심이 집중되고 있다. 잔의 약간 작은 느낌을 주지만 잔, 잔 받침
대, 탁이 균등하게 3등분되어 조화를 이루고 있다. [40]

清州 思惱寺에서는 고려시대 사찰에서 사용되던 탁잔 세트 3점과 탁
1점이 수습되었는데, 위에서 언급한 탁잔과 형태는 비슷하나 크기 면에
서는 약간 작고, 문양장식이 없는 단순한 구조로 제작되었다. 형태는 다
리가 부착된 잔과 다리가 부착되지않은 것으로 구성되었고, 넓은 전(托
盤)으로 만들어져 있는 탁과 함께 세트를 이루고 있다.

고려공예의 진수를 보여주는 갖가지 문양이 새겨지지 않은 소박한 형태
인데, 출토유물의 다양성과 유물에 나타난 명문의 시대폭이 커 정확한 년
대를 추정할 수는 없지만 대략 13세기에 제작된 공예품으로 추정된다. [41]

고려의 금은제 탁잔 중 가장 시기가 이른 국립중앙박물관 소장 은제도
금국화문탁잔은 육화형 기본형태에 잔과 2단의 받침으로 구성되었는데,
잔과 탁의 받침대 부분을 납땜으로 연결시킨 것이다. 이는 『宣和奉使高

---

40. 大阪市立東洋陶磁美術館, 앞의 책, 1991. P.12.
41. 국립청주박물관, 『고려공예전』, 1999, P.146.

표 1 高麗 및 中國製 金屬製 托盞

遺物名稱	所藏處	規模(cm)	特徵	製作時期
銀製鍍金 菊花文托盞	국립중앙박물관	총 높이 27,0 잔 높이 12.6 탁높이 14.4 잔 폭 16.4	• 여섯개의 꽃잎 모양구조 • 잔과 다리가 따로 접합 • 다리, 盞身 구연부에 압출 파도문, 잔의 저부와 전에는 연화절지문 시문 됨. • 盞座 중앙에 打出技法으로 국화문시문됨.	12
銀製蓮菊花文 托盞	경북대박물관	총 높이 9.7	• 点線彫로 잔 구연부, 전, 탁 하단에 물방울, 국화절지문 시문됨. • 잔좌에 타출기법의 국화문이 시문됨. • 얇은 은판에 여섯 개의 꽃잎 모양	12
銀鍍金陰刻 草花文托盞	동경국립박물관 (일본)	총 높이 27,0 잔 높이 13.2 탁 높이 14.4	• 상당히 대형임 • 線彫技法의 일종인 蹴彫기법으로 초화문 시문됨.	12~13
銀製貼花 草花文托盞	개인소장 (일본)	총 높이 12.0	• 貼花技法으로 盞座에 음각의 초화문을 시문함.	13~14
銀製 茶杯 茶托	陝西省 歷史博物館	총 높이 7.8	• 낮은 받침대 형태의 잔과 탁의 전이 고려탁잔과 유사함.	唐
銀製 杯銀製 六稜形 托	四川省博物館	배 높이 4.3 배 구경 10.1 탁 구경 6.3	• 잔의 받침대가 있고, 탁의 전은 꽃잎부분이 둔탁하게 표현됨.	宋

麗圖經』卷 30 器皿의 '盤'의 모양은 모두 중국 것과 비슷하다. 단지 잔이 깊고 테두리가 내경 되었다. 잔의 크기는 작고 발은 높다. 은으로 만들었고 간혹 금을 칠하기도 하였으며 꽃을 새겨 놓은 것이 정교하다.'[42]

---

42. 『宣和奉使高麗圖經』은 宋의 徐兢(1091~1153)이 1123년(고려 인종 1년, 북송 휘종5년)에 고려에 사신으로 왔다가 지은책으로 모두 6冊 40卷으로 되어있다.
　　卷30 器皿 : 盤琖之制 階似中國 惟琖深而 釦斂舟小 而足高 以銀爲之 間以金塗 鏤花工巧

라는 표현에서 볼 때 이 탁잔의 기형과 제작방법이 거의 동일하다. 이러한 예로 볼 때 이 탁잔은 12세기에 제작된 고려 탁잔의 대표적인 유물이다. 경북대소장 은제연국화문탁잔은 현재 거의 갈색으로 변화되었지만 국립중앙박물관의 은제도금국화문탁잔과 잔과탁을 얇은 은판으로 만들었고, 기본적인 형태도 동일하다. 문양제작 기법에 있어서 点線彫技法이 사용되었으며, 잔좌에 나타나는 국화문표현이 국립중앙박물관 소장 탁잔보다 간략한 타출로 표현되고 있어 13세기에 제작된 것으로 판단된다. 일본개인 소장 은제첩화국화문탁잔은 잔좌에 타출기법 대신 타출효과를 나타내기 위한 첩화기법을 사용하여 꽃 문양을 불규칙적으로 부착하고 있어 타출의 효과인 입체감을 나타내고 있다. 이러한 양식의 변화로 볼 때 13~14세기에 제작된 것으로 판단된다.

V. 高麗의 靑磁 托盞

1. 靑磁 托盞의 類型과 變遷

탁잔은 고려시대 청자에서 흔히 보이는 기종이다. 고려시대 청자 탁잔의 양식은 원래 중국 唐·遼·宋에서 발전한 금은제 탁잔과 청자의 영향에서 유래한 것이다. 고려시대에서는 먼저 금속제 탁잔이 만들어지고 여기에 사용되던 유사한 형태와 문양을 갖춘 청자 탁잔이 많이 만들어졌다. 특히 잔 外口緣의 도드라짐이나 탁의 전 가장자리의 도드라짐은 금속제 탁잔의 范을 사용해 만드는 과정에서 생겨났던 흔적이 청자에 남은 것으로 여겨진다. 또한 대개의 경우 이러한 탁잔들은 잔이건 탁이건 굽을 따로 만들어 붙이는 방법으로 제작되었으며, 금속기든 도자기든 범을 사용해서 대량으로 만들었기 때문에 비슷한 청자탁잔들이 많이 남아 있다.[43]

고려시대 탁잔은 크게 두 가지의 형태로 나눌 수 있다. 하나는 盞座가 막힌 형태로 盞座와 전의 사이에 골이 있는 것이며, 다른 하나는 김용두옹 소장품 중 하나인 靑磁象嵌菊花折枝文托盞처럼 盞座가 뚫려 있어 잔이 그 안에 들어가는 형태이다.[44]

고려시대에는 장식성이 없는 素文탁잔이 대부분 11세기에 제작되는 것을 비롯하여 陰刻, 象嵌등으로 장식을 한 청자탁잔은 12~13세기에 많이 만들어졌다. 특히 음각과 상감으로 장식을 하는 단계에 이르면 잔과 잔받침을 화형으로 만든 예가 많이 나타난다. 이러한 기형의 탁잔은 같은 시기에 금속기로도 만들어져 청자가 금속기를 모방했을 것으로 생각된다.[45]

당시 유행하던 화려한 장식의 금속제 탁잔과 비교하면 청자탁잔은 형태나 장식에 있어 단순하게 처리되었다. 장식이 있는 경우에는, 잔 탁과 잔 가장자리를 눌러 화형으로 만들거나, 잔의 벽을 둥글게 하지 않고 볼록한 면으로 처리한 것이 대부분이다. 후자의 경우 잔의 볼록한 면에 음양각 문양을 새기기도 하였다.

14세기 후반에 발생하기 시작한 분청사기에는 탁잔의 예가 그리 많지 않다. 고려 청자탁잔은 잔탁의 중앙 받침대가 오똑하고 굽도 높은 것이 보편적인 형태였다. 그러나 조선시대 탁잔은 잔받침이 일반적인 접시형태이거나 김용두옹 기증 분청사기 탁잔과 같이 잔 받침의 중앙 받침대와 굽이 낮아져서 납작한 형태로 변한다. 게다가 백자탁잔의 경우는 받침이 납작한 일반 접시형태로 변한 예들이 적지 않다. 아마도 이런 조형이 고려시대 탁잔과 구별되는 조선시대 탁잔의 조형적 특성이 아닌가 한다.

---

43. 한국고고미술연구소, 『동원이홍근수집명품선』−도자편−, 1997, P.38.
44. 國立中央博物館, 『金龍斗翁 蒐集文化財圖錄』, 1994, P.199.
45. 국립청주박물관, 『김연호 기증문화재도록』, 2003, P.164.

2. 靑磁托盞의 時代別 分類 및 文樣의 變遷

1) 綠靑磁托盞

청자의 發生過程을 볼 때 가장 이
른시기에 제작된 도자탁잔으로 생각
되는데, 圓光大學校박물관에 1점이
소장되어 있다. 특징으로는 無文이
며, 잔과 받침이 소성과정에서 잘못
되어 분리되지 않고 부착되어 있다
는 것이다. 그러나 청자탁잔의 대부
분이 그러하듯이 구연부가 화형으로
되어있다. 총 높이가 6.7cm정도로 소형이다. [46]

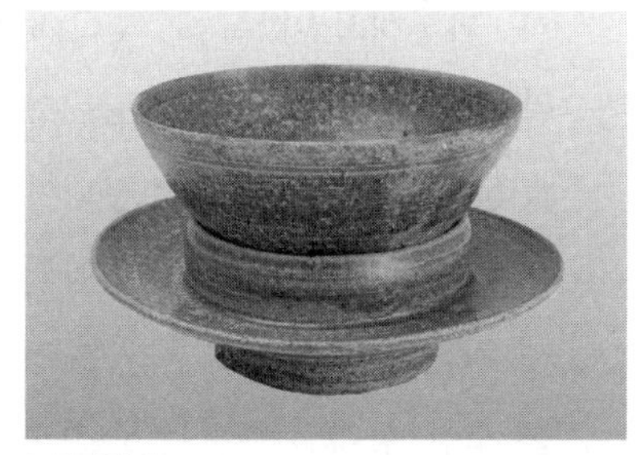

녹청자탁잔　고려 11세기, 총높이 10.2㎝, 연세대학교
박물관 소장

2) 素文靑磁

국립중앙박물관, 성균관대학교 박물관, 동아대학교박물관, 경기도박물
관, 호림박물관, 大阪市立東洋陶磁美術館, 大阪市立東洋陶磁美術館(李秉
昌 寄贈遺物) 등에 소장되어 있는데, 크기가 대략 5~10cm정도이다. 특
히 구연부가 花形으로 제작되지 않은 것은 11세기~12세기 초반으로 편
년되며, 구연부가 화형으로 제작되는 것은 12세기 중반부터 제작된 것
으로 추정된다. 12세기에 구연부가 화형으로 제작되기 시작한 탁잔은
총 높이가 5~6cm 정도인 小形으로 제작되었다. [47]

---

46. 圓光大學校博物館, 『圓光大學校博物館圖』, 1996, P.242.
47. 國立中央博物館, 『高麗靑磁名品』, 1989, P.218.
　　湖林博物館, 『湖林博物館 名品選集 Ⅰ』, 1999, PP.240~243.
　　湖林博物館, 『湖林博物館所藏品選集』, 1991, P.65.
　　成均館大學校博物館, 『成均館大學校博物館圖錄』, 1998, P.36, 231.
　　東亞大學校博物館, 『東亞大學校所藏品圖錄』, 2001, P.60.
　　경기도박물관, 『경기도박물관도록』, 1996, P.30, 172.

3) 象嵌靑磁

상감청자는 국립중앙박물관(구입유물 포함), 인천시립박물관, 호림박물관, 관동대학교박물관, 동아대학교박물관, 한양대학교박물관, 국립청주박물관 김연호기증, 프랑스 국립기메동양박물관, 간송미술관, 大阪市立東洋陶磁美術館 등에 소장되어 있고, 특히 국립중앙박물관에 많은 수량이 소장되어 있다. 상감청자의 전성기에 제작된 관계로 遼·宋의 금속제 탁잔의 영향으로 구연부 및 전, 받침대 부분이 화형으로 제작되며, 꽃 모양 형태의 마디는 5~10개에 이른다. 특히 이 기법에서 제작된 잔과 탁은 다른 것이 합쳐서 한 짝을 이루는 경우가 많다. 특히 국화문양이 비색을 띄고 있는 차분한 느낌의 탁잔들은 대부분 12세기에 제작되었으며, 약간 연한 발색에 빙렬이 많은 탁잔은 13세기에 많이 제작된다. 주로 시문되는 문양은 국화문인데, 그외 折枝文이 함께 시문되는 경우와 운문과 연판문이 단독 시문된 경우도 있다. 특히 운문과 연판문은 청자의 후기양식을 보여주는 무안 도리포유적에서 많이 발견된다. 상감청자 중 국화문이 主文樣을 이루는 경우는 대부분 잔의 중앙과 전, 받침대에 국화문이 위치하고, 잔의 구연등에는 음각의 당초문양이 나타나는 예가 많다. [48]

大阪市立東洋陶磁美術館『高麗の金屬器と陶磁器』, 1991, P.20.
48. 한국고고미술연구소, 『東垣李洪根蒐集名品選』- 陶磁編-, 1997, p.36, 38.
仁川市立博物館, 『仁川市立博物館 圖錄』, 1991, P.17.
湖林博物館, 『호림박물관 명품선집 Ⅰ』, 1999, P.243.
東亞大學校博物館, 『東亞大學校所藏品圖錄』, 2001, P.76.
關東大學校博物館, 『關東大學校所藏品圖錄』, 2003, P.123.
國立中央博物館, 『金龍斗翁 蒐集文化財圖錄』, 1994, P.202.
漢陽大學校博物館, 『漢陽大學校博物館收藏遺物 圖錄』, 1995, P.154.
국립중앙박물관, 『새천년새유물 특별전 도록』, 2000, P.192.
국립청주박물관, 『김연호 기증문화재도록』, 2003, P.20, 164.
국립기메동양박물관 소장 한국문화재도록, 국립문화재연구소, 1999, P.244.
國立中央博物館, 『高麗靑磁名品』, 1989, P.254.
大阪市立東洋陶磁美術館, 『高麗の金屬器と陶磁器』, 1991, P.20.

4) 陰·陽刻靑磁

호림박물관, 경북대학교박물
관, 경기도박물관, 국립중앙박물
관, 원광대학교박물관, 한양대학
교박물관, 해강도자미술관, 모스
크바 국립동양박물관등에서 확
인된다. 음각의 경우에는 대부
분 국화문, 연화문, 국화연당초
문, 운룡문, 국화절지문등이 주
로 나타나며, 양각의 경우는 그
예가 적은데, 국립진주박물관이

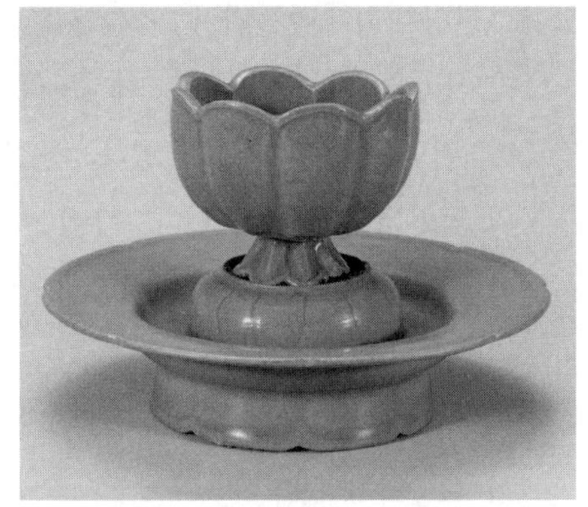

청자음각연화문탁잔　고려 12세기, 총높이 10.2㎝, 국립중앙
박물관 소장

소장하고 있는 김용두옹 기증유물에서 蓮瓣文이 확인되고 있다. 이 양
각 및 음각 탁잔도 크기가 대략 5~10cm 정도이며, 대형의 경우
11~15cm 이상의 것도 나타난다. 이 기법역시 뛰어난 탁잔은 비색으로
12세기에 제작된 것이 많은데, 주문양을 국화문과 牧丹文, 蓮花文으로
장식하고, 從屬文樣으로 연판문, 唐草文, 折枝文, 雲龍文 등이 함께 새
긴 경우가 많다. [49]

49. 湖林博物館, 『湖林博物館 名品選集』, 1999, P.32, 241.
　　湖林博物館, 『湖林博物館所藏品選集』, 1991, P.66.
　　慶北大學校博物館, 『慶北大博物館所藏遺物圖錄』, 2003, P.148.
　　경기도박물관, 『同과異 특별전』- 遼寧省·神奈川縣·京畿道文物展-, 2002, P.131.
　　國立中央博物館, 『金龍斗翁 蒐集文化財圖錄』, 1994, P.199.
　　圓光大學校博物館, 『圓光大學校博物館圖錄』, 1996, P.243.
　　漢陽大學校博物館, 『漢陽大學校博物館收藏遺物 圖錄』, 1995, P.155.
　　海剛陶磁美術館, 『海剛陶磁美術館圖錄』, 1990, P.22.
　　國立中央博物館, 『高麗靑磁名品』, 1989, PP.219~220.

5) 靑磁 其他 技法

한양대학교박물관에 靑磁鐵畵点文托盞이 소장되어 있다. 높이가 9.5cm인 중형 탁잔으로 회청색의 순청자로 유약의 발색이 좋지 못하며, 전면에 많은 기포가 있다. 잔 받침부와 전에 불규칙한 동그란 모양의 철화문이 새겨져 있다. 탁에 비해 잔이 과도하게 큰 형태로 원래의 짝이 아닌 것으로 보인다. 12세기 말~13세기 초에 제작된 것으로 판단된다.

국립중앙박물관에는 높이가 5.2cm인 소형의 靑磁堆花線文花形托盞이 소장되어 있다.

전의 윗면 여섯곳에 가는 퇴화선을 넣어 전을 육면으로 구획하였다. 釉는 맑고 투명하여 빙렬은 없다.[50]

6) 粉靑沙器印花菊花文托盞

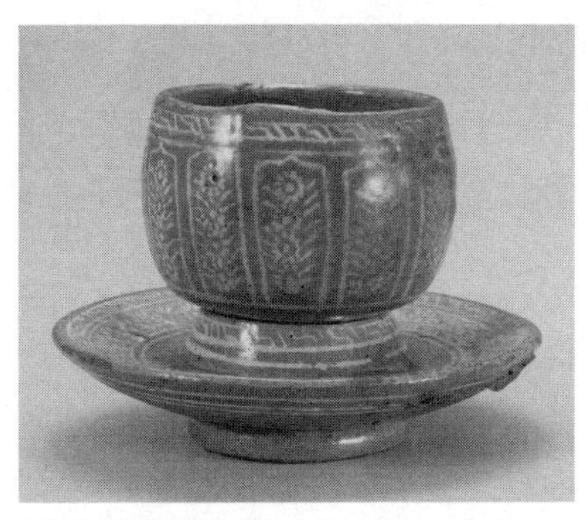

분청사기인화국화문탁잔　조선 15세기, 총높이 9.0㎝, 국립진주박물관 소장

분청사기탁잔의 예는 그리 많지 않다. 고려 청자탁잔은 잔탁의 중앙 받침대가 오똑하고 굽도 높은 것이 보편적인 형태였다.

이 분청사기탁잔의 잔 받침대는 잔의 굽이 들어가 앉히도록 뚫려 있다. 잔 구연부에 象嵌卍字文帶가 장식되었고, 그 아래 잔 동체에는 연판문 안에 인화국화문이 세로로 배열된 다소 독특한 문양이 시문되었다. 잔탁 중앙의 잔 받침대 측면과 받침접시의 구연부에는 象嵌卍字文帶가 그 안쪽으로는 인화국화문대가 한

<hr>

50. 漢陽大學校博物館, 『漢陽大學校博物館收藏遺物 圖錄』, 1995, P.155.
　　國立中央博物館, 『高麗靑磁名品』, 1989, P.266.

줄 돌려져있다. 받침접시의 뒷면에는 상감문이 있다. 전면적으로 회청색의 분청유가 시유되었는데 잔의 釉는 갈색을 짙게 머금고 있어 가마 안에서 산화염 소성되었음을 알 수 있다. 잔의 굽은 평저이며 세 군데 태토비짐받침 자국이 남아 있다. 이런 양식의 상감·인화분청탁잔은 15세기 초반에 제작된 것으로 생각된다.[51]

고려청자의 발생배경에 대한 연구는 지금까지 몇 편이 있었으나,[52] 탁잔의 용도와 청자발생 배경을 함께 생각할 때 이는 더욱 분명해진다고 할 것이다.

지금까지의 연구에 의하면 고려청자는 일반적으로 9~10세기에 발생하여, 11세기 전반에 순청자가 발달하는데, 陰刻菊唐草文, 陰刻草花文, 陽印刻浮彫 등 문양과 기법에서 단순한 형태가 나타난다. 그 후 11세기 후반~12세기에는 초기 상감기법과 음각기법이 발달하게 되며, 문양도 雲鶴文, 蓮池文, 牧丹唐草文, 折枝文 등이 나타나며, 주 문양외에 종속문양도 나타난다.

12세기에는 전반에 순청자가 최고조로 발달하며, 象形, 陽角, 陰刻, 透刻 청자외에 상감청자도 발달하는데, 문양에 있어서도 전 시대에 사용되던 연·모란당초, 보상당초, 절지문등이 복잡하고 복합적인 형태로 나타난다. 12세기 중엽에서 13세기 전반에 상감청자의 전성기를 거쳐 그 이후에는 고려청자가 쇠퇴기를 맞게 된다. 이 시기에는 국화문, 당초문 등이 주 문양으로 나타난다.[53] 위에서 살펴본 탁잔에도 이러한 청자 발달과정과 일치한 기법과 문양이 나타나는데 탁잔에 있어

---

51. 國立晉州博物館, 『斗岩館開館紀念圖錄』, P.97, 230.

52. 강경숙, 「고려전기 도자의 대중교섭」, 『高麗 美術의 對外交涉』- 韓國美術의 對外交涉-, 韓國美術史學會, 2002, P.97.

53. 鄭良謨, 『韓國의 陶磁器』, 文藝出版社, 1991, PP.178~226.
정양모, 『고려청자』, 대원사, PP.21~97.
尹龍二, 『韓國陶瓷史研究』, 文藝出版社, 1993, PP.102~145.

서 상감청자의 기법의 변화와 간략화된 형식을 살필 수 있는 유적이 바로 무안 도리포 해저유적이다. 이러한 변화는 기형이 두터워지고, 대형화되면서 둔중한 느낌을 준다. 무안 도리포 유적에서는 잔이 없는 탁이 2점이 확인되는데, 탁잔에서도 고려후기 청자의 변화를 감지할 수 있다. [54]

표 2 高麗靑磁 托盞 一覽表

遺物名稱	所藏處(박물관)	規格(cm)	製作技法, 特色, 文樣	製作時期
綠靑磁托盞	圓光大學校	높이 6.7	• 구연부가 花形, 무문양	10
靑磁托盞	成均館大學校	총 높이 9.8 잔 높이 5.5 탁 높이 6.0	• 소문청자, 무문양	11
靑磁托盞	東亞大博物館	총 높이 10.3 잔 높이 4.8 탁 높이 6.3	• 소문청자, 잔 다리가 길다. • 盞座는 넓고 길다.	11
靑磁托盞	경기도박물관	총 높이 6.5	• 소문청자, 오목한 잔 받침만 존재	11
靑磁花形托盞	湖林博物館	총 높이 9.4 잔 높이 5.7 탁 높이 4.1	• 소문청자, 여덟 개의 잎모양 형태 • 잔의 입술부분과 탁의 전 가장자리가 약간 도드라짐.	12
靑磁花形托盞	大阪市立東洋陶磁美術館	총 높이 8.5	• 잔, 盞座, 托이 균형을 이룸.	12
靑磁托盞	大阪市立東洋陶磁美術館	총 높이 4.5	• 이병창 기증유물로 전체 높이에 비해 탁의 구경이 매우 넓은 편이다.	12
靑磁托盞	국립중앙박물관	총 높이 9.1	• 잔의 굽은 아래가 밖으로 벌어진 다리굽, 무문양	12

---

54. 국립해양유물전시관, 『務安 道里浦 海底遺蹟』, 2003, PP.41~42.
   윤용이, 「고려 후기의 도자」, 『高麗後期 轉換期의 美術』, (사)한국미술사연구소, 2003, PP.18~20.

遺物名稱	所藏處(박물관)	規格(cm)	製作技法, 特色, 文樣	製作時期
青磁象嵌菊花文托盞	국립중앙박물관 동원선생수집품	총 높이 11.0 잔 높이 5.6 탁 높이 4.5 뚜껑높이 3.6	• 盞座가 뚫린형태로 잔, 잔탁, 잔뚜껑이 갖추어진 형태, 흑백상감기법으로 菊花折枝文 시문됨.	12
青磁象嵌菊花文托盞	국립중앙박물관 동원선생수집품	총 높이 12.1 잔 높이 6.4 탁 높이 6.2	• 아홉 개의 꽃잎모양 구조, 잔의 구연과 탁의 전 가장자리가 도드라짐, 主文樣은 상감국화문, 잔 구연밑은 음각당초문대, 탁은 10개의 꽃 모양 구조, 잔의 하단은 음각국화문, 波魚文, 伏瓣文 시문됨.	12
青磁菊花文托盞	인천시립박물관	총 높이 12.0 잔 높이 6.7 탁 높이 5.8	• 잔다리가 매우 짧음, 10개의 꽃잎모양 구조, 국화문이 2개씩 상하로 흑백상감 됨.	13
青磁象嵌菊花文花形托盞	호림박물관	총 높이 10.1 잔 높이 5.2 탁 높이 5.5	• 잔내면에 흑백상감국화절지문, 잔 외면에 음각당초문대,탁의 잔좌에 음각화문, 잔좌옆면에 양각연판문, 전에 흑백상감국화절지문, 탁굽에 연화문이시문됨.	12
青磁象嵌菊花文托盞	관동대학교	총 높이 10.6 잔 높이 5.8 탁 높이 6.1	• 잔구연 외면 陰刻唐草文帶, 잔 중앙부 흑백상감국화절지문, 탁의 잔좌 측면 양각연판문, 전은 흑백상감국화문, 굽은 陰刻花文	13
青磁象嵌菊花文托盞	동아대학교	총 높이 10.5 잔 높이 4.8 탁 높이 6.0	• 8개의 꽃잎모양 형태, 잔은 흑백상감국화문, 탁의 전은 흑백상감국화문, 잔좌는 연화문이시문됨.	12
青磁象嵌菊花文托盞	한양대학교	총 높이 11.0	• 8개의 꽃 잎 모양 형태, 잔 외면 상감기법 국화문, 탁의 잔좌는 양각화문, 굽은 13개의 꽃잎모양	13

遺物名稱	所藏處(박물관)	規格(cm)	製作技法, 特色, 文樣	製作時期
青磁象嵌菊花文托盞	국립중앙박물관 (새천년구입유물특별전)	잔 높이 5.5 탁 높이 4.2	• 잔은 10화형 형태, 잔 구연은 당초문대, 음각모란문, 상감국화문,탁은 8화형 형태, 잔좌 상면은 국화문, 잔좌 주위는 파어문, 굽의 측면은 국화문이 시문됨.	12
青磁象嵌菊花文托盞	국립청주박물관 김연호기증문화재	잔 높이 6.6 탁 높이 5.0	• 잔 구연부는 당초문대, 잔 꽃모양에 백상감, 흑상감 국화문, 잔좌 옆면에 양각으로 겹蓮瓣文이 시문됨.	12
青磁象嵌菊花折枝文托盞	기메박물관 (프랑스)	총 높이 7.3	• 16개의 화형으로 된잔, 잔은 음각, 상감국화문이 시문됨.탁의 잔좌 중앙에 陰刻波문, 외면은 연주문, 음양각의 연화문, 전에는 상감국화문, 굽에는 상감국화문이 시문됨.	13
青磁象嵌菊花文托盞	간송미술관	총 높이 9.9	• 잔은 흑상감국화절지문, 잔의 내저면에는 모란형의 음각초화문, 탁에는 흑상감의 국화문이 시문됨.	12
青磁象嵌菊花文托盞	오오사카시립 동양도자미술관	총 높이 12.9	• 잔의 동체에 흑백상감 국화문이 시문됨.	12
青磁花形托盞	호림박물관	총 높이 8.6	• 굽의 외 側面에 陰刻帶線	12
青磁花形托盞	호림박물관	총 높이 15.0 잔 높이 7.2 탁 높이 8.4	• 8개의 화형 형태, 탁 상단에 연주문이 陰印刻, 그 아래는 蓮瓣文 시문됨.	12
青磁陰刻牧丹折枝文托盞	호림박물관	총 높이 4.7	• 소형의 화형탁잔, 전의 상면 여섯곳에 陰刻牧丹折枝文이 시문됨.	12
青磁陰刻蓮花文托盞	호림박물관	총 높이 10.2 잔 높이 5.9 탁 높이 4.6	• 잔은 8개의 꽃잎 형태, 잔은 음각연화절지문, 탁 盞座상단은 음각국화문, 옆면은 양각면판문이 시문됨.	12

遺物名稱	所藏處(박물관)	規格(cm)	製作技法, 特色, 文樣	製作時期
青磁陰刻 菊花文托盞	경기도박물관	잔 높이 5.1 탁 높이 6.0	• 잔은 6개의 꽃잎 형태, 탁의 전은 10개의 꽃 잎형태, 잔 외면은 음각국화문, 잔좌는 양각연화문, 탁은 연화문이 시문됨.	11~12
青磁陰刻 蓮花折枝文 形托盞	김용두옹 개인소장	잔 높이 5.6 탁 높이 5.8	• 잔에 음각으로 연화절지문이 새겨짐.	12
青磁陰刻菊 花文托盞	원광대학교	잔 높이 5.4 탁 높이 5.6	• 잔 외면과 탁 의전에 陰刻 菊花文이 새겨짐.	12
青磁陰刻菊 花文托盞	한양대학교	총 높이 11.5	• 잔 외면 음각국화문, 탁의 전 윗 면에 국화문, 측면에 화문이 시문됨.	12
青磁陰刻菊 花문형탁잔	해강도자미술관	총 높이 11.0 잔 높이 6.0 탁 높이 5.5	• 잔은 9개의 꽃잎 형태, 탁에 당초, 국화, 화문이 시문됨.	12
青磁陰刻菊花 折枝文花形 托盞	해강도자미술관	총 높이 12.0 잔 높이 6.1 탁 높이 4.9	• 잔의 내저중앙에 국화문, 內側各面에 화 절지문,외면 구연부 당초문, 外側各面 화 절지문, 저부에 음각 밀집종선문, 잔좌에 음각국화문, 그 측면에 양각 중연판문,전 上面에 국화절지문이 새겨짐.	12
青磁陰刻菊 花蓮唐草文 花形托盞	해강도자미술관	잔 높이 7.7 탁 높이 6.5	• 잔은 10화형의 형태, 잔좌 중앙에 음각국화문, 잔좌 측면에 양각 중연판문, 전은 6화형의 형태, 상면에 연당초문이 새겨짐.	12
青磁陰刻 花文托盞	모스크바국립 동양박물관	총 높이 14.1 잔 높이 9.0 탁 높이 6.3	• 잔은 10화형, 탁은 6화형의 형태잔에 음각초화문, 운문이 새겨짐.	12
青磁花形 托盞	개인소장	총 높이 5.8	• 잔좌 상면에 양각화문이 새겨짐.	12

遺物名稱	所藏處(박물관)	規格(cm)	製作技法, 特色, 文樣	製作時期
青磁陰刻雲龍文托盞	개인소장	총 높이 5.8	• 잔 상면에 陰刻雷文帶, 雲文이 새겨지고, 전의 중앙에 용3마리 새김.	12
青磁堆花線文花形托盞	해강도자미술관	총 높이 5.2	• 전 윗면 여섯곳에 가는 퇴화선을 넣어 전을 6개로 구분함.	12
青磁鐵畫点文托盞	한양대학교	총 높이 9.5	• 순청자인데, 전 부근에 불규칙한 동그란 문양의 鐵畫문이 새겨짐.	12~13
粉青沙器印花菊花文托盞	국립진주박물관	총 높이 9.0 잔 높이 6.5 탁 높이 3.5 잔 구경 7.5	• 잔 구연부에 상감 卍字文帶가 장식, 잔동체에 蓮文, 印花菊花文, 받침대 뒷면에 상감문이 새겨짐.	15세기 초반

VI. 맺음말

이상에서 고려 금은제 및 청자에서 일반화된 양식인 탁잔의 발전과정과 양식적 변화를 살펴 보았다.

먼저 고려의 금은제 및 청자의 탁잔은 중국고대의 금속 및 칠공예에서 발생한 기형으로서 唐代 약8세기 에 금속제 탁잔에서 청자 탁잔이 발생하며, 이러한 제작기술은 고려가 遼와 대치하고 있던 10세기에 도입되어 遼와 宋과의 대외교섭에 의하여 화려한 꽃을 피우게 된다.

고려에 도입된 탁잔은 금은제에서 먼저 시작되어 청자에 기술적 전이가 이루어지는데, 금은제와 청자에서의 기술적 발달은 초창기를 제외하고는 동등하게 발달하게 된다. 현재까지 확인되는 유물로 볼 때 금은제 탁잔과 청자탁잔은 12세기에 가장 화려한 꽃을 피운 다음 13세기 후반에 이르러 기술적 퇴화를 가져온다. 이는 무신란 이후 원과의 전쟁등으로 문화적 및 기술적 교류가 중단되며, 국가주도로 운영되던 공납체계

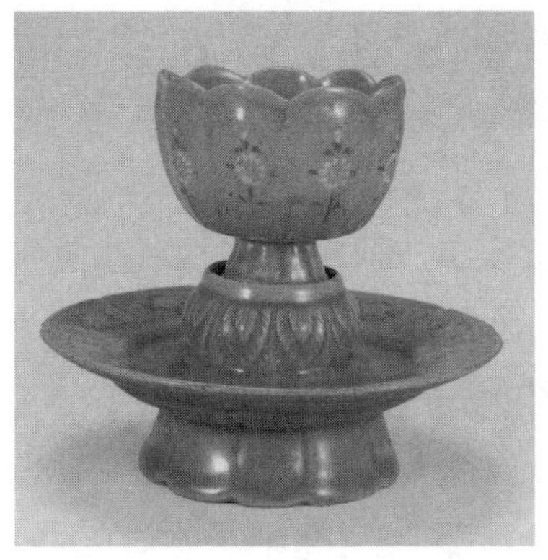
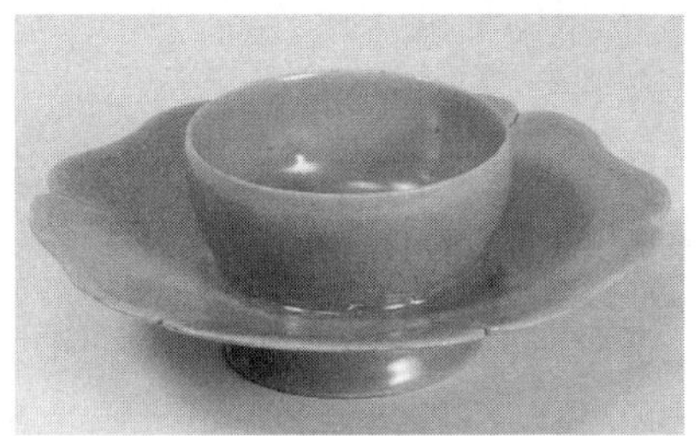

청자상감국화문탁잔　고려 12세기, 총높이 12.1㎝, 국립중앙박물관 소장

청자화형탁잔　고려 12세기, 총높이 6.6㎝, 오오사카시립동양도자예술관 소장

가 붕괴된 후 민간에서 수공업을 주도적으로 전담하는 현상에서 나타나는 것으로 판단된다. 아울러 백제시대부터 한반도에 나타나는 탁잔이 고려에 계승되지 않고 단절되는데, 이는 백제 무령왕릉 등에서 나타나는 탁잔의 형태와 고려시대 탁잔의 형태가 많이 다르기 때문이다. 청자에 간혹 그러한 예가 나타나기도 하지만 특히 고려시대 탁잔에서는 보이지 않는 뚜껑의 존재, 탁의 전(托盤)의 형태와 탁의 규모차이 등에서 고려와 그 이전 탁잔의 연결성은 현재 확인되지 않는다.

　고려시대 발생한 탁잔은 통일신라 후기의 선종의 도입과 함께 음다풍습의 유행으로 나타나는 형식이라는 점에서 주로 찻잔용도였을 것으로 추정된다. 이렇게 볼 경우 우리나라에 차가 도입되기 이전에 발생한 무령왕릉 출토 탁잔등 3건의 탁잔 용도는 음다풍습에 의한 찻잔 용도가 아니라는 점이 분명해지는데, 고려시대 이전 탁잔에 보주형 꼭지가 달린 잔 뚜껑의 존재와 함께 잔 탁이 고려시대 탁잔보다 매우 짧다는 것은 이들 탁잔의 용도가 국가적인 행사인 제례에 쓰이는 특수한 器物일 가능성이 크다고 하겠다.

　아직까지 고려의 탁잔과 이전시대 탁잔의 영향관계를 밝힐 중요한 자료는 확인되지 않았지만 원광대학교박물관에 소장된 綠靑磁 탁잔의 존재는 고려시대 이전의 탁잔과 고려탁잔을 연결시켜줄 수 있는 중요한 단서라고 생각된다.

아울러 그 예가 아주적은 분청사기 탁잔의 존재는 고려의 양식이 아직 잔존해 있는 시기에 탁잔이 제작되었다는 것을 알려주어 고려와 조선의 연결고리 역할뿐만 아니라 양 시대의 차이점을 보여준다고 하겠다.

또한 고려의 금은제 탁잔이 잔과 전, 그리고 탁에 6마디의 꽃 잎모양 장식에서 출발하였는데, 청자탁잔은 8~16개의 꽃잎형태로 다양화된다. 하지만 이러한 꽃잎 모양의 마디는 짝수를 기본적으로 응용하고 있다. 금은제 탁잔의 규모가 약 10~25cm 정도의 대형인데 반해 청자탁잔의 경우 5~15cm 이하로 대부분 제작되는데, 15cm 정도의 규모를 가진 탁잔도 예가 적어 금은제 보다도 소형으로 제작되었다는 것을 알 수 있다.

또한 금은제 및 청자의 경우 잔과 탁의 크기 비율이 거의 비슷하거나 받침대인 탁이 약 0.5~1배 정도로 약간 큰 경우가 대부분이어서 기물의 안정성 및 사용상 편의성이 고려되었다는 점이다. 확인된 몇가지 예에서 보면 잔과 탁의 크기 보다는 오히려 잔과 탁의 지름 크기에 관심을 가지고 제작되었다고 보인다. 오사카시립동양도자미술관에 소장된 청자탁잔의 경우 잔과 탁의 크기에 비해 탁의 지름이 약2배 정도의 넓이로 제작되었는데, 이러한 잔과 탁의 지름이 넓게 만들어진 것은 잔탁의 용도인 음다풍습과 관련이 큰 것으로 판단된다. 이 글에서 이러한 몇가지 점을 확인하였지만 고려시대 전후의 탁잔의 연관관계, 백제 무령왕릉출토 탁잔등 고대에 나타난 탁잔의 용도와 기원에 대한 연구가 없다는 점은 이 글의 한계이자 앞으로의 과제라고 생각한다.

國立公州博物館 所藏 干支銘 象嵌靑磁

국립공주박물관 소장 간지명 상감청자

I. 머리말

국립공주박물관에는 1986년 압수문화재로 박물관에 입수된 干支銘 象嵌靑磁 4점이 소장되어 있다. 이러한 간지명 상감청자들은 1991년 海剛陶磁美術館이 개최한 「高麗時代 後期 干支銘 象嵌靑磁」특별전에 공개된 이래로 湖林博物館, 康津靑磁資料博物館 등에서 계속 개최되었던 특별전시와 학술대회 등을 통하여 관심이 증대되고 있다. 또한 최근에는 서해안의 務安 道里浦 , 群山 飛雁島 등의 지역에서 수중발굴로 침몰선에 대한 발굴조사가 진행되어 그동안 바다속에 매장되어 있던 상감청자들이 학계에 공개되면서 상감청자에 대한 연구성과가 진일보하고 있다. 국립공주박물관에 소장된 이들 干支銘 象嵌靑磁들은 충남 보령시 주포면 구정리 앞 해저에서 발견되었는데, 그 이듬해인 1987년에는 같은 지역에서 수중발굴된 약40점의 「己巳」銘 청자들이 현재 국립중앙박물관에 소장되어 있다. 이 글에서는 국립공주박물관에 소장된 「己巳」銘 상감청자에 대해 소개하면서 현재 국내에서 확인된 「己巳」, 「壬申」, 「丁亥」, 「癸酉」, 「庚午」, 「甲戌」, 「壬午」, 「乙未」銘 등 8개 간지명 청자의 형태와 문양을 분석하여 보고자 한다. 이들 자료를 소개하여 관련 연구자들에게 상감청자 연구의 기초자료로 제공하고자 하며, 이러한 연구성과를 종합하여 최근에도 활발히 진행되고 있는 간지명 상감청자의 발생시기 및 제작지에 대한 의견을 간단히 제시하고자 한다.

II. 干支銘 象嵌靑磁의 製作時期에 대한 研究史

1991년 개최된 해강도자미술관의 干支銘 상감청자특별전 도록에서는 고려시대 후기 간지명 상감청자가 총60간지중 7가지로서 己巳, 壬申, 庚午, 癸酉, 甲戌, 壬午, 丁亥 가 있다고 하였다. 이들 간지명 청자들은 全南 康津郡 大口面 沙堂里 七號窯址一帶와 康津郡 大口面 桂栗里 十八號窯址, 康津郡 大口面 水洞里 一號窯址와 忠南 大川市 앞바다, 全南 和順郡 雲住寺址 등에서 확인되었는데, 和順郡 雲住寺址 出土 간지명 청자는 절대편년 자료로서 사용할 수 없는 상태에서 출토 되었다고 하였다. 사당리 7호가마에서는 현존하는 7개의 간지가 모두 출토되고 있으며, 계율리 18호가마에서는 「壬申」銘이, 대천 앞바다에서는 「己巳」銘이, 운주사지에서는 「丁亥」銘이 확인 되었다고 하였다. 이 글에서는 간지명 상감청자의 발생시기를 대체로 「己巳」銘을 기준으로하여 「己巳」~「壬午」는 13세기 후반, 「丁亥」는 14세기 전반으로 보는 견해와 干支銘 청자 모두를 14세기 전반(1329~1347년)으로 보는 견해로 나누어져 있다고 전반적으로 정리하였다.[55]

현재까지 干支銘 象嵌靑磁로는 「己巳」, 「壬申」, 「丁亥」, 「癸酉」, 「庚午」, 「甲戌」, 「壬午」, 「己巳」, 「乙未」銘 등이 알려져 있는데, 고려후기 상감청자에만 나타나는 干支銘 상감청자에 대해서는 선학들의 연구성과가 계속적으로 축적되어 있다.[56]

---

55. 海剛陶磁美術館,『高麗後期 干支銘 象嵌 靑磁』, 1991, p.96.
56. 鄭良謨,「前揭論文」『高麗時代 後期 干支銘 象嵌靑磁』, 海剛陶磁美術館, 1991, pp.108~112.

간지명 상감청자의 제작시기는 크게보면 세가지의 학설로 나뉜다. 그
첫 번째는 13세기 후반(1269~1295년)으로 보는 견해이며, 두 번째는 13
세기 후반부터 14세기 전반(1269~1295년, 1347년)으로 보는 견해, 세 번
째는 14세기 전반(1329~1355년)으로 보는 견해가 있다. 첫 번째 13세기
후반으로 보는 견해는 일본의 野守健이 일제시대인 1944년 「高麗陶瓷
의 研究」에서 주장한 이래로 長谷部樂爾, 崔淳雨, 鄭良模, 具一會, 崔健
등이 주장하고 있는데, 이중에서 특히 鄭良模는 己巳銘부터 乙未銘은
1269~1295년에 제작된 것으로 추정하고, 강진 사당리 요지에서 至正銘
(1341~1367년)과 함께 출토한 丁亥銘만을 1347년으로 추정하여 13세기
후반에서 14세기 전반경으로 추정하는 견해를 제시하였다. 세 번째의
14세기 전반을 주장하는 학설은 일본인 中尾万三을 비롯하여, 高裕燮,
尹龍二, 韓盛旭 등이 주장하고 있다.[57]

먼저 13세기 후반설은 정양모가 제시하였는데, 그는 1980년대에 「丁
亥」를 제외한 「干支」銘 상감청자들은 고려청자가 쇠퇴하는 시기에 제작
된 것으로, 「干支」銘 상감청자들이 1269년(己巳)~1282(壬午)사이에 제작

<hr>

尹龍二, 「干支銘 象嵌青瓷의 製作時期에 關하여」『高麗時代 後期 干支銘 象嵌青磁』, 海
剛陶磁美術館, 1991, pp.114~118.

崔健, 「高麗時代後期의 象嵌青磁와 陶磁觀에 대하여」『高麗時代 後期 干支銘 象嵌青磁』,
海剛陶磁美術館, 1991, PP.119~125.

尹龍二, 「고려 후기의 도자」『高麗後期 轉換期의 美術』, (사)한국미술사연구소, 2003,
pp.7~22.

鄭良謨, 「高麗陶磁의 銘文」『高麗青磁, 康津으로의 歸鄕 - 銘文·符號 特別展』, 강진청자
자료박물관, 2000, pp. 55~60.

崔健, 「干支銘象嵌青磁의 製作時期와 窯」『高麗青磁, 康津으로의 歸鄕 - 銘文·符號 特
別展』, 강진청자자료박물관, 2000, pp. 81~109.

具一會, 「高麗時代 青磁象嵌대접의 編年研究 - 干支銘이 있는 대접을 中心으로 -」『美
術資料』第五十四號, 國立中央博物館, 1994, pp.1~41.

尹龍二, 「高麗·朝鮮瓷器의 발달사」, 『名品圖錄 I』陶瓷器篇, 鮮文大學校博物館, 2000,
pp.200~211.

57. 尹龍二, 「고려후기 干支銘 象嵌青瓷의 제작시기에 관한 연구」『高麗後期 轉換期의 美
術』, (사)한국미술사연구소, 2003, pp.10~12.

되었음을 주장하였다. 그는 이러한 시기 추정의 근거로 13세기 후반의 고려청자가 문양에 있어서 상감 문양이 밀도를 잃고 있으며, 지나치게 경화된 선 위주에 印化 施文이 섞인 조잡하고 거친 표현을 사용하고 있으며, 器形에서는 곡선의 변화가 없이 口緣이 內彎된 채 바로 올라감을 지적하였다. 또한 굽다리는 약간 높고 넓적하며 硅石받침이 커지는 것도 이 시기의 특징이라고 주장하였다.

「丁亥」銘은 강진군 사당리 7호요지에서 출토된 동일한 층위에서 출토된 「至正」(1341~1367)銘과 함께 1347년으로 제작된 것으로 비정하였다. 또한 그는 보령 앞 바다 출토 「己巳」銘 상감청자도 14세기 전반에 제작된 것으로 추정하였다.[58] 그러나 1991년 해강도자미술관의 「高麗後期 象嵌青磁의 編年」에서는 편년자료들을 비교 분석하여 고려후기 상감청자의 특징을 香爐 등 의례적 기종의 쇠퇴 및 대접, 접시 등 실용적 음식기가 증가하며, 생산량이 증가하면서 실용성을 장조하기 위해 器壁이 두꺼워지며 굽이 안정되며 넓고 든든해 진다고 보았다. 유약도 灰青色系에서 褐色系로 변화되며, 굽도 포개굽기에 편한 기법인 태토비짐식으로 바뀌게 되는점을 구체적으로 실증하여 「己巳」銘 등은 13세기 후반으로,「丁亥」는 14세기 전반으로 편년을 확정하게 된다.[59]

정양모의 이러한 견해는 崔健과 具一會에게 그대로 이어졌는데, 최건은 「高麗時代後期의 象嵌青磁와 陶磁觀에 관하여」와 「干支」銘 青磁의 製作時期와 製作窯」에서 13세기 후반(1219~1295년)의 견해를 밝히고 있다.[60] 1991년의 글에서는 13세기~14세기 상감청자의 기형과 문양등의

<hr>

58. 鄭良謨, 「高麗陶磁의 窯址와 出土品」『韓國의 美』·青磁, 中央日報社, 1981, pp.212~233.
　　鄭良謨, 「高麗青磁」『高麗青磁名品特別展』, 國立中央博物館, 1989, pp.268~283.
59. 鄭良謨, 『前揭書』, 海剛陶磁美術館, 1991, pp. 108~112.
60. 崔健, 「高麗時代後期의 象嵌青磁와 陶磁觀에 관하여」『前揭書』, 1991, pp.119~125.
　　崔健, 「干支銘青磁의 製作時期와 製作窯」『高麗青磁, 康津으로의 歸鄕』-銘文·符號 特別

제작기법과 문헌자료를 종합적으로 검토하였으며, 2000년의 글에서는 편년자료를 통해서 구체적으로 제작시기 및 강진지역 가마에서 간지명이 제작되었음을 주장하였다. 구일회는 「高麗時代 象嵌靑磁대접의 編年硏究-干支銘이 있는 대접들을 中心으로-」에서 정양모와 최건의 학설을 그대로 수용하였는데, 「己巳」銘 상감청자의 경우 己巳年으로 추정되는 1269년의 공부수취체제의 개편, 民戶를 헤아려 점검하고 貢賦를 다시 정한다는 『高麗史』志 卷33의 내용을 근거로 己巳銘 상감청자의 제작시기를 1269년이라고 제시하였다.[61] 湖林博物館의 李熙寬도 이들과 같은 견해의 논문을 발표하였다.[62] 이 논문에서 이희관은 정양모의 설을 약간 수정하여 이 간지명 청자들의 제작시기가 元의 조공요구가 강하던 시기에 제작되었다고 주장하면서, 「干支」銘 상감청자 모두가 13세기 후반에 제작되었다고 주장하였다.

　14세기 전반(1329~1355)의 대표 주장자인 尹龍二는 「高麗 陶瓷의 變遷」, 「干支銘 象嵌靑瓷의 製作時期에 關하여」등에서 1289~1297년경의 화금청자의 문양과 비교하여 간지명 상감청자는 14세기 전반(1329~1347년)에 제작되었는데, 이는 강진 사당리 요지에서 출토된 至正銘과 丁亥銘 그리고 丁亥銘과 壬午銘이 유사함을 고려할 때 14세기 전반에 제작되었음을 주장하였다. 또한 그는 2003년의 「고려후기 干支銘 象嵌靑瓷의 제작시기에 관한 연구」에서는 畵金靑瓷와 13世紀 後半 象嵌靑瓷와의 비교, 務安 道里浦 出土 象嵌靑瓷들과의 비교를 통해 干支銘象嵌靑瓷들의 기형과 문양, 유색, 굽, 받침 등을 종합적으로 검토한 결과 干支銘 象嵌靑瓷들이 무안 도리포 출토 상감청자들보다는 약간 빠른 14세기 전반

展, 2000, pp.81~109.

61. 具一會, 「高麗時代 靑磁象嵌대접의 編年硏究- 干支銘이 있는 대접들을 中心으로 -」, 『美術資料』第五十四號 , 國立中央博物館, 1994, pp.14~36.

62. 李熙寬, 「高麗後期 기사명 상감청자의 제작년대 문제에 대한 새로운 접근」『미술사학지』 217 · 218 합집, 1998, pp.5~27.

인 1329~1355에 제작되었음을 확정적으로 주장하고 있다. [63]

2001년 韓成旭 은 「高麗後期 靑瓷의 性格 － 器形과 胎土 分析을 중심으로 」에서 간지명 상감청자의 기형과 태토, 유약을 분석하여 본 결과 간지명 상감청자들이 13세기로 알려진 상감청자보다 둔중해지고, 대형화되면서 제작수법등이 쇠퇴하고 있어 14세기 전반에 제작되었음을 주장하고 있다. 그는 이러한 근거를 최근 출토된 1271년, 1279년이 하한인 진도 용장성, 완도 및 제주 법화사 출토 청자상감대접들과 간지명이 닮고 있음을 제시하고 있다. [64]

2003년 金允貞은 「高麗後期에서 朝鮮初期 象嵌靑瓷에 나타난 元代 자기의 영향」에서 14세기 象嵌靑瓷에 보이는 高足杯와 口緣外反式 대접의 기형과 용문, 봉황문, 보상당초문, 돌기문 등에서 원대 난백유 백자의 영향이 보인다고 주장하고 있다. 이러한 원대 난백유 백자의 영향이 「壬申」銘 고족배나 보상당초문 「己巳」銘 대접에서 시간차 없이 고려도자에 수용되고 있어 간지명 상감청자는 14세기 전반에 제작되었음을 알 수 있다고 했다. [65]

지금까지 干支銘 상감청자의 제작시기에 관한 연구사를 알아보았는데, 결론적으로 볼 때 13세기 후반 제작설은 정양모를 위시하여 최건, 구일회, 이희관이 주장하는데, 이들은 주로 상대편년유물과 문헌자료를 주로 이용하여 13세기 후반 제작설을 주장하고 있다. 14세기 초반 제작설은 윤용이가 주장한 이래 한성욱 등 젊은 소장파 학자들이 주장하고

---

63. 尹龍二, 「高麗陶瓷의 變遷」『澗松文華』31, 韓國民族美術研究所, 1986, pp.89~91.
   尹龍二, 「干支銘 象嵌靑瓷의 製作時期에 關하여」『高麗時代 後期 干支銘 象嵌靑磁』, 海剛陶磁美術館, 1991, pp.114~118.
   尹龍二, 「고려 후기의 도자」『高麗後期 轉換期의 美術』, (사)한국미술사연구소, 2003, pp.7~22.
64. 韓盛旭, 『高麗 後期 靑瓷의 性格－器形과 태토 分析을 中心으로』, 木浦大學校 大學院碩士 學位論文, 2001, pp.85~87.
65. 金允貞, 『高麗後期에서 朝鮮初期 象嵌靑瓷에 나타난 元代 자기의 영향』, 홍익대학교 대학원 미술사학과 석사학위 논문, 2003, pp.93~95.

있는데, 간지명 상감청자와 함께 무안 도리포, 군산 비안도 등에서 수중 발굴로 인양되는 유물을 분석하여 유물의 상대편년을 추정하거나 태토 및 유약 등을 과학적인 방법으로 분석하여 연대를 추정하고 있다.

Ⅲ. 國立公州博物館 干支銘 象嵌靑磁

1. 靑磁象嵌菊花文「己巳」銘 四耳壺

공주 1183번으로 높이가 10.0cm, 입지름이 5.7cm, 바닥지름이 5.3cm, 몸통지름이 9.1cm이다. 출토지는 충청남도 보령시 주포면 구정리앞 해저로서 압수문화재로 1986년 우리박물관에 입수되었다. 굽이 높은 술잔과 같은 형태의 작은 壺이다. 입술은 약간 내려 앉아 낮아졌고 돌출되어서 입술 뚜껑을 덮게 만들었다. 입술부 바로 아래에 백상감된 두 줄 원이 있고, 그 사이에는 동물 얼굴 모양의 작은 꼭지가 네 개 붙어 있다. 동물 얼굴 모양의 작은 꼭지아래에는 連珠文이 둘러졌고 네 곳에는 繡飾을 새겼다. 동체 중앙과 저부사이에는 빙렬이 많고, 담황색의 유약이 부착되어 있다. 동체 중앙에는 백상감으로 이중동심원을 새기고 그 안 세 곳에 국화문을, 한 곳에 「己巳」명을 상감하였다. 저부에 파손된 흔적이 있다.

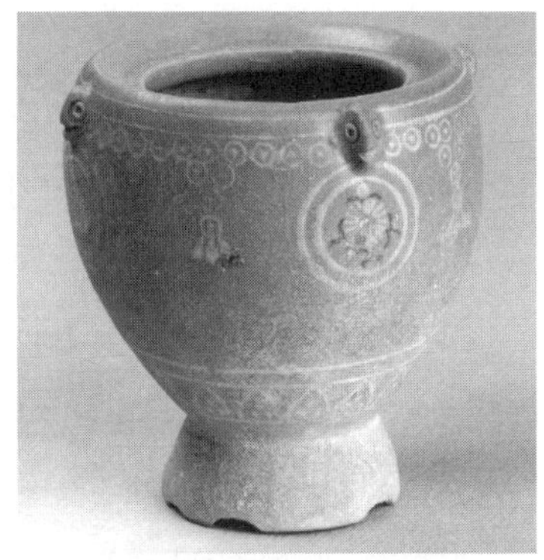

청자상감국화문사이호　국립공주박물관소장

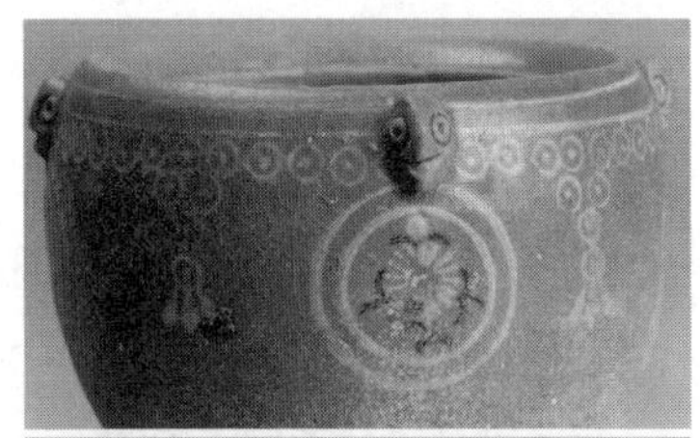

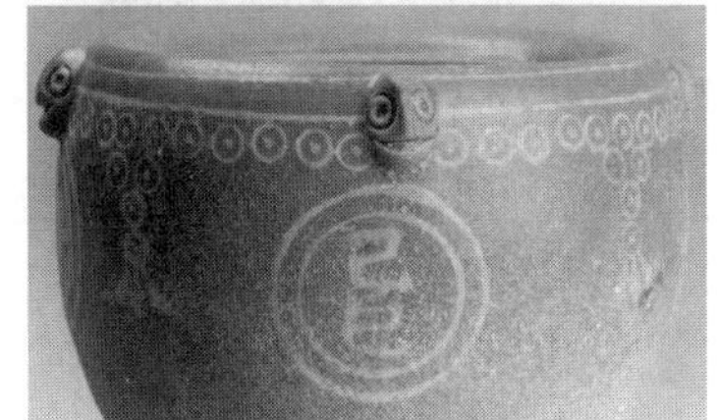

청자상감국화문사이호 세부문양

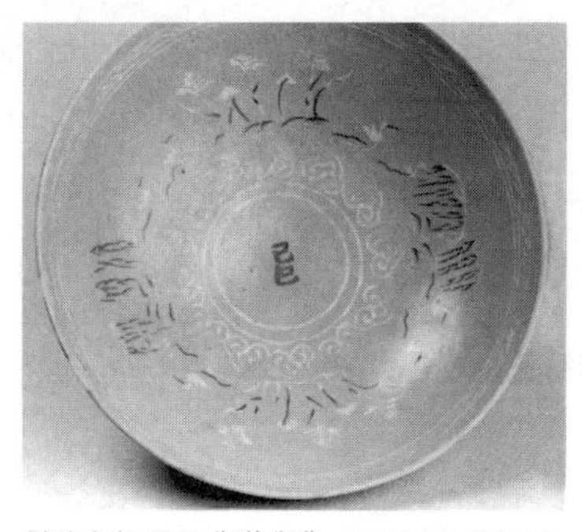
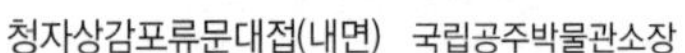
청자상감포류문대접(내면) 국립공주박물관소장

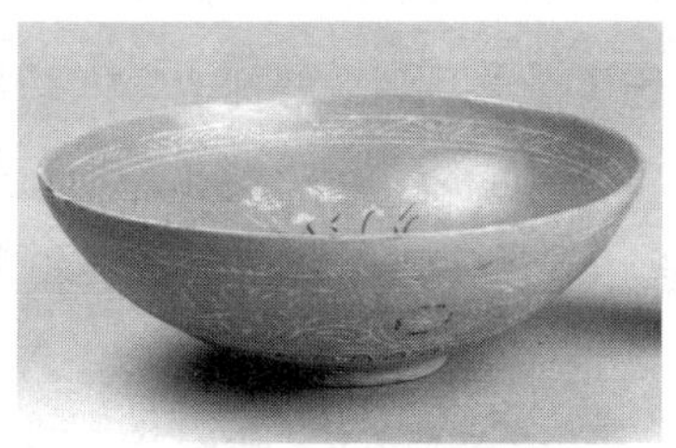
청자상감포류문대접(측면)

2. 靑磁象嵌柳蘆水禽文「己巳」銘 大楪

공주 1181번으로 높이가 8.5cm, 입지름이 19.0cm, 바닥지름이 6.0cm이다. 입술부분이 직립하며 아래로 내려가면서 비교적 완만한 곡선으로 좁아져서 굽에 이르는 청자 대접이다. 안바닥은 圓刻이 없는 곡면으로 흑상감으로 「己巳」명문을 새겼다. 기사명 銘文 주위에는 백상감으로 두 줄의 원을 새겼으며, 그 주변에는 如意頭文을 장식하였다. 그릇의 중앙 側射面에는 흑·백 상감을 이용하여 버드나무 문양과 갈대문, 水禽文을 장식하였다. 그릇의 바깥면에는 입술부에서부터 波狀形의 唐草文, 圓圈안에는 국화문이 시문되었으며, 제일 밑에는 흑·백상감으로 蓮瓣文이 차례로 시문되어 있다. 굽은 접지면과 안바닥 일부에 유약을 닦아내고 규석을 받쳤으며 耐火土 흔적이 있다. 입술부 2곳이 파손되어 수리한 흔적이 남아 있다. 1986년 충남 보령시에서 압수문화재로 국립공주박물관에 입수되었다.

3. 靑磁象嵌柳蘆水禽文「己巳」銘 大楪

공주 1181번의 또 다른 한점으로 높이가 6.7cm, 입지름이 19.3cm, 바닥지름이 6.4cm인 대접으로 입술부분이 직립하며 아래로 내려가면서 비교적 완만한 형태를 이루어 내저부에서는 거의 평평한 청자 대접이

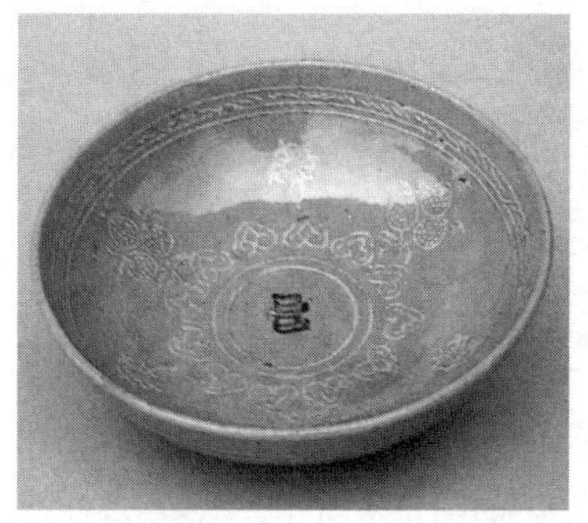

청자상감기사명대접 국립공주박물관 소장

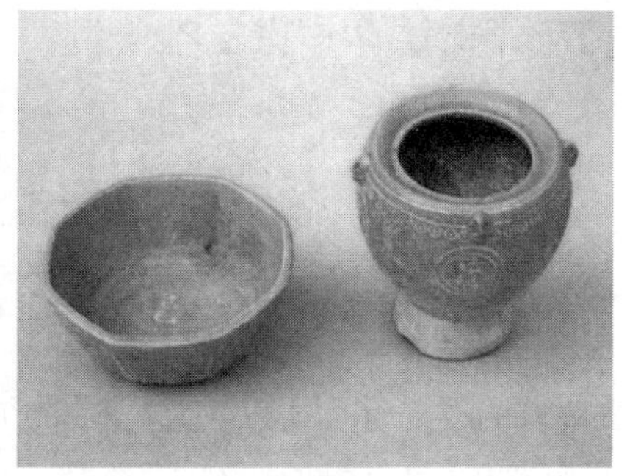

청자상감기사명팔각접시, 사이호 국립공주박물관소장

다. 같이 출토되었던 「己巳」銘 대접과 같이 흑상감으로 「己巳」銘을 새겼는데, 기사명 명문의 약간 위에는 백상감으로 如意頭文을 새겼다. 내면 중앙에는 주문양으로 菊花折枝와 荔枝文을 배치하였다. 외면에는 국화문과 당초문을 중앙에 배치하였다. 굽의 접지면과 안바닥에 釉를 대충 닦아 내고 모래를 받쳤던 흔적이 있다.

전체적으로 얇은 灰靑色釉가 全面에 시유되었다.

4. 靑磁象嵌菊花文 「己巳」銘 八角楪匙

공주 1182번으로 높이가 4.5cm, 입지름이 11.0cm, 바닥지름이 6.5cm이다. 1986년 보령시에서 압수문화재로 국립공주박물관에 입수되었다. 굽이 크고 넓다. 내면에는 문양이 없이 바닥에 백상감으로 「己巳」가 새겨져 있다. 외면은 각 면을 백상감으로 구획하였으며, 그 안에는 黑白象嵌으로 국화문을 새겼다. 거의 균열이 없는 회청색유에 미세한 기포가 있다.

외면의 경우 특히 유약의 용융상태가 불완전하며, 굽의 안바닥에 규석을 받쳤던 흔적이 남아 있다. 대개 팔각접시류는 陶範으로 찍어서 만들게 되지만 이 접시의 경우는 도범의 흔적이 분명히 보이지 않는다.

Ⅳ. 干支銘 象嵌靑磁의 一例

1. 己巳銘

현재까지 중앙박물관에는 「己巳」銘이 새겨진 상감청자가 약 40여점 이상이 소장된 것으로 알려져 있다.[66] 이중 충남 보령 앞바다 출토 발굴품이 대부분이고, 나머지는 매장문화재 등으로 신고된 것들이다. 이 외에 해강도자미술관에 접시 · 대접의 완형과 파편들이 약 10여점이 소장되어 있으며, 호림박물관에도 완형자기가 몇 점 소장되어 있다. 먼저 중앙박물관 소장품을 살펴보고, 뒤에 기타 박물관 소장품을 살펴 보고자 한다.

중앙박물관 소장품으로 접시와 대접류가 있는데, 대접들은 높이가 4.9~8.9cm 사이이며, 입지름이 15.4~19.2cm, 바닥지름이 5.8~6.4cm에 이른다. 이들 기사명 대접의 내면 주문양은 柳蘆水禽文이 주류를 이루고 있으며, 그 외 花卉鳥蟲文 · 蓮唐草文 · 雲鶴文 · 折枝菊花文이 부수적으로 나타난다. 내저 중앙에 새겨진 「己巳」銘은 흑 · 백으로 상감되었으며, 내면의 문양에 상관없이 외면에는 굽 주위에 蓮瓣文이, 중앙에는 당초문과 국화문이 시문되어 있다. 내 · 외면에는 청 · 녹색 등의 푸른색의 유약이 시문되어 있다.

대접들인 신7607, 본9873, 신8053에는 柳蘆水禽文이 시문되었다. 입술은 약간 경사지게 꺾이었고, 입술 바로 아래에는 唐草文이, 內底面에 如意頭文이 배치되고, 中央에는 버드나무와 갈대, 그리고 몇 마리의 물에서 사는 새가 배치되어 있다. 外面에는 굽 부근에 연판문이, 중앙에는 菊花文과 唐草文이 시문되어 있다. 질적인 차이와 표현방법에는 차이가

---

66. 鄭良謨, 「干支銘을 통해 본 高麗後期 象嵌靑磁의 編年」『高麗時代 後期 干支銘 象嵌靑磁』, 海剛陶磁美術館, 1991, p.110.

있지만 전체적인 구도는 같다.

본9478은 내·외면에는 당초문과 국화문·연판문이 시문되어 있으며, 신7612에는 이례적으로 주문양으로 牧丹折枝文을 배치하였으며, 신8057에는 내면에 雲鶴文이 폭 넓게 배치되었다. 접시로는 신9369, 신7623이 있는데, 신7654은 八角접시이며, 신7667은 花形

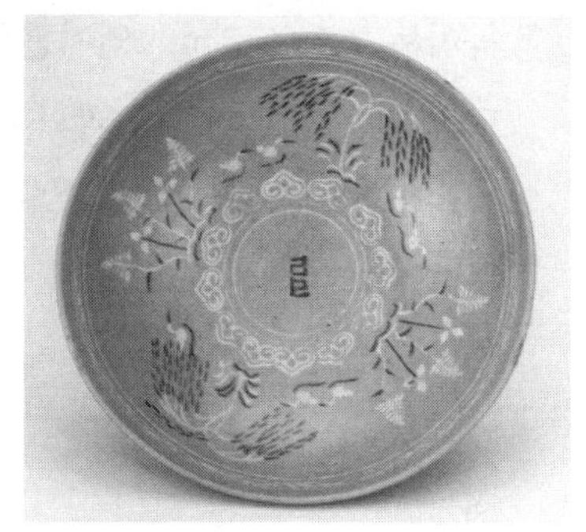

청자상감기사명대접　호림박물관소장

전접시이다. 신7623의 내면 중앙에는 다섯 곳에 국화문을 배치하고, 내저부에는 如意頭文을 배치하였으며, 신7654는 팔각접시로 내면은 無文이며, 외면 중앙에는 국화문을 8개 배치하였다.

신7667은 내면에는 문양이 없으며, 외면에는 6개의 공간을 구획하여 각각에 국화문을 배치하였다. 국립중앙박물관 소장품들의 굽은 대부분이 굽 안쪽에 규석받침의 흔적이 있다. 해강도자미술관 소장품들도 대부분 문양구성이나 규격에 있어서 국립중앙박물관 소장품과 유사하다.

해강도자미술관에는 「己巳」銘의 완형대접이 3점, 접시가 2점, 사이호가 1점, 팔각접시 1점 등 7점이 소장되어 있으며, 파편이 2점 이상이 소장되어 있는데, 이들 유물은 몇 차례에 걸쳐 소개되었다.[67]

해강도자미술관 소장 「己巳」銘 대접은 높이가 7.6~8.5cm, 입지름이 18.7cm, 굽지름이 6.4~6.7cm 로서 입부분이 조금씩 오므라들면서 아랫부분으로 가면서 퍼지는 전형적인 고려후기 양식으로 1점은 주문양으로 국화문을 시문하였으며, 2점은 주문양으로 버드나무와 갈대, 물가의 새를 표현하였다. 흑백상감을 이용하여 己巳를 새겼다. 접시는 3점으로

---

67. 海剛陶磁美術館, 『高麗時代 干支銘 象嵌靑磁』, 1991.
　　海剛陶磁美術館, 『高麗陶磁로의 招待』, 2004.
　　海剛陶磁美術館, 『고려의 색, 청자의 빛』, 1999, pp.36~37.

높이는 2.5~6.8cm, 입지름은 11.2~19.0cm, 굽지름은 6.2~7.0cm이
다. 2점은 내·외면에 국화문을 새겼으며, 1점은 내면에는 문양이 없으
며, 외면에 국화문을 새겼다. 사이호는 국립공주박물관 소장 사이호와
문양이나 형태와 규모가 유사하다. 팔각접시는 높이가 2.6cm, 입지름이
14.5cm, 굽지름이 8.6cm에 이르는 굽이 낮은 화형접시로 외면에 백상
감으로 「己巳」명을 새겼으며, 외면에 8개의 국화절지문을 흑백상감으로
새겼다.

호림박물관에는 약6점의 「己巳」명 대접이 소장되어 있는데, 높이가
5.3~10.1cm, 입지름이 15.3~19.8cm, 바닥지름이 5.7~6.8cm에 이른
다. 그 중 4점은 柳蘆水禽文이 주문양을 이루며, 다른 2점은 雲鶴文과
花卉鳥蟲文이 주문양을 이루는 희귀한 예이다. 柳蘆水禽文이 주문양을
이루는 4점은 흑백상감으로 내면에 버드나무, 갈대, 물새를 표현하였는
데, 3점에는 물새가 두 마리씩 표현하였으며, 한 점에서는 한 마리씩 표
현되었다. 외면 하단에 연판문이, 중앙에 국화문과 당초문이 흑백으로
상감되었다. 「己巳」銘文은 3점은 흑백으로 새겨졌으며, 1점은 백상감되
었는데, 내저 중앙의 원 주위에는 백상감으로 반쪽인 蓮瓣文이 새겨져있
다.[68] 雲鶴文과 花卉鳥蟲文이 사용된 「己巳」명 대접은 백상감으로 기사
명이 새겨졌으며, 내면 주문양의 구성에는 흑백상감기법이 사용되어 내
면 문양인 구름과 학, 꽃과 벌레 등에는 흑백상감이 교대로 사용되었다.
외면에는 당초문, 국화문이 사용되었는데, 운학문 대접에는 연판문이 생
략되어 있어 시기적으로 약간 뒤에 제작된 것으로 추정된다.

圓光大學校博物館에도 「己巳」銘 대접이 1점 소장되어 있는데, 높이가
6.0cm, 입지름이 19.5cm, 바닥지름이 6.7cm이다. 내면에는 흑·백상
감으로 버드나무와 갈대, 물새를 표현하였으며, 외면은 당초와 국화문을

---

68. 湖林博物館, 『湖林博物館所藏品選集 – 靑瓷 Ⅱ–』, 1992, pp.126~131.

장식하였다. 내저 중앙에는 흑상감으로 「己巳」銘을 새겼다. [69]

　계명대학교박물관에도 「己巳」銘 대접이 2점 소장되어 있다. 높이는 5.9~7.0cm, 입지름이 12.5~13.7cm 로서 2점 모두 주문양으로 국화문이, 종속문양으로 여의두문이 사용되었다. 「기사」명은 흑·백상감으로 새겼다. [70]

　강진청자자료박물관에도 청자상감 「己巳」銘 접시가 한점 소장되어 있다. 유약의 시유상태가 양호하지 못하며, 약간 탈색이 있다. 입술부는 거의 직립된 상태로 底部에 연결된다. 높이가 3.9cm, 입지름이 12.3cm, 바닥지름이 6.5cm로서 저부 중앙에 흑백상감으로 기사명이 새겨져 있으며, 내면 중앙에는 백상감으로 국화문이 새겨져 있다. 외면에도 흑백상감으로 국화문이 네 곳에 새겨져 있다. 그리고 강진청자자료박물관에는 소형의 「己巳」銘 대접편이 3점 소장되어 있다. 현재 남아 있는 높이와 지름이 약 5cm 정도에 불과하여 정확한 형태를 파악하는 것이 불가능하지만 내면 저부에는 연판문, 여의두문이 사용된 흔적이 남아있고, 내저 중앙에는 흑상감으로 「己巳」銘이 새겨진 것이 확인된다. [71]

　전북대학교박물관에도 「己巳」銘 대접이 한 점 소장되어 있다. 높이가 9.0cm, 입지름이 23.0cm이다. 전형적인 柳蘆水禽文이 사용되었는데, 특이하게 내저부 중앙에서 굽 부분까지가 움푹들어간 형태이다. 내저 중앙에서 2줄의 원을 새기고 반원형의 연판문을 사용하였다. 그리고 중앙에는 버드나무와 갈대, 물새를 새겼는데, 물새는 특이하게 두 마리씩 배치되었다. 외면에는 국화문이 주문양으로 사용되었다, 기사명은 음각으로 새겼는데, 흑상감이 사용되었다. 전반적으로 유약의 용융상태 및

---

69. 圓光大學校博物館, 『博物館圖錄』, 1996, p.78.

70. 계명대학교박물관, 『계명대학교박물관』, 2004, p.181.

71. 강진청자자료박물관, 『고려청자, 그 숨겨진 혼을 찾아』, 1999, p.23.
　　강진청자자료박물관, 『高麗靑磁, 康津으로의 歸鄕』-銘文·符號 特別展, 2000, pp.35~36.

시유상태가 불량하여 약간 황녹색을 띠고 있다. [72]

2. 壬申銘

「己巳」銘 못지 않게 수량이 많은 干支명으로는 「壬申」銘이 있는데, 현재 국립중앙박물관에 大楪이 3점, 楪匙가 2점이 있으며, 大楪 片4점, 八角 및 전접시 片이 2점 이상이 있다. [73]

대접의 경우에는 높이가 5.6~7.1cm, 입지름이 16.6~19.5cm, 바닥지름이 5.6~6.7cm 이다. 대접들은 입술부분이 안쪽으로 살짝 오므라들어서 전체적으로는 간지명대접류의 전형적인 양식인 완만한 曲面을 이루고 있다. 내면의 주문양으로는 柳蘆水禽文즉 버드나무·갈대와 물새문양을 비롯하여, 구름과 학, 국화문과 荔枝文이 사용되었으며, 외면에는 菊花文과 唐草文, 蓮瓣文이 사용되었다. 「壬申」銘은 흑상감으로 새겼다.

접시는 높이가 4.2~4.9cm, 입지름이 11.4~14.4cm, 바닥지름이 6.8~7.7cm 정도인데, 내면에는 如意頭文과 唐草文, 菊花文을 사용하였으며, 외면에는 菊花文을 사용하였는데, 內底部에 「壬申」銘을 黑·白象嵌으로 새겼다. 대접과 접시의 破片에는 주문양으로 雲鶴, 牧丹唐草鳳凰文 등이 사용되었으며, 외면에는 문양이 시문이 안된 것과 蓮瓣文·唐草文등이 시문된 것 등이 있다. 내저부에는 「壬申」銘이 陰刻 또는 黑象嵌되었다.

海剛陶磁美術館의 경우 대접편이 4점정도 소장되어 있는데, 內底圓角式이 1점, 內底曲面式이 3점으로 如意頭, 蓮瓣文이 사용되었으며, 「壬申」銘은 印刻象嵌 되었다.

湖巖美術館에는 大楪이 2점, 高足杯가 1점이 소장되어 있는데, 대접의

---

72. 전북대학교박물관, 『박물관 도록 - 고고유물·자기 - 』, 1997, p.85.
73. 國立中央博物館, 『高麗陶瓷銘文』, 1992, pp.92~100.

경우는 높이가 5.4~7.4cm, 입지름이 19.3~19.8cm, 바닥지름이 6.6~6.8cm 로서 내면은 花卉·鳥蟲文·柳蘆水禽文 등이 사용되었으며, 외면에는 唐草文· 菊花文 등이 사용되었다.

고족배는 입술부가 조금 外反한 盌形 의 몸체에 높은 다리가 붙어 있는 형태 로서 내면에는 입술부에 雷文帶를 두르

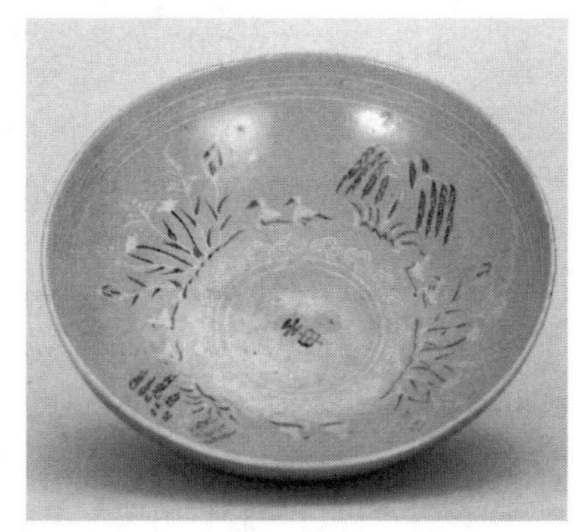

청자상감임신명대접 호암미술관소장

고 雲鶴文을 印刻象嵌하고 봉황의 꼬리를 새겼다. 외면에는 蓮唐草文과 菊花文을 印刻象嵌하였다. 높이가 8.9cm, 입지름이 11.8cm 이다.

湖林博物館에는 盌이 1점 소장되어 있는데, 높이가 6.0cm, 입지름이 10.9cm, 바닥지름이 4.1cm이다. 입술부가 크게 안쪽으로 오므라들었으 며, 바닥부는 좁아지면서 작고 오똑한 굽에 이르는 형태이다. 내면에는 나사모양의 구름문양이 도식화 되었고, 그 가운데에 학이 4마리가 새겨 져 있다. 외면에는 唐草文과 菊花文이 시문되어 있으며, 底部에는 蓮瓣 文이 새겨져 있다.

계명대학교박물관에는 「壬申」 銘 대접과 접시가 2점 소장되어 있는 데, 그 중 접시는 높이가 6.5cm, 입지름이 11.3cm로서 전접시 형태이 다. 입술부에서 약간 오므라져서 비스듬히 바닥에 연결되는데, 주문양으 로 국화문을 4곳에 표현하였으며, 바닥 중앙에 흑상감으로 「壬申」 銘 干 支를 새겼다. 대접은 높이가 8.8cm, 입지름이 13.8cm로 내저부에는 흑상감으로 「임신」명을 새겼으며, 원각주위에는 蓮瓣文이 시문되었다. 흑·백상감을 사용하여 버드나무, 물새, 갈대를 표현한 전형적인 柳蘆水 禽文을 사용하였다. 외면에는 역시 흑·백상감으로 당초문과 국화문을 배치하였다. 입술부분이 약간 오므라들면서 비슷하게 내저부에 연결되 는 전형적인 간지형 곡면양식으로 제작되었다. [74]

康津靑磁資料博物館에도 「壬申」銘 대접이 1점 소장되어 있는데, 높이가 5.7cm, 입지름이 16.6cm, 바닥지름이 6.6cm로서 입술부분은 거의 직립된 형태이다. 내저 중앙에 「壬申」銘이 음각으로 새겨져 있고, 여의두문이 底部에 施文되어 있으며, 중앙에는 雲文이 3段으로 구성되어 있다. 구름문양 사이에는 4곳에 학이 흑백상감으로 새겨져 있다. 외면에는 전형적인 간지명 대접의 문양인 당초문과 국화문이 새겨져 있다. 또한 이 박물관에는 바닥부분만 남아있는 「壬申」銘 대접편이 2점 소장되어 있는데, 대부분이 파손되어 문양이나 형태는 알 수없으나 내면 중앙에 「壬申」銘은 음각으로 흑상감되어 있다.[75]

3. 丁亥銘

계명대학교박물관에는 黃綠色 유약이 시문된 정해명 대접이 소장되어 있는데, 높이가 7.3cm, 입지름이 13.4cm에 이른다. 내면에는 주문양으로 도식화된 구름문양과 함께 봉황문이 시문되어 있다. 외면에는 국화문과 함께 당초문이 시문되었다. 전형적인 양식에서 약간 벗어난 독특한 문양이 주문양으로 사용되었다.

국립중앙박물관의 「丁亥」銘 상감청자는 완형이 없고, 대접 및 접시 片이 9점 정도 소장되어 있다. 이들 대접 및 접시들은 높이가 대략 2.1~4.5cm, 바닥지름이 6.5~7.3cm에 이른다. 내면은 주로 蘆文과 水禽文, 菊花折枝文, 菊花文, 如意頭文이 사용되었으며, 외면은 蓮瓣文과 菊花文, 唐草文 등이 사용되었다. 이들 파편들은 주로 전라남도 강진군에서 수습되었는데, 康津郡 大口面, 康津郡 沙堂里 堂前窯址등에서 收拾 및 發掘되었으며, 그 중 1점은 京畿道 開城市 伴鷗亭 附近에서 채집되었

---

74. 계명대학교박물관, 『前揭書』, 2004, p.184.
75. 康津靑磁資料博物館, 『청자빛 하늘에 담긴 구름과 학』, 2001, p.22.

다.[76] 이러한 파편들은 완형이 아니어서 정확한 형태나 문양등을 알 수는 없지만 강진지역에서 발굴 내지는 수습되어 이들 간지명 청자들의 제작지를 추정하는데 중요한 단서를 제공하고 있다.

고려대학교박물관에는 「丁亥」銘 팔각 접시가 1점 소장되어 있는데, 높이가 5.7cm, 입지름이 12.8cm, 바닥지름이 6.6cm로서 「丁亥」銘은 흑백으로 印刻

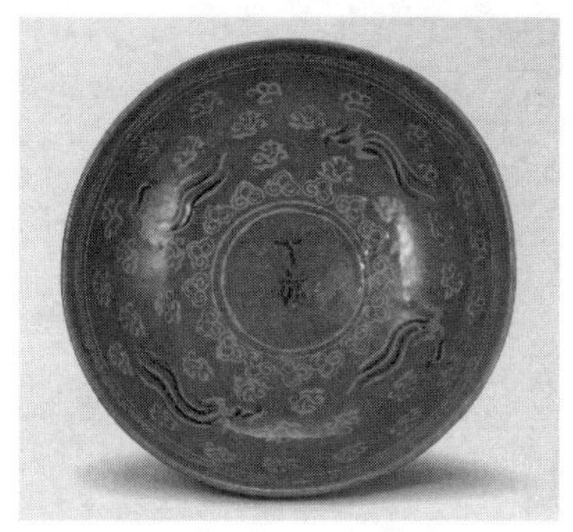

청자상감운봉문정해명대접　계명대학교박물관 소장

상감하여 새겼다. 외면에는 특이하게 雙菊文을 사용하였는데, 이는 간지명 상감청자가 만들어지던 시대보다 고식을 모방하여 제작하였던 것으로 보인다. 전남대학교와 강진청자자료관에는 각각 1점과 5점의 접시 및 대접편이 소장되어 있는데, 전남대학교박물관 소장품은 花形접시로 무문으로서 바닥에 「丁亥」銘이 새겨져 있으며, 全南 和順郡 雲住寺 발굴 유물이다. 강진청자자료박물관 소장품들은 대부분 底部만 잔존하여 정확한 문양이나 형태를 알 수 없으나 內底部에 여의두문이 사용되었고, 음각으로 흑상감되어 있다.[77]

4. 癸酉銘

국립중앙박물관에는 「癸酉」銘 상감청자 대접이 4점, 접시가 1점, 팔각 접시 1점, 대접편이 1점 총 7점 소장되어 있다. 대접들은 높이가 5.9~7.0cm, 입지름이 19.5~20.5cm, 바닥지름이 6.1~6.9cm에 이른다. 동1157, 본11375는 내면의 주문양으로 柳蘆水禽文이, 동1156은 雲

---

76. 國立中央博物館, 『高麗陶瓷銘文』, 1992, pp. 109~111.
77. 강진청자자료박물관, 『고려청자, 강진으로의 귀향- 명문·부호 특별전』, 2000, pp.44~46.

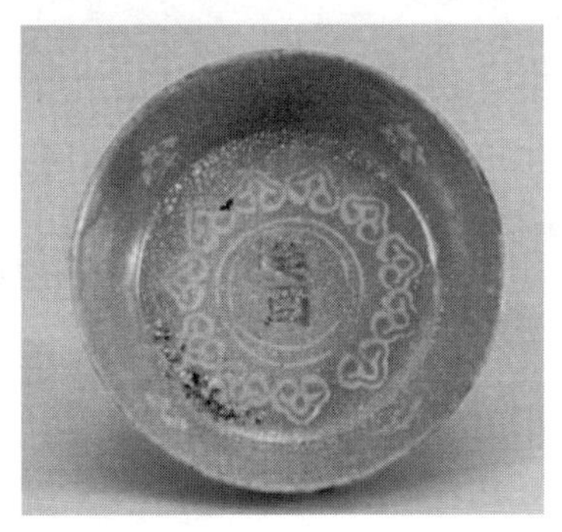

청자상감국화문계유명접시　강진청자자료박물관 소장

鶴文이, 본13958은 荔枝文을 사용하였으며, 외면에는 각각 唐草文, 菊花文을 주문양으로 사용하였다.「丁亥」銘 에는 버드나무의 잔가지가 많이 표현된데 비해서「癸酉」銘에는 가지가 많이 생략되기 시작했으며, 버들잎 표현도 사실적인 표현으로 바뀌고 있다. 또한「丁亥」銘에 비해 곡선적인 버들잎이 직선으로 표현되는 등 문양의 簡素化가 진행되고 있다. 덕5250 접시의 경우에는 내·외면에서 국화문이 사용되고 있으며, 입술부 일부가 파손되어 결실되었다. 덕5251은 팔각접시로서 내면은 문양이 없으나, 인화된 여의두문대의 흔적이 보인다. 외면에는 흑백상감된 국화문이 사용되었다. 이들 癸酉銘 상감청자 대접과 접시에는 黑象嵌으로 內底部에 干支인「癸酉」가 새겨져 있다. 청자상감운학문「癸酉」銘 대접편은 내저원각식 대접의 저부편으로 기벽이 상당히 두터운데, 內底 中央에「癸酉」銘 이 새겨져 있다. 유약의 시유상태가 극히 불량한 대접인데, 開城市 萬月臺 附近에서 채집되었다.[78]

해강도자미술관에는「癸酉」銘 대접편이 1점 소장되어 있는데, 길이가 7.0cm, 바닥지름이 6.6cm인데, 음각된 후 상감되는 방법으로「癸酉」銘을 새겼다. 강진 사당리 7호 가마부근에서 수습되었다.[79] 또한 강진청자자료박물관에는「癸酉」銘 완형접시가 1점 소장되어 있는데, 높이가 3.6cm, 입지름이 11.3cm, 바닥지름이 7.5cm에 이른다. 내면 중앙에는 국화문이 白象嵌되어 있으며, 내저부에는「癸酉」銘이 흑상감되어 있다.

78. 國立中央博物館,「前揭書」, 1992, pp.101~106.
79. 海岡陶磁美術館,「前揭書」, 2004, p.116.

「癸酉」銘 주위에는 여의두문이 새겨져 있다. 유약의 용융상태가 불량하여 입술부와 동체일부가 황녹색을 띠고 있다.

5. 庚午銘

국립중앙박물관에는 「庚午」銘 대접이 1점, 대접 및 접시편이 4점 소장되어 있다. 완형 대접은 내면 입술부분에 당초문을 波狀形으로 배치하였으며, 주문양으로 柳蘆水禽文을 사용하여 흑백상감으로 갈대, 버드나무, 물새등을 배치하였다. 이 「庚午」銘은 內底曲面式大楪으로 內底中央에 흑백으로 「庚午」를 새

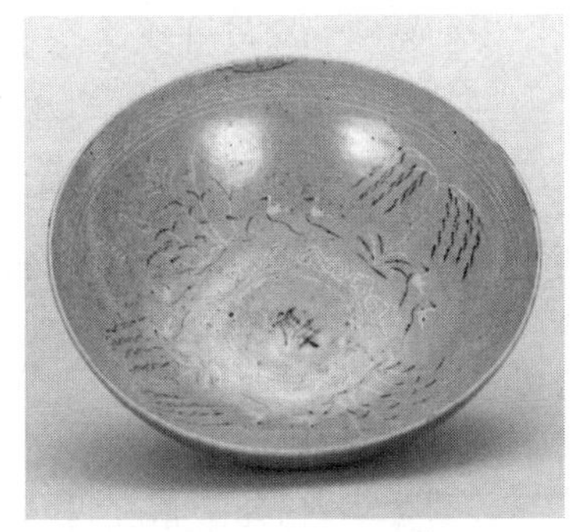

청자상감경오명대접　국립중앙박물관소장

겼다. 초벌구이편을 포함하여 4점이 소장되어 있는데, 이 중에 3점이 초벌구이편으로 3점중 2점은 대접이고, 1점은 접시이다. 대접 1점에는 柳蘆水禽文이, 1점에는 雲鶴文이 새겨져 있다. 접시편의 외면에는 菊花文이 새겨져 있다. 이 초벌구이 편은 대략 높이가 2,9~3.2cm, 바닥지름이 7.4~7.6cm 정도 남아 있다. 모두 강진군 사당리 당전요지 출토품이다. 대접 1점은 입술부가 안쪽으로 오므라들었는데, 側面은 완만하게 곡선을 이루어 굽에 연결된다. 내면에는 3段으로 운학문을 배치하였으며, 외면에는 국화문과 당초문을 배치하였는데 외면 저부에 배치되는 연판문을 생략하였다. 이 운학문 대접도 강진 사당리 당전요지 발굴품이다.

강진청자자료박물관 소장 대접은 柳蘆水禽文을 내면에 주문양으로 배치하고, 내저 중앙에는 「庚午」銘을 새겼으나, 일부에 흑상감이 남아 있을 뿐 전체적으로는 상감이 많이 탈락되었다. 또 내면 전체 문양에 흑·백상감을 사용하여 버드나무, 갈대, 4마리의 물새를 표현하였으나, 일부에만 문양이 제대로 나타나 있으며 전체적으로는 문양이 제대로 표현되지 못했다.

6. 其他 干支銘

그 밖에 간지명이 있는 상감청자 대접 및 접시의 파편들로 「甲戌」銘,「壬午」銘,「乙未」銘이 국립중앙박물관과 해강도자미술관 등에 소장되어 있다. 국립중앙박물관에는 「甲戌」銘이 1점, 「壬午」銘이 1점, 「乙未」銘 이 2점 등 총 4점의 干支銘 상감청자가 소장되어 있다.

이들 陶片은 현존 높이가 1.7~3.2cm로서 내저부에는 다른 대접 및 접시류와 같이 하단에 여의두문이 배치되었으며, 외측에는 국화문과 당초문이 사용되었으나, 외면 하단에 존재하던 연판문이 생략되는 등 기존의 간지명 상감청자 대접 및 자기류에서 보이던 양식에서 벗어나는 경향이 나타나기 시작한다.

해강도자미술관에는 「甲戌」銘 대접편이 1점, 「壬午」銘 접시편 1점이 소장되어 있다. 이들 편은 바닥지름이 6.4~6.8cm로서 「甲戌」銘에는 운학문이 인화상감으로 시문되었으며, 「壬午」銘에는 여의두문이 백상감으로 새겨졌다. 각각 「甲戌」과 「壬午」銘文은 흑상감으로 새겼다. 「甲戌」銘은 강진군 사당리 7호 가마 일대에서 수습된 것이다.

강진청자자료박물관에도 「甲戌」銘 접시편이 1점 소장되어 있는데, 동체 대부분이 파손되어 정확한 형태를 알 수 없다. 특이하게 內底部에 도식화된 구름과 학무늬가 새겨져 있고 내저 중앙 銘文부근에 포개구운 흔적이 남아 있다.

1997~1998년과 2002년 해강도자미술관에서 발굴한 始興 芳山洞 가마에서는 「甲戌」銘이 새겨진 청자 음각 뚜껑편이 출토되었다. 片은 높이가 1.5cm, 바닥지름이 3.0cm로서 짙은 황녹색의 유약이 시유되었다. 굽의 꼭지 안바닥에 「甲戌」銘이 새겨져 있는데, 이 간지명은 전라남도 강진일대의 간지명 상감청자의 제작시기보다 최소 300여년 이상이 빠른 914년 이나 974년으로 추정되고 있다.[80]

고려대학교박물관에는 완형의 상감청자 국화문 「壬午」銘 접시가 1점

소장되어 있다. 입술부에서 바닥까지 직선으로 연결된 형태이다. 내면
에는 당초문, 국화문, 여의두문을 押印 象嵌하였으며, 외면에는 흑백상감
으로 국화문을 새겼다.[81]

V. 맺음말

지금까지 국립공주박물관 소장 「干支」銘 상감청자인 菊花文 「己巳」銘
四耳壺, 柳蘆水禽文 大楪과 菊花文八角楪匙 등의 규모와 문양등에 대해
서 알아보고, 또한 「干支」銘 상감청자의 연구사, 제작시기를 둘러싼 여
러 견해 등을 간단히 언급하였다.

고려 후기 상감청자의 성격과 편년 연구에 중요한 자료인 「干支」銘
상감청자는 대부분 그릇 내저면 중앙에 상감기법으로 청자가 제작된 해
를 나타내는 간지를 새긴 것이다. 현재까지 알려진 간지는 「己巳」, 「庚
午」, 「壬申」, 「癸酉」, 「甲戌」, 「壬午」, 「丁亥」, 「乙未」 등 총 8가지가 있다.

국립공주박물관 소장 「干支」銘 象嵌青磁 중 대접과 접시는 전형적인
「干支」銘 象嵌青磁 양식인 굽이 높고 넓은 형태로서 입술부가 거의 직
립하면서 비교적 완만하게 底部에 연결되는 형태로서 13세기 말에서 14
세기 초반의 상감청자에 많이 사용되던 柳蘆水禽文 및 菊花文이 상징적
인 문양으로 사용되었다.

또한 象嵌菊花文 「己巳」銘 四耳壺는 해강도자미술관에도 거의 유사한
1점이 소장되어 있다. 이 유물은 통칭하여 다리가 높은 잔이라는 뜻으

---

80. 海剛陶磁美術館, 『前揭書』, 2004, p.126.
    海剛陶磁美術館, 『벽돌가마와 초기청자』, 2000, pp.20~23.
    海剛陶磁美術館, 『芳山大窯』, 2001, p.164.
81. 海剛陶磁美術館, 『前揭書』, 1991, p.30.

로 高足杯라고 불리고 있는데, 13세기 이후 원나라와 문화적 교류를 활발히 진행하면서 우리나라에 영향을 미친 형식이다. 이러한 「干支」銘 象嵌靑磁들이 1986년 보령앞 바다에서 건져져 압수문화재로 국립공주박물관 입수된 후, 1년 뒤인 1987년에 수중발굴로 보령앞 바다에서 약 100점의 상감청자가 인양되었는데, 이중에 약40여점의 「己巳」銘 상감청자가 확인되었다.

현재까지 干支銘 상감청자의 출토지로 알려진 곳은 全南 康津郡 大口面의 사당리 117번지 일대인데, 全北 扶安 등 그 외 다른 청자가마에서는 현재까지 干支銘을 가진 상감청자가 확인된 곳은 없다. 그러므로 현재 국립공주박물관에 소장된 「己巳」銘 상감청자들은 강진군 사당리 가마일대에서 제작되어 당시 고려의 수도인 개경으로 운반되다가 보령앞 바다에서 사고를 당해 수장되었을 가능성이 매우 크다고 하겠다.

이들 「己巳」銘 상감청자의 제작시기에 관하여서는 앞의 글에서 다른 「干支」銘 상감청자의 제작시기와 함께 언급했듯이 종전에는 비교유물을 통한 상대적 편년과 고려시대 후기의 정치 · 경제적 상황을 종합하여 13세기 후반(1269년 이후)설이 주류를 이루었으나, 최근에는 태토와 유약의 과학적 분석 및 14세기 중국 元代磁器와 비료연구를 통하여 이 「干支」銘 象嵌靑磁들이 同 時代 원나라 白磁와 형태와 문양 등이 비슷하다는 사실이 확인됨에 따라 14세기 전반(1329년 이후)에 제작되었다는 설이 설득력을 얻어 가고 있다.

고려 후기에 제작된 「干支」銘 청자의 主 器種은 국립공주박물관 소장 「干支」銘 상감청자에서도 확인되듯이 大樣과 樣匙이며, 그밖에 碗, 馬上杯, 四耳壺 등에도 간지가 새겨진 예가 확인된다. 간지명 상감청자의 주 문양은 柳蘆水禽文, 花卉鳥蟲文, 蓮花唐草文, 雲鶴文, 菊花文, 雲鳳文등이 주로 시문되었다.

간지명 상감청자를 제작하게된 이유는 가장 이른시기에 제작된 것으로 추정되는 「己巳」명을 예를 들면서 고려 후기인 1269년에 공부수취체제의 개편과 관련되어 해석하는 주장도 있지만, 대다수의 견해는 제작되는 磁器의 수량을 파악하고 품질보장과 사적인 이용을 방지하기 위하여 「간지」명을 기록하게 되었다고 볼 수 있다.

이상 국립공주박물관 소장 「간지」명 상감청자를 통해서 간단하게 「간지」명 상감청자의 제작시기, 주로 사용된 문양, 현재까지 알려진 간지명 등에 대해서 알아 보았다. 최근에는 자연과학적인 분석과 당시 고려에 강력하게 영향을 미친 원나라와의 교류관계 연구를 통한 간지명 상감청자에 관한 제작시기와 제작동기 등에 대한 논의가 활발해 지고 있으나, 이를 통한 「干支」銘 상감청자에 대한 統合的인 研究는 아직도 미비하다 할 수 있다. 또한 최근에 발굴된 시흥 방산동 청자유적에서 靑磁 陰刻 「甲戌」銘 뚜껑편이 출토됨에 따라 「干支」銘 청자의 제작 시기와 제작 동기에 대한 많은 시사점을 주는 동시에 지금까지의 연구결과에 대한 많은 의문점이 제기되고 있는 실정이다. 앞으로도 계속 진행될 발굴을 통해서 새로운 사실들이 밝혀지면 「干支」銘 청자에 대한 종합적인 조명이 가능하리라 생각된다.

청양 광대리 백자생산 유적에 대한 검토

청양 광대리 백자생산 유적에 대한 검토

I. 머리말

청양 광대리 백자생산 유적은 2004년 12월 2일에서 2005년 11월까지 약 1년여에 걸쳐 33,000m²(약 10,000평)을 공주대학교박물관에서 조사한 유적이다. 이 유적에 대한 발굴은 청양군 대치면 광대리 일원의 칠갑지구 농촌용수 개발사업에 따라 농촌용수 확보를 위한 시설 공사에 따라 긴급하게 실시되었다. 발굴성과에 대한 보고서는 현재 준비 중에 있으며, 그 성과는 도자연구자들에게 많은 관심을 불러일으키고 있다. [82]

지금까지 백자요지에 대한 조사는 생산유적 가운데 번조시설인 "가마〔窯〕"에 관심이 집중되어 가마의 규모와 구조, 기능, 출토유물에 대한 분석 등이 연구의 주 대상이 되어 왔다. 가마 유구에 대한 분석을 통하여 가마의 특색을 파악하고 이를 통해서 기존에 연구된 도자유물에 대한 연구 성과를 접목하여 백자 가마에 대한 편년을 집중적으로 검토하는

---

82. 청양 광대리 백자 생산유적에 대한 발굴성과는 이미 수차례 발굴지도위원회 자료와 학술대회에서 발표되었다.

公州大學校博物館, 『靑陽 光大里 白磁生産遺蹟 發掘調查』, 2005, 3.

이현숙·윤영섭, 「靑陽 光大里 白磁生産遺蹟 發掘調查」, 『호서지역 문화유적 발굴성과』, 호서고고학회, 2005, 10, pp.313~335.

이현숙, 「청양 광대리 조선백자가마」, 『도자기가마터 최근조사현황(공방지를 중심으로)』, 조선관요박물관, 2005, 12, pp.35~63.

공주대학교박물관, 『發掘 遺蹟과 遺物』, 2005, pp.320~327.

방법으로 백자 가마에 대한 연구를 진행하여 온 것이다. 이것은 가마의 발굴이 본격화된 이래 가마의 생산유적 가운데 가장 크고 핵심적인 시설인 가마유구에 一次的인 관심이 집중되면서 발굴에서 가마 유구를 확인하는 것을 최우선 목표로 생각하였으며, 또한 二次的으로는 발굴 성격상 가마와 함께 가마 주변에 폐기물로 산재되어 있는 자기 폐기물을 확인하기 위한 자기 폐기물 확인을 중점적으로 실시하여 왔던 그 동안의 발굴방법에 따른 것으로 판단된다.

최근의 도요지 발굴조사는 가마와 출토유물 중심에서 탈피하여 종합적인 도자 생산체제를 밝히고자 노력하면서, 공방에 대한 발굴사례가 많아지고 이에 대한 관심이 증가되고 있다.

그러나 이들 공방 유구는 완벽하게 남아있는 예가 많지 않아 정확한 해석에는 한계가 있어 왔다. 특히 대부분의 유구가 일정한 형태의 공방구조를 이루어기보다는 온돌과 아궁이, 수비공 등이 별도로 확인되는 등 정확한 유구의 성격을 이해하는데 어려움이 있어 왔던 것이 사실이다.

청양 광대리 백자생산유적은 가마 중심의 발굴 현상에서 벗어나 중요 생산유구로 번조시설인 가마와 함께 작업시설인 공방지와 수비공, 그리고 특수시설과 도토장 및 폐기장이 함께 확인되어, 전체 요장의 규모는 물론 작업 공방지의 평면 현황을 구체적으로 파악할 수 있는 중요한 사례로 등장 하였으며, 그 동안의 발굴방법에 대한 문제점을 검토 할 수 있는 단초를 제공하였다.

도자생산 시설 가운데 가마가 도자 생산의 중요 시설임은 분명하나, 원료의 정제부터 시유에 이르는 생산공정의 대부분이 이루어지는 공방은 도자 생산의 기술수준을 이해하는데 중요한 지표가 될 수 있을 것으로 판단된다.

이 광대리 백자생산 유적은 발굴지역 Ⅰ과 Ⅱ지역과 추가발굴지역까지 합하면 조사면적 10,000평에서 백자가마 4기, 도기가마 1기, 공방지 51기, 수비공 20기, 도토장과 폐기장이 9곳, 특수시설 1곳, 야철 관련 노 시설 1곳 등 이 확인된 유적으로서 조선 전기 백자가마의 생산유적을 종합적으로 고찰할 수 있는 중요한 유적이다. 이 글에서는 먼저 조선 전기의 중요 백자생산 가마인 경기도 광주의 번천리 5·9호 백자가마와 우산리 9호 가마, 건업리 2호 가마에 대한 검토를 통하여 조선 전기 백자가마의 형태에 대하여 알아보고, 이를 통하여 청양 광대리 백자가마 유적에서 확인된 유구와 출토유물을 종합적으로 분석하여 광대리 백자 생산유적의 요업체계의 특징을 파악 하며, 아울러 출토 유물을 검토하여 이 광대리 백자가마의 운영시기를 파악하여 보고자 한다.

Ⅱ. 조사지역의 환경과 역사성

1. 지리적 및 역사적 환경

청양 광대리 유적은 청양읍에서 남동쪽으로 약 4km 정도의 거리에 해당하는 곳으로 조사지역의 북쪽에는 공주와 청양을 연결하는 국도 36호선이 동서방향으로 개설되어 있다. 조사지역은 칠갑산의 북서지맥에 해당하는 곳으로 산지가 높고 계곡이 발달되어 있어 이 계곡을 따라 흐르는 소하천들이 집중되는 곳이다. 유적이 확인된 대치면 광대리에는 '성주동', '성주골' 등의 자연지명이 확인되며, 북동쪽 전방에 있는 골짜기는 '판동'이라는 지명으로 사용되고 있다.

조사지역은 대치면 광대리 성주동 마을의 북서쪽에 남북방향으로 길게 형성된 '성주골'의 동향사면에 자리한다. 이곳에는 '대치천'이 조사지역의 동쪽에서 서쪽으로 청양군을 가로지르듯이 흘러 '지천천'에 연결되며, 또한 청양읍에서 남북방향으로 형성된 무한천에 유입되

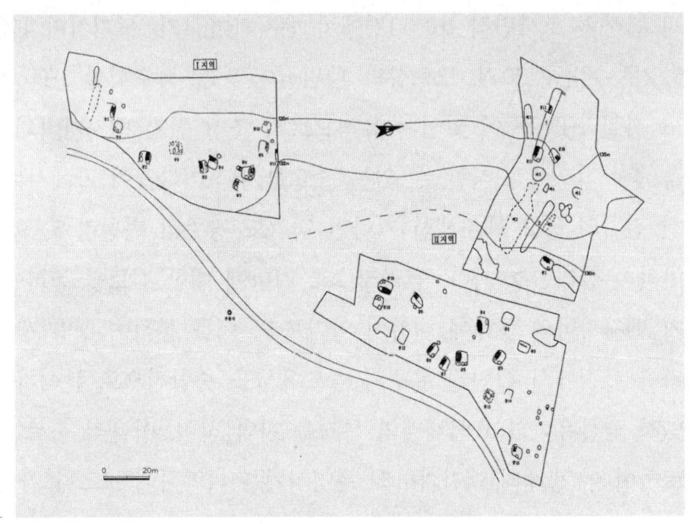

유적현황도

어 북상하는 수계로 이루어져 수로 교통의 편리성이 확보된 곳이기도
하다.

주변의 지형은 동·남쪽의 칠갑산에서 북서방향으로 높은 산지가 형
성되어 있는 곳이다. 이로 보면 조사지역은 '칠갑산'을 중심으로 한 험
준한 산림지역 사이사이에 깊은 골짜기가 형성되어 있는 지형에 입지
한 셈이다. 청양지역의 기후는 내륙에 위치한 관계로 기온의 교차가 심
한 내륙성 기후이다. 연평균 기온 12℃이며, 연평균강수량은 1,200mm
이다.

조사지역이 위치한 청양 지역은 충남지역 중에서 山林이 많은 지역으
로서 지표와 발굴조사를 발굴 이전부터 조선시대 분청사기와 백자가마
의 존재 가능성이 알려져 왔던 곳이다. 강경숙 선생은 1994년 한국미술
사학회에 발표한 『世宗實錄』「地理志」 磁器所·陶器所 硏究 – 忠淸道를
중심으로 – 에서 충남 청양군 대치면 장곡리에 대해 "전형적인 전라도
지방의 귀얄기법과 간략한 초엽문, 치졸한 선문이 음각된 소위 조화 기
법의 분청사기의 특징을 잘 보여주며 특히 노끈 모양의 인화기법은 대

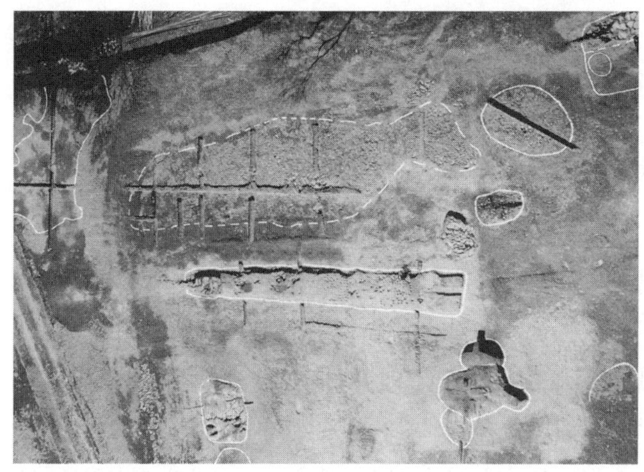

유적 전경

체적인 장곡리 가마의 특징으로, 제작 시기는 1440~1450년 『세종실록』 「지리지」에 기록된 연대 보다 앞 선 1420년대에 제작 활동을 하였던 분청사기 가마"라고 추정했다.[83] 이번에 발굴조사가 이루어진 인근인 청양군 정산리 대박리 일원에서는 광대리와 마찬가지로 청양 대박지구 농촌용수 개발사업으로 인하여 중앙문화재연구원이 발굴조사한 대박리 백자가마터가 확인되었다. 대박리 백자가마는 잔존길이가 3.7m이며, 너비 2.9m 정도 이며, 연소실 바닥으로 추정되는 바닥은 너비 120cm, 두께는 약 3cm 정도이다. 이와 함께 폐기장, 소성유구 2기, 수비공 8기, 온돌 유구 1기, 채굴장 34기 등이 확인되었다. 출토유물은 생활용기로서 백자 사발 · 대접 · 접시 등이며, 이들의 특징으로 보아 17~18세기에 운영되었던 가마로 추정된다.[84] 이와 같이 최근에는 충남지역에서 가장 내륙에 해당하는 산림지대인 청양에서 도자관련 유적이 계속 확인되고

---

83. 강경숙, 「『세종실록』 「지리소」자기소 · 도기소 − 충청도를 중심으로 」, 『한국 도자사의 연구』, 시공사, 2000, pp.381~385.
84. 변영환, 「청양 대박리 가마터 발굴조사」, 『호서지역 문화유적 발굴성과 』, 호서고고학회, 2005, 10, pp.371~387.

있어, 조선시대에 있어서 청양지역이 매우 중요한 자기생산지역 이었을
가능성이 높아지고 있다.

2. 조사경과

청양 광대리 백자생산유적에 대한 조사는 청양군 광대리 일원의 칠갑지
구 농촌용수개발사업 예정부지에 대한 조사과정에서 확인된 것이다. 칠갑
지구 농촌용수개발사업은 농업기반공사 청양지부에서 1991년부터 시행한
것으로, 대치면 광대리 일대의 54ha 에 달하는 지역에 저수지를 축조하여
주변지역의 부족한 농업용수를 확보하기 위한 것이다. 그러나 초기 사업이
추진되던 1991년에는 유적에 대한 사전조사가 이루어지지 않았었고, 그
후 사업이 지연되면서 유적에 대한 지표 및 발굴조사를 실시하게 되었다.

지표·시굴·발굴조사는 공주대학교 박물관에서 실시하였다. 지표조
사 당시 네 개 지역에서 가마터 및 야철지 등의 유적 존재가 확인되었
는데, 유적은 조사지역의 중앙을 동서방향으로 흐르는 '대지천'을 중심
으로 일정한 간격을 두면서 산포된 양상이었다. 백자가마와 토기가마가
확인된 지역에서 시굴조사를 실시하였다. 이후 발굴조사는 2004년 11
월에 조사를 착수하여 약 1년여에 걸쳐 발굴조사를 진행하여 대단위의
요업시설을 확인하게 된 것이다.

발굴조사는 광대리 409번지 일대를 2개 지역으로 나누어서 진행하여,
백자가마 및 공방지 등 백자생산시설이 일정한 단위를 이루어 조성된
것으로 확인하였다. 1·2차 발굴조사 대상 면적은 33,000m²(약 10,000여
평)이었으며, 1차 발굴조사지역은 광대리 승주동 일대로서 중앙의 묘목
이 식재되어 있는 구역을 경계로 하여 Ⅰ·Ⅱ지역으로 구분하였다.

2차 조사에서는 유적의 분포범위가 묘목이 식재된 지역까지 존재할
가능성이 있다고 판단하여 주변지역으로 조사범위를 확대하였다. 이로
서 발굴조사에서는 가마유적과 함께 주변에 넓게 형성되어 있을 공방지

와 부대시설을 함께 조사하여 유적 전체에 대한 올바른 성격규명을 할 수 있었다.

발굴조사 I지역은 백자가마터가 확인된 대치면 광대리 방아제골 전 407, 408, 409 일대의 9,000m²(약3,000평)이며, II지역은 I지역에서 남쪽으로 약 100m내외에 위치한 곳으로 원래 토기가마터가 존재하는 것으로 판단한 곳인데, II지역은 행정구역상 대치면 광대리 방아제골 전 411, 412, 419 일대의 6,100m²(약 1,840여평)에 해당한다.

I지역은 전체 조사지역의 남쪽 끝부분에 해당하는 곳으로, 시굴조사 당시 가마터와 집자리로 추정되는 석열이 일부 확인된 곳이다. 이 지역에 대한 발굴조사 결과 백자가마터 1기와 도기가마터 1기, 그리고 공방지 11기, 수비공 4기가 조사되었다. 유구의 분포는 I지역의 남쪽 끝부분의 가장 높은 지역에서 백자가마터 1기와 도기가마터 1기가 조사되었고, 공방지와 수비공은 가마터 주변을 중심으로 조사지역 전면에 분포되어 있는 형상이다.

II지역은 조사지역의 북쪽에 해당되는 곳으로, 광대리 성주골과 판동이 경계를 이루는 입구 부분이다. 조사를 통하여 확인된 유구는 백자가마터 2기, 공방지 18기, 수비공 13기, 도토장 3곳, 폐기장 6곳, 특수시설 1곳, 야철 노시설이 있다. 이들 유구는 지형상으로 높은 구릉지에 가마터가 입지하는 반면에 저지대에 공방지와 수비공이 함께 분포되어 있고, 가마터와 공방지 사이에서 도토장이 확인된다.

그러나 1차 조사가 이루어진 후 주변에 조사지역에서 묘목이 식재되어 제외되었던 지역도 동일한 유적의 범주에 포함될 것으로 판단되어 주변지역으로 조사를 확대하였다. 주변지역으로 확대한 추가 발굴조사에서 백자가마터 1기, 공방지 22기, 수비공 10기가 조사되었는데, 종합적으로 정리하면 약 10,000여평에 달하는 넓은 면적 전체에 유적이 일정한 간격을 이루며 분포하는 양상으로 정리된다.

따라서 조사를 통하여 확인된 청양 광대리 백자생산유적의 구체적인 유구들은 번조시설인 백자가마터 4기, 도기가마터 1기, 작업시설인 공방지 51기, 수비공 20기, 특수시설(하소시설) 1곳, 야철관련 노시설 1곳, 더불어 도토장 3곳, 폐기장 6곳이 확인되었다.

3. 청양지역의 도기소와 자기소

충청지역의 15세기 요업 상황을 정확히 가록하고 있는 문헌 기록은 『世宗實錄』「地理志」와 『新增東國與地勝覽』이 있다. 이중 『세종실록』「지리지」는 세종의 명에 의해 1424~1432년 사이에 편찬을 위한 자료 수집이 이루어졌고, 1454년『세종실록』의 편찬과 함께 그 부록으로 간행되어 15세기의 충청지역 도자문화를 이해하는 중요한 자료가 되고 있다. 『세종실록』「지리지」에 의하면 충청지역의 자기소는 23기, 도기소는 38개가 조사되었다. 충청도 지역의 도자품질을 보면 자기소는 21개 지역 중 상품은 없고, 중품은 12곳, 하품이 11곳이다. 도기소는 33개 지역에 38기의 가마가 있었는데, 6개소가 중품이며, 31개소가 하품이며, 나머지 한 곳은 품질 표시가 없다.[85] 이중 청양지역은 자기소가 1개소, 도기소가 1개가 기록되어 있다. 즉 "磁器所一在縣東長谷洞下品 陶器所一在縣東板東下品"이라고 기록되어 있다. 15세기 초반의 내용을 담고 있는 『세종실록지리지』의 토산조에 있는 자기소와 도기소의 명확한 구분 기준은 알 수 없는 상태이므로, 長谷洞의 자기소와 坂東의 도기소는 모두 하품으로 기록되어 있어 중품을 생산했던 공주의 軍知村과 東鶴洞의 자기소보다는 품질이 약간 떨어졌음을 알 수 있다.

하품의 자기를 생산하던 '장곡동' 자기소의 위치는 현재의 靑陽郡 大峙面 長谷里로 추정된다. 한글학회의 『한국지명총람』에 의하면 청양군

85. 강경숙, 「『세종실록』「지리소」자기소·도기소—충청도를 중심으로 」,『한국 도자사의 연구』, 시공사, 2000, p.319, 326.

은 본래 동상면으로서 골짜기가 길어서 長谷이라 하였으며, 1914년 행정구역 통폐합에 따라 송동, 광전리 일부를 통합하여 장곡이라 하여 대치면에 편입하였다. 이곳에는 조선 전기의 분청사기가마가 있었던 곳으로 백자가마 이전에 분청사기가 활발히 제작되던 곳이다. 장곡리에서는 1420년대로 추정되는 분청사기 가마가 운영되었는데, 국화문, 인화노끈 문양 등이 시문된 귀얄과 음각기법의 분청사기가 확인되었다. 하품의 도기를 생산하던 '판동'의 도기소는 현재의 靑陽郡 大峙面 光大里로 추정된다. 『한국지명총람』에 의하면 대치면 광대리는 본래 청양군 동상면의 지역으로서 예전에 광대가 살았으므로 광대울 또는 광대동이라 하였는데, 1914년 행정구역 개편시에 聖佳洞, 坂洞을 병합하여 광대리라 해서 대치면에 편입하였다. 현재 '판동'이라는 지명은 청양 광대리 조사지역의 남동쪽으로 연결된 골짜기에서 확인되고 있다.

Ⅲ. 조선시대 백자가마의 검토

1. 조선 전기 백자 가마의 구조

청양 광대리 백자생산 유적의 발굴조사자와 2005년 3월에 개최되었던 현장 지도위원회에 참가한 도자관련 전문가들이 광대리 백자생산 유적의 활동기를 16세기 초반으로 추정하는데 동의하였으므로 이 장에서는 광대리와 가장 15~16세기에 생산활동을 한 것으로 알려진 경기도 廣州의 분원가마를 대표하는 번천리 5호와 9호 가마, 우산리 9호 가마, 건업리 2호 가마 등의 가마형태를 알아보고자 한다. 또한 조선 전기의 가마 형태를 유추하는데 있어, 중요한 단서를 제공하는 『成宗實錄』의 가마관련 기록을 검토해 보고자 한다.

조선 전기의 가마 형태를 유추할 수 있는 기록으로 조선 왕조 『성종

실록』이 있다. 조선왕조 『성종실록』권277 24년 5월 18일(신사)조에는

> 司饔院提調 유자광이 사기를 구워 만드는 立釜와 臥釜의 형상을 흙
> 으로 만들어 와서, 아뢰기를, "와부는 불꽃이 그 안에서 가로로 어지러
> 워지므로, 사기가 찌그러지기 쉽습니다. 이제 吳愼孫을 통해 중국에서
> 입부로 구워 만드는 방법을 들었는데, 이것이 매우 이치에 닿습니다.
> 입부는 불기운이 곧게 올라가므로 구운 그릇이 다 평정(平正)합니다. 그
> 러나 입부를 만들려면 利川의 점토를 써야 하니, 부근의 고을을 시켜
> 흙으로 沙器所에 날라 오도록 하여 시험하소서"하니,[86] 그대로 따랐다.

는 대목이 있다. 여기에서 말하는 입부는 중국 북방의 만두형가마나 경덕진의 독특한 가마를 말하는 것으로 보이는데, 이들 가마는 하나같이 출입구가 높고 전체 가마 길이가 짧은 것을 말한다. 와부는 길이가 길고 출입구가 좁은 登窯로 불꽃이 위 아래로 순환하기보다 옆으로 이동하는 횡염식이라 번조 중에 그릇이 비뚤어질 확률이 높은 것이다.

현재 우리나라에서는 입부로 만든 가마는 조사되지 않았다. 방병선 선생은 '현재 남아있는 조선 전기 백자가마는 대체로 돌과 진흙을 섞어 제작하였는데, 아궁이는 대개 길이 3m 이상의 타원형 석축이다. 가마 칸 안에 설치된 불창기둥은 2개 이상으로 지붕 아치를 받치는 단순한 기둥이 아니라 불꽃을 분산시키고 가마 칸을 구분하기 위해 설치되었을 것으로 추정된다. 그러나 장벽의 설치 유무가 불확실해서 불꽃의 흐름은 가마 칸과 칸 사이를 거의 수평에 가깝게 진행하고, 가마 칸을 기둥

---

86. 『成宗實錄』卷277, 24年 5月 18日 辛巳, "司饔院提調柳子光 以土作沙器 燔造立釜臥釜形
    狀 來啓日 臥釜則火焰橫亂於其中 故沙器易至苦窳 今因吳愼孫 得聞中朝立釜燔造法 此甚
    有理 立釜則火氣直上 燔器皆平正 然慾作立釜 當用利川粘土 請令附近官 輸土于沙器所
    試之 從之."

으로 나누어 불꽃을 분산시켰으며, 가마 바닥은 평평하지 않은 경사진 平炎分室式斜底登窯라 할 수 있다'라고 하였다.[87] 이 기록에 대해 강경숙 선생은 '와부는 오름가마이고 입부는 중국의 북방 지방 황하유역 근처에서 많이 사용된 돔 모양의 가마를 지칭했는지도 알 수 없다. 또 가마 전체의 형태를 말하는 것이 아니고 봉통의 구조만을 두고 말한 것인지도 모르겠다.'고 설명하였다.[88] 김영원 선생은 '입부는 丸窯 이고 臥釜는 登窯라면 중국백자의 영향을 받은 광주 관요 백자가마는 丸窯였어야 한다.라고 하면서 현재까지 발굴조사된 15~16세기 광주 일대의 백자가마는 우산리 9호, 번천리 5호뿐으로 이들은 모두 登窯로서 丸窯 의 구조와는 거리가 멀다고 하였다. 이러한 것은 백자제작의 실패율을 줄이기 위해 가마구조를 언급하였을 뿐 실제로는 조선에서 채용되지 않았다고 보았다'.[89]

조선 전기의 가마는 고려시대 가마를 좀더 확대하여 효율적으로 운영하였다고 할 수 있다. 조선 전기 분원이 있던 도마리와 번천리 5호 · 9호의 가마는 가마의 바닥 면적이 늘어나 점차 대형화 되고 있는데, 16세기 이후에는 전체 바닥 면적이 50m² 이상으로 넓어져서 대량 생산에 유리하였다. 가마 내부는 불꽃의 흐름을 효율적으로 조절하고 환원염 번조에 유리하도록 고려시대의 單室가마인 통가마에서 連室 가마인 칸가마로 발전하였다. 이것은 각 칸과 칸 사이의 구분이 거의 없이 가마 전체가 마치 하나의 칸으로 이루어진 고려시대 가마와 달리 칸 사이의 구분이 확실해 졌던 것이다. 칸과 칸 사이에 화염이 통과하는 불창의 숫자가 늘어났으며, 각 칸의 경사도에는 약간의 차이가 생겼다. 이러한

---

87. 방병선, 『왕조실록을 통해본 조선도자사』, 고려대학교출판부, 2005, pp.124~127
　　　, 『순백으로 빚어낸 조선의 마음』, 돌베개, 2002, p.206.
88. 강경숙, 『한국도자사』, 일지사, 1989, pp.372~374.
89. 김영원, 『朝鮮前期 陶磁의 연구』 -分院의 設置를 中心으로-, 學研文化社, 1995, p.170.

구조는 불꽃이 가마 안에서 어느 방향으로 쏠리는 것을 방지하였으며, 각 칸을 독립적으로 운용하였기에 불꽃의 흐름과 온도를 용이하게 조절할 수 있었다. 또한 불창은 대개 칸이 시작되는 앞부분에 세워졌다.[90] 조선 전기(15~16세기)를 대표하는 백자 가마로는 광주 번천리와 우산리, 건업리, 도마리 가마가 있다. 이러한 번천리 5호가마의 구조를 비롯하여 전기 분원가마의 구조에 대한 구체적인 설명은 강경숙의 저서와 각 발굴기관이 발간한 보고서, 특별전 도록에 잘 나타나 있다.[91]

광주 번천리가마는 5호와 9호가 약 200~300m 정도의 거리를 두고 인접하여 있다. 5호 가마는 1985년 12월에 발굴되었는데, 폐기물 퇴적에서 嘉靖 33年 銘의 白磁 陰刻 墓誌片이 출토됨에 따라 1554년을 전후한 시기 즉 16세기 중반경까지 활용되었던 가마이다. 발굴에서는 가마 1기와 3기의 공방관련 유구가 확인되었다. 가마 길이는 약 23m로 추정되나 발굴에서 확인된 길이는 17m이고 너비는 1.7~2.2m, 10°의 경사면에 축조된 '단실 불기둥요'이다. 아궁이는 상하 두 곳에서 확인되었는데, 이는 1차 사용 후 어느 시점에서 다시 올라가 2차 아궁이를 사용했기 때문이다. 2개의 아궁이는 3.4×1.8m의 타원형이고 진흙과 냇돌로 입구를 축조했으며, 아궁이 입구의 너비는 50~60cm 정도이다. 굴뚝부는 확인하지 못했으며, 가마 바닥을 진흙으로 다진 후에 모래를 깔고 직경 8~9cm 크기의 납작한 도지미를 놓고 그릇을 쟀던 흔적이 확인되었다. 측면 출입구는 아궁이에서 바라보았을 때 오른쪽 측면에서

---

90. 방병선, 앞의 책, 2002, pp.205~206.
91. 강경숙, 앞의 책, 1989, pp.459~460.
    ______,『한국 도자기 가마터 연구』, 시공아트, 2005, pp.398~423.
    전승창,「조선시대 백자가마의 발굴성과 검토」,『도자(陶瓷) 고고학을 향하여』, 한국상고사학회, 2003, 4, pp.93~103.
    이화여자대학교박물관,『朝鮮白磁窯址 發掘調査報告展』, 1993, pp.5~41.
    ________________,『도요지 발굴 성과 20년』, 2001, pp.12~25.
    海剛陶磁美術館,『廣州 牛山里 白磁 窯址』, 1995, pp.53~54.

확인되었으며 불기둥은 4~5개가 남아 있으나 기본으로 2개의 불기둥을 세웠고 후에 불꽃을 조절하기 위해 그 사이에 2개를 보조로 끼워 넣은 것이다.

작업장은 2곳이 발굴되었지만 직각으로 접하고 있는 상태로 보아 일련의 시설로 간주된다. 제1작업장은 아궁이, 불고래, 상판시설 등이 있고, 수비의 흔적이 남아 잇는 것으로 보아 제토장이었을 것으로 보인다. 제2작업장도 돌 틈에 백토가 덮여 있고 아궁이와 연도시설이 있으며 직경 58㎝의 반구형 구덩이가 109cm 폭의 골로 연결되어 내용물이 흘러 내리도록 만든 시설인 것으로 보아 제1작업장과 관련된 제토장으로 판단된다.

광주 번천리 9호 가마는 1998년 3월에 1차 조사를 시작하여 9월과 12월에 제 2차 및 3차 조사가 진행되었다. 유적에서는 嘉靖壬子(1552년)의 음각 명문이 출토되어 가마의 운영시시를 15세기 후반에서 16세기 초반으로 추정하고 있다.[92] 발굴조사에서는 가마유구 1기, 공방터 4곳, 폐기물 퇴적층 5곳이 노출되었다. 가마는 현존 길이 20m, 내벽 너비 2m, 외벽 너비 2.7m로 11°의 완만한 경사면에 불기둥을 1개 세운 곳도 있고 또 2개 세운 곳도 있는 '단실 불기둥요'의 구조로 축조되었다. 아궁이와 굴뚝부는 유실되었고 번조실의 4군데에서 불기둥이 확인되었는데, 현재 2개가 나란히 남아 있는 불기둥의 크기는 폭 26cm에 높이가 12cm에 이르는 비교적 큰 기둥이다. 가마 바닥은 소토층이 약10cm 정도이며 그 아래에 자기편이 있는 것으로 보아 가마를 구축할 때 이미 폐기한 도편을 깔아 배수 역할을 하도록 했을 것으로 보이는데, 이 가마 이전에 또 다른 백자가마가 있었던 것으로 추정된다. 작업장은 대체로 6.7×3.8m의 규모로 온돌시설이 확인되며, 그 주변에서는 수비와 관계

---

92. 강경숙, 『한국 도자기 가마터의 연구』, 시공아트, 2005, pp.398~406.

되는 수혈유구, 수비토층, 옹기 등이 발견되었다. 9호 가마에서는 명문이 있는 백자 청화편들이 주로 수습되고 있어 인근의 5호 가마보다 상품을 제작했던 중심가마로 추정되고 있다.

광주시 퇴촌면 우산리에는 약 20여기의 백자가마가 있으나, 이중 2호, 9호, 17호 가마등 세 곳의 가마터가 발굴되었다. 우산리 2호 가마터는 천진암 성역화의 일환으로 성당을 짓기위한 기초공사중 확인되어 발굴조사 되었는데, 가마의 일부와 토적층의 일부가 확인되었다.[93] 가마의 총길이는 확인할 수 없으나, 너비는 약 1.4m이고 가마 벽의 두께는 20cm로서 10~20cm정도로 땅을 파내고 10~12°의 완만한 경사면에 점토와 석재를 이용하여 축조한 가마로 밝혀졌다. 수직굽의 양질 백자가 소량 있으나 대부분은 청백색을 보이는 조질백자 계통의 하품 대법과 접시편이 수습되었다. 『세종실록』「지리지」 자기소에는 우산리가 州 행정을 관할하는 관청의 동쪽에 있는 所山으로서 下品의 자기를 생산한다고 되어 있다. 소산은 지금의 우산리로 생각되며 기록과 유물로 볼때 15세기 전반에 생산하던 가마로 판단된다.

우산리 9호 가마터는 광주시 우산리 272번지에 위치하고 있었는데, 발굴 결과 백자가마 3기와 폐기물 퇴적더미 3곳을 확인하였다. 9-1호와 9-2호로 명명된 가마는 번조실 너비 1~1.1m의 크기로 바닥만 남아 있었고, 9~3호 가마는 전체가 양호하게 남아있었다. 9-1호가마는 가마 바닥이 완전히 파손되어 소성실의 구조는 알 수 없으나 벽면의 흔적으로 보아 출입구가 北便에 있던 連室式가마로 추정된다. 가마 하부의 위치에는 또 다른 가마가 구축되었던 흔적이 있는 것으로 보아 최소한 2개의 窯床이 시설된 곳이다. 가마의 전체 규모는 현재 총 길이 17m, 폭

---

93. 海剛陶磁美術館, 『廣州 牛山里 白磁窯址(Ⅱ)-17號 白磁窯址 試掘調査 報告書』, 1999, pp.65~68.

은 1.0~1.1m로 소성실은 5室로 추정된다.

9-2호 9-1호와 같은 출입구로 보이는 흔적은 없고 평면은 포탄형 單室窯이다. 가마의 현재 총길이는 9.8m, 폭은 1.0~1.2m이다.

9-3호 가마는 구릉의 경사면을 이용하여 가마의 윗부분은 구 지표면을 10~20cm정도로 약간 파고 봉통부로 내려가면서 지하를 파 내려간 반지하식 등요이다. 진흙과 돌을 이용하여 구축하였다. 규모는 총길이 27m, 폭 1.6~1.7m이며, 아궁이는 길이가 4m, 소성실의 총길이는 16m이다. 요상 경사도는 28°이며, 최상단에 2×1.7m의 바닥이 깊은 별실과 연도가 있다. 아궁이 입구는 둥근 갑발을 좌우에 놓았고 그 너비는 50cm이며 번조실로 올라가는 불턱은 유실되어 높이를 알 수 없다. 번조실은 길이가 16m, 너비 1.6~1.7m로 번조실 중간쯤 불기둥 2개가 남아있고 측면 출입구는 4곳에서 확인되는데, 그 간격이 약 2.5m인 것으로 보아 불기둥에 의해 4개의 공간으로 구획할 수 있는 구조임을 알 수 있다. 이 가마에 대해 강경숙은 '불기둥이 있는 곳은 22°의 급격한 경사를 이루고 있어 계단의 층이 형성되기 시작한 가마라고 볼 수 있는데, 그렇다면 한국의 백자가마에서는 15세기 후반에 계단식 가마가 출현하지 않았을까 싶다. 계단식 구조가 15세기 중·후반으로 편년되는 고창 용산리 분청사기가마 구조에서 이미 나타나고 있다고 했다.' [94] 9-3호 가마에서 자장 특이한 구조는 장방형인 마지막 번조실과 굴뚝부로서, 마지막 번조실은 가마의 바닥면에서 수직으로 30cm 깊이로 떨어져 별실의 구조를 취하고 있으며 이곳에서 초벌을 구웠다. 출토편은 갑발에 넣어 제작한 갑번기, 단독구이 그릇, 포개구이 그릇 등으로 그릇을 잴 때 3가지 방법을 사용한 것이 확인되었다. 9-1호 가마 북벽과 인접하여 나타난 것으로 돌들이 깔린 규모는 번천리 5호의 工房址와 유사하나

---

94. 강경숙, 『한국 도자기 가마터 연구』, 시공아트, 2005, p.413.

板石이 놓인 상태는 아니다. 그러나 窯址에 부속된 인위적 시설로 판단된다. [95]

경기도 광주시 실촌면에 위치한 건업리 2호 가마터는 골프장 건설사업에 의해 발굴되었다. 훼손이 심해 가마 내벽 너비가 1.2m로 17.5°의 경사면에 축조된 단실(등요)라는 점이 확인되었다. 전체 가마의 길이는 알 수 없으나 전체길이는 약 20m로 추정되었다. 번조실 중앙부에서 원추형 흙기둥이 출토되었는데 일단 불기둥 역할을 했으리라는 조사자의 의견을 감안할 때 이 가마는 '단실 불기둥요'일 가능성이 높다. 특히 마지막 초벌 칸의 구조는 우산리 9-3호와 우산리 17호 가마의 구조와 유사한, 이를테면 경사면이 뚝 떨어져 조성된 공통점을 보였다. 이는 15세기~16세기에 광주 관요에서 운용되었던 백자가마의 마지막 칸은 요상보다 평면을 훨씬 낮게 축조해서 사용했음을 말해 준다. 이러한 구조는 아궁이에서 올라온 여열을 이용해서 초벌을 굽도록 적절한 온도를 유지해 주는 매우 효율적인 구조였음을 시사한다. 백자가 주로 출토되며, 백자상감과 청자가 수습되었는데, 가마의 활동시기는 1430~1460년대로 판단된다.

조선 전기의 경기도 광주지역의 분원가마는 대체적으로 번천리 5호 가마가 길이 23m에 10°의 경사이며, 번천리 9호 가마가 길이 20 여m에 11° 경사, 우산리 2호가 12° 경사, 우산리 9-1호 가마 길이가 17m, 9-2호 가마가 9.8m, 9-3호 가마가 27m에 28°의 경사이며, 건업리 2호가 가마의 길이가 약 20m에 17.5°의 경사를 가지는 것으로 보고되었다.

이상의 결과를 종합하여 보면 조선 전기 경기도 광주지역의 분원 백자가마는 번천리 9-3호 가마를 제외하면 대략 평균적으로 가마의 길이

---

95. 이화여자대학교박물관, 『도요지 발굴 성과 20년』, 2001, p.12.

가 15~25m 정도에, 10~20°의 경사를 가진 지형에 축조되었던 것으로 판단된다. 번천리 9-3호 가마는 길이가 27m에 28°의 경사를 가지고 있어, 일부 학자들에 의해 백자가마에 계단식 구조가 수용된 최초의 예로 판단하고 있다.

2. 조선전기 백자 공방의 형태와 특색

조선 전기의 경기도 광주지방의 전기 백자가마 중 공방 유구가 확인된 유적으로는 광주 번천리 5호 및 9호 가마 등이 있으며, 지방 가마로서 중기 이후 백자가마로는 대전 정생동, 장성 대도리, 승주 후곡리, 무주 사천리 등의 가마유적이 있다. 이글에서는 광주 번천리 5호 및 9호 가마의 공방터를 중심으로 전기 백자가마의 특색을 고찰해 보고자 한다.[96]

공방터로 추정되는 지역에서 노출된 유구들은 대개 당시 생활면보다 낮게 흙을 파내고 내부를 정리하여 사용한 흔적이 나타났는데, 평면의 형태상 원형, 타원형, 사각형, 부정형 등으로 구분된다. 광주 번천리 9호 가마터는 평면이 원형을 이루는 경우로 백토 저장공, 수비공, 시유 공방 등이 해당되는 것으로 추정된다. 원형구조가 출토된 번천리 9호 가마터의 원형 유구는 깊이가 낮고, 크기도 직경이 10m에 달하며, 유구 내부를 갑발 뚜껑 등으로 보강한 흔적이 있고 비슷한 규모의 유구가 여러 기 남아 있어 저장이나 수비보다는 작업장으로 사용되었을 것으로 생각된다. 조선시대 지방 백자가마의 원형 유구들은 대체로 깊이가 깊고 내부에 침전물들이 적재된 경우가 많다. 이들은 대개 지름

---

96. 장남원, 「朝鮮時代 白瓷 工房의 種類와 性格」, 『흙으로 빚은 우리 역사』, 용인대학교박물관, 2004, pp.131~140.
조선 전기 경기도 광주지역 분원 백자가마의 공방에 대한 자료는 장남원 선생의 조선시대 전체 백자 가마중에서 경기도 광주지역의 번천리 5호 및 9호가마의 자료를 선택적으로 이용하였다. 많은 도움을 주신 장남원 선생에게 감사드린다.

100~350cm 가량의 원형이며, 깊이 30~100cm에 바닥면으로 갈수록 좁아 들어 단면 형태가 '원추형'을 띠는 것이 일반적이다.

또한 공방터에서 빠짐없이 나타나고 있는 구조물로는 구들이 있는데, 구들구조는 열지어 여러 줄로 길게 만든 불고래 위에 판석을 얹은 형태로 아궁이 부분을 갖추고 있는 것이 일반적이며 평면은 타원형에 가깝다. 광주 번천리 9호와 5호 백자 가마 등에서 확인된다. 유구의 성격은 정확히 알 수 없지만 경기도 광주 분원 요장 및 지방요지에서 공통적으로 나타나고 있어 수비 단계 이후 성형 및 건조 과정과 연관이 있을 것으로 생각된다.

특히 번천리 9호·5호 가마에서는 불고래 위에 놓인 판석 및 그 주위에서 백토가 수습되고 있어 도토의 건조나 혹은 성형관련 작업 공간으로 추정된다. 구들 구조는 요지에 따라 1기 이상 발견되는 경우도 있는데, 광주 번천리 5호에서는 1기가 발견되었다. 이들 구조물들이 동시대에 운영된 것인지 또는 시기를 달리하여 사용된 것인지는 분명하지 않으며, 일부 지방가마에서는 1기 이상의 가마유구와 함께 구들 구조물도 1기 이상이 확인되고 있어 각각의 가마들과 상관관계를 가지고 있다고 추정된다. 자기의 제작과정과 관련된 또 다른 공방 유구로는 성형이 이루어졌을 것으로 추정되는 작업장 구역들도 있다. 광주 번천리 5호 가마에서는 물레 작업을 했을 것으로 추정되는 지점이 확인되었고, 번천리 9호 가마에서는 300~1,000cm 규모에 땅을 넓게 파들어가 갑발 뚜껑 등으로 측면 내벽을 보강한 작업장도 확인되었다. 조선전기 백자가마의 공방으로 추정되는 시설들에는 수비, 침전, 성형, 유약 등의 작업과정과 연관되는 것이 대부분이며, 형태는 원형, 타원형, 사각형 등으로 나타난다.

광주 번천리 5호요지에서는 구들구조와 작업시설로 보이는 공방 유구가 3개 발견되었고, 번천리 9호 요지에서는 수비, 성형, 구들구조의 공방 유구가 여덟 개 확인되었다.

현재까지 백자가마의 발굴조사로 확인된 공방관련 유구는 가마당 대략 2~5개에 이르며, 이들 유구는 대략 백자 제작에 필요한 수비, 성형, 시유 등을 위한 시설물로 활용되었다.

가마터 발굴과정에서 가마와 공방 유구들은 번조시설인 가마로부터 반경 10~30m 이내에 분포하고 있는 것으로 확인되었는데, 광주 번천리 9호요지에서는 7개의 추정 공방 유구가 2개의 가마와 5~20m이내에 위치하고 있으며, 번천 5호는 약 10m 정도 이내에 위치하고 있다. 작업장의 입지는 요장이 형성된 지형에 따라 다소 차이가 있으나 가마보다 레벨이 낮은 지대에 설치되는 경우가 많았고 가마 봉통을 기준으로 할 때 측면 前方 또는 측면에 위치하는 경우가 대부분이다. 약간의 예외는 있지만 대체로 가마 출입시설과 같은 방향에 위치하고 있었던 것으로 판단된다. 이는 자연스러운 현상으로서 가마는 불을 이용하기 위해 대개 경사진 자연구릉에 의존하게 되고, 작업장은 물을 끌어대기 좋고 수비-성형-시유 등 작업 공정간의 원활한 연계가 이루어져야 하므로 평탄한 지형에 위치하게 되었던 것으로 생각된다.

3. 대전 · 충남지역 백자가마터

지금까지 대전 · 충남지역에서 발굴된 6기의 조선시대 백자가마터에 대해 개별적인 개요를 알아보고, 이를 정리하여 지역 백자가마의 구조와 형태와 청양 광대리 백자가마터 유적이 갖는 지역성을 맺음말에서 알아보고자 한다.

1) 政生洞白磁窯址

대전 정생동가마터는 가마의 복원과 도예촌 건립을 위한 목적을 위해 1997년 5월~8월 사이에 해강도자미술관에서 조사 하였다. 정생동 백자가터는 주변 석비례층을 깊게 굴삭한 후, 천정부분을 진흙으로 덮어씌운 登窯이다. 가마유구 1기와 작업장 추정시설 石列3기와 가마 좌우측에 형성된 폐기물 퇴적층이 확인되었다. 가마는 전체길이 26m, 너비 약 140cm내외이고, 경사도는 약 20°내외이다. 가마의 봉통부는 길이 약 2.5m 가량의 장타원형에 돌로 조성했고, 소성실 벽면은 평균 50cm 높이로 20m가량에 모두 5개의 방이 구획되었다.

출토유물은 대부분 백자편이며, 일부 도지미와 같은 요도구류가 포함되었다. 도지미는 원반형이 많고, 때로는 자연석이나 폐기된 백자편을 활용한 것도 있다. 백자편은 대부분이 문양이 없으며, 접시편 가운데 철화문양이 몇 점 발견되었다. 백자편들은 회색 수비토에 푸른빛 유약을 거칠게 시유했고, 소성은 굵은모래받침을 사용하였다. 출토기종은 대접·접시·종지와 같은 반상기류가 주종을 이루고 있는데, 항아리·병·제기류도 소량 포함되어 있다.[97]

이와 같은 특징을 종합할 때 정생동 백자가마는 16세기말에서 17세기 후반까지 운영되었던 임진왜란 이후의 가마로 판단된다.

2) 壯安洞 白磁窯址

장안동 백자가마터는 대전광역시 서구 장안동의 장태산 휴양림의 입구에 위치하고 있는데, 마을 주민이 민묘를 가꾸는 과정에서 발견되어 유적의 보존을 위하여 발굴조사가 진행되어 가마의 성격이 규명되었다. 발굴조사는 충남발전연구원에 의해 2000년 11월부터 12월에 걸쳐 진행되었다.

장안동의 백자가마는 산의 경사면을 깎아 하강한 상태에서 축조한 登

---

97. 李鍾玫, 「대전지방의 도자문화」, 『大田地方의 發掘遺蹟』, 大田光域市鄕土史料館, 1997, pp.149~153.
具守弘·尹煥, 『大田地方의 陶窯址』, 大田光域市鄕土史料館, 1999, pp.33~35.

窯이며, 가마의 축조시에는 진흙과 약간의 돌을 재료로 이용하여 조성한 土築窯이다. 장안동 백자가마는 1기를 운영하였으며 운영기간 중에 중첩하여 개축한 흔적은 보이지 않는다. 조사시에 아궁이와 소성실의 하단부는 비교적 잘 남아있어서 가마의 구조는 어느 정도 확인되었다. 가마의 규모는 아궁이와 굴뚝부까지 총길이가 16.6m, 내벽폭은 소성실 하단부가 1.8m, 소성실 상단부가 3.2m 이며, 전체 경사도는 15°인 것으로 확인되었다. 이 가마에서 수습된 출토유물은 素文白磁편이 대다수이며, 소수의 철화백자편도 수습되었다. 기종은 일상생활 용기가 중심을 이루고 있는데, 그 중 70% 정도가 대접이며, 약 20%정도는 접시류이다. 그 밖에 종지, 잔, 항아리, 소호, 병, 주구편등이 수습되었다. [98]

출토유물과 제작기법등을 종합할 때 이 가마의 운영시기는 대략 17세기 후반에서 18세기 전반에 운영된 가마로 판단된다.

3) 扶餘 갓점골 白磁窯址

부여 갓점골 백자가마터는 1997년 부여—논산간 국도 4차선 확장을 위한 사전 지표조사를 국립부여박물관에서 수행하던 중 발견된 백자요지로 조사는 1999년 충청매장문화재연구원에 의해 시굴조사가, 2000년 3월부터 5월에 걸쳐 동 연구원에 의해 발굴조사 실시되었다. 이 가마에서는 백자가마터 1기와 가마관련 작업장과 퇴적구등이 조사되었다.

백자가마는 남서향으로 낮게 형성된 경사면을 따라 설치된 1기가 확인되었는데, 가마는 반지하식의 계단식 連室登窯로 모두 4칸으로 구획되었다. 가마는 회구부, 연소실입구, 연소실, 소성실 등으로 구분되는데, 전체 길이는 19.6m이다. 연소실 입구의 최대 너비는 93cm, 길이는 65cm, 깊이는 35cm 이다. 소성실은 모두 4칸으로 구획되어 있는데, 모

---

98. 이훈 · 강종원 · 이종민, 『大田 壯安洞 白磁窯址』, 忠南發展研究員, 2002. pp.70~76.

두 평면 장방형을 이루고 있다. 구획된 각 칸의 소성실은 단면상 하단부가 낮고 편평하며, 중단부 이상으로 갈수록 20° 정도의 경사를 이룬다. 단벽의 높이는 대략 23~48cm이며, 단벽 상면에는 점토로 만들어진 4~5개의 불창이 있었을 것으로 판단된다. 갓점골 백자가마는 4칸의 소성실로 이루어진 계단식 연실 등요로 요상의 계단식화 경향이 뚜렷하면서, 마지막 초벌칸을 평탄하게 조영한 것이 특징이다. 아울러 排煙施設이 4소성실의 북단쪽에 웅덩이처럼 마련되어 있다. 갓점골 백자가마의 경우 아궁이가 제1소성실과 높은 높이 차이를 두고 내려오고, 평면이 거의 장방형형태를 띠다가 입구에서 좁아지고 있다. 아궁이의 양벽은 굴광면에 순수 점토만을 덧발라 구축하였으며, 입구부 좁아진 부분에만 할석으로 마감하였다. 갓점골 가마의 또다른 특징으로 각 소성실마다 2개씩 설치된 출입시설의 조영을 들 수 있다. 4소성실의 경우 조사당시 요상면이 지표상에 노출되어 있을 정도로 유실이 심해 정확한 양상을 파악하기 어려우나 요 외벽의 적색 불에 익은 면 윤곽으로 보건대 동벽 하단부에 1기의 출입시설만이 설치되어 있었던 것으로 보이며, 그 외 1, 2, 3소성실에서는 상·하 2개의 출입구가 공통적으로 확인된다. 갓점골 유적에서는 작업장과 관련시설로 보고서 작성자는 수혈유구 4기, 건물지 1기, 폐기장 5기 등을 들고 있는데, 이는 백자소성시에 필요한 공방시설로 추정된다. 가마 1기에 비해 공방시설이 약간 많은 편이다. 출토된 유물들은 거의 가마관련 유구들과 주변에서 확인되었는데, 거의가 백자접시와 대접편으로 단, 호, 병들의 출토예는 극히 소량이다. 일부의 초벌구이편과 도지미, 옹기 편등이 출토되었다. 대접과 접시류는 대부분이 문양이 없으며, 청색빛을 띠는 유약이 시유되었다.[18] 거의

---

99. (재)충청매장문화재연구원, 『갓점골 문화유적 발굴조사 현장설명회 자료』, 2000, pp.7~9.
  (財)忠靑埋藏文化財硏究院, 『扶餘 正覺里 갓점골 遺蹟』, 2002, pp.138~154.

다수의 백자편은 오목굽형태로서 굵은 모래받침을 사용하였다. 이러한 제작형태를 볼 때 이 가마의 운영시기는 17세기 전반기에 운영된 백자 가마로 판단된다.

4) 保寧 勒田里 白磁窯址

보령댐 수몰지역 발굴조사사업의 일환으로 조사된 늑전리 백자가마 터는 1995년 7월에서 8월까지 이화여자대학교 도예연구소에서 발굴하였다.

유적은 충남 보령시 미산면 늑전리 산 2-3번지로 백자가마 1기와 작업장, 폐기물 퇴적층을 각각 1기씩 발굴하였다. 조사지역은 해발 60~65m 지역에 큰 퇴적더미 형태로 논과 밭 가운데 돌출되어 있으며 등성이에 잡목외에 수령100년 정도의 느티나무가 있고 지표에는 도편들이 산재되어 있어 요지일 가능성이 높아 발굴조사가 진행되었다.

조사지역의 남서쪽에 위치한 가마는 가마바닥과 봉통부를 포함하여 동서방향으로 14m, 폭은 남북방향으로 3m 정도이다. 가마벽은 잡석과 진흙을 혼합하여 사용하였고 봉통과 3개의 소성실로 이루어진 칸가마로 불창살의 흔적이 있다. 가마의 동쪽에는 작업장이 위치하는데, 지름이 48~50cm인 원형의 수비통이 2개 있다. 이 수비통은 사각형의 혼합통 방향으로 10° 경사를 이루는 윗쪽에 있다. 백토의 정제를 위한 수비시설, 점토와 유약재료, 원료 분쇄시 사용한 것으로 추정되는 갈돌, 물레 부속구 등이 출토되었다.[100]

수습된 백자기종은 대접, 접시, 발, 잔 등 일상 식기류가 주류를 이루

---

100. 나선화 · 김인호 · 장남원 외, 『특별전 도요지 발굴 성과 20년』, 이화여자대학교박물관, 2001, p.56.
　　강석영 외, 「保寧댐 水沒地域 勒田里 白磁 窯址 發掘 調査 報告」, 『陶窯址 發掘調査 報告』, 1996, pp.2~22.

며 각진 제기나 각병도 일부 수습되었다. 굽은 대부분이 정교하지 않은 다리굽이다. 담급법을 사용하여 시유한 후 굵은 모래를 받쳐 9~11개까지 포개서 번조하여 대량생산한 것도 있다.

출토된 도편들의 제작방법과 특징들로 미루어 볼 때, 이 가마의 운영은 대량생산을 하였던 조선말기의 지방 가마로 추정되어 근대 도자사의 한 단면을 볼 수 있는 가마터로 생각된다.

5) 保寧 龍水里 3호 白磁窯址

용수리 3호 백자가마터는 보령댐 수몰지구의 발굴 중 하나로 1995년 7월~8월 사이에 해강도자미술관이 발굴을 실시하였다. 이 가마는 충남 보령시 미산면 용수리의 아미산 자락의 구릉사면에 위치하고 있는데 지세는 동고서저이다. 가마는 발굴지역을 남·북 으로 나눈 북쪽 그리드 내에 위치하고 있으며, 구릉의 방향과 거의 일치한다. 장축이 정북으로부터 약 90.5°정도 기울어 거의 동·서 방향인데, 발굴 당시 확인된 가마는 봉통부를 포함하여 길이가 34.80m, 폭이 1.4~1.7m이다. 연실은 흔적도 없이 유실되었으며 소성실은 끊어진 부분도 있지만 추정하여 연결이 가능하고 봉통부는 잘 남아 있었다.

가마는 구릉의 완만한 경사를 이용하여 구지표층만 약간 파낸 오름가마로 거의 땅위로 올라온 지상식이다. 방향은 서쪽에서 동쪽으로 향하며 내부는 거의 3~4m 간격으로 불창기둥을 세워 소성실을 구획하여 운영했던 것으로 보이나 뚜렷하게 계단을 형성했던 것 같지는 않고 칸이 있는 터널형으로 추정된다. 가마벽은 돌과 진흙을 사용하여 축조하였으며 내벽에는 백토를 발랐으나 매우 거칠고 울퉁불퉁하다. 남아 있는 벽체는 내면의 유리질화된 면에서 외면의 붉게 익어있는 부분까지 일정하지는 않지만 두께가 약 20~25cm 정도이다.

봉통부는 돌을 규칙적으로 쌓아올려 축조하였는데 형태는 타원형이

다. 봉통벽은 최초에 축조된 벽으로부터 안쪽으로 점점 좁아지면서 2차
례에 걸쳐 개축하였다. 출입시설은 남벽에 4곳이 남아 있지만 가마전체
길이를 고려해 보면 약 7~8개 정도 있었던 것으로 추정된다. 각 출입
문의 간격은 약 3m정도로 추정된다. 이 용수리 3호가마는 15세기 후반
이후의 지방의 백자가마로 『世宗實錄地理志』의 藍浦縣條의 현의 동쪽
취련모로리와 탄부포에 각각 자기소와 도기소가 있는데, 자기소는 중품
이고 도기소는 하품이라는 기록과 『東國與地勝覽』의 藍浦縣 土産條에
보이는 사기를 만드는 가마기록이 있는 것으로 보아 이 藍浦縣이 용수
리일대의 가마의 관련이 있을 것으로 추정된다. [101]

용수리 3호가마에서 제작된 백자는 유와 태가 정선되고 그릇의 형태
도 각 기종에 따라 대·중·소로 규격화되어 있다. 그릇의 종류는 생활
기명으로 대접·접시·종자와 같은 반상용기이고 특수한 기종은 거의
없다. 그릇의 형태는 구연 외반형과 내만형이 있다. 굽의 형태는 외면
이 수직으로 깎여 있는 수직형과 한번 꺾인 죽절형이 있으며, 모든 기종
에는 거의 내저면에 원각이 있다. 그릇의 굽기에는 백색으로된 내화토
받침을 몇 개씩 포개어 사용하였다. 모든 기종은 무늬가 없는 소문백자
로 당시의 중앙 가마인 광주지역의 번천리 9호, 우산리 2호와 9호 가마
와 비교하여도 손색이 없는 백자가 제작된 것으로 볼 때 경기도 광주에
중앙관요인 분원이 설치될 무렵의 왕실이나 관청에 백자를 공납하던 가
마로 판단된다. 운영시기는 대략 15세기 무렵으로 추정된다.

6) 청양 대박리 가마터

청양 대박리 가마터는 농업기반공사 청양지사가 추진하는 청양 대박
지구 농촌용수 개발사업으로 인하여 조사가 진행되었다. 발굴은 2004

---

101. 최건·이종민·윤미정, 「龍水里 3號 白磁窯址 發掘調査 報告」, 『陶窯址 發掘調査報告』,
　　　海剛陶磁美術館, 1996, pp.186~190.

년 10월에서 2005년 1월까지 중앙문화재연구원이 진행하였다.

조사지역은 청양군 정산리 대박리 일원으로 정산면 소재지에서 북서쪽으로 약 2.5km 떨어져 있다. 발굴조사지역은 해발 120m 정도의 완만한 경사지인데, 북서-남동방향으로 흐르는 계곡사이에 위치하고 있다.

발굴조사를 통하여 백자가마 1기, 폐기장, 소성유구 2기, 수비공 8기, 온돌유구 1기, 채굴장 34기, 사구 2개소 등이 확인되었다.

가마는 잔존길이 370cm, 너비 290cm 정도이며, 연소실 바닥으로 추정되는 소결된 바닥은 너비 120cm, 두께는 약 3cm이다. 잔존 상태가 불량하여 정확한 전체적인 가마의 규모는 파악할 수 없으나, 확인된 소토면을 기준으로 추정하면 전체길이는 15~17m 가량으로 추정되며, 경사도는 약 20° 내외로 추정된다. 출토유물은 주로 지표, 수비공 등에서 수습되었는데, 사발·대접·접시 등 생활용구가 대부분이며, 대략 17~18세기에 운영되던 가마로 추정된다.[102]

이상으로 대전·충남지역에서 지금까지 발굴된 백자가마 6기에 대해 알아보았다. 이를 정리하면 다음과 같다. 대전 정생동 백자가마는 가마 길이가 26m이며, 경사도는 20°인데, 가마유구 1기와 함께 작업장시설로 추정되는 석렬 3기와 폐기물 퇴적층 2기가 확인되었다. 운영시기는 16세기 말에서 17세기 초반으로 추정된다. 대전 장안동 가마는 가마 1기가 확인되었는데, 가마 길이는 16.6m이며, 경사도는 15°에 이르는데, 17세기 후반에서 18세기 전반에 운영된 가마이다. 부여 갓점골 가마는 백자가마 1기와 작업장과 퇴적구, 수혈유구 4기, 건물지 1기, 폐기장이 5기 확인되었다. 가마는 19.6m이며, 경사도는 20°이다. 17세기 전반에 운영되었다. 보령 늑전리 가마는 백자가마 1기가 작업장으로 보이는 원형의 수비통 2개와 함께 폐기물 퇴적층 각각 1기가 확인되었다. 가마길

---

102. 변영환, 「청양 대박리 가마터 발굴조사」, 『호서지역 문화유적 발굴성과』, 호서고고학회, 2005, 10, pp.371~387.

이는 14m이며, 수비시설, 물레부속구 등이 확인되었다. 가마의 운영시기는 조선시대 말로 판단된다. 보령 용수리 3호 가마는 길이가 34.8m인 대형가마로 운영시기는 15세기로 추정된다. 청양 대박리 가마는 가마길이가 14~17m로 추정되며, 경사도는 20°인데, 청양 광대리와 마찬가지로 백자가마 1기와 함께 수비공8기, 폐기장, 채굴장 34기, 소성유구 2기 등 공방관련 생산시설이 다수 확인되었다. 운영시기는 17~18세기로 추정된다.

Ⅳ. 청양 광대리 백자생산 유적의 검토

청양 광대리 유적은 지금까지 조사가 진행된 백자 가마들과 달리 독특한 백자요장의 형태를 보여주고 있다. 광대리 유적은 약 10,000평의 면적에 백자가마 4기, 도기가마 1기, 공방지 51기가 확인되었다. 지금까지 공방지는 200×400cm 내외의 방형이 대부분이었으며, 공방지 내부에는 온돌, 물레작업장, 흙저장 시설 등이 한 조를 이루고 있는 것이 일반적이었으나, 이처럼 일정한 크기와 구조를 가지는 공방시설이 많이 발견된 예는 아직까지 없다. 현재 확인된 공방유구의 성격이 대부분 동일한 점이나, 또 공방유구 개체수에 비해 가마유구 수가 적은 것은 일반적인 백자요지의 양상과는 다른 점이다. 또 가마와 공방간의 거리도 30m 이상 되고 공방이 분포하는 전체 면적도 매우 넓어 전체 규모와 제작방식도 기존에 발굴조사된 백자가마와 다른 형태라고 생각된다. 또 전체유적에 폐기물 퇴적이 매우 적고 퇴적층도 얇아 운영기간 및 공방간의 운영시점 등에 대해서도 충분한 검토가 있어야 될 것으로 판단된다. 각 시설에 대한 개요을 설명한 후 이에 대한 고찰을 진행하겠다.[103]

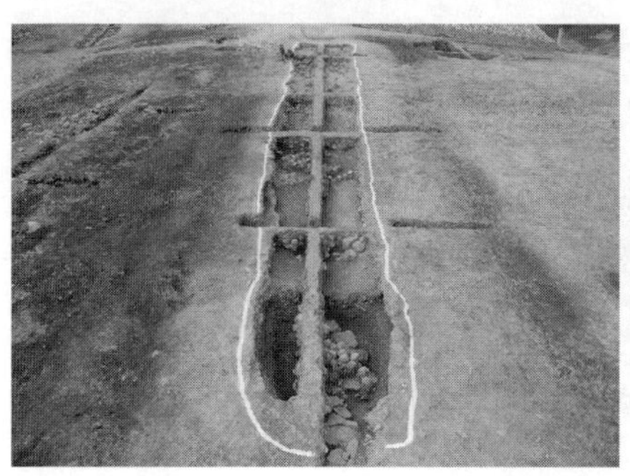
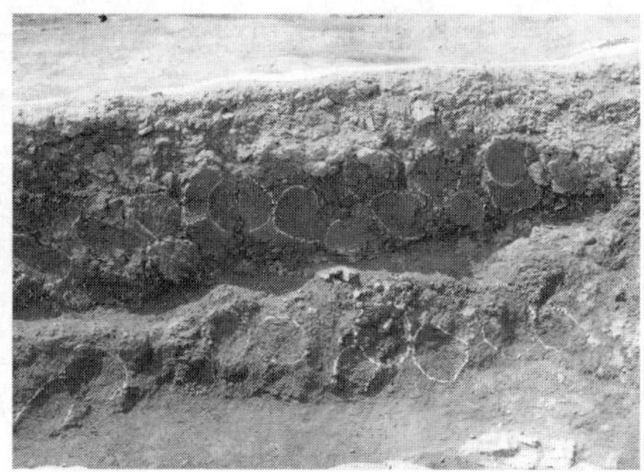

Ⅱ-2호 백자가마터   Ⅱ-2호 백자가마 아궁이 벽체

1. 가마

백자가마터와 도기가마터는 앞에서 언급한 조사 Ⅰ지역과 Ⅱ지역의 구릉 경사면에서 확인되었다. Ⅰ지역에서는 백자가마터 1기와 도기가마터 1기가 조사되었다. Ⅰ-1호 백자가마터는 능선방향을 따라서 동서방향으로 장축을 이루고 있는데, 窯의 구조를 구체적으로 파악할 수 있는 흔적은 전혀 남아있지 않다. 다만 요의 간접소토부가 일정한 형태로 확인되어 대략적인 규모를 추정하는 것은 가능하다. 가마의 전체 길이는 20m내외의 규모로 추정되나, 구체적인 출토유물이나 관련시설은 확인되지 않는다.

Ⅱ지역에서 조사된 백자가마터는 모두 3기(1차조사 2기, 2차조사 1기)가 조사되었다. 능선 상단부에 위치한 것을 Ⅱ-1호 가마터로, 그리고 아래쪽에서 조사된 가마터를 Ⅱ-2호 가마터로, 추가 조사에서 확인된 가마터를 Ⅱ-3호 가마터로 구분하였다.

Ⅱ-1호 가마터는 조사지역의 최상단부에 위치한 것으로, 장축은 북을 기준으로 51° 편서하였다. 요는 1개의 연소실과 5개의 소성실을 갖춘 반지하의 구조를 이루고 있는데, 규모는 전체 길이 25.8m, 너비

---

103. 張南原, 앞의 논문, 2004, pp.138~139.

2.2~3.7m, 깊이 10~24cm이고, 요의 바닥면 경사도는 약 9°이다. 연소실에는 공방지가 중복되어 있는데, 규모는 길이 480cm, 너비 180cm 내외 이다. 연소실과 소성실 사이는 약 80㎝ 높이의 단을 이루고 있는데, 단벽부에는 석축해서 보강하였다.

그리고 각 소성실 사이에는 별도의 구분이 있었을 것으로 판단되나 구체적인 시설물은 확인되지 않는다. 다만 바닥부분에 카키색조를 이룬 소토층의 범위와 소성상태, 그리고 도침의 분포상으로 미루어 각 칸의 규모를 추정하였다.

소성실의 각 칸 규모는 340-348-490-665-320cm로 확인된다. 내부에서 수습된 유물의 양은 매우 적지만, 출토 유물의 존재와 소성실의 구조로 미루어 볼 때 최상단의 5소성실은 초번칸으로 활용했던 것으로 판단된다. 현재 1호 가마터가 폐기된 후 연소실과 4~5소성실 부근에 공방지가 중복 축조되어 있는 것으로 확인된 것으로 볼때, 1호 가마터는 이 지역에 요업이 진행되는 과정에서 폐기된 것으로 판단된다. 출토 유물은 주로 접시와 대접편이 주종을 이루고 있는데, 퇴적층 내에서 파손된 잔편이 일부 확인되었다. 주목되는 유물로는 최상단에 위치한 초번칸에서 초벌된 마상배 굽편이 출토된 것으로 미루어 접시, 대접 이외에 다른 기종도 생산되었을 것으로 판단된다.

Ⅱ-2호 가마터는 Ⅱ-1호 가마터의 북동쪽 아래 부분에 위치하였는데, 장축은 북을 기준으로 64° 편서하였다. 요는 5개의 소성실을 갖춘 반지하식의 구조이다. 규모는 전체 길이 22.5m, 너비 1.7~2.4m, 깊이 18~34cm이고, 요의 바닥면 경사도 약 14°이다. 연소실과 소성실 사이는 별도의 단을 이루어 구분되고 있는데, 연소실 바닥에는 석재를 이용하여 암거형태의 배수시설을 해 놓았다. 소성실과 소성실 사이는 낮게 단을 이루고, 2개의 불창기둥에 의해서 구분되는데, 소성실의 칸 규모는 170-300-610-510-260cm이다. 주목되는 것은 연소실에 인접해 있는

제2소성실부분이 원래는 1차 가마의 연소실로 사용되다가 폐기된 후 증축되면서 소성실로 조성된 점이다. 1차 연소실의 규모는 길이 300cm, 너비 162~220cm이고, 2차 연소실의 규모는 길이 400cm, 너비 150~180cm로 좁고 세장하다. 더불어 연소실의 측벽은 축조된 후 별도로 보수한 흔적이 확인되는 것으로 미루어 볼때 Ⅱ-2호 가마터는 비교적 오랜시간동안 사용된 것으로 판단된다.

소성실 내부에는 각 실별로 도침과 유물이 일정한 간격으로 놓여져 있는 것을 확인할 수 있는데, 도침은 높이 2cm내외의 원반형 도침 여러 장을 포개어 구운 형태이다. 주목되는 것은 소성실 앞쪽에 놓여진 도침은 2cm 내외의 것이 1~2개 포개진 것이 대부분인 반면에 뒤쪽으로 갈수록 4~5장씩 포개어진 것이 놓여져 있는 점이다. 이는 불을 효과적으로 받기 위한 의도적 배열로 판단된다. 유물은 도지미와 모래받침을 하여 포개구운 흔적이 확인된다. 내부에서 출토된 유물은 접시, 항아리, 뚜껑 등이다.

Ⅱ-3호 가마터는 Ⅱ-2호 가마터에서 북쪽으로 약 25m내외의 거리에 위치하는데, 장축은 남북방향에 가깝다. 능선하단부의 연소실은 모두 파손되었으며, 소성실도 바닥면 일부만이 남아있다. 구체적인 규모는 알 수 없으나, 소성실의 너비는 1.7~2.5m내외로 다른 가마와 비슷하며, 바닥에는 원반형의 도침을 놓았던 흔적이 확인된다.

청양 광대리 백자생산유적에서는 백자가마가 모두 4기가 조사되었는데, 특징적인 것은 이들 요의 장축방향이 일정하지 않다는 점과 일정 시기까지는 번조시설인 요와 작업시설인 공방지가 서로 구분된 지역에 위치했다는 점이다. 더불어 중복상황으로 미루어 볼 경우 Ⅱ-1호 가마의 폐기시점이 비교적 빨랐을 것으로 추정되며, Ⅱ-2호 가마는 여러차례의 보수와 증축을 통하여 비교적 오랜 시간동안 사용되었을 것으로 추정된다.

도기가마터는 Ⅰ지역의 Ⅰ-1호 백자가마터의 서쪽 상단에서 확인되었는데, 가마의 형태는 백자가마와 뚜렷하게 구별되는 모습이다. 장축은 북을 기준으로 72° 편서 하였으며, 규모는 잔존 길이 6.3m, 너비 1.5~2.0m이다. 아궁이와 소설실의 경계는 높은 단으로 구분되어 있으며, 소성실의 바닥 경사면은 매우 급경사를 이루고 있다. 소성실 바닥면에는 너비 30cm내외로 받침대와 같은 흔적이 확인되는데, 급경사면을 이루는 소성실 바닥에 도기를 올려놓기 위한 시설로 판단된다. 가마터 내부에서 출토된 유물은 거의 없는데, 일부 퇴적층에서 토기편이 수습되었다. 조사지역 내의 공방지에서 토기와 옹기가 많이 출토되는 것으로 보아 공방지에서 사용된 옹기와 토기를 제작하기 위한 가마로 추정된다.

이상의 결과를 정리하면 청양 광대리 백자 가마는 전체길이가 대략 20~26m에 이르며 너비는 1.7~3.7m이며, 가마의 경사도는 9~15°에 이른다. 이러한 가마의 길이는 경기도 광주의 번천리와 우산리가마의 길이가 대략 15~25m 정도이며, 경사도가 10~20° 정도이며, 너비는 1~2.7m 정도이므로, 경기도 광주의 조선 전기 백자가마와 비슷한 규모이거나 약간 더 큰 규모였음을 알 수 있다. 또한 대전·충남지역에서 현재까지 발굴된 백자가마의 길이가 대략 14~34.8m이며, 가마의 경사도가 15~20° 정도로 확인되고 있어 대전·충남지역의 백자가마들은 전체적인 길이면에서 15~16세기 무렵의 경기도 광주의 백자가마 규모보다 커지고 있으며, 가마의 경사도로 더욱 심해지고 있는 것이다. 청양 광대리 백자가마의 길이가 평균 25m 정도로서 약 34.8m인 보령 용수리 3호 가마를 제외하고는 규모면에서 제일 긴 것으로 판단되어 16세기 이후 이 지역의 백자가마는 전체길이가 약 20m 정도로 작아 진다고 할 수 있다.

2. 공방지

공방지는 모두 51기가 확인되었다. 1차 조사에서 29기가 확인되었는데, 이후 주변지역으로 확대조사한 결과 22기가 더 조사된 것이다. 1차 조사 이후 추가로 이루어진 발굴조사를 통하여 Ⅰ지구와 Ⅱ지구의 구분 자체가 불필요한 상황이 되었는데, 이는 유구의 분포상에 있어서 서로 별다른 구분없이 대부분 평평한 지대에 일정한 간격을 이루어 분포하는 양상을 보이기 때문이다. 다만 Ⅰ지구의 경우 Ⅰ-1호와 8호 공방지가 백자가마터에 인접해 있고, Ⅱ지구의 경우도 지형상으로 Ⅰ지구와 별다른 구분 없이 연결되는 형태인데, 일부 Ⅱ-1호 가마터에 중복된 공방지가 확인되는 것으로 보아 약간의 시기차를 추정해 볼 수 있다.

공방지는 평면이 방형의 움집형태를 보이고 있는데, 규모나 장축방향은 일정하지 않으나 대부분 380~550cm 내외의 규모이다. 배부시설로는 온돌과 물레작업장, 연토장, 토치장, 그리고 수비공이 확인되었다. 온돌은 백토 건조와 성형된 기물 건조 등의 용도로 사용되는 것으로 4줄~6줄 고래에 구들장이 올려진 형태로 매우 정선된 형태이다. 구들장은 공방지의 한쪽 모서리에 시설되는데, 온돌 모서리는 점토로 보강하였다. 연토장은 주로 물레작업장 주변에서 확인되는데, 1cm내외의 두께로 연회색의 백토가 넓게 깔려있다. 물레작업장은 온돌시설의 연통부에 인접한 곳에 위치하는데, Ⅰ-6호 공방지에서는 물레의 축으로 사용된 목재의 탄목과 물레부속구가 정치된 상태로 확인되었다. 다른 공방지의 경우 구체적인 시설물이 없이, 일정한 범위에 백토가 깔려있고 일부 구멍이 남아있는 상태로 확인되었다. 수비공은 평면이 타원형으로 지름 80~100cm내외의 규모이다. 공방지 내에서 1~2기가 확인되는데, 수비공의 위치는 아궁이에서 일정한 거리에 있는데 규칙성은 보이지 않는다. 토치장의 위치도 공방지에 따라서 다르게 나타나는데, 특별한 시설은 확인되지 않는다. 추가 발굴조사를 통하여 확인된 공방지는 모두 22

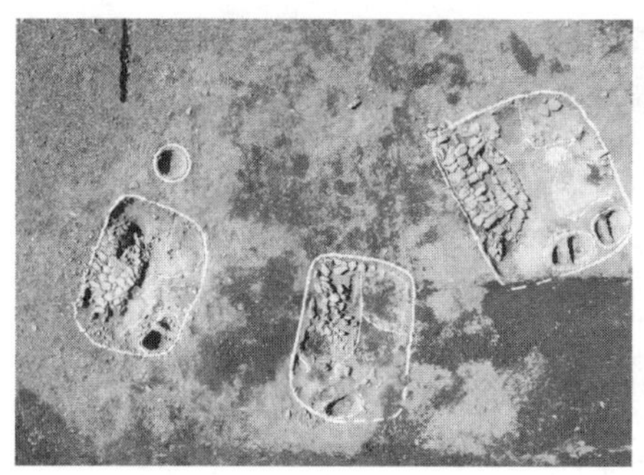

공방지 유구 전경

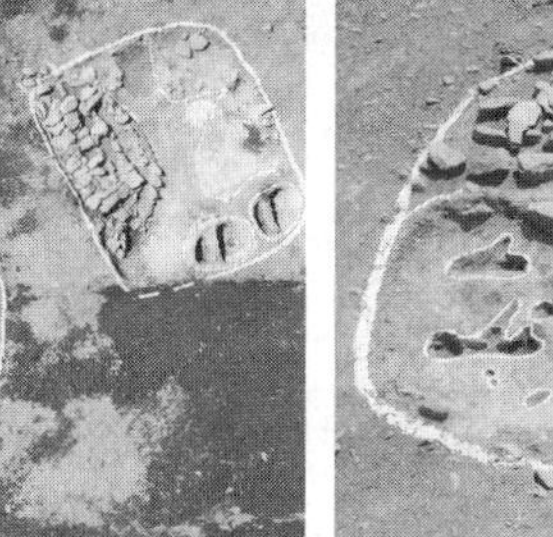

II-10호 공방지 모습

기인데, 조사지역 내 묘목 민원문제로 인하여 확인된 전체 유구 가운데 8기만 내부조사를 진행하였고, 나머지 14기는 유구의 존재만 파악하였다. 추가 조사된 공방지도 기존에 조사된 내용과 별다른 차이를 보이지 않는다. 다만 추가 3호 공방지에서는 물레작업시설과 온돌시설 사이에 소형의 옹기를 사용하고 있으며, 수비공 주변에 대형의 옹기를 묻어서 저장용으로 사용한 것이 확인되고 있는 점은 주목된다. 일부 공방지 내부의 옹기에는 유약재료와 같은 중요한 재료가 들어 있는 경우가 있어, 저장시설로 보는 것이 가능할 것으로 판단된다.

발굴조사가 진행된 공방지는 총 Ⅰ지역에서 11기, Ⅱ지역에서 18기, 추가발굴에서 8기 등 총 37기로서 모두 평면이 방형이며, 규모는 가로 300~692m, 세로 350~560m, 깊이가 5~39m 정도이며, 면적은 9.3~26.9m²(약 2.5~5.5평) 정도이나 대략 적으로 보면 가로 370~400m, 세로 350~450m, 깊이 15~30m, 면적은 15~20m2(대략 5.5평)이 기준이다. 이 시기 광주의 번천리 9호 가마의 경우 공방지는 평면이 원형으로, 규모는 직경이 10m 정도이며, 조선 전기이후 지방 백자 가마는 대부분의 공방이 평면이 원형으로 지름이 100~350cm 정도이며, 깊이는 30~100cm 정도이다. 최근에 발굴된 청양 대박리 백자 가마는 원형유구에 사각형 유구가 셋트를 이루면서 기능하는 구조인데,

이때 사각형 구조의 공방은 주로 원형 유구에 인접하여 발견된다.[104] 이 때 공방지에서는 수비와 저장 내지는 침전이 동시에 연결되어 작업이 실시되었음을 의미한다. 공방지에 부수적으로 나타나는 시설이 구들시 설인데, 구들들은 열지어 여러 줄로 길게 만든 불고래 위에 판석을 얹은 형태로 아궁이 부분을 갖추고 있으며, 형태는 평면이 타원형을 이룬다. 광주 번천리 5호와 9호 가마등에서도 확인되는데, 구들시설은 용도를 정확히 추정할 수 없지만 수비 단계 이후 성형 및 건조과정과 관련이 있을 것으로 추정된다. 청양 광대리 백자가마에서는 26기에서 온돌시설 이 확인되었다.

3. 수비공

수비공은 모두 27기가 조사되었는데, 주로 공방지 주변에 독립된 형 태로 확인되었다. 구체적인 분포현황을 살펴보면 2종류로 구분할 수 있 다. 우선 공방지 주변에 인접한 수비공은 분포상의 밀집성이 나타나지 않으며, 그리고 다른 수비공은 가마의 북동쪽 외곽 하천에 인접해 있는 넓은 공터와 같은 곳에 위치하여, 일정한 범위내에 밀집되어 있는 형태 를 보이기도 한다. 주목되는 것은 수비공이 위치한 곳에 인접하여 하천 과 도토장으로 추정되는 시설이 존재하는 것인데, 이는 1차적인 도토 수비와 관련된 시설일 가능성이 매우 크다.

수비공은 대부분 타원형이며, 규모는 지름 80~100cm내외로 공방지 내부에서 조사된 것과 동일한 규모이다. 구덩이를 판 후 점토를 덧바른 후 표면에 백토를 덧입혀 보강한 흔적이 확인된다. 단독으로 확인된 수 비공 내부에서 일부 점토층이나 모래층이 확인되는 경우도 있으나, 출 토된 유물은 없다.

---

104. 張南原, 앞의 논문, 2004, pp.131~133.

4. 기타시설

1) 특수시설

Ⅱ-1호 가마터의 북쪽 상단부와 Ⅱ지역 남쪽 모서리부분에서 조사된 유구이다. Ⅱ-1호 가마터 인근에서 조사된 유구는 소성유구의 형태를 갖추고 있는 것인데, 소성실의 규모는 지름 100cm내외에 깊이 180cm 이다. 소성실의 전방부에는 아궁이가 있으며, 그 앞쪽으로는 회구부가 있다. 구체적인 용도는 알 수 없으나 유구의 소성실 바닥면과 퇴적층 내부에서 유약이 묻어있는 석재편과 백토덩어리가 많이 확인되었다. 따라서 이 시설은 유약제조 공정과 관련된 시설로 추정되는데, 일부에 서는 하소시설로 보는 의견도 있다. 즉 하소는 태토와 유약 등의 재질 을 좋게 만들기 위한 공정으로 재료에 대한 1차적인 처리를 하는 용도 이다.

이밖에 Ⅱ지역 남쪽 모서리 부분인 Ⅱ-12호 공방지 인접지역에서는 야철 爐와 방형유구가 확인되었다. 야철 노시설은 하천변의 밭으로 경 작되는 평탄지에서 조사되었는데, 주변에는 외곽을 석재로 두른 장방형 의 시설이 있다. 이 시설 상면에는 많은 양의 슬러그가 있는 것으로 보 아 야철 노시설과 관련된 것으로 판단된다. 공방지 내에서 많은 양의 철제 굽칼이 보이는 것으로 보아 요업관련 시설로 판단된다.

2) 도토장과 폐기장

1호·2호 가마터가 있는 조사지역의 서쪽부분과 공방지가 밀집분포 하는 동쪽의 하천변 저지대로 도토장과 폐기장 지역을 구분할 수 있는 데, 도토장은 동·서 양지역의 중간지점에서 확인되었다. 모두 3지점에 서 확인되었는데, 주로 남북방향으로 장축을 이루고 있다. 별도의 도토 시설을 수납하기위한 시설은 확인되지 않았으나 일정 범위 안에 놓여져 있는 것으로 추정된다.

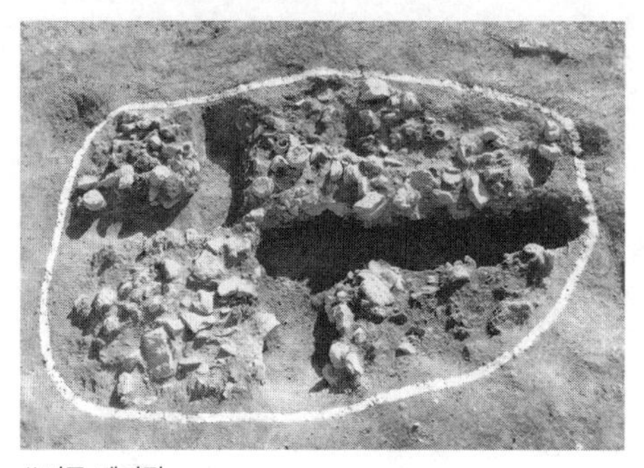

II지구 폐기장

폐기장은 모두 6지점에서 확인되었다. 주로 1호와 2호 가마터에 인접한 곳에서 확인되었는데, 1호 가마터 주변에서 경사방향을 따라 장타원형 1기, 그리고 2호 가마터 주변에서 장타원형과 부정형의 폐기장 4기, 그리고 1호·2호 가마터의 북서쪽에서 일부 흔적만 남아있는 폐기장 1기가 확인되었다.

폐기장의 퇴적층위는 매우 단순하여 표면에서 약 20~30cm 내외의 범위에서만 퇴적상황이 확인된다. 퇴적구의 기반층은 소형 잡석이 섞인 황갈색의 점토층으로 이루어져 있는데, 폐기장의 바닥에는 할석이 일정한 범위를 이루고 있다. 폐기장 내에는 백자편과 함께 도침, 요벽편으로 추정되는 소토편이 불규칙하게 섞여있는 상태이다. 주로 가마에서 확인된 바와 같이 대접과 접시가 주종을 이루고 있으며, 일부 전접시와 뚜껑편, 호편 등이 수습된다.

이상으로 청양 광대리 백자가마의 가마와 공방에 대해 개별적으로 알아보았다. 청양 광대리 백자가마에서는 가마와 공방지와의 거리가 약 최소 25~50m 정도로서 광주 번천리 9호 가마의 5~20m, 광주 번천리 5호는 10여m 정도 거리가 떨어져 있으며, 요장이 비교적 큰 규모로 떨어져 있는 무안 피서리 백자가마도 20~30m 정도이다. 청양 광대리 가마는 대략 30m 이상으로 거리가 떨어져 있어 지금까지의 양상과는 매우 다른 모습이다. 또한 기존의 백자가마와 관련된 동일 지역내 공방지가 대략 가마1기에 2~5개가 평균적인데 비해서, 광대리 백자가마터는 도기가마터를 포함하여도 가마4기에 공방지만 51개가 확인되어 가마수에 비해 공방지가 과도할 정도로 많은 편이다. 51개의 조사된 공방지는 일부는 공방지와 다른 용도의 시설물이거나 작업장이었을 가능성이 크며, 폐기물 퇴적장은 6기가 확인되었으나, 퇴적량도 매우 적으며, 표면에서 약 30cm이내에 형성되어 있다. 이러한 것들을 종합할 때 광대리 백자가마터는 우수한 백자를 생산하던 가마임에는 틀림이 없으나 그 운영시기는 16세기의 2/4시기로 30여년 정도일 것으로 추정된다.

V. 광대리 출토유물의 검토

출토유물은 가마터와 공방지, 그리고 폐기장에서 수습되었다. 그러나 가마터의 잔존 상태가 좋지 않기 때문에 일부 Ⅰ-1호 백자가마터와 Ⅱ-1호·3호 가마터에서 출토된 자기편은 매우 극소량에 불과하다. 반면에 Ⅱ-2호 가마터를 비롯하여 공방지와 폐기장 출토품은 매우 많은 양이 확인된다.

유물의 종류로는 주로 생활용기가 많은 양을 차지하지만 일부 특수한 기종도 확인된다. 구체적인 기종을 살펴보면 사발, 대접, 접시, 종지가 가장 일반적인 기종을 이루고 있으며, 병과 항아리도 일부 확인된다. 특수한 기종으로는 전접시, 꽃접시, 향로뚜껑, 뚜껑, 연적, 명기류가 있다. 이들 기종은 초벌구이편에서도 확인되는 것으로 보아 재벌을 하였던 것으로 보인다. 광대리 백자가마터에서 확인된 기종 중 전접시와 병, 백자사발 등은 경기도 광주 번천리 5호백자가마와 유사성이 많은데, 특히 백자사발과 백자병은 규모와 釉色에서 매우 흡사하여, 청양 광대리 백자가마가 번천리 가마군을 모델로 하여 운영되지 않았나 생각한다.

燔法은 도지미 위에 한점을 놓고 번조하는 방법인 例燔과 여러 개의 유물을 함께 포개어서 번조하는 방법인 常燔 모두가 확인된다. 그러나 구체적으로 포개어서 번조하였다가 폐기된 편들은 그 양이 많지 않은

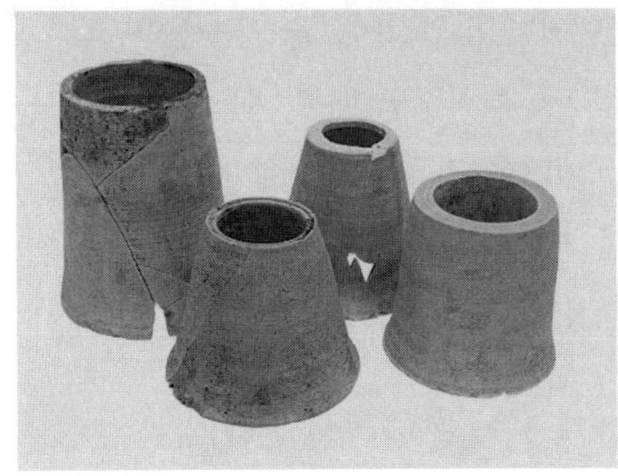

요도구(窯道具) 조선, 높이 16.0cm, 구경 9.4cm, 저경 14.7cm

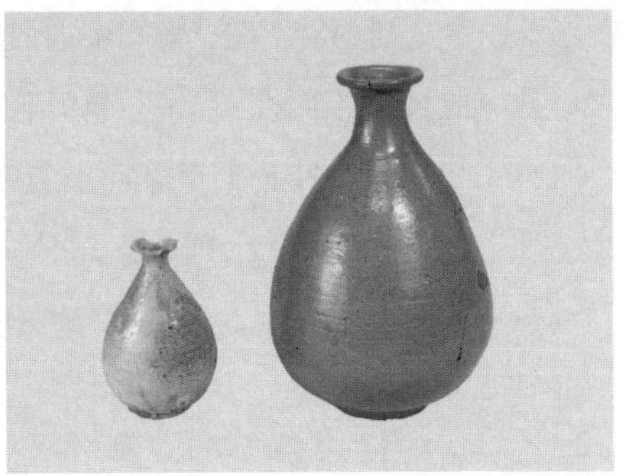

백자병(白磁甁) 조선. 높이 11.3cm, 구경 2.9cm, 저경 4.3cm

편인데, 포개 구운 것이 확인된 유물의 경우도 동일 기종을 포개어 번조한 것으로 판단된다. 받침은 모래받침을 하였으며, 갑발은 사용하지 않았다. 일부 편에서 태토비짐눈받침을 한 것이 확인되기도 하지만 일반적이지는 않다.

굽의 형태는 주로 수직굽과 오목굽의 형태가 확인된다. 수직굽은 번천리 5호 출토 유물의 굽과 가까운 형태를 이루고 있는데, 굽을 깎은 모양이 단정하다.

굽안은 편평하며 접지면이 2~3mm내외의 것으로 대체적으로 보면 'V'자에 가깝다. 굽받침은 모래받침을 하여 4~5곳에 받쳐놓았다. 오목굽은 가운데가 오목하게 처리된 것으로 굽의 형태가 비교적 단정한 편이다. 수직굽에 비하여 다소 높이가 낮으며, 굽안의 단면은 둥글게 깎아 오목한 편이다. 요도구와 관련된 유물이 많이 수습되었는데, 그릇 성형 시 사용된 철제 도자와 굽깎음 대(굽통), 물레 부속구와 관련된 붓긋과 갓모가 있다. 그리고 공방지 내부에서 출토된 옹기와 토기편에서는 백자와 백토 등이 담겨져 잇는 것으로 보아 요업관련 용기나 재료를 담아 놓은 용기로 판단된다.

더불어 광대리 백자요지의 공방지에서 출토된 옹기에 대한 연구를 통

하여 이른 시기 옹기의 형태에
대한 편년 연구가 가능할 것으
로 판단된다. 광대리 백자생산
유적의 공방지 내에서 출토된
옹기는 백자 조성연대와 동일
한 것으로, 백자 제작에 관한
구체적인 연대가 확인될 경우
옹기의 정확한 제작 연대도 함
께 도출될 수 있을 것이다.

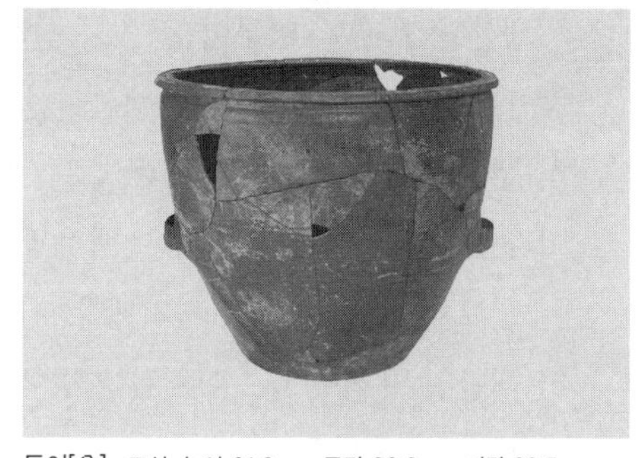

동이[瓮] 조선, 높이 31.0cm, 구경 36.6cm, 저경 20.5cm

　광대리 백자요지와 공방지에서 출토된 자기류는 생활용기와 더불어
일부 특수용기가 함께 확인되었다. 요지의 조업활동 시기와 관련하여
편년의 지표가 되는 절대연대를 갖춘 유물은 확인되지 않았다. 다만 유
물의 특징으로 미루어 볼 때, 이 광대리 백자요지와 공방지의 대체적인
운영시기는 16세기 중반으로 추정된다.

VI. 맺음말

　청양 광대리 백자생산유적은 칠갑지구 농촌용수개발사업 부지로 용수
저장시설이 내정되어 있는 청양군 대치면 광대리 일원에서 조사된 유적
이다. 발굴조사 대상지역은 약 10,000여평에 달하는데, 1·2차에 걸쳐
이루어진 조사를 통하여 전체 요장의 범위와 규모를 파악 할 수 있게
되었다. 조사를 통하여 확인된 유구는 번조시설로서 백자가마터 4기,
도기가마터 1기가 있고, 작업시설로서 공방지 51기, 수비공 20기, 특수
시설인 하소시설 1곳, 야철관련 노시설 1곳, 도토장 3곳, 폐기장 6곳이
확인되었다.

생산된 백자로 미루어 볼 때, 청양 광대리 백자생산 유적은 16세기 중반에 조성된 것으로 백자생산시설로는 매우 이른 시기의 것이다. 특히 생산된 백자는 지방생산품으로는 매우 고급 기종으로 평가되는 것들이다. 나아가 조사된 유적은 백자생산체제를 종합적으로 이해할 수 있는 원료채취, 원료정제, 자기제작, 자기소성 등의 다양한 유구가 갖추어진 대단위 유적이 다. 이처럼 지방에서 이른 시기의 고급기종을 생산하던 대단위 백자생산시설이 발굴된 것에 매우 중요한 의미를 부여할 수 있다.

이 유적은 백자를 굽던 가마시설 외에 백자의 제작과 관련된 각종 시설이 망라된 채 대규모로 발굴되었다는 점을 우선 주목할 필요가 있다. 전체 조사면적 약 10,000여 평은 백자의 생산에 필요한 원료 채취 및 정제시설, 백자를 제작하던 공방시설, 그리고 제작된 백자를 굽던 가마 등이 자리하고 있어, 16세기는 물론 전통 요업의 운영체계를 한눈에 엿볼 수 있는 유적이다. 특히 공방지는 우리나라에서 가장 완벽한 형태를 갖춘 것으로 처음 조사된 것으로, 다수의 공방이 대단위로 밀집되어 있다던가, 수비공과 연토장, 온돌시설(아궁이)이 체계적으로 일정한 공간에 배치되어 있는데, 이를 바탕으로 백자생산의 공정과 관련된 체계적인 연구가 가능하게 되었다. 더불어 요도구와 관련된 유물인 그릇 성형시 표면을 다듬거나 정리하는 철제 도자와 대(굽통), 물레 부속구와 관련된 붓긋과 갓모가 정연하게 발굴됨으로써 백자제작의 세부공정도 복원할 수 있게 된 것도 커다란 성과이다.

광대리 유적에서 수습된 백자는 대접, 접시, 종지, 병 등의 생활용기와 더불어 명기, 연적, 향로 등과 같은 일부 특수용기가 있다. 다만 수습된 유물에서 명문 등의 편년지표로 삼을 수 있는 자료가 없는 한계는 있지만 광주 번천리 5호와 우산리 9호, 도마리 백자가마터 출토품 등과 비교할 경우 대체로 16세기 중반대의 것으로 편년되며, 가마의 운영시기는 폐기물 퇴적량으로 판단할 때 30여년 정도로 파악된다. 광대리 유적은 여러모로 다양한 특성을 갖추고 있으나, 또한 여러 가지 의문을 던져주는 유적이다. 기존의 백자가마와 생산시설간의 거리가 보통 30m 안에 있어 생산에 유리하였으나, 광대리 유적은 가마와 공방간의 거리가 30~50m 정도로 멀리 떨어져 있어, 백자가마의 공간성에 대한 의문을 주고 있으며, 기존의 백자가마들이 보통 가마 1기에 5~8개의 공방지를 가지고 있는데 비해 광대리 유적은 가마 4기에 공방지만 51개에 달하여 기존의 백자가마 공방시설에 대한 종합적인 검토가 필요하게 되었다. 또한 광대리 가마터는 출토유물과 가마의 구조를 통하여 고찰하면 경기도 광주에 설치되어 운영되던 분원가마인 번천리와 우산리 백자가마와의 유사성이 확인되며, 출토유물의 경우 기종과 제작기법 등이 번천리 9호 백자가마와 매우 유사함이 확인되었다.

이를 통해 볼 때 청양 광대리는 경기도 광주에서 운영되던 분원의 또 다른 가마가 아닌가 생각한다. 많은 의문점과 시사점을 주는 유적으로서 앞으로의 연구결과에 따라 조선 초기 백자 연구에 매우 중요한 단서를 제공할 것으로 생각한다. 향후 유적에 대한 보다 구체적 편년과 조사지역인 청양군 일대에 중앙의 백자가마와 비교 가능한 대규모의 백자 생산시설이 존재하는 사회적 배경, 나아가 제반 조건이 풍족함에도 짧은 조업 활동만 했을 것으로 추정되는 것 등에 대한 보완적 검토가 있어야 할 것으로 보인다. 더불어 청양 광대리 백자생산유적과 같이 분원백자와 비교 가능한 백자가 출토되는 대단위의 지방요장이 조사됨으로써 지방의 백자가마 및 백자에 대한 연구와 더불어 분원백자와의 연관성 및 비교 연구를 통하여 당시의 요업체계를 이해하는데 중요한 자료를 제공할 수 있을 것으로 판단된다.

:: 참고문헌

강경숙, 『분청사기』, 1990. 대원사.

______, 『한국 도자기 가마터 연구』, 시공아트, 2005.

______, 『한국 도자사의 연구』, 시공사, 2000.

강종원·이훈·이종민, 『大田 壯安洞 白磁窯址』, 忠南發展研究員, 2002.

강진청자자료박물관, 『高麗靑磁, 康津으로의 歸鄕 -銘文·符號 特別展』, 2000.

______________, 『고려청자, 그 숨겨진 혼을 찾아』, 1999.

______________, 『고려청자와 종교』, 2002.

______________, 『청자빛 하늘에 담긴 구름과 학』, 2001.

______________, 『청자학술세미나 강진 고려청자의 우수성』, 2004.

______________, 『한·중·일 국제학술세미나 대외교섭으로 본 高麗靑磁』, 2003.

京畿道博物館, 『광주분원과 조선도자』, 2001.

계명대학교박물관, 『계명대학교박물관』, 2004.

고려대학교 고고미술사학과, 『조사보고 제1집 송정리 도요지』, 1991.

公州大學校 百濟文化研究所, 『百濟文化』 第二十七 輯, 1998.

具守弘·尹煥, 『大田地方의 陶窯址』, 大田廣域市鄕土史料館, 1999.

국립공주박물관, 『백제문화 해외조사 보고서』 V-中國 江蘇省·安徽省·浙江省, 2005.

國立中央博物館, 京畿道博物館, 『京畿道廣州中央官窯』, 1998·2000.

국립대구박물관, 『우리문화속의 中國 陶磁器』, 2004.

國立文化財研究所, 『扶蘇山城』發掘調查報告書, 1996.

國立扶餘文化財研究所, 『扶蘇山城』, 1999.

______________, 『扶蘇山城』發掘調查 中間報告, 1995.

______________, 『扶蘇山城』發掘調查 中間報告 II, 1997.

______________, 『扶蘇山城』發掘調查 中間報告書 III, 1999.

________________, 『扶蘇山城』發掘調査報告書Ⅴ, 2003.

________________, 『扶蘇山城』發掘調査中間報告書Ⅳ, 2000.

________________, 『사비도성과 백제의 성곽』, 2000.

국립부여박물관, 『국립부여박물관』, 1997.

____________, 『百濟의 文物交流』, 2004.

國立中央博物館, 『高麗陶瓷銘文』, 1992.

____________, 『高麗靑磁名品』, 1989.

____________, 『美術資料 』第五十四號, 1994.

____________, 『美術資料』第 二十號, 1977.

公州大學校博物館, 『靑陽 光大里 白磁生産遺蹟 發掘調査』, 2005.

____________, 『發掘遺蹟과 遺物』, 2005.

金英媛, 『全北의 朝鮮時代 陶窯址』, 國立全州博物館, 1997.

_____, 『조선백자』, 대원사, 1991.

_____, 『조선시대 도자기』, 서울대출판부, 2003.

_____, 「조선시대 문헌에 보이는 도자명칭」, 『미술사의 정립과 확산』2권, 한국 및 동양의 미술, 사회평론, 2006.

金允貞, 『高麗後期에서 朝鮮初期 象嵌靑瓷에 나타난 元代 자기의 영향』, 홍익대 학교 대학원 미술사학과 석사학위 논문, 2003.

문화재연구소 · 해강도자미술관, 『廣州의 白磁窯址(Ⅰ)』, 1992.

방병선, 『왕조실록을 통해본 조선도자사』, 고려대학교출판부, 2005.

_____, 「법전을 통해서 본 조선시대 자기 생산과 관리」, 『미술사의 정립과 확 산』2권, 한국 및 동양의 미술, 사회평론, 2006.

서울역사박물관, 『풍납토성』잃어버린『王道』를 찾아서, 2002.

鮮文大學校博物館, 『名品圖錄 Ⅰ 陶磁器篇』, 2000.

세계도자기엑스포2001경기도, 『동북아도자교류전』, 2001.

연세대학교박물관, 『고려·조선시대 사기그릇』, 1994.

___________________, 『고려·조선시대 질그릇과 사기그릇』, 2002.

圓光大學校博物館, 『博物館圖錄』, 1996.

윤난지·나선화·김인호외, 『도요지 발굴 성과 20년』, 이화여자대학교박물관,
    2001.

李南奭·徐程錫, 『天安 陽谷里 粉靑沙器 窯址』, 公州大學校博物館, 1997.

梨花女子大學校博物館, 『保寧댐 水沒地域 陶窯址 發掘調査報告』, 1996

이훈·강종원·이종민, 『大田 壯安洞 白磁窯址』, 忠南發展硏究員, 2002.

林炳默·姜敬淑외, 『忠北地方 陶窯址 地表調査 報告書』, 忠北大學校博物館,
    1993.

장남원, 「朝鮮時代 白磁 工房의 種類와 性格」, 『흙으로 빚은 우리 역사』, 용인대
    학교박물관, 2004.

재단법인세계도자기엑스포·조선관요박물관, 『도자기가마터 최근조사현황』(공
    방지를 중심으로), 2005.

全南大學校博物館, 『全南의 高麗陶磁器』, 1991.

전북대학교박물관, 『박물관 도록 -고고유물·자기 - 』, 1997.

鄭相基, 「公州市의 窯址」『公州市誌』, 公州市, 2001.

______, 「公州地域 白磁窯址 地表調査 報告」『東垣學術全國大會』, 韓國考古美術
    硏究所, 2001.

______,「公州地域 白磁窯址 地表調査 報告」,『東垣學術全國大會』, 韓國考古美術研究所, 2001.

______,「公州地域 粉青沙器 地表調査 報告」『美術資料』제67호, 國立中央博物館, 2001.

조선관요박물관 · 경기도 광주시,『廣州의 朝鮮陶磁窯址』-廣州市內 朝鮮時代 磁器窯址分布現況-, 2004.

崔建 · 李鍾玟, 張起熏『大田 舊完洞 窯址』, 海剛陶磁美術館, 2001.

崔建 · 李鍾玟, 張起熏,『大田 舊完洞 窯址』, 海剛陶磁美術館, 2001.

崔鑛龍 · 尹煥 ,『大田地方의 發掘遺跡』, 大田廣域市鄕土史料館, 1997.

崔鑛龍 · 尹煥,『大田地方의 發掘遺跡』, 大田廣域市鄕土史料館, 1997.

崔淳雨,『韓國靑瓷窯址』, 韓國精神文化研究員, 1985.

崔鑛龍 · 尹煥,『大田地方의 發掘遺跡』, 大田廣域市鄕土史料館, 1997.

忠南大學校百濟研究所,『百濟研究』제27집, 1997.

忠南大學校百濟研究所,『百濟研究』제28집, 1998.

__________________,『百濟研究』第38輯, 2003.

忠淸埋藏文化財研究院,『扶餘 正覺里 갓점골 遺蹟』, 2002.

韓國考古美術研究所,『考古學誌』第6輯, 1994.

한국상고사학회,『도자(陶瓷)고고학을 향하여 』, 2003.

韓國精神文化研究院,『韓國靑磁陶窯址』, 1982.

韓盛旭,『高麗 後期 靑瓷의 性格- 器形과 胎土 分析을 中心으로』, 木浦大學校碩士學位論文, 2001.

海剛陶磁美術館,『康津의 靑磁窯址』, 1992

______________, 『高麗陶磁로의 招待』, 2004.

______________, 『고려의 색, 청자의 빛』, 1999.

______________, 『高麗後期 干支銘 象嵌靑磁』, 1991

______________, 『廣州 牛山里 白磁窯址』, 1999.

______________, 『廣州 牛山里 백자요지(Ⅱ)』 -17號 白磁窯址 試掘調査報告書-, 1999.

______________, 『芳山大窯』, 2001.

______________, 『벽돌가마와 초기청자』, 2000.

湖林博物館, 『湖林博物館所藏品選集 - 靑磁 Ⅰ-』, 1991.

__________, 『湖林博物館所藏品選集 - 靑磁 Ⅱ-』, 1992.

__________, 『湖林博物館所藏品選集 - 靑磁 Ⅲ-』, 1996.

호서고고학회, 『호서지역 문화유적 발굴성과』, 2005.

(사)한국미술사연구소, 『高麗後期 轉換期의 美術』, 2003.

:: 찾아보기

:: 지은이 정상기(鄭相基)

慶南 山淸 出生
光州 사레지오 高等學校 卒業
朝鮮大學校 史學科 및 大學院 卒業
弘益大學校 大學院 美術史學科 修了
國立扶餘 · 大邱 · 晋州 · 公州博物館 學藝硏究士

이책에 수록된 논문 외에
『부여의 석조문화』, 『백제의 석조문화』, 『일본의 백제계 유적과 유물』과
『부여지방 출토 중국도자』, 『무령왕릉 출토 중국도자』
『공주의 도자가마터』, 『부여의 문화유산-도자-』,
『순천박씨 기증 도자』 등의 논문이 있다.

충청지역 도자 연구

忠淸地域 陶磁 硏究

초판인쇄일   2006년 10월 20일
초판발행일   2006년 10월 25일

지 은 이   정상기
펴 낸 이   김선경
펴 낸 곳   도서출판 서경문화사
주   소   서울시 종로구 동숭동 199-15(105호)
전   화   02-743-8203, 8205
팩   스   02-743-8210
메   일   sk8203@chollian.net

등 록 번 호   1-1664호

인   쇄   한성인쇄
제   책   반도제책사

ⓒ 정상기, 2006

ISBN 89-6062-001-7 93900

＊파본은 본사나 구입처에서 교환하여 드립니다.

값 : 17,000원